J. W. Schaefer

Goethes Leben

Eine Biografie (Band 2)

DOGMA

J. W. Schaefer

Goethes Leben

Eine Biografie (Band 2)

ISBN/EAN: 9783955077907

Auflage: 1

Erscheinungsjahr: 2013

Erscheinungsort: Bremen, Deutschland

Goethe's Leben.

Von

J. W. Schaefer.

Zweiter Band.

Dritte Auflage.

Leipzig.
Friedrich Brandstetter.
1877.

Inhalt.

Drittes Buch.

Italienische Reisejahre und Revolutionsepoche.

Classicität der Poesie Goethe's im Bunde mit Kunststudien und speculativer Naturforschung.

Viertes Buch.

Goethe im Alter.

Universalismus geistiger Interessen.

Drittes Buch.

Italienische Reisejahre und Revolutionsepoche.

Classicität der Poesie Goethe's im Bunde mit Kunststudien und speculativer Naturforschung.

> „Es ist unglaublich, mit welcher Leichtigkeit er
> jetzt die Früchte eines wohlangewandten Lebens und
> einer anhaltenden Bildung an sich selber einerntet,
> wie bedeutend und sicher jetzt alle seine Schritte sind,
> wie ihn die Klarheit über sich selbst und über die
> Gegenstände vor jedem eiteln Streben und Herum=
> tappen bewahrt.“
>
> Schiller an Heinrich Meyer, 1797.

————•••————

Erstes Capitel.

Italienische Reise.

Herbst 1786—1788.

~~~~~~~~

Kennst du das Land, wo die Citronen blühn,
Im dunkeln Laub die Gold-Orangen glühn,
Ein sanfter Wind vom blauen Himmel weht,
Die Myrte still und hoch der Lorbeer steht,
Kennst du es wohl?
        Dahin, dahin
    Möcht' ich mit dir, o mein Geliebter, ziehn!

Die Sehnsucht, mit der sich Mignon nach ihrem Heimat=
lande Italien hinüberträumt, hatte Goethe jahrelang in sich
getragen; es war ihm, als wäre auch er durch ein un=
freundliches Geschick unter einen raueren Himmel entführt
worden. Er eilt über die Alpen wie in das Land seiner
Jugenderinnerungen; er fühlt sich beim ersten Eintritt „in
der Welt zu Hause, und nicht wie im Exil"; ihm ist zu
Muthe, als wäre er dort geboren und erzogen worden;
„wohl hatte Mignon Recht", muß er auf Italiens Boden
bekennen, „sich dahin zu sehnen!". Die Luft, die ihm von
dort entgegenweht, ist ihm ein Hauch des Friedens und
des Glückes, der jede Sorge verweht und „die Falten des
Geistes austilgt". Die ersten Klänge der fremden Sprache

machen ihn so froh, wie wenn dem Verbannten zum ersten=
mal wieder der traute Ton der Muttersprache entgegenklingt:
„die geliebte Sprache wird ihm lebendig und die Sprache
des Gebrauchs". Sein Geist gewinnt wieder die jugend=
liche Elasticität; er fühlt sich erlöst von dem „Stocken und
Schleichen"; Alles wird ihm wieder lieb, was ihm von
Jugend auf werth war. „Es liegt in meiner Natur, das
Große und Schöne willig und mit Freuden zu verehren,
und diese Anlage an so herrlichen Gegenständen Tag für
Tag, Stunde für Stunde auszubilden, ist das seligste aller
Gefühle".

Dies Entzücken begleitet ihn auf allen seinen Schritten.
Nie findet er seine Erwartungen getäuscht, weil sein Geist
geübt ist, die Dinge, wie sie sind, zu sehen und abzulesen,
„und er von aller Prätension sich völlig entäußert hat".
Daher fühlte er sich auf einer Höhe der glücklichsten Empfin=
dung, daß er noch bei den letzten Rückblicken auf sein ver=
gangenes Leben zu dem Geständniß kam, im Vergleich mit
Italien nicht wieder froh geworden zu sein. Wenn das
Glück eben darin besteht, daß aus dem Genusse ein neues
höheres Sehnen, aus dem Gewinn ein neues Streben sich
erzeugt, so ward ihm dies in reichstem Maße in einem
Lande zu Theil, wo Natur und Kunst für Geist und Sinn
eine unerschöpfliche Fülle der Genüsse darbieten, wo Jahr=
tausende die Schätze einer hohen Cultur aufgehäuft haben.
Wer mit Goethe's klarem Auge, mit solch empfänglichem,
regem Geiste an sie herantritt, „der den ganzen Tag im
Gespräch ist mit den Dingen, so daß ihm keine Existenz
mehr ein Räthsel ist", dem muß wohl im Vollgefühl einer
gehobenen Existenz das Herz freudig emporschlagen, als sei
es eine „Wiedergeburt", eine „neue Lebensepoche, in der
die Summe unentwickelter Kräfte zusammenschließt", wenn
auch zuletzt die Ueberzeugung sich aufdrängt, daß er nun

erſt werth ſei, einzutreten, daß er nun erſt recht ſehe, be=
greiſe und genieße. „Alles, was ich in dieſer Epoche auf=
geſchrieben" — äußert Goethe ſpäter in einem Briefe an
Schiller — „hat mehr den Charakter eines Menſchen, der
einem Druck entgeht, als der in Freiheit lebt, eines
Strebenden, der erſt nach und nach gewahr wird, daß er
den Gegenſtänden, die er ſich zuzueignen denkt, nicht ge=
wachſen iſt, und der am Ende ſeiner Laufbahn fühlt, daß
er erſt jetzt fähig wäre, von vorn anzufangen".

Goethe's Schilderungen ſeiner Reiſeerlebniſſe und viel=
ſeitigen Studien liegen in ſolcher Ausführlichkeit vor Aller
Augen, daß uns eine gedrängte Darſtellung zur Pflicht wird.
Sie ſind größtentheils aus Tagebuchsblättern und Briefen
an die Freunde und vornehmlich denen an die geliebte
Freundin zuſammengeſtellt. Der Reiz dieſer Reiſeſkizzen
liegt im Individuellen, in der Wärme ſubjectiver Auf=
faſſung; oft möchte man ſie die Wertherbriefe des Mannes
nennen, indem die tiefſte Lyrik des Herzens das Epiſch=
Mannigfaltige der Schilderung beſeelt, wenn ſchon die
ſchließliche Redaction viele der wärmſten Ergüſſe der Be=
geiſterung und Liebe getilgt hat. Obgleich in der jetzigen
Form die Beziehungen zu den einzelnen Perſonen mehr in
die Ferne gerückt ſind, ſo treten doch Herder, Knebel und
Charlotte von Stein deutlich genug als der Freundekreis
hervor, für den ſeine Berichte verfaßt ſind und durch deſſen
Liebe und Andenken ihm jede Freude geweiht wird, indem
ihn dabei die Hoffnung künftigen gemeinſchaftlichen Genuſſes
der gewonnenen Schätze beglückt: „ich habe ſchon Freuden=
thränen vergoſſen, daß ich Euch Freude machen werde."

Die Beziehungen zu Merck hatten ſich gelockert, und
von dem Idealismus Jacobi's konnte er kein Verſtändniß
ſeiner italieniſchen Studien hoffen, obſchon er auch an ſie
einige herzliche Zeilen aus Italien richtete und ihnen Aus=

züge aus seinen Briefen mittheilen ließ. Dagegen stand die Freundschaft mit Herder in jenen Jahren auf der Höhe des Vertrauens und der Geistesgemeinschaft. Durch seine sinnvolle Auffassung der griechisch-römischen Welt war er am meisten befähigt, auf die neue Geistesrichtung seines Freundes einzugehen, der auch seinerseits Alles, was damals von Herder's Geiste ausging, mit der innigsten Anerkennung und Wärme aufnahm. Herder's „Ideen zur Philosophie der Geschichte der Menschheit" wurden ihm „das liebste Evangelium", und von dessen „zerstreuten Blättern" und den „Gott" überschriebenen philosophischen Abhandlungen spricht er mit gleicher freudigen Theilnahme. Einen besonderen Freundschaftsdienst erwies ihm Herder durch die fernere Besorgung der Sammlung seiner Schriften.

Goethe's Freunde erwarteten von dem Aufenthalt in Italien einen Aufschwung seines poetischen Genius, Dichtungen, welche, wie einst Götz und Werther, die Bewunderung der Welt würden. Ihnen galt seine Naturforschung und technische Kunstübung nur als eine Nebenbeschäftigung, deren höhere Zwecke ihnen verborgen waren, wie es denn z. B. Körner unverantwortlich nennt, daß Goethe, so lange für ihn etwas zu thun übrig bleibe, das seines Geistes würdig sei, seine Zeit im Naturgenuß verschwelge und mit Kräutern und Steinen vertändele. Wenn Goethe bei Gelegenheit seiner Iphigenie schreibt: „es ist nicht das erste Mal, daß ich das Wichtigste nebenher thue, und wir wollen darüber nicht weiter grillisiren und rechten" — so weist er damit ohne Zweifel einen ähnlichen Vorwurf Herder's zurück, der ihn stets daran erinnerte, daß die Welt vornehmlich auf sein poetisches Talent Anspruch zu machen habe. Goethe aber war es um harmonische Ausbildung seiner gesammten geistigen Individualität zu thun; darin nahm die Dichtkunst nur eine Stelle, und in Italien nur

die zweite ein. Es mangelte damals unserm Dichter an
Gegenständen, die als ein Selbsterlebtes sein ganzes Inneres
in Bewegung setzten. War das stoffliche und pathologische
Interesse, das ihn zu seinen bisherigen Dichtungen getrieben
hatte, in den Hintergrund getreten, so machten sich in seinem
nach Regel und Gesetz strebenden Geiste um so mehr die
Forderungen der reinen Kunstform geltend, und dieser
glaubte er nur auf dem Wege der bildenden Kunst sich
nähern zu können, da die Poetik ihm nur ein regelloses
Schwanken zu sein schien. Er suchte außerhalb der
Dichtkunst eine Stelle, auf welcher er zu einer Vergleichung
gelangen könne. „Ich bin im Lande der Künste, laßt uns
das Fach durcharbeiten, damit wir für unser übriges Leben
Ruh' und Freude haben und an was Anderes gehen
können" — um diesen Punct schließen sich die Resultate
der italienischen Reise zusammen. So wenig er sich's verhehlte, daß ihm zur technischen Ausübung der Kunst wenig
natürliche Anlage geworden sei, fühlte er doch „zu dem,
wozu er eigentlich keine Anlage hatte, einen weit größern
Trieb, als zu dem, was ihm von Natur leicht und bequem
war", und gesteht, weit mehr auf das Technische der Malerei als auf die poetische Technik geachtet zu haben. Gelangte er dennoch endlich zu der Ueberzeugung, daß er auf
das Ausüben der bildenden Kunst Verzicht zu leisten habe
und eigentlich zur Dichtkunst geboren sei, so konnte er sich
daran erfreuen „zu sehen, wie Poesie und bildende Kunst
wechselseitig auf einander einwirken können". So erntete
zuletzt der dichterische Genius die reife Frucht aller dieser
Bestrebungen.

Seit vielen Jahren hatte Goethe sich in das geheimnißvolle Wirken und Weben der Natur mit so tiefeingehen-
der Forschung versenkt, daß sie in dem Lande, wo sie sich
mit den herrlichsten Formen und glanzvollsten Erscheinungen

feinem Auge darstellte, wiederholt und lebhaft ihn in ihre
Gebiete herüberziehen mußte. Das Gesetz der Einheit und
Harmonie, das ihn in den Werken der bildenden Kunst mit
Bewunderung erfüllte, sucht er auch in der Organisation
der Pflanzenwelt auf, und die Betrachtung des farbenreichen
südlichen Himmels wird ihm eine Aufforderung, dem Räthsel
der Farbenbildung nachzusinnen. Obgleich er sich vorge=
nommen hat, „auf dieser Reise sich nicht mit Steinen zu
schleppen", wird er doch, sowie er sich ihnen naht, wieder
von ihnen angezogen, und mineralogische Untersuchungen
nehmen von Zeit zu Zeit seine ganze Aufmerksamkeit in
Anspruch. Diese Vielseitigkeit und Vielgeschäftigkeit lag in
der Natur seines Wesens und ist seit seiner Kindheit der
Grundzug seiner geistigen Thätigkeit. Mag er sich auch
manchmal darüber Vorwürfe machen, daß er zu viel treibe
und daß es ein Fehler der Neueren sei, so zerstreut zu
sein und unerreichbare Forderungen erfüllen zu wollen;
mag er auch gestehen, endlich die Capitalfehler zu entdecken,
die ihn sein Lebenlang verfolgt und gepeinigt hätten, nämlich
die Scheu, das Handwerk der Sache, die er treiben wolle,
zu lernen und auf eine Arbeit so viel Zeit zu wenden,
als dazu erfordert werde: dennoch reißt ihn der mächtigere
Trieb immer wieder mit sich fort, und er vermag den neu
erwachsenden Aufgaben sich nicht zu entziehen. Allein der
Kern seines Wesens gelangt dennoch zu größerer Festigkeit;
es ist kein vages Hin= und Herschweifen mehr, sondern er
tritt an jede Frage mit dem Ernst des wissenschaftlichen
Forschers heran.

Nur Eins trat inmitten dieser friedlichen Geisteswelt
ihm seltener vor die Seele, das große Völkerdrama, das
auf Italiens und Siciliens Boden vom Beginn des Römer=
staats an bis zu der tragischen Vernichtung der politischen
Kräfte des italienischen Volks sich entwickelt hat. An der

idealen Größe des römischen Geistes konnte er sich entzücken,
wenn sie ihm in den Trümmern alter Bauwerke entgegen=
trat; allein er hieß zürnend den Führer schweigen, der
ihm in einer lachenden Flur Siciliens von Hannibal erzählte.
Das damals in tiefen Schlummer gesunkene politische Leben
Italiens mit seinen in hergebrachten Formen willkürlich=
patriarchalisch regierten kleinen Staaten, wo nur erst leise
das Licht der neuen Ideen in den Schriften eines Beccaria
und Filangieri und in den Reformen Leopolds von Toscana
aufzudämmern begann, bot von dieser Seite seinem Geiste
keine Anregung. Daß ihn von neuen poetischen Entwürfen
der Plan, das Epos der Odyssee in dramatische Form
einzuschließen, am lebhaftesten beschäftigte, ist uns der
deutlichste Beweis, daß ihn nur noch die plastische Schön=
heit einer idyllischen Menschenwelt dauernd zu fesseln ver=
mochte und die Welt der Thaten keinen Reiz mehr für ihn
hatte. Es war daher für unsere dramatische Literatur eine
besondere Gunst des Schicksals, daß die reifere Ausbildung
der künstlerischen Einsicht und Technik sich mit dem stoff=
lichen Gehalt und lebenvollen Realismus älterer Entwürfe
verschmelzen konnte, um diese zu den vollendetsten drama=
tischen Dichtungen zu gestalten, bevor seine Poesie sich der
epischen Richtung, die jetzt vorherrschend ward, hingab.

Iphigenie ward seine Begleiterin auf dem Wege nach
Rom. Als mitten in der erhabenen Alpennatur sein poetischer
Genius wieder Flügel erhielt, nahm er — es war auf
der Höhe des Brenners, wo er einige Tage verweilte —
das Manuscript der Iphigenie aus dem Handschriften=
Packete heraus, um in Stunden der Muße daran fortzu=
arbeiten und sie in das edlere Gewand der metrischen Form
zu kleiden. Am Ufer des Gardasee's, wo er sich so glücklich
fühlte im ersten Anhauch des südlichen Himmels und zu=

gleich so einsam und getrennt von den Geliebtesten, schrieb
er jenen herrlichen Monolog:

— Das Land der Griechen mit der Seele suchend,
Und gegen meine Seufzer bringt die Welle
Nur dumpfe Töne brausend mir herüber.

Rasch hatte er bis dahin das südliche Deutschland
durchflogen, gleich als fürchte er noch zurückgerufen oder
von einem Begleiter eingeholt zu werden. Er reiste bis
Rom im strengsten Incognito; sein Name war Möller;
er galt für einen reisenden Kaufmann. Selbst den Natu=
ralien= und Kunstsammlungen Münchens hatte er nur kurze
Zeit gewidmet. In der Bildergallerie war ihm, als müsse
er sein Auge erst wieder an Gemälde gewöhnen; damals
konnte er noch an den Skizzen von Rubens die meiste
Freude haben. Im Antikensaal sah er ein, daß sein Auge
für diese Gegenstände zu wenig geübt sei. Auf dem Durch=
fluge durch Tyrol erhebt und erheitert sich sein Geist an
dem Großen der umgebenden Natur; er beobachtet, wie
auf seiner Schweizerreise, die Wolkenzüge und die Verän=
derungen des Wetters, die Gebirgsbildung und die neue
Pflanzenwelt, welche ihm die Annäherung des Südens
stufenweise verkündigte. In den fruchtbehangenen Gärten
an den lieblichen Ufern des Gardasee's begrüßte er mit
schwärmerischem Entzücken den Reichthum der südlichen
Vegetation, die ihm auf dem Wege nach Venedig im an=
muthigsten Wechsel der Flur zur Seite blieb. Besonders
fesselte ihn in dem botanischen Garten zu Padua die Fülle
fremder Pflanzen, welche seine Forschung lebhaft erregte:
„denn was ist Beschauen ohne Denken?" Eine Fächerpalme,
an der sich die Stufenfolge der Veränderungen ihrer Blätter
recht vollendet darstellte (sie ist jetzt, wo sie noch in der
Fülle ihres Wachsthums prangt, mit der Inschrift palma
di Goethe bezeichnet), machte ihm aufs neue den Gedanken

wieder lebendig, „bei dem er in seiner botanischen Philosophie stecken geblieben war, ohne abzusehen, wie er sich
entwirren solle", nämlich „daß man sich alle Pflanzenge-
stalten vielleicht aus Einer entwickeln könne", ein Gedanke,
welcher der Mittelpunct seiner botanischen Untersuchungen
geworden war.

In den großen Städten gab er sich vorzüglich der
Betrachtung der Bauwerke und Kunstschätze hin. Das
Amphitheater in Verona war das erste bedeutende Monu-
ment der alten Zeit, das er sah. Wiederholt schaute er
von dessen höchstem Rande mit staunendem Blick auf die
Stufen des colossalen Kraters hinab oder betrachtete das
rings umher wogende fröhliche Menschengewühl, unter
welchem er in den belebteren Abendstunden munter umher-
streift. In Vicenza fand er eine neue Aufforderung zur
Betrachtung antiker Architektur. Im Geschmack der heitern
hellenischen Bauten hatte Palladio in der letzten Hälfte
des sechzehnten Jahrhunderts seine Vaterstadt mit Palästen
verschiedener Art geschmückt. Goethe ward durch die Anschauung derselben ein begeisterter Verehrer des ausgezeichneten Meisters. Er kaufte in Padua seine Werke und
bekam durch sie „Respect vor den antiken Bauten", während
er die Verehrung der gothischen Bauwerke ganz los wurde.
„Die Baukunst" — schreibt er von Venedig — „steigt wie
ein alter Geist aus dem Grabe hervor; sie heißt mich ihre
Lehre, wie die Regeln einer ausgestorbenen Sprache, studiren,
nicht um sie auszuüben oder mich an ihr lebendig zu erfreuen, sondern nur um die ehrwürdige, für ewig abge-
schiedene Existenz der vergangenen Zeitalter in einem stillen
Gemüth zu verehren".

Am 28. September konnte er freudig bewegt ausrufen:
„so ist denn auch, Gott sei Dank, Venedig mir kein bloßes
Wort mehr, kein hohler Name!" Abends fünf Uhr stieg

nach einer unterhaltenden Fahrt die alte Lagunenstadt vor
ihm aus dem Meere empor, das er zum erstenmal in seinem
Leben sah. Seinen Vorsatz, während eines Aufenthalts
von zwei Wochen ein bis in die Einzelheiten vollständiges
Bild der einzigen und reichhaltigen Stadt, die dem tieferen
Sinne noch immer wie eine Wundererscheinung entgegentritt,
in sich aufzunehmen, führte er mit rastloser Geschäftigkeit
aus. Stundenlang durchlief er ohne Führer die engen Gassen
der Stadt, um sich „bis in die letzte bewohnte Ecke der
Einwohner Sitte und Wesen zu merken". Er hört dem
Erzähler auf der Riva zu, wohnt den öffentlichen Gerichts-
verhandlungen bei, die ihm „unendlich besser gefallen, als
unsre Stuben- und Kanzlei-Hockereien", und besucht fleißig
Oper und Schauspiel, um seine Ansichten über Drama und
Declamation zu erweitern. Da er in Venedig die Frühstunden auf seine Iphigenie verwandte, so bildete er sein
Ohr für den Klang der fünffüßigen italienischen Jamben;
denn man vergesse nicht, wie weit wir noch in der Technik
des dramatischen Verses zurück waren. Auch bestellte er
sich den Gesang der Schiffer, aus Ariosto's und Tasso's
Gedichten, welcher schon damals zu den halbverklungenen
Sagen der Vorzeit gehörte. Kirchen und Paläste mit
ihren zahlreichen Schätzen aus der Blüthezeit der Kunst
gewährten täglich neuen Genuß, und selbst das Studium
der Natur fand am Strande des Meers an der „Wirthschaft der Seeschnecken, Patellen und Taschenkrebse" eine
anregende Beschäftigung.

Am 14. October befand er sich auf dem Wege nach
Ferrara. Den Unmuth, den die Oede der Stadt erweckte,
konnte kaum die Erinnerung an die Tage, welche der Gesang Ariosto's und Tasso's verherrlichte, verscheuchen. Der
Ebenen überdrüssig, war er froh, als er in Cento zum
erstenmal die Apenninen sah. In Bologna blieb er nur

wenige Tage, da es ihn nach Rom vorwärts trieb. Die
dortigen Gemäldesammlungen, welche viele ausgezeichnete
Werke, namentlich von Domenichino, Guido Reni, Guercino
da Cento und den Caracci's enthalten, ließen nur flüchtige
Eindrücke zurück, und mit den Heiligenbildern konnte er sich
nicht recht befreunden. Als lichte Puncte jedoch blieben
in seiner Phantasie die heilige Cäcilia von Rafael, das
Meisterwerk aus dessen letzter und höchster Kunstperiode,
und eine heilige Agathe mit dem Ausdruck „einer gesunden,
sichern Jungfräulichkeit". „Ich habe mir" — äußert er —
„die Gestalt wohl gemerkt und werde ihr im Geist meine
Iphigenie vorlesen, und meine Heldin nichts sagen lassen,
was diese Heilige nicht aussprechen möchte".

Die Fortsetzung dieser Dichtung stockte jedoch, da die
poetische Meditation unsers Dichters auf andere Fährten
verlockt wurde. Er fühlte sich plötzlich angetrieben, den
Plan einer Iphigenie in Delphi, gleichsam einen zweiten
Theil seines Drama's, auszubilden. Er bemerkt darüber
in seinem Tagebuche unterm 18. October: „Heute früh
hatte ich das Glück, von Cento herüberfahrend, zwischen
Schlafen und Wachen den Plan zur Iphigenie auf Delphos
rein zu finden. Es giebt einen fünften Act und eine
Wiedererkennung, dergleichen nicht viel sollen aufzuweisen
sein. Ich selbst habe darüber geweint wie ein Kind, und
an der Behandlung soll man, hoffe ich, das Tramontane
erkennen". Schon die Griechen kannten diese Erweiterung
der Sage. Elektra, in gewisser Hoffnung, daß Orestes
das Bild der Diana nach Delphi bringen werde, erscheint
im Tempel des Apoll, um die Art, die im Hause der
Pelopiden so viel Unheil angerichtet hat, als Sühnopfer
zu weihen. Zu ihr tritt ein Grieche und erzählt, wie er
Orest und Pylades nach Tauris begleitet und die beiden
Freunde zum Tode habe führen sehen. Indeß sind diese

nebst Iphigenien in Delphi angekommen. Der entflohene
Grieche erkennt in ihr die Priesterin, welche die Freunde
geopfert habe, und entdeckt es Elektren. Diese, von leidenschaftlicher Wuth ergriffen, entreißt das Beil wieder dem
Altar, um Iphigenien damit zu ermorden, als eine glückliche Wendung den Irrthum aufklärt und eine rührende
Scene des Wiedererkennens und der glücklichen Wiedervereinigung der Geschwister herbeiführt. Der Gegenstand lag
noch mehr als der Elpenor innerhalb des Kreises der Goethe'-
schen Poesie, wurde aber, leider! nicht wieder aufgenommen.

Um zur Zeit der großen Kirchenfeste im Beginn des
Novembers in Rom zu sein, beschleunigte Goethe seine
Weiterreise so sehr, daß er von Florenz sich schon nach
drei Stunden losriß und die Betrachtung der Kunstschätze
für die Rückreise aufsparte. Er nahm seinen Weg über
Arezzo, Perugia und Foligno. Nach Assisi machte er
eine Seitentour zu Fuß, um den herrlichen wohlerhaltenen
Minervatempel, jetzt die Kirche Maria della Minerva, zu
betrachten; es war das zweite großartige Denkmal antiker
Baukunst, das seinem Auge begegnete: „was sich durch die
Beschauung dieses Werkes in mir entwickelt, ist nicht auszusprechen und wird ewige Früchte bringen." Daß er die
Construction der sechs korinthischen Säulen, welche die
Façade bilden, richtiger als Palladio und Winckelmann
erkannte und beurtheilte, beweist uns, wie sehr sein Blick
für architektonische Verhältnisse geschärft war. In Spoleto
sah er das dritte Werk der Alten, in welchem ihm „derselbe große Sinn" offenbar ward, die aus zehn Bogen
gewölbte Wasserleitung, die zugleich Brücke von einem
Berge bis zu einem andern ist. Neben solchen freudigen
Momenten gab es auch, seit er das Gebiet der päpstlichen
Herrschaft betreten hatte, Unzufriedenheit mit dem Vetturin
und seinem schlechten Fuhrwerk, elende Beherbergung in

den Wirthshäusern, Gefahr unter einer banditenartigen
Gesellschaft; doch Alles ward ihm erträglich durch den Gedanken, daß er der ersehnten Weltstadt sich nähere: „ich
will mich nicht beklagen, wenn sie mich auch auf Irions
Rad nach Rom schleppen". Die überall sich kundgebende
Verwahrlosung des geistlichen Staats, der zu Ceremonien
eines crassen Aberglaubens herabgesunkene kirchliche Cultus
regte indeß seinen Unmuth so sehr auf, daß sein Gedicht
vom ewigen Juden wieder in seinem Geiste lebendig ward
und er die Idee des Venio iterum crucifigi aufs neue
ausbildete.

Allein jede Wolke war von seinem Gemüthe weggeweht,
als er am 28. October unter der Porta del Popolo die
Gewißheit hatte, in dem ewig einzigen Rom zu sein.
Ueberfüllt, überdrängt von dem Bedeutenden, das tagtäg-
lich als ein Neues seinem Geiste sich darbietet, erkennt er,
daß Rom eine Welt ist und man mindestens ein halbes
Jahr gebraucht, um sich nur erst darin gewahr zu werden;
er thut nur die Augen auf und sieht und geht und kommt
wieder, bis er Abends müde ist vom Schauen und Staunen.
Mit dem neuen Rom machte er sich wenig zu schaffen und
im Glanz der Kirchenfeste, die er gleich nach seinem Eintritt erwartungsvoll aufsuchte, regte sich seine „protestan-
tische Erbsünde." Es war vielmehr sein Geschäft, das ihm
die schönste Befriedigung gewährte, „das alte Rom aus dem
neuen herauszuklauben", damit „der alte Phönix Rom wie
ein Geist aus seinem Grabe steige", und es ging ihm bei
Betrachtung der Stadt, „wie man die See immer tiefer
findet, je weiter man hineingeht".

Nach Anleitung der Winckelmann'schen Kunstgeschichte
begann er die alten Kunstwerke nach Epochen zu studiren.
An den römischen Alterthümern ging ihm der Sinn für die
alte Geschichte auf; er wünschte in Rom den Tacitus zu

leſen, und fühlte, daß ſich in Rom Geſchichte ganz anders läſe, als an jedem Orte der Welt; „Inſchriften, Münzen, von denen er ſonſt nichts wiſſen mochte, Alles drängte ſich heran". Man begleite ihn an der Hand ſeiner lebens= warmen Schilderungen zu dem Coliſeo, der Rotonda, dem Apoll von Belvedere, der Sixtiniſchen Capelle und anderen Kunſtſchätzen Roms, und man fühlt ſich aufs tiefſte er= griffen von dieſer kindlichen, poeſievollen Hingebung an das Schöne und Große der Gebilde der Kunſt. Mehr und mehr gelangte er zu der Einſicht, daß er nicht nach Italien ge= kommen ſei, um Lücken auszufüllen, ſondern daß er weit in der Schule zurückgehen und durchaus umlernen müſſe, daß er es als die wichtigſte Sorge anzuſehen habe, „keinen falſchen Begriff mitzunehmen". Er verglich ſich daher mit einem Baumeiſter, der zu dem Thurm, den er aufführen wollte, ein ſchlechtes Fundament gelegt hat; er wird es noch bei Zeiten gewahr und bricht gern wieder ab; ſeinen Grundriß ſucht er zu erweitern, ſich ſeines Grundes mehr zu verſichern und freut ſich ſchon im Voraus der Feſtigkeit des künftigen Baues. Von der Klarheit und Befriedigung, in der er jetzt lebte, hatte er lange kein Gefühl gehabt. Darin erkannte er auch die ſittliche Rückwirkung des Kunſt= genuſſes; er fühlte, daß durch die anhaltende Betrachtung des Schönen und Erhabenen der Geiſt zum Ernſt und zur Tüchtigkeit geſtempelt werde, und auch der ſittliche Menſch eine große Erneuerung erleide.

Goethe's Reiſezweck wurde ſehr dadurch begünſtigt, daß er in Rom mit Landsleuten zuſammentraf, die ihm aufs bereitwilligſte förderlich zu ſein bemüht waren, freilich mehr geeignet, ſeine Neigung zu den bildenden Künſten lebendig zu erhalten, als poetiſche Pläne zu begünſtigen. Wilhelm Tiſchbein, mit dem das alte Verhältniß durch Briefe be= feſtigt war, wurde in Rom, wo er ſchon ſeit mehreren

Jahren thätig war, sein bester Führer. „Ich werde nie"
— schreibt Goethe im Januar — „und wenn auch mein
Schicksal wäre, das schöne Land zum zweitenmal zu be=
suchen, so viel in so kurzer Zeit lernen können, als jetzt
in Gesellschaft dieses ausgebildeten, erfahrenen, feinen,
richtigen, mir mit Leib und Seele anhängenden Mannes." [1])
Er stand der Geistesrichtung unsers Dichters um so näher,
als auch er die Malerkunst mit der Poesie in Verbindung
zu setzen suchte. Schon 1782 beschäftigte er sich mit Zeich=
nungen nach Goethe's Gedichten und stellte eine Scene
aus dem Götz in einem Gemälde dar. Jetzt versuchte er
umgekehrt Goethe für die Idee zu gewinnen, Gedichte zu
seinen Gemälden zu machen, ein Project, von dem kein
Erfolg zu erwarten stand. Er malte während ihres freund=
schaftlichen Zusammenlebens das große Portrait Goethe's,
welches ihn darstellt, wie er als Reisender, in einen Mantel
gehüllt und auf einem umgestürzten Obelisken ruhend, die
tief im Hintergrunde liegenden Ruinen der Campagna di
Roma überschaut. Hofrath Reiffenstein, Director des
Erziehungsinstituts für russische Künstler, belebte die ge=
selligen Verhältnisse der fremden Künstlerkolonie, in der
damals die Malerin Angelica Kaufmann, nach Herder's
Ausdruck „eine wahre himmlische Muse voll Grazie, Fein=
heit, Bescheidenheit und einer ganz unnennbaren Güte des
Herzens", als ein Stern erster Größe glänzte. In diesem
engeren Kreise von Kunstfreunden verkehrte Goethe am
liebsten, da er eine Abneigung hatte, in Rom eine Rolle
zu spielen. Er suchte sich wenigstens durch ein Halbincognito
gegen die Zudringlichen zu schützen, um den Erörterungen
über sich und seine poetischen Arbeiten zu entgehen. Er
schreibt darüber an den Herzog: „Uebrigens ist das strenge
Incognito, das ich hier halte, mir von größtem Vortheile.
Man kennt mich, und ich rede mit jedem, den ich hier und

da treffe, leide aber nicht, daß man mich nach meinem
Stande oder Namen begrüße, gehe zu niemanden und
nehme keinen Besuch an. Hielte ich nicht strenge darauf,
so hätte ich meine Zeit mit Ehrenempfangen und Ehregeben
hinbringen müssen". Indeß mußte er manchmal nachgeben,
und selbst italienische Dichter bemühten sich um sein kritisches
Urtheil über ihre Werke. Der Abbate Monti, den er in
dem Gesellschaftscirkel des Fürsten von Liechtenstein kennen
gelernt hatte, las ihm sein neues Trauerspiel Aristodemus
vor, das im Januar mit vielem Beifall, den besonders die
deutsche Künstlerbank freigebig spendete, auf die Bühne ge=
bracht ward. Die Folge dieser Bekanntschaft war, daß
Goethe am 4. Januar 1787 mit einem schmeichelhaften
Diplom in die Dichtergesellschaft der Arcadia unter dem
Namen Megalio aufgenommen ward. „Vergebens habe
ich", schreibt Goethe an Fritz von Stein, „diese Ehre ab=
zulehnen gesucht, weil ich mich nicht öffentlich bekennen will."

Mit warmer Verehrung schloß sich in Rom Karl Philipp
Moritz an ihn an, der arme deutsche Gelehrte voll leben=
digen Geistes, welchen ebenfalls das Verlangen nach den
Wunderwerken des alten Roms über die Alpen geführt
hatte[2]). „Es ist eine Wollust" — schreibt Moritz an einen
Freund in der Heimat — „einen großen Mann zu sehen;
wie warm empfinde ich dies jetzt. Wie ein wohlthätiger
Genius konnte mir Goethe nirgends gewünschter erscheinen,
als hier. O warum kannst Du nicht auch Dich an seines
Geistes milder Flamme wärmen! Ich fühle mich durch
seinen Umgang veredelt; die schönsten Träume längst ver=
flossener Jahre gehen in Erfüllung." Auf einem Spazier=
ritt, den sie in den letzten Novembertagen zusammen ge=
macht hatten, brach Moritz den linken Arm, indem sein
Pferd auf dem ausgeglätteten, durch einen Staubregen
schlüpfrig gewordenen Pflaster in der Nähe des Pantheons

stürzte. Während er einige Monate hindurch das Bett
hüten mußte, nahm sich Goethe seiner aufs freundlichste
an und ward sein „Wärter und Beichtvater, sein Finanz-
minister und geheimer Secretär". Goethe kamen zugleich
seine vielseitigen antiquarischen und mythologischen Kenntnisse in Rom trefflich zu Statten. Er räumt sogar ein,
wohl mit allzu großer Bescheidenheit, daß er nicht gewagt
haben würde, seine Iphigenie in jambisches Metrum zu
übertragen, wenn er nicht in Moritzens „Versuch einer
deutschen Prosodie" einen Leitstern gefunden hätte; durch
die mündlichen Erörterungen des Verfassers fühlte er seine
Einsicht noch mehr gefördert.

Die Umarbeitung der Iphigenie ward in Rom zu Ende
geführt. Die Frühstunden waren ihr gewidmet. Der
Dichter verfuhr dabei mit solcher Strenge, daß er gesteht,
an manchen Versen sich stumpf gearbeitet zu haben. Daher nennt er sie in dem Briefe vom 10. Jan. 1787, womit er die Absendung der Handschrift an die Freunde in
der Heimat begleitete, „sein Schmerzenskind, aus mehr
als Einem Sinne." „Ob es mir gleich ganz gleichgültig
ist, wie das Publicum diese Sachen betrachtet, so wünschte
ich doch meinen Freunden einige Freude bereitet zu haben."
Diese bescheidene Hoffnung sollte sich indeß nur unvoll-
kommen erfüllen. So einsam stand der Dichter mit seinem
Meisterwerke, über dessen Werth jetzt nur eine Stimme
der Anerkennung herrscht, daß man ihm von keiner Seite
die Mühe, die er darauf gewandt hatte, recht Dank wußte.
Die Freunde in Rom, denen er es in Angelica's Freundekreise vorlas, erwarteten etwas Berlichingisches und konnten
sich in den ruhigen Gang nicht gleich finden; nur „die
zarte Seele Angelica nahm das Stück mit unglaublicher
Innigkeit auf." Noch unerklärlicher ist, daß man im
weimarischen Freundekreise die Vorzüge der neuen Bearbei-

tung so wenig würdigte, daß man ihm durch die kühle Aufnahme ziemlich deutlich zu verstehen gab, man habe lieber das ältere Prosa=Drama zurückkehren sehen. „Ich merke wohl," schreibt Goethe einige Monate später — „daß es meiner Iphigenie wunderlich gegangen ist.... und daß im Grunde mir niemand für die unendlichen Bemühungen dankt;.... doch das soll mich nicht abschrecken, mit Tasso eine ähnliche Operation vorzunehmen."

Inzwischen durchkreuzten sich im Beginn des neuen Jahres mancherlei Pläne wegen der Fortsetzung der Reise. Anfänglich sollte Rom das südlichste Ziel derselben sein; gleich nach Ostern wollte er Rom verlassen und über Florenz der Heimat wieder zurücken. „Mein dringendstes Bedürf= niß" — schreibt er — „wird befriedigt sein; ich bin von einer ungeheuren Leidenschaft und Krankheit geheilt, wieder zum Lebensgenuß, zum Genuß der Geschichte, der Dicht= kunst, der Alterthümer genesen und habe Vorrath auf Jahre lang auszubilden und zu completiren." Da ihm jedoch freundliche Stimmen aus der Heimat zuredeten, nicht zu eilen, um mit vollständigerem Gewinn nach Hause zurück= zukehren, selbst der Herzog ihn in einem gütigen theil= nehmenden Briefe auf unbestimmte Zeit von seinen amt= lichen Pflichten entband und über seine Entfernung beruhigte, so nahm er auch Neapel und Sicilien in seinen Plan auf, so daß er mit dem Frühjahr 1788 heimzukehren gedachte.

Goethe blieb in Rom diesmal nur bis gegen das Ende des Februars, nachdem er noch zuvor die „Carnevalsthor= heit" an sich hatte vorübergehen lassen. „Das Carneval", schreibt er an Knebel, „muß man sehen, so wenig Ver= gnügen es gewährt; eben so ist's mit den geistlichen Mumme= reien." Er war in diesen letzten Wochen „keinen Augen= blick müssig", „vom Morgen bis in die Nacht in Bewegung." Was er von Merkwürdigkeiten noch nicht gesehen hatte, suchte er auf, damit vor seiner Abreise nach Neapel „die Ernte wenigstens niedergemäht sei". Das Beste ward zum zweiten Mal betrachtet, und „das erste Staunen löste sich mehr in ein Mitleben und reineres Gefühl des Werthes der Sache auf"; „meine Liebschaften" — äußerte er — „reinigen und entscheiden sich, und nun erst kann mein Gemüth dem Größeren und Echtesten mit gelassener Theilnahme sich entgegenheben". An den Herzog Ernst II. schrieb er unter dem 6. Februar: „Ich zähle eine Wiedergeburt von dem Tage an, da ich Rom betrat; ich lebe eine neue Jugend, deren ich mich immer mit den größten Freuden erinnern werde". Um sich den großen Intentionen der Künstler durch Nachbildung und Nachahmung mehr zu nähern, zeichnete er fleißig römische Bauten und Kunstwerke; den Weimarer Freunden ward eine Sammlung von Zeichnungen zugesandt.

Am 22. Februar 1787 reiste er in Tischbein's Gesellschaft nach Neapel ab. Von seinen Manuscripten begleitete ihn nur der Tasso, zu dem er jetzt „die beste Hoffnung hatte". Zwar drängte sich ihm zugleich das Bedenken auf, ob er nicht besser thue, neue Gegenstände, an denen er lebendigeren Antheil nehme, mit frischem Muth zu unternehmen, und etwa die Iphigenie in Delphi zu schreiben, statt „sich mit den Grillen des Tasso herumzuschlagen". Allein er fühlte doch, daß er in diese Dichtung schon zu viel von dem Eignen hineingelegt habe, als daß er sie fruchtlos aufgeben sollte. Es war jedoch dies zweite „Schmerzenskind" mit den schwermuthvollen Zügen eines leidenden Dichterherzens nicht bestimmt, unter der heitern Sonne Neapels und Siciliens ins Leben gerufen zu werden.

So wie er die lachenden Fluren Campaniens betritt, ergreift ihn die heitere Lust des Daseins, welche aus der üppigen Fülle der Natur ihm entgegenquillt und im munteren

Lebensgenüsse des Volks ihn umrauscht. Der Strom des
Lebens reißt ihn mächtig mit sich fort; er gesteht sich selbst
nicht mehr zu kennen und erst zur Besinnung kommen zu
müssen. „Neapel" — schreibt er — „ist ein Paradies;
jedermann lebt in einer Art von trunkener Selbstvergessen=
heit. Mir geht es eben so, ich erkenne mich kaum, ich
scheine mir ein ganz andrer Mensch". Mit Rührung ge=
denkt er seines Vaters, der von den Schönheiten Neapels
einen unauslöschlichen Eindruck erhalten hatte, und meint,
der habe nie ganz unglücklich werden können, weil er sich
immer wieder nach Neapel versetzt habe. Im Gegensatz
dieses Paradieses erschien ihm jetzt die Tiberstadt wie ein
Kloster, an das er kaum noch zurückdenken mochte. Dort
konnte er ganz den Studien der Kunst leben und im Geiste
das alte Rom aus den Ruinen wieder aufbauen. Hier
war Alles Leben und Gegenwart. Es ward ihm eine Lust,
sich unter das Volksgewühl zu mischen, charakteristische Züge
aufzuzeichnen und dem bunten Treiben mit entzücktem
Staunen zuzuschauen. Besonders zog ihn das Schiffs= und
Seewesen an, das den Kreis seiner Begriffe erweiterte.
Nie hatte er die Reize des Meeres so gekannt, mochte es
sich in glänzender Spiegelfläche vor ihm endlos ausbreiten
oder die Pracht der sturmbewegten Wellen ihm den Aus=
ruf entlocken, daß doch die Natur das einzige Buch sei,
das auf allen Blättern großen Gehalt biete. „Wenn man
es eine Zeitlang gewohnt ist", äußert er gegen Frau von
Stein, „so kann man nicht begreifen, wie man hat leben
können, ohne es gesehen zu haben, und wie man fortleben
will, ohne es zu sehen."

Die Ausbrüche des Vesuvs reizten seine Wißbegier
mehrmals zum Anschauen jener großartigen Naturphäno=
mene. Seine Verwegenheit brachte ihn dabei in nicht ge=
ringe Gefahr. Der dritte Versuch, den er am 20. März

in Begleitung von zwei Führern in der Absicht unternahm, einer eben ausbrechenden Lava möglichst nahe zu kommen, hätte leicht unglücklich enden können. Er hatte Verlangen, dem Puncte, wo die Lava aus dem Berge quillt, von hinten her nahe zu kommen und befand sich plötzlich auf dem glühenden Boden, aus dessen Ritzen ringsum der Dampf sonneverfinsternd emporwirbelte. Der Führer ergriff ihn noch zu rechter Zeit und entriß ihn dem erstickenden Qualm.

In Gesellschaft Tischbein's besah Goethe die Kunstschätze und Ueberreste des Alterthums in und um Neapel. Indeß scheint er an Kunstgenüssen in Rom etwas übersättigt worden zu sein; sein Sinn gehörte jetzt zu sehr der Gegenwart, als daß er sich den Ernst der römischen Kunststudien hier hätte erhalten können. Die Betrachtung der Gräber der Städte Herculanum und Pompeji gewährte ihm wenig mehr als eine flüchtige Befriedigung der Neugier, und es scheint von diesen ehrwürdigen Resten eines untergegange= nen Daseins der Geisteshauch des Alterthums nicht zu ihm gedrungen zu sein. Ein Ausflug zu den großartigen Trümmern von Pästum ward jedoch nicht unterlassen.

Da überhaupt Goethe in Neapel mehr genießen und beobachten, als studiren wollte, so gab er es auf, sich in das sonst beliebte Incognito zu hüllen und machte daher manche unterhaltende und belehrende Bekanntschaft. Auch in Neapel war er durch seinen Werther empfohlen. Mit großer Theilnahme gedenkt er der Bekanntschaft mit dem trefflichen Filangieri, mit dem er sich in anziehenden staatsphilosophischen Unterhaltungen erging. Da Tischbein auf Anrathen des Malers Philipp Hackert, der damals als Künstler eines ausgezeichneten Rufes genoß und bei Hofe großen Einfluß hatte, nach Neapel gekommen war und eine Zeitlang bei ihm wohnte, so kam Goethe mit diesem gleichfalls in ein freundschaftliches Verhältniß und

gewann ihn sehr lieb. Er besuchte ihn auf einige Tage
in seiner Wohnung im alten Schlosse zu Caserta und be-
diente sich seines Raths bei seinen Uebungen im Zeichnen.
Hackert sagte zu ihm: „Sie haben Anlage, aber Sie können
nichts machen. Bleiben Sie achtzehn Monate bei mir, so
sollen Sie etwas hervorbringen, was Ihnen und Andern
Freude macht" — eine Aeußerung, welche, je richtiger sie
war, um so mehr seinen Künstlerehrgeiz spornte, sich des
Technischen gründlicher zu bemächtigen.

Der Fürst Christian von Waldeck, welcher sich damals
in Neapel aufhielt und unserm Dichter große Zuneigung
bewies, hätte ihn fast zur Mitreise nach Griechenland über-
redet. Allein er hielt doch das Project der sicilianischen
Reise fest und nahm für diese einen jungen deutschen Landschaftsmaler, Heinrich Kniep aus Hildesheim, welcher ihm
von Tischbein empfohlen war und durch sein offenes Wesen
bald sein Vertrauen und seine Zuneigung gewann, als
Begleiter mit sich. Als Vertrag war zwischen ihnen ver-
abredet, daß Goethe die Reisekosten bestreite, Kniep dagegen für ihn die Zeichnungen von Landschaften entwerfe;
damit aber nach seiner Rückkehr für den jungen Maler,
der sich in dürftiger Lage befand, ein ferneres Wirken
entspringe, sollte er einige später auszuwählende Gegenstände für ihn bis zu einer bestimmten Summe ausführen.

Die Reise nach Sicilien trat Goethe mit frohen
Erwartungen an. Schon die Ueberfahrt däuchte ihm nichts
Geringes, weil eine Seereise „noch in dem Kreise seiner
Begriffe fehlte" und „ihm die Welt erweiterte". Auf einer
Corvette segelte er am 29. März nach Palermo ab. Während
er die ersten Anfälle der Seekrankheit „ganz behaglich", in
seinem Kämmerchen ausgestreckt, überstand, nahm er zu
seiner Unterhaltung auf der langsamen Fahrt den Tasso

wieder vor, dessen Plan diese Tage hindurch ziemlich ins Klare gebracht ward.

Am 2. April befand er sich in der reizenden Bucht von Palermo, im Hintergrunde die von der Sonne beleuchtete Stadt, rechts den zierlich geformten Monte Pellegrino, links das weithingestreckte Ufer mit Buchten, Landzungen und Vorgebirgen, Alles vom jungen Grün des Frühlings bekleidet. Goethe und sein in Naturschönheiten eingeweihter Begleiter suchten sich gleich diese mannigfaltigen Prospecte malerisch zu entwickeln und sahen hier eine grenzenlose Ernte für den Künstler vor sich. Am Abend lockte sie der helle Schein des Vollmonds auf die Rhede und hielt sie noch nach der Rückkehr lange Zeit auf dem Altan. „Nun verstehe ich erst" — ruft Goethe nach einer Schilderung seines Entzückens aus — „die Claude Lorrain, und habe Hoffnung, auch dereinst im Norden aus meiner Seele Schattenbilder dieser glücklichen Wohnung hervorzubringen".

Sicilien erschien ihm als der eigentliche Schlußstein seiner Reise, die gepriesene Insel, um die schon die uralte Sage in bald ernster, bald lieblicher Dichtung spielt, der Punct, „wo die Radien der Weltgeschichte zusammenlaufen", der ihm „nach Asien und Afrika deutete". Er erkannte jetzt, daß erst durch Sicilien das Bild von Italien vollständig werde, und hier der Schlüssel zu Allem sei. Kein entschiedenes, leidenschaftliches Bestreben hielt ihn während dieser genußreichen Wochen in Spannung und Unruhe; gelassen und behaglich gab er sich den Gegenständen hin und drückte sich das Bild tief in die Seele. Manche eine Zeitlang zurückgedrängte Neigung trat wieder freier hervor, und der Reiz des Augenblicks übte seine volle Gewalt. Seine Schilderungen von Sicilien lassen uns in dem anziehendsten Wechsel an den mannigfaltigsten Beobachtungen theilnehmen und die Vielseitigkeit seiner geistigen Interessen aufs klarste überschauen. Ihre poesievolle Klarheit gemahnt uns, wie der klare Duft, der an Siciliens Küsten ihm so reizend erschien.

Aufs genaueste betrachtete er auf seiner Rundreise durch die Insel allenthalben die Eigenthümlichkeit des Bodens sowohl in mineralogischer als botanischer Hinsicht. Umgab ihn dann die Frühlingsnatur in solcher Herrlichkeit, wie in den glücklichen Tagen von Palermo, Girgenti und Taormina, so schlug wieder das Entzücken als reine Flamme der poetischen Begeisterung empor. „Wer dichtet nicht, dem diese schöne reine Sonne scheint, der diesen Hauch des Lebens in sich zieht" — sagt er uns in seiner auf Siciliens Flur versetzten Claudine.

Das Studium antiker Kunst hielt ebenfalls auf dem classischen, mit Trümmern alter Pracht übersäeten Boden eine ergiebige Ernte. Die Ruinen der Tempel von Segeste, Girgenti und Catania gehörten zu den großartigsten Anschauungen alter Baukunst, die ihm seine Reise gewährte, und durch Kniep's Zeichnungen wurden sie auch zu weiterer Betrachtung festgehalten. Selbst aus den Münz= und Medaillensammlungen, welche er zu Palermo und Girgenti in einem noch nicht gekannten Reichthum kennen zu lernen Gelegenheit hatte, „lachte ihm ein unendlicher Frühling von Blüthen und Früchten der Kunst entgegen". Er mußte bekennen, bis jetzt wenig davon zu verstehen; doch war das Interesse für dies Studium seitdem bei ihm in seine Rechte getreten.

In Palermo, wo er bis zum 18. April blieb, war ihm ganz besonders wohl geworden, weniger in der ohne eigentlichen Kunstgeschmack erbauten und unreinlich gehaltenen Stadt, als in der über allen Ausdruck reizenden

Umgebung. Aus jedem seiner Worte, womit er diese Ge=
nüsse zu schildern versucht, haucht uns das Gefühl des
heitersten Seelenfriedens an, mag er uns längs der wald=
bewachsenen Höhen, welche die Bucht umsäumen, oder in
das fruchtreiche Thal, das der Orbeto durchschlängelt, ge=
leiten oder uns den Pellegrino hinauf zur Grotte der
heiligen Rosalie führen, wo er, bei dem reizenden Bilde
der Heiligen niederknieend, einsam sich in die Träume
seiner dichtenden Phantasie verliert. Die vergnügtesten
Stunden brachte er im Stillen in dem öffentlichen Garten
unmittelbar an der Rhede zu. Geschmückt mit der üppig=
sten Fülle von blüthenreichen Oleandern, Citronenbäumen
und andern Baumgruppen des Südens, die von großen
Bassins, darin Gold= und Silberfische spielten, unterbrochen
wurden, umspült von der plätschernden Welle des dunkeln
Meers, während über Land und Meer der glanzvolle Duft
des wolkenlosen Aethers schwebte, erschien er ihm wie ein
Zaubergarten und entrückte ihn in eine poetische Welt.
Die glückliche Insel der Phäaken, deren er schon einmal
im Fruchtgarten Italiens eingedenk war, tauchte vor ihm
aus dem Meere hervor. Er eilte sich einen Homer zu
kaufen und verstand die Odyssee niemals besser als jetzt.
Sicilien hat ihn zum Homeriden geweiht, wie wir nament=
lich in dem Geständniß erkennen: „was den Homer betrifft,
ist mir wie eine Decke von den Augen gefallen; die Be=
schreibungen, die Gleichnisse 2c. kommen uns poetisch vor
und sind doch unsäglich natürlich, aber freilich mit einer
Reinheit und Innigkeit gezeichnet, vor der man erschrickt“;
später gesteht er noch Schillern, „die Odyssee habe ihm
aufgehört, ein Gedicht zu sein; sie habe ihm die Natur
selbst geschienen“.

Nicht mehr war er jetzt ein schwermuthvoll träumender
Tasso, sondern der lebensmuthige Odysseus, der, die Liebe

zur Heimat im Herzen, von Küste zu Küste umherschweift
und vieler Menschen Städte und Sitte kennen lernt.

Aus dem persönlichen Interesse, das er für diesen
Aeltervater aller Touristen fühlte, erwuchs der Entwurf
zu einem Drama Nausikaa, in welchem er die Haupt=
handlung der Odyssee zu concentriren gedachte. Das ein=
fache Sujet, daß ein Mädchen, welches bisher alle Be=
werbungen von sich gewiesen hat, sich von einem Fremd=
ling angezogen fühlt, ohne daß eine Verbindung möglich
wird, „sollte durch den Reichthum der untergeordneten
Motive und besonders durch das Meer= und Inselhafte
der eigentlichen Ausführung und des besondern Tons er=
freulich werden". Vornehmlich ward er dadurch an diesen
Plan gefesselt, daß er Alles aus eigenen Erfahrungen nach
der Natur ausmalen konnte. Er beschäftigte sich anhaltend
damit während seiner ganzen Reise. Schon einige Tage
vor seiner Abreise von Palermo brachte er in seinem Lieb=
lingsgarten den Entwurf zur Reise und konnte sich nicht
enthalten, einige Stellen auszuführen. Diese Blättchen
finden sich unter seinen fragmentarischen Dichtungen abge=
druckt. Sie lassen nur soweit auf das Ganze schließen,
daß man den idyllischen Charakter, den das Drama er=
halten sollte, darin erkennt; dem dritten Act war die Er=
zählung von Odysseus' Abenteuern zugetheilt. Diesen
scheint er noch kurz vor seiner Trennung von Sicilien
durchdacht zu haben, als er zu Taormina, während Kniep
mit Zeichnen beschäftigt war, zwischen den Orangenästen
eines schlechten Bauerngartens die Einsamkeit suchte und
„den Grundunterschied des Drama's und der Epopöe ins
Auge faßte", ein Thema, das er später als Epiker wieder
aufnahm. Durch die nachfolgenden Zerstreuungen ward
der sorgfältig bis ins kleinste Detail durchdachte Entwurf
zurückgedrängt.

Er hatte schon am Tage vor seiner Abreise von Palermo sich zu beklagen, daß er von vielerlei Geistern verfolgt und versucht werde. Als er nach dem öffentlichen Garten gegangen war mit dem festen Vorsatze, seine dichterischen Träume fortzusetzen, ergriff ihn mitten unter der mannigfaltigen Pflanzenwelt aufs neue der Gedanke der Pflanzenmetamorphose, und „zerstört war sein guter poetischer Vorsatz, der Garten des Alcinous war verschwunden, ein Weltgarten hatte sich aufgethan.“ Jene Ideen verfolgte er auch auf seiner Weiterreise in Betrachtung der reichen Vegetation der Insel. Was er früher nur vermuthet und mit dem Mikroskop gesucht hatte, glaubte er in der Pflanzenwelt des Südens „mit bloßen Augen als eine zweifellose Gewißheit“ zu sehen. Von Neapel aus schreibt er darüber an Herder: „Ferner muß ich Dir vertrauen, daß ich dem Geheimniß der Pflanzenerzeugung und Organisation ganz nahe bin, und daß es das Einfachste ist, was nur gedacht werden kann. Unter diesem Himmel kann man die schönsten Beobachtungen haben. Den Hauptpunct, wo der Keim steckt, habe ich ganz klar und zweifellos gefunden; alles Uebrige seh’ ich auch schon im Ganzen, und nur noch einige Puncte müssen bestimmt werden. Die Urpflanze wird das wunderlichste Geschöpf von der Welt, um welches mich die Natur selbst beneiden soll. Mit diesem Modell und dem Schlüssel dazu kann man alsdann noch Pflanzen ins Unendliche erfinden, die consequent sein müssen, d. h. die, wenn sie auch nicht existiren, doch existiren könnten, und nicht etwa malerische oder dichterische Schatten und Scheine sind, sondern eine innerliche Wahrheit und Nothwendigkeit haben. Dasselbe Gesetz wird sich auf alles übrige Lebendige anwenden lassen.“ So entwickelte sich jener geniale Gedanke weiter, den ein namhafter neuerer Naturforscher zu den luminosen zählt, welche

für alle Zeit und die gesammte Menschheit ihre volle Gel=
tung behalten.

Goethe nahm seinen Weg zuerst über Alcamo nach
Girgenti, von hier, um auch das Innere der Insel kennen
zu lernen, über Caltanisetta nach Catania, wo er am
1. Mai eintraf. Den Gipfel des Aetna mußte er in
dieser Jahrszeit, wo der Schnee noch sehr tief lag, auf=
geben und sich mit dem niedrigen Monte Rosso begnügen,
von wo er unter heftigem Sturm einen flüchtigen Blick
auf den lang ausgedehnten Strand von Messina bis Syra=
kus genoß. Eine ruhigere Ansicht dieser Küstenlandschaft
gewährte ihm das Theater von Taormina, wo ihm das
herrlichste Panorama vor Augen lag, der lange Gebirgs=
rücken des Aetna und die Meeresküste bis Calabrien hin.
Um so niederschlagender war der Anblick des verwüsteten
Messina, das sich nach dem schrecklichen Erdbeben von
1783 noch nicht aus seinen Trümmern wieder erhoben
hatte. Ein finsterer, despotischer Gouverneur machte es
überdies für den Fremden zu einer Cyklopenhöhle, so daß
Goethe nur mit einiger Odysseus=Gewandtheit, über die er
uns ausführlich berichtet, sich den drohenden Folgen der
Versäumniß einer Einladung entzog. Verdrießlich daher
und ungeduldig ergriff er die erste beste Gelegenheit fort=
zukommen und schiffte sich nach einem viertägigen Aufent=
halt am 14. Mai auf einem französischen Kauffahrtei=
schiffe ein.

Verdruß und Langeweile begleiteten seine diesmalige
Seereise mehr als die vorige. Bei dem von Anfang an
ungünstigen Winde rückte das Schiff nur langsam vorwärts,
die Seekrankheit befiel ihn ärger als früher, und er konnte
nicht einmal, wie auf der bequem eingerichteten Corvette,
in seinem Kämmerchen die Einsamkeit aufsuchen, sondern
mußte zwischen einer dicht gedrängten Menge von Passa=

gieren Platz nehmen. Erfreulicher verflossen die Stunden,
wo er, mit Kniep auf dem Verdeck verweilend, an dem
muntern Tummeln der Delphine oder an den malerischen
Küsten Unteritaliens das Auge weiden konnte. Schon
lag am zweiten Tage der Fahrt Cap Minerva vor ihnen,
der Vesuv ward sichtbar, über dem eine ungeheure Dampf=
wolke aufgethürmt war, links ließen sich die Felswände
der Insel Capri unterscheiden. Völlige Windstille war
eingetreten, und sie entzückten sich an dem Anblick des
ruhigen, glänzenden Meeres und der Küste, als ein laut
und lauter werdender Lärm unter den Passagieren sie
herbeizog und bald mit der Gefahr bekannt machte, in
der man sich befand. Das Schiff war in die Strömung
um Capri gerathen und trieb den Felsen zu, die es zu
zertrümmern drohten. Alle ereiferten sich in ungestümen
Reden gegen den Capitain und den Steuermann, deren
Ungeschicklichkeit man das Unheil zuschrieb, wie man ihnen
denn von Beginn der Fahrt an kein rechtes Zutrauen
hatte schenken wollen. Goethe, „dem von Jugend auf
Anarchie verdrießlicher war, als der Tod", war es unmög=
lich länger zu schweigen. Er stellte ihnen vor, daß gerade
in diesem Augenblick ihr Lärmen und Schreien denen, von
welchen noch allein Rettung zu hoffen sei, Ohr und Kopf
verwirrten, so daß sie weder denken noch sich unter einander
verständigen könnten. Darauf ermahnte er sie, ihr brünstiges
Gebet zur Mutter Gottes zu richten, damit sie sich bei
ihrem Sohn verwende und er jetzt thue, was er für seine
Apostel gethan habe, als auf dem See Tiberias schon die
Wellen in das Schiff schlugen und er dem Winde zu ruhen
gebot; ebenso könne er jetzt der Luft gebieten, sich zu
regen, wenn es anders sein heiliger Wille sei. Diese
Worte thaten die beste Wirkung. Man beruhigte sich;
die Frauen lagen betend auf ihren Knien. Goethe begab

sich in die Cajüte hinab und legte sich halb betäubt auf
seine Matratze. Bald darauf eilte Kniep hinunter und
verkündigte, daß Rettung da sei; ein gelinder Windhauch
hatte sich erhoben, man konnte von den Segeln Gebrauch
machen, und es gelang aus der Strömung herauszukommen.
Am folgenden Morgen (16. Mai) ließ das Schiff die ge=
fährliche Felseninsel hinter sich und fuhr in den Golf von
Neapel ein.

Während der beiden Wochen, die Goethe noch in
Neapel zubrachte, bemühte er sich, Manches zu sehen, was
ihm beim vorigen Besuche noch entgangen war, wobei ihm
Hackert und andere Freunde (Tischbein war nach Rom ge=
reist) sich sehr gefällig bewiesen. Dem geselligen Zudrang
entzog er sich jetzt weniger; die sicilianische Reise, meint
er, habe ihn leutseliger und zuthätiger gemacht; jedoch
macht Hackert die Bemerkung, Goethe sei in großen Ge=
sellschaften in Neapel sehr zurückgezogen gewesen und habe
den Eindruck eines verlegenen und scheuen Menschen ge=
macht. Am 3. Juni riß er sich los, von niemand be=
wegter und herzlicher scheidend, als von seinem treuherzigen
Reisegefährten Kniep, dem er in der Ferne die beste Für=
sorge zu widmen versprach), und fuhr „durch das unendliche
Leben dieser unvergleichlichen Stadt halb betäubt hinaus,
vergnügt jedoch, daß weder Reue noch Schmerz hinter ihm
blieb".

In Rom ³), wo er am 6. Juni wieder anlangte, weihte
ihn das Frohnleichnamsfest schnell wieder zum Römer ein,
nicht sowohl durch das fromme Festgewirr, als durch die
Anschauung der nach Rafaels Cartonen gewirkten Teppiche,
welche an diesem Tage öffentlich ausgehängt wurden; sie
führten ihn wieder in den Kreis höherer Kunstbetrachtungen
zurück. Rom war ihm jetzt vertrauter geworden; er hatte
nichts mehr, was ihn überspannte, „sondern die Gegen=

stände hatten ihn jetzt zu sich hinaufgehoben." Der Trieb zur Ausübung der bildenden Kunst war wieder aufs leb= hafteste in ihm angeregt, und er schien Hackert's scharfe Mahnung beherzigen zu wollen, um durch Ausdauer über die Mängel des Dilettantismus hinauszukommen und „das Handwerk der Sache zu lernen." „Ich mag nun" — äußerte er in einem seiner Briefe — „gar nichts mehr wissen, als etwas hervorzubringen und meinen Sinn recht zu üben; ich liege an dieser Krankheit von Jugend auf krank, und gebe Gott, daß sie sich einmal auflöse." Mit Hackert, der auf kurze Zeit nach Rom kam, verlebte er vierzehn Tage auf dem Lande und sah sich durch seine Anleitung „sehr im Landschaftszeichnen gefördert." Diese Uebungen wurden zunächst seine Aufgabe. Mehrere Aus= flüge ins Gebirge, nach Tivoli, Frascati, Albano ꝛc. wurden unternommen, um nach der Natur zu zeichnen. In Rom bezog er nach Tischbein's Abreise, der sich nach Neapel begab, dessen kühlen Saal und war hier während der heißen Sommermonate in friedlicher Abgeschiedenheit über= aus thätig, um „seine Talente durchzuarbeiten", als einer, der „nur der Mühe lebt" und darin das reinste Glück empfindet. „Meine größte Freude ist" — schreibt er am 22. Juli, — „daß mein Auge sich an sicheren Formen bildet und sich an Gestalt und Verhältniß leicht gewöhnt, und dabei mein alt Gefühl für Haltung und Ganzes recht lebhaft wiederkehrt."

So viel er konnte, hütete er sich, in die Welt ge= zogen zu werden, um nicht aus der Ordnung zu kommen. Sein Umgang beschränkte sich auf den früheren engen Freundekreis, und er hatte dankbar anzuerkennen, daß alle Künstler sich bemühten, sein Talent fortzubilden. Angelica Kaufmann bewies ihm ihre frühere freundschaft= liche Theilnahme. Verschaffelt, ein Sohn des Mannheimer

Directors, förderte ihn in der Perspective. Mit Trippel, der seine Büste im Auftrage des Fürsten von Waldeck modellirte, hatte er belehrende Unterhaltungen in Bezug auf Bildhauerkunst, und er begann ebenfalls zu modelliren, um die menschliche Gestalt, die ihm zuletzt der Gipfel aller Kunst zu sein schien, genauer studiren zu können. Höchst unterrichtend war für ihn der Umgang mit Heinrich Meyer aus Zürich, der „den sichern, von Winckelmann und Mengs eröffneten Pfad ruhig fortging" und seine Aufmerksamkeit vornehmlich dahin richtete, „die zarten Abstufungen der früheren und späteren Kunst zu prüfen und kennen zu lernen". „Er hat", äußert er in einem andern Briefe, eine „himmlische Klarheit der Begriffe und eine englische Güte des Herzens. Er spricht niemals mit mir, ohne daß ich Alles aufschreiben möchte, was er sagt, so bestimmt, richtig, die einzige wahre Linie bestimmend sind seine Worte. Sein Unterricht giebt mir, was mir kein Mensch geben konnte, und seine Entfernung wird mir unersetzlich bleiben". Die Hochschätzung, die sein ernstes Studium für ihn erweckte, hatte später eine innige Freundschaft mit Goethe und ein dauerndes geistiges Zusammenwirken zur Folge.

Die Einsicht in die Architectur schärfte Goethe gleichfalls durch Zeichenübungen und fand eine ungehoffte Gelegenheit, seine Kenntnisse nach dieser Seite hin zu erweitern, indem gerade damals umfassende Sammlungen von Zeichnungen griechischer und orientalischer Bauwerke nach Rom gebracht wurden.

Aus den bisherigen Andeutungen wird es schon klar, daß Goethe sich in dem Kreise von Künstlern und Theoretikern bewegte, welche sich in ihren Werken und Kunstansichten an Winckelmann und Raphael Mengs anschlossen. Das Schönheitsideal der Griechen, das diese großen Männer

dem entarteten Geschmacke ihrer Zeit wieder entgegenge=
halten hatten, suchten sie der neueren bildenden Kunst
anzueignen. Indem sie jedoch die Bedeutung des Charak=
teristischen in der Kunst verkannten, geriethen sie in eine
einseitige Richtung, durch die der Malerkunst steife und
unwahre Formen aufgezwungen wurden, zumal da man
mit dem Antiken die moderne Sentimentalität verschmolz.
Goethe trat dieser Theorie, welche das ganze Zeitalter be=
herrschte, aufs entschiedenste bei und zählte sich gern zu
Winckelmann's Schülern.

Moritz war Goethen der liebste Gesellschafter, wenn
gleich die Haltlosigkeit seines geistigen und sittlichen Wesens
einer offenen Hingebung der Freundschaft im Wege stand.
Ihm trug Goethe zum erstenmal sein Pflanzensystem vor
und brachte bei diesem Anlaß die ersten Grundlinien des=
selben aufs Papier, erfreut, eine empfängliche Seele zu
finden, der seine Vorstellungsart faßlich zu machen war.
Moritz arbeitete an seiner Mythologie und konnte durch
positive Kenntnisse auf dem Gebiete der Antiquitäten auch
seinem Freunde wieder nützlich werden. Aesthetische Gegen=
stände wurden zwischen ihnen vielfach durchgesprochen. Eine
kleine Schrift von Moritz „über die bildende Nachahmung
des Schönen" (1788) erwuchs aus diesen Unterhaltungen.

Ungeachtet der ausgebreiteten Studien der bildenden
Kunst entzog sich Goethe seinen poetischen Arbeiten nicht,
wenngleich die weimarischen Freunde aufs neue klagen moch=
ten, daß er das Wichtigste nebenher thue, und es klingt
fast wie eine Rechtfertigung, wenn er dorthin die Worte
richtet: „daß ich zeichne und die Kunst studire, hilft dem
Dichtungsvermögen auf, statt es zu hindern; denn schreiben
muß man nur wenig, zeichnen viel". Statt Tasso oder
Nausikaa fortzusetzen, fühlte er sich am meisten zur Vollen=
dung des Egmont aufgelegt. Zu dieser Wahl trug ohne

Zweifel der Umstand bei, daß gerade damals ähnliche
revolutionäre Scenen, wie er in seinem Drama geschildert
hatte, in den Niederlanden vorgingen; in Brüssel erhob
sich das Volk zur Vertheidigung seiner von Joseph II. an=
getasteten Verfassung, in Holland stand die Oranische und
die patriotische Partei in Waffen gegen einander. Ueber
diese Händel correspondirte er eingehend mit dem Herzog.

Goethe nennt die Ueberarbeitung jenes Drama's eine
unsäglich schwere Aufgabe, die er ohne eine ungemessene
Freiheit des Lebens und des Gemüths nicht zu Stande ge=
bracht hätte; es galt das Werk durchzuarbeiten und zu vollen=
den, ohne es umzuschreiben. In einem der spätern Briefe
äußert er, kein Stück habe er mit mehr Freiheit des Ge=
müths und mit mehr Gewissenhaftigkeit vollbracht, als
dieses; er wisse, was er hineingearbeitet habe. Der
5. September, wo er die letzten Lücken in der Handschrift
ausfüllte, erschien ihm wie ein festlicher Tag; sein Brief,
der die Sendung nach Deutschland begleitete, sprach die
Hoffnung aus, daß er seinen Freunden damit Freude machen
werde. Diese ging indeß auch diesmal nur theilweise in
Erfüllung. Zwar fühlte sich Herder, der sonst mit seiner
Anerkennung nicht freigebig war, zu dem Geständniß ge=
drungen, ihn habe das Drama „Scene für Scene in seiner
tiefen, männlich gedachten Wahrheit fast zu Boden gedrückt";
gleichwohl traf die Kritik des heimatlichen Freundekreises
namentlich das Verhältniß Egmonts zu Clärchen und scheint
in der Hauptsache auf die Puncte hinauszulaufen, welche
Schiller's bekannte Recension hervorgehoben hat. Goethe
konnte Anforderungen nicht befriedigen, die außerhalb seines
Plans, ja außerhalb des Kreises seiner dramatischen Poesie
lagen. „Es hat doch im Grunde", mußte er sich schließlich
gestehen, „niemand einen rechten Begriff von der Schwierig=
keit der Kunst als der Künstler selbst". Sein Drama sollte

eben kein heroisches Trauerspiel sein, sondern das Gemälde eines edlen menschlichen Daseins, das sich mit frischer Lebenskraft und Freiheit auf dem Hintergrunde einer trüben Zeit vor uns ausbreitet. Es weht darin der Hauch des jugendlichen ahnungsreichen Strebens, das ihn in den schönsten Momenten der durchlebten weimarischen Epoche erfüllte, so wie der frischen Lebensfreude, welche dem Dichter in Rom eine zweite Jugend bereitete.

Auf die vier Monate eines stillen anhaltenden Fleißes folgten genußreiche Ausflüge in den schönen Wochen des Herbstes, der nach einem drückend heißen Sommer doppelt willkommen war. Einige Septemberwochen verlebte Goethe in Gesellschaft des Hofraths Reiffenstein in Frascati, und fühlte sich „recht munter und lustig". Da ward „den ganzen Tag bis in die Nacht gezeichnet, gemalt, getuscht und ge= klebt", die Botanik „auf Wegen und auf Stegen" geübt, indeß er nebenher die Umarbeitung des Singspiels Erwin und Elmire im anmuthigen Versgewande zu Stande brachte. Im October hielt er in Castel Gandolfo eine Villegiatur; mehrere Freunde und Freundinnen aus Rom fanden sich dort zusammen, und man gab sich dort, wie an Badeorten, einer zwanglosen, muntern Geselligkeit hin. Zu den wenigen dort geschriebenen Briefen fühlt sich die Erregtheit seines Innern, und der rasche Wurf seines Stils läßt ahnen, daß in seinem Herzen etwas vorging; „mit Vorsatz irrend, zweckmäßig unklug, läßt er sein Leben mehr laufen, als er es führt, und weiß auf alle Fälle nicht, wo es hinaus will". An Herder berichtet er, er habe sogar einige Idyllen gefunden. Dies möchten die ersten Ansätze zu den „römischen Elegieen" sein, wenn auch die eigentliche Ausführung mit einem späteren Liebesver= hältniß in Verbindung steht.

Goethe hatte während seiner bisherigen Reise sein Herz

sorgfältig, wie durch eine Gelübde, vor Liebesneigungen
bewahrt, so daß er sich „von Frauen bis zur trocknen Un=
höflichkeit entfernt hielt". In seinem Herzen „leuchtete
nur die schöne Flamme der Liebe, der Treue und des An=
denkens" an seine Freundin in der Heimat. „Wie ver=
wöhnt ich bin", — schreibt er ihr — „fühle ich erst jetzt,
zehn Jahre mit Dir zu leben, von Dir geliebt zu sein,
und nun in einer fremden Welt. Ich sagte mir's voraus,
und nur die höchste Nothwendigkeit konnte mich zwingen
den Entschluß zu fassen". Auf einem kleinen Gartenball
zu Rom an einem schönen Juli=Abend, wo es recht lustig
herging, konnte er kaum bis Ende aushalten, weil die
Mädchen ihn nicht mehr, „wie vor zehn Jahren", anzogen;
diese Aber, äußerte er damals, sei vertrocknet. Das er=
innert uns an die Vorwürfe, welche in den römischen
Elegieen Amor dem Dichter wegen seines lässigen Dienstes
macht, und die sophistischen Ermahnungen desselben, womit
er ihm wieder das Glück der Jugend, Stoff zum Liebe
und Glanz der Erfindungen zu gewähren verspricht. Amor
belebt ihm auch (in dem damals entstandenen Gedichte
„Amor als Landschaftsmaler") die farbenreiche Landschaft,
indem er vor seinen Augen das anmuthigste Mädchenbild
entstehen läßt. Dieses ward in den heitern Tagen von Castel
Gandolfo gefunden, und mit diesem Moment ging in
Goethe's Innern eine folgenreiche Umwandlung vor. Eine
junge Mailänderin mit blauen Augen, hellbraunem Haar,
hatte seine Neigung rasch und entschieden gewonnen. Wie
in den Jugendtagen von Sesenheim und Wetzlar gab er
sich dieser Leidenschaft mit voller Seele hin, „blitzschnell und
eindringlich genug, wie es einem müssigen Herzen zu gehen
pflegt, das in selbstgefälligem, ruhigem Zutrauen nichts
befürchtet, nichts wünscht, und das nun auf einmal dem
Wünschenwerthesten unmittelbar nahe kommt: übersieht

man doch in solchem Augenblicke die Gefahr nicht, die uns unter diesen schmeichelhaften Zügen bedroht".

Durch den Unterricht im Englischen, der wohl nur auf ein Spiel zärtlicher Annäherung hinauslaufen konnte, war bald der Vertraulichkeit ein Mittel gefunden. Nicht lange aber, so ward er in den schmerzlichsten Zustand ver- setzt, als er zu seinem „Entsetzen" erfuhr, daß seine Ge- liebte Braut sei, und mit dem Augenblicke war „die Vor- ahnung alles des Glückes, das ein solches Gefühl sich in künftiger Entwickelung unbegrenzt vorspiegelt, im ersten Keimen zerstört". Seitdem hielt er sich in rücksichtsvoller Entfernung und suchte ein offenes Freundschaftsverhältniß herzustellen. Wie weit ihm dies gelungen sei, läßt seine Erzählung nur zum Theil erkennen; sie ist verblaßt und giebt absichtlich nicht die volle Wahrheit. Den Kampf einer tieferen Leidenschaft verräth das erst im Winter gedichtete Liedchen:

Cupido, loser, eigensinniger Knabe!
Du batst mich um Quartier auf einige Stunden;
Wie viele Tage und Nächte bist du geblieben,
Und bist nun herrisch und Meister im Hause geworden!

Von meinem breiten Lager bin ich vertrieben;
Nun sitz' ich an der Erde Nächte gequälet;
Dein Muthwill schüret Flamm' auf Flamme des Herdes,
Verbrennet den Vorrath des Winters und senget mich Armen.

Du hast mir mein Geräth verstellt und verschoben,
Ich such' und bin wie blind und irre geworden.
Du lärmest so ungeschickt, ich fürchte, das Seelchen
Entflieht, um dir zu entfliehn, und räumet die Hütte.

Dies sein damaliges „Leibliedchen" symbolisch zu nehmen und auf den durch Kunst und Poesie überhaupt erregten Zustand seines Innern zu beziehen, kann uns nicht zuge- muthet werden. Das Wiedersehen der Geliebten beim Carneval, nachdem sie eine schwere Krankheit überstanden

hatte, jene erregten Momente, wo der freudige, beseelte
Blick und die sprachlose Rührung ihm mehr als Worte
verriethen, was in dem Herzen des lieblichen Mädchens
vorging, und den letzten Abschied vor der Abreise aus Rom,
wo die Liebenden lange mit dem letzten Scheidegruß zögerten,
hebt selbst die Schilderung des Greises mit einer Innig=
keit hervor, in der die leidenschaftliche Erregtheit des Ge=
müths noch nachzittert. Was dazwischen liegt, läßt sich
nur ahnen. Es mögen manche Parallelen zu den idyllischen
und schmerzlichen Scenen seiner jugendlichen Liebesverhält=
nisse unerwähnt geblieben sein. Die römischen Elegieen
berechtigen jedoch zu keinen Vermuthungen.

Inzwischen ward Goethe durch die Nachricht aus der
Heimat überrascht, daß im weimarischen Freundekreise in
Folge seiner enthusiastischen Schilderungen des italienischen
Himmels und des überreichen Kunstgenusses das Verlangen
rege geworden sei, diese Freuden mit ihm zu theilen, und
daß Herzogin Amalia mit Einigen ihrer Umgebung Anstalt
träfe, noch diesen Herbst nach Italien aufzubrechen. Schon
vor einem Jahre hatte er gefürchtet, durch eine solche Be=
gleitung um den reinen Eindruck der Gegenstände gebracht
zu werden. Nun schien es ihm nicht minder unleiblich, in
Rom der Führer von uneingeweihten Neulingen in der
Kunstkennerschaft zu sein und überhaupt der Poesie der
einfachen Lebensverhältnisse, in denen er sich jetzt frei
und glücklich fühlte und „sich wieder frisch des humanen
Zustands erfreute", durch den Zwang, welchen ihm der
enggeschlossene heimatliche Kreis auferlegen würde, enttrückt
zu werden. Ueberdies hatte er bereits die Nothwendigkeit
erkannt, aus der Fülle geistiger Anregungen und Bestre=
bungen sich wieder in die Enge zurückzuziehen und die ge=
sammelten Schätze zu verarbeiten, statt neue anzuhäufen.
Daher war er entschlossen, seinem Aufenthalte in Italien

schon früher ein Ziel zu setzen und die Ankunft der Freunde in Italien nicht abzuwarten. Zuvörderst ging sein Rath dahin, weil der Herbst schon so weit vorgerückt sei, den Winter vorübergehen zu lassen und in der mittleren Jahreszeit bis Rom zu gelangen, was denn auch im nächsten Jahre zur Ausführung kam.

Höchst erfreulich war ihm dagegen die Ankunft seines Freundes Kayser, der neben den übrigen Künsten nun auch das Interesse für die Musik belebte, „einer von den Menschen, durch deren Nähe man gesunder wird". Die nächste Veranlassung zu dessen Reise gaben Goethe's letzte dramatische Dichtungen. Da er zum Egmont eine passende Musik zu componiren begonnen hatte, so war es räthlich befunden, daß Componist und Dichter sich gegenseitig verständigten, und wie er bereits die früheren Singspiele Goethe's componirt hatte, so widmete er auch sein Talent den jüngsten kleineren dramatischen Dichtungen seines Freundes, die, wenn auch die Haupthandlung und die lyrische Zugabe beibehalten ward, doch im Uebrigen völlig neue Arbeiten waren. Mit Kayser „studirte er erst recht die Gestalt des Singspiels" und benutzte zugleich die Erfahrungen, welche ihm die lyrische Bühne Italiens an die Hand gab; gleichwohl mußte er bekennen, daß die Opern ihm keine rechte Unterhaltung gewährten und ihn nur das innig und ewig Wahre erfreuen könne. Erwin und Elmire ward abgeschlossen und im Beginn des neuen Jahres (10. Jan.) abgesandt; im Februar folgte Claudine von Villabella, das lieblichste und gehaltvollste der Goethe'schen Singspiele: „beide Stücke sind mehr gearbeitet, als man ihnen ansieht"; sie sollten „ihrem Nachbar Egmont keine Schande machen".

Unter diesen Arbeiten trat endlich der Zug zur Poesie wieder mächtig und siegreich hervor. Goethe verschloß sich nicht länger der Ueberzeugung, daß er in der Ausübung der bildenden Kunst nur ein Dilettant bleibe, erfreut, auf dem rechten Wege der Betrachtung und des Studiums zu sein. „Täglich wird mir's deutlicher", bekennt er in einem Briefe vom 22. Februar, „daß ich eigentlich zur Dichtkunst geboren bin, und daß ich die nächsten zehn Jahre, die ich höchstens noch arbeiten darf (!), dieses Talent noch excoliren und noch etwas Gutes machen sollte, da mir das Feuer der Jugend Manches ohne großes Studium gelingen ließ. Von meinem längeren Aufenthalt in Rom werde ich den Vortheil haben, daß ich auf das Ausüben der bildenden Kunst Verzicht thue". Daher wandte er sich mit erneuter Liebe zu den älteren noch unvollendeten Dichtungen. Er ordnete seine kleinen Gedichte und suchte durch Stellung und Verbindung „die allzu individuellen und momentanen Stücke einigermaßen genießbar zu machen". Den Faden des Faust suchte er wieder auf und war dabei fast überrascht sich so unverändert zu finden, als habe sein Inneres durch Jahre und Begebenheit nicht gelitten. In dem Garten Borghese schrieb er die Scene der Hexenküche und meinte, wenn er das Papier räuchere, sollte ihm niemand die neue Dichtung aus seinem alten Manuscript, „das, schon sehr vergilbt und vergriffen, dem Fragment eines alten Codex glich", herausfinden. Auch war er jetzt entschlossen, Künstlers Erdenwallen neu auszuführen und Künstlers Apotheose hinzuzufügen, indem er „zu diesen Jugendeinfällen erst jetzt die Studien gemacht habe, und ihm alles Detail lebendig sei". Der Plan zum Tasso war in Ordnung: „hätte ich es nicht angefangen, so würde ich es jetzt nicht wählen". In fernerer Aussicht stand Wilhelm Meister, worin manche neugewonnenen Kunstbeobachtungen zusammengefaßt werden sollten. Faust beschloß er als Fragment zu geben.

Andere Studien gingen daneben ihren geordneten Gang fort. Knochen= und Muskelbau ward studirt, um die mensch= liche Gestalt in Bezug auf bildende Kunst genauer kennen zu lernen, und unter Anderm ein Fuß modellirt. Seine Pflanzentheorie beschäftigte ihn wieder bei der ersten Ent= wicklung der Frühlingsvegetation, und es gesellten sich „allerlei Speculationen über Farben“ hinzu, auf die ihn außer dem Interesse an den atmosphärischen Farben des glanzvollen italienischen Himmels auch der häufig im römi= schen Künstlerkreise sich wiederholende Meinungsstreit über das Colorit in der Malerei hinführte. Er ahnte damals noch nicht, welch einen neuen Gährungsstoff er damit unter seine Ideen aufgenommen hatte. So viel hatte er einge= sehen, „man müsse den Farben erst von der Seite der Natur beikommen, wenn man in Absicht auf Kunst etwas über sie gewinnen wolle“.

Das Carneval sah er jetzt zum zweiten Mal; war es ihm auch diesmal peinlich, „Andere toll zu sehen, ohne selbst angesteckt zu sein“, so sprach es doch auch seinen künstlerischen Sinn an, als ein Volksfest, das seinen natur= gemäß geordneten Verlauf habe. Er bemerkte sich genau den Gang der Fastnachtsthorheiten und die einzelnen Vor= kommnisse, und veranlaßte seinen Hausgenossen Georg Schütz, die einzelnen Masken zu zeichnen. Aus diesen Vorarbeiten entstand später Goethe's meisterhafte Schilderung des römi= schen Carnevals.[4]) Mit gleicher Objectivität betrachtete er die Eigenthümlichkeiten anderer römischen Feste und faßte den Plan, einen römischen Festkalender zu schreiben, den er uns freilich schuldig geblieben ist. Bei diesen Festbeobach= tungen leistete ihm Freund Kayser Gesellschaft, den es be= sonders zu den großartigen römischen Kirchenmusiken hinzog. Von dem Miserere in der Sixtinischen Capelle spricht auch Goethe mit Entzücken.

Nach dem Osterfeste bereitete er sich zur Abreise von
Rom. Der Abschied, so schwer er ihm ward, war nicht
länger zu verschieben. Es waren schmerzliche Tage, da er
von seinem Freundekreise, von der Stätte, wo er so friedlich
und glücklich gelebt und zuletzt noch in Freud' und Leid
der Liebe die Gluth der Jugendgefühle wiedergefunden
hatte, scheiden mußte, ohne die Hoffnung mitzunehmen, je
dahin zurückzukehren. Einen Piniensprößling pflanzte er in
Angelica's Garten, einige Dattelpflanzen, die er aus Kernen
gezogen hatte, an der Sixtinischen Straße, die, später zu
stattlichen Bäumen herangewachsen, manchem Reisenden als
Denkmal der Abschiedsstunden des deutschen Dichters theuer
waren. Mit einigen Freunden durchwanderte er noch das
geliebte Rom in verschiedenen Richtungen, und tiefergriffen
ließ er zum letzten Mal, vom Capitol „dem einsamen Palast
in der Wüste" herniederblickend, das Bild der unterge=
gangenen Herrlichkeit der Weltstadt in seiner Seele lebendig
werden. Er war zu stark an sie gefesselt, als daß er einen
freudigen Blick zur Heimat richten konnte; ihn begleitete
nur das schmerzliche Gefühl eines Verbannten, als in der
Mondnacht des 22. April Rom hinter ihm verschwand.

> Wandelt von jener Nacht mir das traurige Bild vor die Seele,
> Welche die letzte für mich ward in der römischen Stadt,
> Wiederhol' ich die Nacht, wo des Theuren so viel mir zurückblieb,
> Gleitet vom Auge mir noch jetzt eine Thräne herab. —

Diese Verse, mit denen Ovid die Elegie einleitet, in welcher
er die Empfindung schildert, womit er, in die Verbannung
ziehend, sich von seinem geliebten Rom und Allem, was
ihm theuer war, losriß, wurden unserm Dichter der Aus=
druck seiner eigenen Empfindungen, und ihn verließ die
„heroisch=elegische Stimmung" während seiner Rückreise
nicht, trotz aller Zerstreuung und Ableitung. „Ich kann
und darf nicht sagen", schreibt er noch im Herbst an Hein=

rich Meyer, „wie viel ich bei meiner Abreise von Rom gelitten habe". Er konnte seines Schmerzes nicht bis zu dem Maße Herr werden, um den poetischen Ausdruck zu finden, oder, wie er sich ausdrückt, er vermochte diese mehrmals durchdachte Elegie nicht niederzuschreiben, aus Furcht, der zarte Duft inniger Schmerzen möchte verschwinden. Diesen hat er seinem Tasso eingehaucht, auf den sich während seiner Rückreise seine poetische Thätigkeit richtete. Er bearbeitete die Stellen mit vorzüglicher Neigung, welche ihm in diesen Augenblicken am nächsten lagen. Ein Theil wurde in Florenz vollendet, wo er den größten Theil seines Aufenthalts in den dortigen Lust= und Prachtgärten zubrachte. In der zweiten Hälfte des Mai war er in Mailand, wo ihn das Abendmahl des Leonardo da Vinci fesselte. Am 24. schreibt er an Knebel, er wittre wieder Gebirgs= und Vaterlandsluft, und da werde ihm, wenn nicht besser, doch anders, zugleich sich freuend auf die noch bevorstehende schöne Reise über den Comersee und Chiavenna nach Graubünden, auf der ihm die mine= ralogischen Untersuchungen wieder lieb werden sollen. „In Rom", so äußert er sich gegen den treuen Genossen dieser Studien, „wurde kein Stein mehr angesehen, wenn er nicht gestaltet war; die Form hatte allen Antheil an der Materie verdrängt. Jetzt wird eine Krystallisation schon wieder wichtig und ein unförmlicher Stein zu etwas. So hilft sich die menschliche Natur, wenn nicht zu helfen ist". — Am 18. Juni Abends 10 Uhr langte er in Weimar wie= der an.

Zweites Capitel.

1788 — 1791.

~~~~~~

Goethe war von Italien geschieden, ohne alle seine Wünsche befriedigt zu sehen; denn aus den Resultaten des Studiums erzeugten sich neue Probleme, und er sah ein, „daß man ein ganzes Leben studiren könne und am Ende doch noch ausrufe: „jetzt seh' ich, jetzt genieße ich erst". Dennoch hatte theils die Einsicht, zu rechter Zeit abschließen zu müssen, theils die Abneigung, sich als Reisebegleiter der Herzogin Amalia ihrem Gefolge anzuschließen, endlich das Gefühl dankbarer Verpflichtung, die er gegen seinen Herzog hatte, ihn eben jetzt zu dem schwer erkämpften Entschlusse gedrängt, nach Weimar zurückzukehren. „Meine beste Zeit", schrieb er schon am 28. October 1787 an den Her= zog, „habe ich mit Ihnen, mit den Ihrigen gelebt, und dort ist auch mein Herz und Sinn, wenn sich gleich die Trümmer einer Welt in die andere Wagschale legen. Der Mensch bedarf wenig; Liebe und Sicherheit seines Verhältnisses zu dem einmal Gewählten und Gegebenen kann er nicht entbehren". Der Herzog bezeigte ihm wäh= rend seiner Abwesenheit eine so liebevolle Gesinnung und verlängerte ihm schon im August seinen Urlaub mit solcher Bereitwilligkeit, daß es nur ein leeres weimarisches Gerede war, er habe seinem Minister eine längere Abwesenheit verweigert. Ueberdies war Goethe schon in Italien, wo er sich nach und nach von jedem falschen und eitlen Streben befreit und sich innerhalb der Grenzen seiner individuellen Lebensaufgabe beschränken gelernt hatte, darüber mit sich im Reinen, in die früheren amtlichen Verhältnisse nicht wieder einzutreten. Ein Brief, den er von Rom aus am 17. März 1788 an den Herzog richtete, spricht neben seinem dankbaren Gefühl in zartester Weise seine Wünsche hinsichtlich seiner künftigen Stellung aus:

„Wie sehr danke ich es Ihnen, daß Sie mir diese köstliche Muße geben und gönnen. Da doch einmal von Jugend auf mein Geist diese Richtung genommen, so hätte ich nie ruhig werden können, ohne dies Ziel zu erreichen. Mein Verhältniß zu den Geschäften ist aus meinem per= sönlichen zu Ihnen entstanden; lassen Sie nun ein neu Verhältniß zu Ihnen nach so manchen Jahren aus dem bisherigen hervorgehen. Ich darf wohl sagen, ich habe mich in dieser anderthalbjährigen Einsamkeit selbst wieder= gefunden. Aber als was? — Als Künstler! Was ich sonst noch bin, werden sie beurtheilen und nutzen. Sie haben durch Ihr fortdauerndes wirkendes Leben jene fürst= liche Kenntniß, wozu die Menschen zu brauchen sind, immer mehr erweitert und geschärft, wie mir jeder Ihrer Briefe deutlich sehen läßt; dieser Beurtheilung unterwerfe ich mich gern. Fragen Sie mich über die Symphonie, die Sie zu spielen gedenken, ich will gern und ehrlich jederzeit meine Meinung sagen. Lassen Sie mich an Ihrer Seite das ganze Maß meiner Existenz ausfüllen, so wird meine Kraft, wie eine neu geöffnete, gesammelte, gereinigte Quelle von einer Höhe, nach Ihrem Willen leicht da oder dorthin zu leiten sein. Schon sehe ich, was mir die Reise ge= nützt, wie sie mich aufgeklärt und meine Existenz erheitert hat. Wie Sie mich bisher getragen haben, sorgen Sie ferner für mich; Sie thun mir mehr wohl, als ich selbst kann, als ich wünschen und verlangen darf. Ich habe so ein großes und schönes Stück Welt gesehen und das Resultat ist: daß ich nur mit Ihnen und mit den Ihrigen leben mag. Ja, ich werde Ihnen noch mehr werden, als ich oft bisher war, wenn Sie mich nur das thun lassen, was niemand als ich thun kann, und das Uebrige Andern auftragen. Ihre Gesinnungen, die Sie mir in Ihren Briefen zu erkennen geben, sind so schön, für mich bis zur Beschämung ehrenvoll, daß ich nur sagen kann: Herr! hier bin ich, mache aus deinem Knecht, was du willst".

Seine Wünsche wurden erfüllt. Die Geschäfte des Präsidiums der Kammer und der Kriegscommission wurden ihm abgenommen. Durch herzogliches Rescript an die Kammer vom 11. April 1788 wurde dieser Behörde er=
öffnet, daß der zum geheimen Rath beförderte, bisherige geheime Assistenzrath Schmidt zum Kammerpräsidenten ernannt sei, daß aber der geheime Rath von Goethe, um in beständiger Connexion mit den Kammerangelegenheiten zu bleiben, berechtigt sei, den Sessionen des Collegii von Zeit zu Zeit, so wie es seine Geschäfte erlauben würden, beizuwohnen und dabei seinen Sitz auf dem für den Herzog bestimmten Stuhle zu nehmen." Goethe machte davon keinen Gebrauch und behielt nur die Bergbaucommission bei. Nach und nach wurden seiner Oberaufsicht die Landes=
anstalten für Wissenschaft und Kunst zu Weimar, Jena und Eisenach zugewiesen, welche zum Theil auf seine An=
regung erst von Karl August ins Leben gerufen oder zu Bedeutung gelangt waren. Somit erhielt er einen seinen geistigen Bestrebungen angemessenen Geschäftsbereich, der ihm für jene eine freiere Muße übrig ließ. Damit ver=
änderte sich sein Verhältniß zum Herzog in sofern, als

dieſer von nun an die Geſchäfte mehr ſelbſt in die Hand nahm und nicht mehr eingehend jedes Einzelne mit ihm beſprach.

Die weimariſche Geſellſchaft, in die er jetzt wieder eintrat, kam dem Dichter mit den größten Erwartungen entgegen; ſie hoffte aus den neuerfriſchten Strömen ſeines Geiſtes zu trinken und die Blüthen der Poeſie in leben=digſter Fülle von ſeinem Genius zu empfangen. Gleich in den nächſten Monaten nahm ihn daher der Hof und der Kreis ſeiner Freunde im vollſten Maße in Anſpruch; die vielen Beſuche von Fremden, unter denen auch der Prinz Auguſt von Gotha und der Herzog von Meiningen ſich befanden, vermehrten die Anforderungen, und wenn gleich die auf ihn eindringenden geſelligen Pflichten ihn ſchnell in den früheren Verhältniſſen wieder heimiſch machten, ſo war doch bis gegen den Herbſt ſeinem Geiſte wenig Ruhe gewährt. Wie lebhaft mochte das Verlangen nach den entſchwundenen glücklichen Tagen erwachen, als Herder am 8. Auguſt Weimar verließ, um das geprieſene Italien aufzuſuchen — für ihn, den in ſich Abgeſchloſſenen, frei=lich nicht eine ſolche Bildungsſchule, wie für ſeinen em=pfänglicheren Freund —, als wenige Tage darauf die Herzogin Amalia in Begleitung Einſiedel's und des Fräu=leins von Göchhauſen nachfolgte und er „einen ihm dringend angebotenen Platz im Wagen leer ſah!" Allein die Um=kehr nach dem Süden hatte er ſich bereits durch ſeinen erſten Entſchluß unterſagt. Gleichwohl fühlte er ſich in der weimariſchen Geſellſchaft keineswegs behaglich, wie ſeine geſellige Mittheilſamkeit, die ſich gern in der Schil=derung Italiens erging, zu Zeiten ſchließen laſſen mochte. In Momenten des offenen Vertrauens verbarg er nicht ſeinen an Verzweiflung grenzenden Unmuth über ſein jetziges „unnützes" Daſein, noch die tieferen Wunden ſeines

4

Herzens. Er war in Italien, mehr als er sich selbst ge=
stehen mochte, ein Anderer geworden; er hatte einen
Standpunct in seiner Bildung gewonnen, auf den ihm
in der damaligen Umgebung niemand folgen konnte. Man
schien seine Sprache nicht zu verstehen, wenn er die Welt
der neuen Anschauungen, die in seinem Innern lebendig
war, mit Entzücken schilderte, und seine Sehnsucht nach
dem Verlornen, seine Klagen mußten beleidigen und als
Theilnahmlosigkeit an dem Gegenwärtigen erscheinen. Durch
solche Erfahrungen wurde er dahin gebracht, mehr an sich
zu halten und sein Inneres oft den Nächsten zu verschließen.
„Ich bin hier", schreibt er im October an Knebel, „fast
ganz allein. Jedermann findet seine Convenienz sich zu
isoliren, und mir geht es nun gar, wie dem Epimenides
nach seinem Erwachen." Es konnte nicht ausbleiben, daß
er in seiner abgemessenern Haltung Vielen kalt und selbst=
süchtig erschien, und vor Allen die sich verletzt fühlten,
welche die Offenheit und vertrauliche Hingebung früherer
Jahre gewohnt waren.

Das Verhältniß zu Charlotte von Stein ward von
dieser Umwandlung am nächsten betroffen. Das zarte
Liebesgefühl, das bisher mehr durch poetischen Idealismus
und die Macht der Gewohnheit, als durch persönliche Reize
der gealterten Freundin Nahrung erhalten hatte, war durch
die Flamme jener heißeren Leidenschaft, die der Dichter
bei seiner Heimkehr über die Alpen im Busen trug, zer=
stört worden. Die vertrauensvoll sich hingebende Neigung
und Offenheit war nicht wieder herzustellen, und die Ver=
suche, die zu Anklagen und Vorwürfen wurden, erhöhten
nur die Mißstimmung, die das alte Band erst lockerte und
zuletzt zerriß.

In dieser Zeit, wo Sehnsucht nach dem Verlornen,
Mißstimmung über die Gegenwart ihm manche schwere

Stunde bereiteten, brachte er sein Drama Torquato Tasso, das er einst im Sonnenschein einer friedlichen Seelenstimmung und einer beglückenden Liebe begonnen hatte, zum Abschluß (im Juli 1789), wie er berichtet, „bei einem zufälligen Aufenthalt zu Belvedere, wo so viele Erinnerungen bedeutender Momente mich umschwebten." Es ist gewiß ein tiefempfundenes Wort von ihm, daß er dieser Dichtung vor allen sein Herzblut gegeben habe; sie war, gleich wie Werther, das Vermächtniß schmerzlicher Stunden. Während dies Drama einerseits ein historisches Charakterbild ist, in welchem die Züge aus Tasso's Leben mit feinster Berechnung aufs kunstreichste in einander verwebt sind, erfüllt es sich zugleich mit der Contemplation und der Gefühlswärme der Lyrik. So ward Goethe's Tasso die Elegie eines friedelosen Dichterlebens, die Darstellung seines weichen, oft zu schwermüthiger Selbstqual hinneigenden Gemüths, das zuletzt durch Resignation das Gleichgewicht zwischen Innerem und Aeußerem herzustellen sucht. Das Publicum, schon mit den politischen Ereignissen beschäftigt, nahm den Tasso, wie überhaupt die neuesten dramatischen Dichtungen Goethe's sehr kühl auf, so daß der Verleger über den geringen Absatz der im Jahre 1790 abgeschlossenen Ausgabe seiner Schriften Klage zu führen hatte, und der Dichter selbst von seiner Nation, der er das Beste, was er zu erreichen vermochte, gegeben zu haben glaubte, sich verlassen fühlte.

Wenn die Prinzessin im Tasso so eindringlich der edeln Sitte, dem „Erlaubt ist, was sich ziemt" das Wort redet, so schildert uns dagegen die nächste Dichtung Goethe's die goldene, vom Tasso geträumte Zeit, den glücklichen Naturzustand, wo das „Erlaubt ist, was gefällt" Geltung hat. Die Römischen Elegieen, vielleicht schon theilweise (vermuthlich die siebente) in Italien entworfen, wohin der

Inhalt und die antike Form auch ferner die Scene zu verlegen gebot, wurden der poetische Ausdruck des Liebes-
verhältnisses, das Goethe bald nach seiner Rückkehr aus
Italien einging. Bei einem Spaziergange im Park — „ich
ging im Walde so für mich hin, und nichts zu suchen, das
war mein Sinn" — trat zu ihm eines Tages ein junges
Mädchen, Christiane Vulpius, die hinterlassene Waise
eines durch Trunksucht verkommenen weimarischen Beamten,
um eine Bittschrift für ihren Bruder, einen nachmals viel-
genannten Romanschreiber, zu überreichen, der durch eigene
Schuld in eine kümmerliche Lage gerathen war. Goethe
nahm sich seiner an, besserte seinen sittlichen Lebenswandel
und brachte ihn in eine angemessene Thätigkeit, so daß die
verlassene Familie sich ihm zu unbegrenzter Dankbarkeit
verpflichtet fühlte. Das blühende Mädchen hatte indeß den
für Jugendreiz wieder empfänglich gewordenen Dichter lebhaft gefesselt. Sie war nicht schön, doch damals noch von
zierlichem, wenn auch kleinem Wuchse. Ihr volles rundes
Gesicht mit dem kleinen Stumpfnäschen mit schwellenden
Lippen hatte mehr den Reiz einer jugendfrischen Sinnlich-
keit als anmuthiger Schönheit. „Kurze Locken ringelten sich
ums zierliche Hälschen, ungeflochtenes Haar krauste vom
Scheitel sich auf" (Röm. El. IV.). Die Bildung der
höhern Stände ging ihr ab, doch war sie keineswegs, wie
schon aus ihren Briefen hervorgeht, so sehr verwahrlost,
wie die gegen sie überaus geschäftige Verleumdung sie
manchmal geschildert hat. Da sie von der Salonbildung
nicht verkünstelt war, ließ „eine reine Natur" sie in Goethe's
Augen nur um so schätzenswerther erscheinen. Ihr ganzes
Wesen war lachende Heiterkeit und ungeschminkte Gutmüthig-
keit. Leicht gab sie sich ihrem verehrten Wohlthäter ganz
zu eigen, und „die Göttin Gelegenheit", von der uns die
vierte der Elegieen berichtet, schloß den Bund der engsten

Vertraulichkeit: — „lieblich gab sie Umarmung und Kuß bald mir gelehrig zurück".[5]

Die Stunden des Liebeglücks und des Verlangens malen uns die „römischen Elegieen" („der neue Pausias und sein Blumenmädchen" ist gleichfalls dahin zu rechnen), die erotischen Epigramme, welche unter die „venetianischen" verstreut sind, und das Gedicht „Morgenklagen". Sie entstanden in dem Winter 1788/9 und in dem Jahre 1789; im folgenden Jahre wurden sie überarbeitet und redigirt; die zweite Elegie, die des politischen Gesprächs und der wüthenden Gallier gedenkt, dürfte nicht vor dem Jahre 1792 verfaßt sein. Daß Knebel damals mit der Uebersetzung des Properz beschäftigt war, hat ohne Zweifel die Wahl der antiken metrischen Form bestimmt. Obgleich man den Goethe'schen Elegieen den Zauber poetischer Kunst hat zugestehen müssen, sind sie doch häufig angefochten worden, weil sie sich zu dem sinnlichen Genusse weiblicher Reize mit einer Offenheit bekennen, welche die conventionelle Decenz und weit unsittlichere Prüderie unserer Zeit nicht gestattet. Goethe stellte sich damit entschieden auf den Boden der griechischen Kunst, welche die Schönheit in der Nacktheit, nicht in Draperieen verehrte, und von die= sem Standpuncte reiner Plastik der Natur wollen diese Elegieen, gleich den Dichtungen der griechischen Lyriker und ihrer römischen Nachahmer, beurtheilt sein. Zwei derselben wurden beim Abdruck, der auf Herder's Anrathen anfangs unterblieb und erst 1795 in Schiller's Horen er= folgte, weggelassen, „als verfänglichen Inhalts, aber noth= wendig in diesen Kreis gehörig, und ein Muster, wie auch solche Materien mit Geist und Geschmack im großen Stil behandelt werden können". Denn gerade die antike Form adelt den Stoff, weshalb Goethe die bezeichnende Aeußerung that, in modernen Stanzen würde sich der Inhalt verrucht ausnehmen.

In den Elegieen schildert uns der Dichter das neue Liebesverhältniß in den beglücktesten Momenten, wo es von dem Reiz des Geheimnisses umhüllt war. Als die „kleine Freundin" ihn zum Weihnachtsfeste 1789 mit einem Knaben (später seinem einzigen, da die nachgebornen Kinder im zarten Alter starben) beschenkte, nahm er sie nebst ihrer Tante und Schwester in sein Haus auf und glaubte sittlich zu handeln, indem er diese Verbindung als eine unzertrennliche, als eine „Ehe" betrachtete; er äußert daher gelegentlich in einem Briefe an Schiller vom 13. Juli 1796, sein „Ehestand" sei gerade acht Jahre alt. Die Abneigung gegen kirchliche Ceremonien, die sich während des Aufenthalts in Italien zu einem offen gestandenen Haß gesteigert hatte, die Ansicht, daß eine solche Verbindung die Welt nichts angehe, sondern lediglich die dabei Betheiligten — „unsre Zufriedenheit bringt keine Gefährde der Welt" —, dazu die Scheu, ein Mädchen von geringer Bildung in die weimarische Gesellschaft als seine Gattin einzuführen, alles dies hielt ihn lange Zeit davon ab, seine Verbindung durch die kirchliche Trauung zu einer legitimen zu machen; erst im Jahre 1806 glaubte er den dazu geeigneten Zeitpunct gefunden zu haben, nachdem bereits seinem August die Rechte legitimer Geburt von dem Herzoge, der bei ihm Pathenstelle vertreten hatte, zuerkannt waren.

Der Anstoß, den dies häusliche Verhältniß gab, hatte zur Folge, daß man es meist nur so auffaßte, als sei es nicht über das sinnliche Bedürfniß hinausgegangen, und Christiane sei im Uebrigen nichts als Goethe's Wirthschafterin gewesen. Eine solche Verleugnung seiner sittlichen Natur war aber für ihn nicht möglich. Vielmehr blickt

aus mancher Aeußerung, besonders in den Briefen an
Herder, aus mancher Zeile seiner Gedichte — außer den
erwähnten ist noch auf die Elegie „Metamorphose der
Pflanzen" zu verweisen — eine herzliche, fast leidenschaft=
liche Zuneigung hervor, wenngleich der tiefere Gefühlsinhalt
einer auf sittliche Achtung und Geistesgemeinschaft gegrün=
deten Ehe von dieser Verbindung schon deshalb nicht zu
erwarten stand, weil die Geliebte und nachmalige Gattin
an geistiger Bildung tief unter ihm stand und im Bewußt=
sein ihrer unwürdigen Stellung und ihres Mißverhältnisses
zu der gebildeten Gesellschaft sich nicht zu dem Gefühle
edlerer Weiblichkeit erheben konnte. Wenn wir auch zu=
geben, daß sie in den ersten Jahren ihrer Verbindung den
Unmuth des vereinsamten Dichters zu verscheuchen, „ihn
zu erquicken" wußte, daß sie späterhin mit Glück das Talent
übte, alles Störende von dem leicht reizbaren Freunde
fernzuhalten, daß sie ihm eine gute Wirthschafterin und
Pflegerin war, so ist es doch ein Irrthum zu behaupten,
Goethe habe für seine geistige Thätigkeit größere Unab=
hängigkeit und mehr Anregung zu poetischen Schöpfungen
gewonnen, als wenn ihm eine Lebensgefährtin von höherer
Bildung und von angesehener gesellschaftlicher Stellung zu
Theil geworden wäre. Während Schiller durch seine Ver=
bindung mit einer edeln, feingebildeten weiblichen Natur
zu der schönsten Harmonie seines geistigen und sittlichen
Wesens gelangte, entstand in Goethe's Dasein durch sein
häusliches Verhältniß ein nie ganz überwundener Zwiespalt.
Daß es seiner sittlichen Würde wie seiner öffentlichen
Stellung nicht · gezieme, hat er tief empfunden, und eben
dies Gefühl hat ihn gegen die Gesellschaft und das Publicum
reizbarer und verschlossener gemacht. Wenn auch damals
außereheliche Verhältnisse sehr nachsichtig beurtheilt wurden
und manche Freunde, selbst der sonst streng richtende Herder,

die Verbindung Goethe's mit Christiane unter den eigen=
thümlichen Umständen zu entschuldigen fanden, so hat doch
die Nation, die in ihrem größten Dichter auch die sittliche
Größe bewundern möchte, ihm die Entzweiung mit der
bürgerlichen Sitte nie verziehen. Nichts hat der richtigen
Würdigung von Goethe's sittlichem Charakter so sehr im
Wege gestanden, nichts so sehr zu falschen Urtheilen über
die Tendenz seiner Dichtungen verleitet, als jene Halb=Ehe.
Milder und gerechter ist das Urtheil der Nachwelt.

Die nächste Folge des neuen anfangs verborgen ge=
haltenen Liebesromans war, daß der letzte Faden, welcher
von dem Bande, das ihn eine Lebensepoche hindurch an
Charlotte von Stein gefesselt hielt, übrig geblieben war,
zerrissen wurde. Sie hatte es längst gefühlt, fast mit dem
ersten Wiedersehen, daß die Tage der beglückenden Geistes=
gemeinschaft und des unbegrenzten Vertrauens vorüber seien;
„unerquicklich und steif“ kehrte er ihr zurück. Wenn unter
seine Klagen über das, was er in Italien verlassen hatte,
sich auch das offene Geständniß der leidenschaftlichen Neigung
zu der jungen Mailänderin mischte, wie eine Aeußerung
in einem Briefe an sie vermuthen läßt, so mußte sie ein=
sehen, daß ein Verlangen in ihm erwacht sei, welches der
Umgang mit ihr nicht zu befriedigen vermöge. Am wenig=
sten aber konnte sie sich darein finden, einer solchen Neben=
buhlerin, wie Christiane Vulpius, aufgeopfert zu werden.
Wie sie sich persönlich dadurch gekränkt fühlte, so büßte er
zugleich bei ihr an der hohen sittlichen Achtung ein, die
in ihre Liebe zu ihm einbedungen war. Es war ein schwerer
Seelenkampf, den sie durchzukämpfen hatte. Die Gemüths=
erschütterung warf sie (im Februar 1789) aufs Kranken=
lager. Goethe wollte keinen eigentlichen Bruch; er suchte
zu begütigen und ihr gegenseitiges Verhältniß unter Be=
dingungen zu befestigen, welche den gelegentlichen freund=

schaftlichen Verkehr an die Stelle des täglichen Umgangs und der hingebenden Liebe setzen mochten; allein eine solche Herabstimmung des Gefühls war für sie mit Gleichgültig= keit von Einer Bedeutung.

Im Mai reiste sie in ein Bad und ließ ihm einen Brief zurück, worin sie ihm offen aussprach, was sie ihm vorwarf und namentlich sein häusliches Verhältniß als unvereinbar mit der Fortdauer ihrer Freundschaft bezeich= nete. Goethe antwortete darauf in einem ausführlichen Briefe, in welchem der Versuch, die ganze Schuld auf die Freundin zu werfen, ihn zu unwahren Ausflüchten und ungerechten Bitterkeiten verleitet. Da dieser Brief ein deutliches Licht auf die der italienischen Reise folgende Lebensepoche des Dichters wirft, so muß er hier seinem Haupttheile nach eine Stelle erhalten:

„Ich danke Dir für den Brief, den Du mir zurückließest, wenn er mich gleich auf mehr als eine Weise betrübt hat. Ich zauderte darauf zu antworten, weil es in einem solchen Falle schwer ist aufrichtig zu sein und nicht zu verletzen.

Wie sehr ich Dich liebe, wie sehr ich meine Pflicht gegen Dich und Fritzen kenne, hab' ich durch meine Rück= kunft aus Italien bewiesen. Nach des Herzogs Willen wäre ich noch dort. Herder ging hin, und da ich nicht voraussah, dem Erbprinzen etwas sein zu können, hatte ich kaum etwas Anderes im Sinn, als Dich und Fritzen. Was ich in Italien verlassen habe, mag ich nicht wieder= holen; Du hast mein Vertrauen darüber unfreundlich genug aufgenommen.

Leider warst Du, als ich ankam, in einer sonderbaren Stimmung, und ich gestehe aufrichtig, daß die Art, wie Du mich empfingst, wie mich Andre nahmen, für mich äußerst empfindlich war. Ich sah Herdern, die Herzogin verreisen, einen mir dringend angebotnen Platz im Wagen

leer; ich blieb um der Freunde willen, wie ich um ihrent=
willen gekommen war, und mußte mir in demselben Augen=
blick hartnäckig wiederholen lassen, ich hätte nur wegbleiben
können, ich nehme doch keinen Theil an den Menschen
u. s. w. Und das alles, eh' von einem Verhältniß die
Rede sein konnte, das Dich so sehr zu kränken scheint.

Und welch ein Verhältniß ist es? Wer wird dadurch
verkürzt? wer macht Anspruch an die Empfindungen, die
ich dem armen Geschöpf gönne? wer an die Stunden, die
ich mit ihr zubringe?

Frage Fritzen, die Herdern, jeden, der mir näher ist,
ob ich untheilnehmender, weniger mittheilend, unthätiger
für meine Freunde bin, als vorher? Ob ich nicht vielmehr
ihnen und der Gesellschaft erst recht angehöre?

Und es müßte doch ein Wunder geschehen, wenn ich
allein zu Dir das beste, innigste Verhältniß verloren haben
sollte! Wie lebhaft habe ich empfunden, daß es noch da
ist, wenn ich Dich einmal gestimmt fand, mit mir über
interssante Gegenstände zu sprechen.

Aber das gestehe ich gern, die Art, wie Du mich bis=
her behandelt hast, kann ich nicht erdulden. Wenn ich
gesprächig war, hast Du mir die Lippen verschlossen; wenn
ich mittheilend war, hast du mich der Gleichgültigkeit, wenn
ich für Freunde thätig war, der Kälte und Nachlässigkeit
beschuldigt. Jede meiner Mienen hast Du controllirt, meine
Bewegungen, meine Art zu sein getadelt, mich immer
mal à mon aise gesetzt. Wo sollte da Vertrauen und
Offenheit gedeihen, wenn Du mich mit vorsätzlicher Laune
von Dir stießest.

Ich möchte gern noch Manches hinzufügen, wenn ich
nicht befürchtete, daß es Dich bei Deiner Gemüthsver=
fassung eher beleidigen als versöhnen könnte".

Was er dann am Schluß des Briefes noch hinzusetzt, die Warnung vor dem zu häufigen Genuß des Kaffees als einer Ursache zu hypochondrischer Stimmung und den Wunsch, daß die nächste Kur gut anschlagen möge, war in dem kalt abfertigenden Tone mehr beleidigend als versöhnend.

Als auf diesen Brief keine Erwiderung erfolgte, fühlte er, wie schwer es sei, ein jahrelang gewohntes Band der Liebe plötzlich zu zerreißen, und schrieb acht Tage darauf einen Brief in mehr begütigenden Ausdrücken. Wie theuer ihm ihre Liebe gewesen sei, wie werth noch jetzt, sagen die Zeilen: „Ich habe kein größeres Glück gekannt, als das Vertrauen gegen Dich, das von jeher unbegrenzt war. Sobald ich es nicht mehr ausüben kann, bin ich ein andrer Mensch und muß in der Folge mich noch mehr verändern". Er bekennt, daß ihm jener Brief sauer geworden sei, daß es ihn schmerze, sie zu betrüben, und räumt seine Schuld in Betreff des Verhältnisses zu der Vulpius ein: „Zu meiner Entschuldigung will ich nichts sagen. Nur mag ich Dich gern bitten: hilf mir selbst, daß das Verhältniß, das Dir zuwider ist, nicht ausarte, sondern stehen bleibe, wie es steht. Schenke mir Dein Vertrauen wieder, sieh die Sache aus einem natürlichen Gesichtspuncte an, erlaube mir, Dir ein gelassenes wahres Wort darüber zu sagen, und ich kann hoffen, es soll sich Alles zwischen uns rein und gut herstellen". Allein es war nicht mehr herzustellen. Der „andere Mensch", der er werden zu müssen besorgt, war er bereits geworden, und am meisten gegen sie. Den Ausdruck schmerzlicher Resignation bewahren einige Stellen aus dem bald nachher in Belvedere abgeschlossenen Tasso und das Distichon:

Eine Liebe hatt' ich; sie war mir lieber als Alles!

Aber ich hab' sie nicht mehr! Schweig und ertrag den Verlust!

Obschon wir das Verhältniß Goethe's zu Frau von
Stein für edel und rein halten und uns durchaus an
deren Vertheidiger anschließen, so läßt sich doch das Bedauern nicht zurückhalten, daß sie nicht stark genug war,
ihren Unwillen über seine Verbindung mit Christiane im
stillen Herzen zu verschließen, statt ihrer Verbitterung fortwährend Ausdruck zu geben. Das Schärfste in der Art
ist ihr (jetzt auch durch den Druck bekannt gewordenes)
Drama Dido (1794), worin sie Goethe in der Person
des Ogon als einen sinnlichen, treulosen Genußmenschen
schonungslos darstellt; sie selbst erscheint als Elissa. Eine
gleiche Bitterkeit des Hasses erhielt in einer fünf Jahre
später verfaßten Komödie Ausdruck. Nach Goethe's schwerer
Krankheit im Jahre 1801 nahm eine versöhnliche Stimmung,
die bei Goethe stets vorhanden war, Platz. Der Umgang
wurde in gemessenen Formen wieder angeknüpft, wozu besonders Goethe's väterliche Fürsorge für Fritz von Stein,
die nicht unterbrochen war, mitwirkte, auch die Neigung
früherer Zeiten sich nicht aus dem Herzen verdrängen ließ;
aber man erneuerte weder Anklagen noch Ansprüche. Charlotte von Stein starb in hohem Alter nach Vollendung des
85. Jahres am 6. Januar 1827. Sie verordnete, daß
ihre Leiche nicht an Goethe's Hause vorübergetragen werde,
den gewöhnlichen Weg der Leichenzüge, weil es ihn zu
sehr erschüttern würde. Der Wunsch, zwar nicht erfüllt,
ist doch ein versöhnender Abschluß.

Was Goethe in dieser Periode der Zurückgezogenheit
neben seinen Dichtungen niederschrieb, bezeichnet die anscheinend fern von einander liegenden Gebiete wissenschaftlicher Erkenntniß, denen sich von jetzt an seine geistige
Thätigkeit zuwendete. Ueber ihre innere Verbindung und
Verwandtschaft spricht er sich in einem späteren Aufsatze klar
aus: „Wie die begünstigte griechische Nation verfahren,

um die höchste Kunst im eigenen Nationalkreise zu ent=
wickeln, hatte ich bis auf einen gewissen Grad einzusehen
gelernt, so daß ich hoffen konnte, nach und nach das Ganze
zu überschauen und mir einen reinen vorurtheilsfreien
Kunstgenuß zu bereiten. Ferner glaubte ich der Natur ab=
gemerkt zu haben, wie sie gesetzlich zu Werke gehe, um
lebendiges Gebild als Muster alles künstlichen hervorzu=
bringen. Das Dritte, was mich beschäftigte, waren die
Sitten der Völker: an ihnen zu lernen, wie aus dem Zu=
sammentreffen von Nothwendigkeit und Willkür, von An=
trieb und Wollen, von Bewegung und Widerstand ein
Drittes hervorgeht, was weder Kunst noch Natur, sondern
Beides zugleich ist, nothwendig und zufällig, absichtlich und
blind; ich verstehe die menschliche Gesellschaft. Ich schrieb
zu gleicher Zeit (1789) einen Aufsatz über Kunst, Ma=
nier und Styl, einen andern die Metamorphose der
Pflanzen zu erklären, und das römische Carneval.
Sie zeigten sämmtlich, was damals in meinem Innern
vorging, und welche Stellung ich gegen jene drei großen
Weltgegenden genommen hatte." Neben diesen Aufsätzen
über Kunst und italienisches Volksleben hätte Goethe noch
mehrerer andern kurz zuvor im Deutschen Merkur er=
schienenen von gleichem Inhalte gedenken können, welche
durch Schönheit des Stils sich der Carnevalsschilderung
würdig an die Seite stellen. [6]) Eine besondere Anregung
sich mit den italienischen Erinnerungen und Kunstbetrach=
tungen zu beschäftigen, erhielt er durch den Besuch des
aus Italien zurückkehrenden Moritz, welcher seit der ersten
Hälfte des Decembers 1788 mehrere Wochen sein Gast
in Weimar war, von wo er am 1. Februar in Gesellschaft
des Herzogs sich nach Berlin zurückbegab.

    In der Abhandlung Versuch die Metamorphose
der Pflanzen zu erklären (1790) wies Goethe in prä=

eiser wissenschaftlicher Darstellung nach), was ihm während seiner Reise in Italien zur Ueberzeugung geworden war, daß alle Pflanzentheile identisch seien, daß, „möge eine Pflanze sprossen, blühen oder Früchte bringen, es doch immer dieselbigen Organe seien, welche in vielfältigen Be= stimmungen und unter oft veränderten Gestalten die Vor= schrift der Natur erfüllen." Die gelehrten Botaniker wollten jedoch den Dichter auf dem Gebiete der Naturwissenschaften nicht als zünftiges Mitglied gelten lassen und lehnten, wie vormals seine osteologische Entdeckung, auch seine bota= nischen Ideen vornehm ab. Es war erst späteren Jahren vorbehalten, seine Ansicht zur Anerkennung zu bringen. „Zu hohem und verdientem Ruhme" — um einen Kenner der Wissenschaft (L. Reichenbach) reden zu lassen — „reiste erst spät heran Goethe's geistvolle Schrift über die Meta= morphose der Pflanzen, eine Abhandlung von eben so treff= licher Beobachtungsgabe geleitet, als durch glückliche Deu= tungsgabe belebt. Diese Metamorphose, diese Entwicklung der Pflanze, übertragen auf das ganze Gewächsreich, giebt die Gesetze für ideale Anordnung, für Darstellung des lebendigen, natürlichen Zusammenhanges, dem wir nach= forschen sollen, ohne jemals ihn ganz erreichen zu können. Nur die ahnungsvolle Deutung dazu belebt die Schriften des Meisters, die Ausführung bleibt jedem überlassen nach Maßgabe von Einsicht, Eifer und Kraft." Es blieb der Grundzug von Goethe's wissenschaftlichem Denken, alle Naturerscheinungen als Glieder einer ununterbrochenen Ent= wicklung des Lebendigen aufzufassen. Diese Idee greift auch hinüber in das Gebiet der Poesie, welche ebenfalls ein Lebendiges in seiner Totalität zu erfassen und darzustellen hat. Daran möge sich noch das Urtheil eines andern Naturforschers (M. J. Schleiden) anschließen: „Eine un= endlich wichtige und folgenreiche Lehre für die Botanik trat damals durch Goethe in den Vorgrund, die sogenannte Metamorphose der Pflanzen..... Der leitende Grundgedanke, der die ganze fernere Entwickelung der Botanik bestimmt hat, ist der, daß die Pflanze den ganzen Reichthum ihrer Formenbildungen durch allmähliche Umwandlung aus sehr wenig einfachen Grundorganen entwickelt".

Die bidaktische Elegie „Metamorphose der Pflanzen", welche das Resultat in poetischer Form zur Anschauung zu bringen sucht, führt uns in anmuthiger Parallele das Bild der Liebe vor, die, aus zartem Keim sich entfaltend, in mannigfach wechselnden Gefühlen sich fortentwickelnd, zu der höchsten Frucht gleicher Gesinnungen aufstrebt. Auf ähnliche Weise beabsichtigte er die magnetischen Kräfte in einem Gedichte zu behandeln. Seine Forschungen setzte er fort, ohne sich durch kalte, absprechende oder spöttische Urtheile irre machen zu lassen. Er war darauf gefaßt. „Mit diesem Werkchen", schrieb er an Knebel, „fange ich eine neue Laufbahn an, in welcher ich nicht ohne manche Beschwerlichkeit wandeln werde". Herbarien wurden angelegt und besonders „Beispiele des Bildens, Umbildens und Verbildens" gesammelt, Manches ward abgezeichnet und so die Fortsetzung der ersten Arbeit vorbereitet. Wenn auch die nächsten Jahre ihn mehrmals aus der stillen Thätigkeit rissen und zu andern Beschäftigungen hinüberzogen, so fand er doch stets Gelegenheit, sich mit dem Mittelpunct seiner botanischen Studien in Verbindung zu erhalten.

Der Frühling des Jahres 1790 rief Goethe noch einmal über die Alpen. Die Herzogin Amalia kam aus dem Süden zurück, und Goethe reiste ihr gegen Ende des März bis Venedig entgegen, wo er auch mit einigen römischen Freunden zusammenzutreffen hoffte. Da ihre Ankunft sich bis in den Mai hinausschob, so verlebte er mehrere Wochen — „glücklich und angenehm", wie er an Knebel schreibt —

in der alten Dogenstadt, freilich mit lebhafter Sehnsucht
nach seinem häuslichen Glück. Seine Briefe an Herder be=
rühren den schmerzlichen Abschied, mit dem er sich von der
Geliebten losgerissen, und sein Verlangen nach der baldigen
Rückkehr zu ihr und seinem August, die er Herder's Für=
sorge bringend empfiehlt. Wie er die nicht eben erwünschte
Muße — denn „manchmal zeigten sich kleine Bewegungen
der Ungeduld" — benutzt hat, um das venetianische Volks=
leben zu beobachten und die Betrachtung der dortigen
Kunstschätze fortzusetzen, darüber belehrt uns ein Theil der
venetianischen Epigramme. Die meisten dieser kleinen
Sammlung sind in Venedig entstanden; „es sind dieses
Früchte", schreibt er bei Uebersendung eines Blättchens Epi=
gramme an Frau von Kalb, „die in einer großen Stadt
gedeihen; überall findet man Stoff, und es braucht nicht
viel Zeit sie zu machen". Doch sind mehrere ältere und
spätere Epigramme bei der erst 1795 erfolgten Herausgabe
im Schillerschen Musenalmanach eingeschaltet und angehängt
worden, so daß man sich hüten muß, in allen venetianische
Beziehungen zu suchen. Viele sind augenscheinlich früher
verfaßt und theils aus des Dichters „angenehmen häuslich=
geselligen Verhältnissen" theils aus seiner damaligen Ver=
stimmung entsprungen; andere enthalten spätere Reflexionen
über die französische Staatsumwälzung, wieder andere
deuten auf den damals noch nicht angeregten Streit über
die Farbentheorie und leiten bis zu den Xenien hin [7]). An
den italienischen Epigrammen fällt es besonders auf, daß
nirgends jene Begeisterung anklingt, die Goethe früher auf
jedem seiner Schritte zum geliebten Süden begleitet und
noch in den römischen Elegieen ihren poetischen Ausdruck
gefunden hatte. Er muß es selbst gestehen: „das ist Italien
nicht mehr, das ich mit Schmerzen verließ." In einem
Briefe an den Herzog gesteht er offen, seiner Liebe für

Italien werde durch diese Reise ein tödtlicher Stoß versetzt. Hatte er früher nur leise die Mißstände in den italienischen Verhältnissen und die Leiden des Reisenden angedeutet, so bricht jetzt der Unwille unverhaltener hervor, daß man deutsche Redlichkeit, Ordnung und Zucht hier vergebens suche. „Unter andern löblichen Dingen", heißt es in dem Briefe an Frau von Kalb, „die ich auf dieser Reise ge= lernt habe, ist auch das: daß ich auf keine Weise mehr allein sein und nicht außerhalb des Vaterlandes leben kann." Manche Epigramme verbergen in der scherzenden Umhüllung einen scharfen Stachel, und wir erkennen an diesem und jenem leicht hingeworfenen Worte, daß sein Urtheil über die Welt herber geworden ist. Zuletzt sind Bettinens Gaukelsprünge, die sich schlängelnden Schliche der Lacerten und das Dunkel der Spelunke nur die un= heimliche Kehrseite der seelenvollen Erhebung zu dem Großen und Schönen, das einst Italien vor seinen Augen ausge= breitet hatte.

Die Herzogin langte am 6. Mai in Venedig an, mit ihr Heinrich Meyer und der Maler Bury, mit denen Goethe seit dem zweiten Aufenthalt in Rom durch herzliche Freundschaft verbunden war. Die lebendige Unterhaltung mit Kennern der Kunstwerke, die gemeinschaftliche Betrach= tung der vorzüglichsten Werke der venetianischen Malerschule führte ihn wieder in das Kunstelement ein, das er in Weimar so schmerzlich entbehrt hatte. Die Freunde be= gleiteten ihn bis Mantua, wo sie im Genuß der Fülle aus= gezeichneter Werke der bildenden Kunst „zwei schöne Tage" zubrachten. Hier trennten sie sich. Goethe reiste über Verona zurück, welches er am 1. Juni verließ. Bury be= gab sich nach Rom, Meyer nach seinem Heimatlande, der Schweiz, von wo auch er nach Rom zurückging; der Herzog von Weimar hatte ihm eine jährliche Unterstützung von

100 Scudi zugesichert, mit dem Wunsche, daß er später nach Weimar komme. Am 20. Juni traf Goethe mit der Herzogin=Mutter wieder in Weimar ein.

Der Herzog war einige Wochen zuvor nach Schlesien abgereist, um den Uebungen des preußischen Feldlagers bei=zuwohnen, das dort zum Behuf einer Demonstration gegen Oestreich und Rußland gebildet worden war, während Oest=reich Truppen in Mähren, Böhmen und Galizien zusammen=zog. Durch den Congreß von Reichenbach wurden die Kriegsbesorgnisse beseitigt. Der Herzog berief auch Goethe dorthin, „wo er einmal statt der Steine und Pflanzen die Felder mit Kriegern werde besät finden.“ Goethe folgte der Einladung, halb wider Willen, und begab sich gegen Ende des Juli nach Breslau. Das militärische Leben, das hier ihn empfing, der Glanz der Feste, die Mannig=faltigkeit der in den fürstlichen Kreisen versammelten Ge=sellschaft hatte indeß wenig Reiz für ihn. In früheren Jahren hatte er sich gern von der Woge des buntwechseln=den Lebens tragen lassen, immer beobachtend, immer lernend von neuen Erscheinungen, von eigenthümlichen Charakteren, so daß selbst das, was seiner Natur fern lag, die Schule der Weltbildung erweiterte. Allein seit die geistige Kraft sich der wissenschaftlichen Gedankenwelt zugewandt hat und mehr auf die Deutung der Geheimnisse der Natur, als der Räthsel der Menschenwelt sich richtet, ist der Blick nach innen gekehrt und ernster geworden. „In der Art“ — schreibt er um diese Zeit an Jacobi — „auf dem Wege, wie Du mein botanisches Werkchen wirst gesehen haben, setze ich meine Betrachtungen über alle Reiche der Natur fort und wende alle Kunstgriffe an, die meinem Geiste verliehen sind, um die allgemeinen Gesetze, wonach die lebendigen Wesen sich organisiren, näher zu erforschen“.

Als Goethe eines Tages auf den Dünen des Lido,

welche die venetianischen Lagunen vom Meere trennen, spa=
zieren ging, fand er in dem Sande des Judenkirchhofs einen
Schafschädel, der so geborsten war, daß er ihm nicht nur
für die früher ausgesprochene Behauptung, die sämmtlichen
Schädelknochen seien aus verwandelten Wirbelknochen ent=
standen, einen neuen Beweis gab, sondern auch den Ueber=
gang des thierischen Organismus zu fortschreitender Ent=
wicklung und Veredlung der vorzüglichsten Sinneswerkzeuge
vor Augen stellte. Er glaubte zu erkennen, daß die Ge=
sichtsknochen gleichfalls aus Wirbeln abzuleiten seien, in=
dem ihm der Uebergang vom ersten Flügelbeine bis zum
Siebbeine und den Muscheln ganz deutlich vor Augen trat.
Diese Beobachtung bestärkte ihn in der Ueberzeugung, „ein
allgemeiner, durch Metamorphose sich erhebender Typus
gehe durch die sämmtlichen organischen Geschöpfe durch,
lasse sich in allen seinen Theilen auf gewissen mittleren
Stufen gar wohl beobachten und müsse auch noch da an=
erkannt werden, wenn er sich auf der höchsten Stufe der
Menschheit ins Verborgene bescheiden zurückzieht“. Auf
die Fortsetzung dieser osteologischen Forschungen war während
seines Aufenthalts in Schlesien vornehmlich seine Thätig=
keit gerichtet, und er lebte daher mitten in der bewegtesten
Welt „wie ein Einsiedler in sich selbst abgeschlossen“. Er
begann eine Abhandlung über die Bildung der Thiere zu
schreiben. Daneben hatte er indeß noch so viel dichterische
Laune, um sich mit dem Entwurf einer komischen Oper zu
beschäftigen, aus dem sich nachmals „der Großkophta“ ge=
staltet hat.

Gegen Ende des Augusts befand sich Goethe in den
lieblichen Gebirgsgegenden am Fuße des Riesengebirges, in
Adersbach und der Grafschaft Glatz. Viel Belehrung
schöpfte er aus der im September in Gesellschaft des Her=
zogs ausgeführten Lustfahrt nach Galizien. Er besah unter

Anderm die Berg= und Hüttenwerke von Tarnowitz und die Salinen von Wieliczka. Auf der Rückreise nach Weimar machte ihn die Betrachtung der Dresdener Kunstschätze wieder recht glücklich und belebte ihm wieder die Lust, über Kunst zu denken. Er blieb eine Woche in Dresden und verkehrte viel mit Körner, dem Freunde Schiller's. Am 6. October traf er mit dem Herzog wieder in Weimar ein.

Es folgte eine Zeit ungestörter Muße. Zunächst vollendete er die Redaction seiner Elegieen und Epigramme. Herzogin Amalia und Herder wandten ihren Einfluß an, ihn für eine größere dichterische Arbeit zu gewinnen, besonders für die Vollendung des Wilhelm Meister, zu welchem er am Schlusse der italienischen Reise, durch die dem Roman ein neuer ansehnlicher Stoff gewonnen war, die beste Hoffnung gehabt hatte. Wirklich wandte er auch, als er sein osteologisches Werkchen, an dem er mehrere Wochen, ohne zum Abschluß kommen zu können, gearbeitet hatte, wieder beiseite legte, sein Augenmerk dahin. „Vielleicht rückt" — schrieb er am Schluß des Jahres — „in dem neuen Jahre auch dieses alte Werk seiner Vollendung näher". Allein als Dichter fühlte er sich durch die drückenden und spannenden Zeitereignisse aus dem sonst gewohnten Elemente herausgedrängt, zumal auch im engeren Kreise die erfrischende Quelle versiegte, die zu mancher Stunde der Begeisterung geweckt hatte; er äußerte später in einem Briefe an Schiller, er habe damals aufgehört ein Dichter zu sein. „Hätte ich", sagte er zu Eckermann, „in der bildenden Kunst und in den Naturstudien kein Fundament gehabt, so hätte ich mich in der schlechten Zeit und deren täglichen Einwirkungen auch schwerlich obengehalten". Es mußten erst einige Jahre vergehen, bis er auch die neuen gewaltsamen Erscheinungen der politischen und sittlichen Welt in sich durchdacht und

bewältigt hatte, so daß er aufs neue zu künstlerischer Ge=
staltung fähig ward.

Aufgefordert durch den ihm inwohnenden Trieb zu
der Erforschung der Lebensgesetze in der sittlichen Welt wie
in der Natur, suchte er die Ordnung, die im äußern Leben
bis in die Beziehungen seines Privatlebens hinein gestört
war, in stiller Betrachtung des Webens und Waltens der
Natur zu erkennen. Auf diesem unermeßlichen Gebiete
erwuchsen ihm stets neue, ungeahnte Aufgaben, und der
leidenschaftliche Fleiß, sie zu seiner Befriedigung zu lösen,
in den Erscheinungen der Außenwelt den Grundgedanken
seiner Naturforschung wiederzufinden und bestätigt zu sehen,
stieg in eben dem Maße, als er einsehen mußte, daß die
Kraft des Einzelnen zu den großen Anforderungen, die auf
die ausgebreitetste Universalität der Naturbeobachtungen
hindeuteten, im Mißverhältniß stehe. Bisher hatte sich
seine Naturforschung meist auf das naturhistorische Gebiet
beschränkt, auf welchem er mit eben so viel poetischer
Divination als sorgfältiger Beobachtung der einzelnen Er=
scheinungen in die Grundgesetze der Organisation und der
Metamorphose alles Lebendigen eindrang. Es war dieselbe
Geistesthätigkeit, die seine dichterischen Productionen zur
Reife brachte, nur auf einem andern Gebiete, dem man
selten die Grenzverbindung mit der Poesie zugestehen wollte.

Bei Goethe wurzelte die Naturforschung in der er=
habensten sittlichen Anschauung, weshalb er für sie eine
harmonisch=allgemeine Ausbildung des Individuums fordert.
Folgerichtig nimmt sie die speculative Richtung seines Geistes
in sich auf. Denn obgleich er bekennen muß, daß ihm das
Organ für Philosophie im eigentlichen Sinne abgehe, so
entzog er sich doch keineswegs der Einwirkung ausgezeich=
neter philosophischer Denker. Wie er mit jugendlicher Be=
geisterung den Kern des Spinozismus in sich aufnahm,

so verfolgte er auch nachmals die Entwickelung deutscher
Philosophie, nachdem sie mit Kant's Kritik der reinen Ver=
nunft zu dem Ernst des wissenschaftlichen Denkens zurück=
gekehrt war und auf verschiedenen Bahnen die Lösung der
höchsten Probleme des Geistes versuchte. Zwar stand ihm
Kant's Kritik der reinen Vernunft in der Umhüllung der
esoterischen Sprache der Metaphysik noch fern; doch dem
Standpuncte des großen Philosophen hatte er, ohne seiner
Methode bestimmt bewußt zu sein, durch die Anschauung
der Gegenstände der Erscheinungswelt, welche ihm ein
speculatives Denken ward, sich genähert. Freudig stimmte
er dem Kantischen Satze bei, wenn gleich alle unsere Er=
kenntniß mit der Erfahrung angehe, so entspringe sie darum
doch nicht alle aus der Erfahrung: „zum erstenmal schien
eine Theorie mich anzulächeln". Eine schönere Klarheit
ging ihm in Kant's Kritik der Urtheilskraft auf, welcher
er nach seinem eigenen Geständniß eine höchst frohe Lebens=
epoche schuldig ward. „Hier sah ich meine disparatesten
Beschäftigungen nebeneinander gestellt; Kunst und Natur=
erzeugnisse, eins behandelt, wie das andere; ästhetische
und teleologische Urtheilskraft erleuchteten sich wechselsweise.
Wenn auch meiner Vorstellungsart nicht eben immer dem
Verfasser sich zu fügen möglich werden konnte, wenn ich
hie und da etwas zu vermissen schien, so waren doch die
großen Hauptgedanken des Werks meinem bisherigen Schaffen,
Thun und Denken ganz analog; das innere Leben der
Kunst wie der Natur, ihr beiderseitiges Wirken von innen
heraus war im Buche deutlich genug ausgesprochen......
Mich freute, daß Dichtkunst und vergleichende Naturkunde
so nah' mit einander verwandt seien, indem beide sich der=
selben Urtheilskraft unterwerfen. Leidenschaftlich ange=
regt, ging ich auf meinen Wegen nur desto rascher fort".
Da Goethe bei Kant's Schriften dasselbe widerfuhr, wie

früher beim Studium des Spinoza, daß er mehr das her=
auslas, was in seinem eigenen Denken schon vorbereitet
war, und das Fremde sich auf seine Weise zurecht legte,
so mußte er's sich gefallen lassen, daß seine Auffassung der
Kantischen Doctrin bei den Kantianern wenig Anklang fand
und bei seinen speculativen Erörterungen der Eine und
der Andere mit lächelnder Verwunderung äußerte: „es sei
freilich ein Analogon Kantischer Vorstellungsart, aber ein
seltsames".

Inzwischen war Goethe im Verfolg seiner Naturbe=
trachtung zu wissenschaftlichen Forschungen gelangt, aus
denen ihm nach und nach eine neue Lebensaufgabe erwuchs,
welcher er mit größter Anstrengung die besten Kräfte seiner
späteren Jahre widmete. Schon da er in Italien den Reiz
der Farben in den Erscheinungen der Natur wie in den
Werken der Malerkunst aufs lebendigste empfand, begann
er den Gesetzen ihrer Entstehung nachzusinnen. Wiederholt
zog ihn das einmal angeregte Interesse wieder zu diesen
Betrachtungen hin. Er machte sich mit Hülfe eines Com=
pendiums mit der auf Newton's Forschungen gegründeten
Theorie der Optik bekannt und benützte den zu den Experi=
menten erforderlichen Apparat, welchen ihm Hofrath Büttner
in Jena bereitwillig für einige Zeit überließ. Anderweitige
Beschäftigungen und Hindernisse schoben indeß die Versuche
noch hinaus. „Die Prismen standen eingepackt, wie sie
gekommen waren, in einem Kasten unter dem Tische, und
ohne die Ungeduld des jenaischen Besitzers hätten sie noch
lange da stehen können". Auf dringende Mahnung eines
Freundes in Jena war er schon im Begriff, die Prismen
ungebraucht zurückzuschicken, weil er noch immer keine Zeit
fand, um sich mit diesen Untersuchungen abzugeben; nur
einige flüchtige Beobachtungen konnte er sich vor der Ab=
sendung nicht versagen, und plötzlich ging ihm die Ueber=

zeugung auf, die Newton'sche Lehre sei falsch. Er erbat
sich die Erlaubniß, den Apparat noch länger benutzen zu
dürfen, und widmete das Jahr 1791 vornehmlich den
chromatischen Beobachtungen. Er fühlte sich in ein neues,
unabsehbares Feld versetzt, welches zu durchmessen er sich
nicht Kraft genug zutraute. Er sah sich überall nach Theil=
nehmern um und hätte gern seine Beobachtungen und Ueber=
zeugungen einem Andern überlassen, wenn er hätte hoffen
können, sie fruchtbar zu sehen. Allein seine Mittheilungen
erweckten keine Theilnahme: „überall fand ich Unglauben
an meinen Beruf zu dieser Sache; überall eine Art von
Abneigung gegen meine Bemühungen; die sich, je gelehrter
und kunstreicher die Männer waren, immer mehr als un=
freundlicher Widerwille zu äußern pflegte". Dies hätte
ihm allerdings Zweifel an der Richtigkeit seiner Bemerkungen
einflößen können, zumal ihm nicht entgehen konnte, wie
gefährlich es sei, ohne mathematische Kenntnisse sich in
physikalische Forschungen einzulassen. Jedoch war er bei
seiner Entdeckung der Pflanzenmetamorphose und seinen
osteologischen Beobachtungen den Widerspruch der Fachge=
lehrten schon zu sehr gewohnt, als daß dieser ihn hätte
irre machen können, seinen eigenen Weg zu gehen; „ein
entschiedenes Aperçu ist wie eine inoculirte Krankheit anzu=
sehen; man wird sie nicht los, bis sie durchgekämpft ist".
„Es ging mir", äußert er an einer andern Stelle, „mit
diesen Entwickelungen natürlicher Phänomene wie mit Ge=
dichten; ich machte sie nicht, sondern sie machten mich".

Von anderer Seite kam man auch wiederum seinem
Vorhaben förderlich entgegen. Herzog Ernst von Gotha,
dem die Pflanzentheorie Achtung vor Goethe's Naturfor=
schung eingeflößt hatte, eröffnete ihm sein physikalisches
Cabinet, wodurch er die Versuche zu vermannigfaltigen und
ins Größere zu führen in Stand gesetzt wurde. Prinz

August von Gotha verehrte ihm aus England verschriebene, sowohl einfache als zusammengesetzte, achromatische Prismen. Goethe selbst wandte große Summen auf seinen optischen Apparat, so daß er nach und nach über tausend Thaler dafür verausgabt hat. Ueber das Nähere seiner Beobach= tungen findet man ausführlichen Bericht in der „Confession", welche Goethe seiner Geschichte der Farbenlehre angehängt hat. Eine Kritik derselben wird man dem Biographen, der seine Incompetenz in diesem wissenschaftlichen Fach zu ge= stehen hat, um so mehr erlassen, als das Urtheil über Goethe's Verdienste um die Farbentheorie noch nicht ein= mal bei den Physikern festgestellt ist [8]). Uns interessirt sie, abgesehen von ihren wissenschaftlichen Resultaten, als ein neues Moment der Geistesthätigkeit Goethe's, welche, zu der Farbenlehre fortschreitend, das Princip der Einheit des Innern und Aeußern, des Denkens und des Phänomens auch hier zur Geltung zu bringen und in der Mannigfaltig= keit der Erscheinungen das Gesetz zu finden sucht. Wenn er in seiner Farbenlehre die ideale Einheit des Subjectiven und Objectiven in die Worte zusammenfaßt: „wenn die Farbentotalität von außen dem Auge als Object dargebracht wird, so ist sie ihm erfreulich, weil ihm die Summe seiner eignen Thätigkeit als Realität entgegenkommt": so mag uns dies im Voraus eine Andeutung sein, daß die Beschäfti= gung mit der Farbenlehre keine Abschweifung von seinem bisherigen Standpuncte war, sondern das Grundprincip seines Dichtens und seiner Kunstanschauung auch hier aufs neue hervortritt. „Als ich lange genug in diesen fremden Regionen verweilt hatte, fand ich den glücklichen Rückweg zur Kunst durch die physiologischen Farben und durch die sittliche und ästhetische Wirkung derselben überhaupt".

Eine vorläufige Darstellung einzelner von ihm be= obachteter Phänomene gab er in den Beiträgen zur

Optik, 1791 und 1792 in zwei Heften erschienen, welche
auf seine Theorie vorbereiten und ihm die Theilnahme des
größern Publicums verschaffen sollten. Indeß wurden sie
ebenso kalt wie seine frühern naturwissenschaftlichen Aufsätze aufgenommen, und er sah sich weder ermuntert noch
gefördert. In dem Kreise der Weimarer Freunde machte
er wiederholte Versuche, seine Theorie zu verdeutlichen und
durch mündliche Vorträge sie mehr und mehr beherrschen
zu lernen. In Weimar war eine gelehrte Gesellschaft ge-
stiftet worden, welche am 5. Juli 1791 ihre Statuten erhielt. Sie versammelte sich anfangs bei der Herzogin
Amalia, später in Goethe's Hause; auch die herzogliche
Familie wohnte mehreren Sitzungen bei. In einigen derselben trug Goethe seine Optik vor, und selbst Böttiger,
der sonst ihn herunterzuziehen liebt, muß nach der Sitzung
vom 4. November gestehen, Goethe sei eben so groß als
scharfsinniger Demonstrator an der Tafel, wie er es als
Dichter sei. Goethe fühlte stets einen lebhaften Trieb,
durch Mittheilung seiner wissenschaftlichen Ansichten sie zu
größerer Klarheit in sich zu entwickeln. „Ich hielt" äußert
er bei einer spätern Gelegenheit, „niemals einen Vortrag,
ohne daß ich dabei gewonnen hätte; gewöhnlich gingen mir
unterm Sprechen neue Lichter auf, und ich erfand im Fluß
der Rede am gewissesten".

Indem Goethe inmitten dieser Beschäftigungen das
Band, das ihn mit der Poesie verknüpfte, keineswegs zerriß, konnte es ihm nur erwünscht sein, wenn es durch
äußere Anregung praktischer Thätigkeit noch mehr befestigt
wurde. Die Darstellungen der Bellomo'schen Schauspielergesellschaft hatten in letzter Zeit nicht mehr befriedigt.
Man beschloß sie zu entlassen; nur einige tüchtige Mitglieder derselben wurden beibehalten, und die Truppe ward
durch neue Anwerbungen von den bedeutenderen deutschen

Bühnen ergänzt. Goethe übernahm am 1. Mai 1791 „mit Vergnügen" die Leitung des „Hoftheaters"⁹). Nach der Eröffnung desselben, welche am 7. Mai mit Iffland's Jägern und einem Prolog von Goethe stattfand, wurden in Weimar nur noch wenige Vorstellungen gegeben. Bald darauf zog die Gesellschaft nach dem Badeort Lauchstädt hinüber, wo sie auch ferner im Sommer zur Unterhaltung der Badegäste zu spielen pflegte.

Im nächsten Winter widmete sich Goethe dem Theater mit großer Liebe und Anstrengung. Die Neigung zu Oper und Singspiel, in welcher er in Italien sehr bestärkt war, ließ ihn zunächst diese das größere Publicum vornehmlich anziehende Seite der Theatervorstellungen am meisten begünstigen. Der Concertmeister Cranz und der jetzt als Theaterdichter sehr thätige Vulpius griffen lebhaft mit ein; auch das leichte Talent Einsiedel's, der ein gleiches Interesse für die musikalische Poesie aus Italien heimgebracht hatte, leistete gute Dienste. Einer Menge italienischer und französischer Opern wurden deutsche Texte untergelegt und die vorhandenen verbessert. Goethe selbst überarbeitete mehrere Texte, und die Oper Circe wurde ganz umgedichtet. Das vielleicht schon früher begonnene Singspiel die ungleichen Hausgenossen, in welchem sieben Personen, die aus Zufall oder in Folge von Verhältnissen auf einem Schlosse zusammentreffen, Gelegenheit gaben, durch Verschiedenheit der Charaktere eine poetische und musikalische Abwechselung herbeizuführen, nahm jedoch der Dichter nicht wieder auf, obwohl es schon ziemlich weit gediehen war. Einige Arien daraus finden sich in der Sammlung von Goethe's Gedichten unter den Ueberschriften „verschiedene Empfindungen an Einem Platze" und „Antworten bei einem gesellschaftlichen Fragespiel" zusammengestellt.

Nicht minder war indeß das Bemühen Goethe's dahin

gerichtet, das recitirende Drama „auf eine würdige Weise zu behandeln und von Grund aus zu beleben". Von dem Repertoire Iffland'scher und Kotzebue'scher Stücke vermochte man sich bald zu sorgfältiger Darstellung classischer Dramen zu erheben. Die Aufführung von Shakspeare's König Johann und Schiller's Don Carlos erschien als ein „großer Gewinn"; denn erst mit solchen Darstellungen stieg das Theater von der Stufe flüchtiger Unterhaltung in das Gebiet der höheren Kunst empor.

Die erste poetische Frucht der aufs neue in Goethe angeregten Liebe zur Bühne war das Lustspiel der Groß= kophta, dessen Abfassung dem Jahre 1791 angehört. Den Stoff desselben hatte der Dichter schon viele Jahre mit sich herumgetragen. Die berüchtigte Halsbandgeschichte, in welche die Königin Maria Antoinette so unheilvoll ver= flochten war, erschreckte Goethe im Jahre 1785 „wie das Haupt der Gorgone", und wenn ihm auch damals seine Freunde (wahrscheinlich Herder) vorwarfen, daß er zu viel Werth und Gewicht auf dieses oder jenes Ereigniß des Tages lege, so hielt er doch daran fest, „daß er sich auf einer prägnanten Stelle befinde, von wo Manches zu er= warten sei, und er hatte die Ueberzeugung, die auch Talley= rand damals geäußert hat, dieser Proceß könnte den fran= zösischen Thron umstürzen. Den Gang desselben verfolgte er mit größter Aufmerksamkeit. Besonders zog ihn darin ein geheimnißvoller Charakter an, der schon seit längerer Zeit in Europa's Hauptstädten die Rolle eines Magiers mit geistreicher Schlauheit spielte und Vielen als ein Wunder, Allen als ein Räthsel erschien. Es war der so= genannte Graf Cagliostro, welcher, gewonnen von der betrügerischen Gräfin Lamotte, zu der Ueberlistung des Cardinals Rohan, eines seiner blindgläubigen Verehrer, durch seinen Rath mitwirkte und daher in jenen Proceß verwickelt ward. So groß war Goethe's Interesse für den seltsamen Abenteurer, daß er bei seiner Anwesenheit in Palermo dessen Mutter und Schwester, die dort in Dürftigkeit lebten, einen Besuch machte und ihnen später noch von Weimar aus Geldunterstützungen zukommen ließ. Einen Aufsatz über Cagliostro's Stammbaum und Familie gab er später im ersten Bande seiner „neuen Schriften" (1792) heraus, damit, wie er an Jacobi schreibt, über diesen Nichtswürdigen kein Zweifel übrig bleibe.

Nach Beendigung des Tasso begann Goethe die Bearbeitung des Stoffes als Oper, welche er „die Mystificirten" betitelte, und besprach schon mit dem Musikdirector Reichardt die Composition. Von jener ersten Bearbeitung des Großkophta (so nannte sich Cagliostro als Wiederhersteller der angeblichen ägyptischen Maurerei) sind nur die Arien übrig geblieben, welche als Kophtische Lieder unter den lyrischen Gedichten stehen. Wir werden dem Dichter unbedenklich beistimmen, daß der Gegenstand sich besser zu einer Oper, wo uns das Magische weniger befremdend, das Unsittliche weniger verletzend erscheinen würde, als zu einem Drama getaugt hätte.

Bei der Wiederaufnahme des Stoffes zog Goethe die Form des Lustspiels vor. Weil der Dichter uns in eine sittlich verdorbene Gesellschaft führt, welche durch den Schein des Guten auch das edle Gemüth zu täuschen und zum Dienst des Bösen zu mißbrauchen weiß, weil er das Gewebe einer schändlichen betrügerischen Mystification mit historischer Treue vor unsern Blicken enthüllt, so ist dies Drama meist mit einem absprechenden Urtheil, oft von solchen, die es nicht einmal gelesen haben, als eine Goethe's unwürdige Arbeit bei Seite geschoben worden, wobei man ein Urtheil Georg Forster's für sich anführen konnte, der den Großkophta auf·den ersten Eindruck hin in einem

Briefe an Jacobi „ein Ding ohne Salz" nannte, —
„ohne einen Gedanken, den man behalten kann, ohne eine
schöne entwickelte Empfindung, ohne einen Charakter, für
den man sich interessirt 2c." Freilich war in einem Gemälde schändlicher Frechheit und Thorheit für Entwickelung
von Empfindungen keine Stelle, und die Sprache, welche
Forster einen platten Alltagsdialog nennt, soll eben die
Leere und Hohlheit der „hochadligen" Kreise, in denen die
Handlung sich bewegt und gegen die der Dichter eine herbe
Verstimmung im Busen trug, veranschaulichen. Allein
wenn gleich die Tiefe und Wärme, wodurch die größeren
Dichtungen Goethe's hervorragen, bei einem so widerlichen
Süjet unmöglich waren, und wir auf einen heitern, wohl-
thuenden Eindruck verzichten müssen, so sind doch Klarheit
der Exposition und feine Zeichnung der Charaktere als die
Eigenschaften anzuerkennen, welche dies Drama als Kunst-
werk höchst beachtenswerth erscheinen lassen. Daß es bei der
ersten vortrefflich gespielten Aufführung einen widerwärtigen
Eindruck gemacht habe, bekennt Goethe selbst mit gewohnter
Offenheit: „Kein Herz klang an..... und weil geheime
Verbindungen sich ungünstig behandelt glaubten, so fühlte
sich ein großer respectabler Theil des Publicum entfremdet,
so wie das weibliche Zartgefühl sich vor einem verwegenen
Liebesabenteuer entsetzte". Vergleicht man mit diesem Erfolg die heitern Stunden in Ettersburg und Tiefurt, so
fühlt man eine schmerzliche Resignation, an die ihn die
kühle Aufnahme seiner letzten großen dramatischen Dichtungen
schon seit längerer Zeit gewöhnt hatte, in den Worten durch:
„Ich war immer gegen die unmittelbare Wirkung meiner
Arbeiten gleichgültig gewesen und sah auch diesmal ganz
ruhig zu, daß diese letzte, an die ich so viele Jahre ge-
wendet, keine Theilnahme fand".

Drittes Capitel.

1792—1793.

~~~~~~~~

Als Goethe an der Seite der Herzogin Amalia in
Venedig verweilte, hatte sich der dort residirende französische
Gesandte, Marquis de Bombelles, aufs zuvorkommendste
bemüht, der Fürstin durch seinen Einfluß zu Manchem,
was Fremden sonst verschlossen ist, Zutritt zu verschaffen
und ihr durch heitere, Sinn und Geschmack erfreuende
Feste den Aufenthalt so angenehm als möglich zu machen.
Als sie sich nach zwei Jahren auf dem unheilvollen Rück=
zuge der Alliirten wieder zusammenfanden, der Marquis
unter den Emigrirten, äußerte dieser mit Wehmuth, wie
ihm schon damals, als er seine edlen Gäste mit scheinbarer
Heiterkeit unterhielt, der Wurm am Herzen genagt und er
die Folgen dessen, was in seinem Vaterlande vorgehe, vor=
ausgesehen habe. Goethe war in ähnlichem Falle [10]). Mit
dem Abschluß des Tasso und den venetianischen Epigrammen
scheidet die alte Zeit, in der sich der Dichtergeist mit einem
innigen Gemüthsleben oder den Bildern einer heitergenießen=
den Menge beschäftigt. Die düstre Ahnung der Auflösung
der socialen Verhältnisse steigt im Großkophta gespenstisch
empor, und bald folgten, erschütternd und überwältigend
Schlag auf Schlag die Revolutionsbegebenheiten, welche
die Blicke Aller nach Frankreich zogen.

Goethe, der sein Leben der Betrachtung ruhiger sitt=
licher Zustände und naturgemäßer Entwickelung gewidmet
hatte, der in der Harmonie der Kunstschöpfungen und der
Organisation der Gebilde der Natur für sein Denken einen
Mittelpunct gefunden hatte, in den alle Radien seiner viel=
seitigen Bestrebungen zusammenliefen, war solchen inhalt=
schweren, die altgewohnten Formen schonungslos zertrüm=
mernden Weltereignissen nicht gewachsen. Das Einzelne
empörte seinen sittlichen Sinn; er fürchtete die Auflocke=
rung aller moralischen Bande, das Verschwinden der Ehr=
furcht vor dem Großen und Hohen. In dem Streben des
Volks nach Antheil an der Regierung sah er nur das Werk
ehrsüchtiger, die Leidenschaften der Menge mißleitender
Demagogen. „Einem thätigen productiven Geiste" — so
erklärt er sich nachmals darüber — „einem wahrhaft vater=
ländisch gesinnten und einheimische Literatur befördernden
Manne wird man es zu Gute halten, wenn ihn der Um=
sturz alles Vorhandenen schreckt, ohne daß die mindeste
Ahnung zu ihm spräche, was denn Besseres, ja nur Anderes
daraus erfolgen solle". Noch klarer äußert er sich über
seinen damaligen Standpunct im Vergleich mit seiner
späteren Ansicht in den Gesprächen mit Eckermann: „Es
ist wahr, ich konnte kein Freund der französischen Revolution
sein; denn ihre Gräuel standen mir zu nahe und empörten
mich täglich und stündlich, während ihre wohlthätigen Folgen
damals noch nicht zu ersehen waren. Auch konnte ich nicht
gleichgültig dabei sein, daß man in Deutschland künstlicher
Weise ähnliche Scenen herbeizuführen trachtete, die in
Frankreich Folge einer großen Nothwendigkeit waren. Eben
so wenig war ich ein Freund herrischer Willkür. Auch war
ich vollkommen überzeugt, daß irgend eine große Revolution
nie Schuld des Volkes ist, sondern der Regierung. Revolu=
tionen sind ganz unmöglich, sobald die Regierungen fort=

während wach sind, so daß sie ihnen durch zeitgemäße Ver=
besserungen entgegenkommen und sich nicht so lange sträuben,
bis das Nothwendige von unten her erzwungen wird".

Wegen der in diesen Worten deutlich bezeichneten Stel=
lung, welche Goethe den Revolutionsbewegungen gegenüber
einnahm, mag nun ein jeder nach seiner Parteimeinung
entweder ihm beipflichten oder, wie die Wortführer des
Liberalismus eine Zeitlang gewohnt waren, ihn darüber
mit Vorwürfen überhäufen, daß er dem Geiste der neuen
Zeit, der über den Trümmern und Leichen seinen Einzug
hielt, nicht hoffnungsreich entgegenjauchzte: uns muß es
bei der historischen Auffassung seines individuellen Bildungs=
ganges vornehmlich darauf ankommen, im Einzelnen nachzu=
weisen, wie die Zeitereignisse ihn ergriffen, wie er sie nach
und nach in seinem Geiste bewältigte und verarbeitete, wie
sich dieser Stoff von neuen Lebenserfahrungen in seinen
dichterischen Productionen gestaltet hat.

Von vornherein müssen wir den Vorwurf zurückweisen,
als habe Goethe theilnahmlos den Ereignissen den Rücken
gewandt und sei gegen die Geschicke der Menschheit gleich=
gültig gewesen. Wenn er auch, um aus Unmuth und Sorge
sich zu retten, in Kunst und Wissenschaft ein Asyl suchte,
„sich an diese Studien, wie an einen Balken im Schiffbruch
festklammerte" und in Betrachtung des Dauernden einer
hohen Cultur und der ewigen Gesetze der Natur sich über
die beengende Wirklichkeit der schwankenden, zerstörenden
Gegenwart erhob: so treten doch auch alle die brennenden
Zeitfragen, von denen Europa ergriffen ward, in den Be=
reich seines Denkens ein. Allein er war und blieb ein
Feind des Maßlosen, der Parteileidenschaft. Diese ruhige
Haltung wird in aufgeregten Zeiten stets als Kälte gedeu=
tet werden, und selten wird es solchen Charakteren gelingen,
den Geist der Zeit energisch zu leiten und zu zwingen.

Das war Goethe's Fall. Seine politische Ansicht hält in=
deß durchaus an der früheren Basis fest, und nur wer in
der Täuschung befangen ist, als ob Götz und Egmont
einer abstracten Freiheitsschwärmerei das Wort redeten,
kann Goethe's spätere Aeußerungen für einen Abfall von
der Ueberzeugung der früheren Lebensperiode halten. Gleich=
wie in dem herrlichen Gespräche zwischen Alba und Egmont,
voll goldener politischer Wahrheiten, spricht er seinen Haß
gegen Willkürhandlungen der Regierungen, gegen das Un=
heil eines verderbten aristokratischen Regiments, gegen
Rechtsverletzungen und jesuitische Intriguen auch jetzt wie=
derholt und eindringlich aus; er verbarg sich keineswegs
die Gebrechen des alten Staats. Dagegen hat er nie ein
Vertrauen zu der Theilnahme der Masse an der Regierung
fassen können und sieht dadurch nur Tyrannei und Willkür
in andern Formen wiederkehren.

> Frankreichs traurig Geschick, die Großen mögen's bedenken;
> Aber bedenken fürwahr sollen es Kleine noch mehr.
> Große gingen zu Grunde; doch wer beschützte die Menge
> Gegen die Menge? Da war Menge der Menge Tyrann.

Mit dem „Großkophta" beginnen die politischen Zeit=
ereignisse in Goethe's Poesie einzugreifen. Fast gleichzeitig
mit jenem Drama entwarf er im Jahre 1791 den Roman
die Reisen der Söhne des Megaprazon, in welchem
er die Zustände des geistlichen und weltlichen Regiments
zur Sprache bringen wollte. Nur ein Theil des Plans
und einige ausgeführte Capitel sind davon bekannt gewor=
den [11]. Die märchenhafte, humoristische Form schien die
geeignetste zu sein, um Erzählung und Räsonnement bunt
in einander zu schlingen und darin die verworrenen Zustände
der Gegenwart widerzuspiegeln; der Pantagruel des Rabe=
lais sollte ihm zum Vorbild dienen. Megaprazon's sechs
Söhne, mit Anlagen reichlich, doch verschiedenartig ausge=

stattet und durch den Vater trefflich vorgebildet, beginnen
die Reise in die Weite, damit jeder die ihm verliehenen
Kräfte anwenden und üben lerne und dadurch zum Besten
des Ganzen wirke. Sie gelangen zu verschiedenen Insel=
völkern und beschäftigen sich mit der Beobachtung ihrer
Verfassungen und Culturzustände. An den Bewohnern von
Papimanie wird das Verderbniß des geistlichen Regiments
nach dem von Rabelais gegebenen Vorbilde geschildert. Eine
von diesem unabhängige Erfindung Goethe's ist die unter
den Bruchstücken ausgeführte Erzählung von der Insel der
Monarchomanen: nach einer Periode des Glücks, wo alle
Stände zum Wohl des Ganzen zusammenwirkten, ward
diese durch einen Vulkan verwüstet und zerrissen, und die
drei losgetrennten Theile schwimmen nach verschiedenen
Seiten umher, das Abbild einer Monarchie, wo Königthum,
Aristokratie und Volk sich selbstsüchtig von einander trennen
und den Staat dem Untergange zuführen. Ein anderes
humoristisch ausgeführtes Bruchstück ist das Gespräch der
Brüder über den Kampf der Kraniche und der Pygmäen,
das beinahe in Thätlichkeiten übergegangen wäre, wenn
nicht der Schlaftrunk einer Flasche Madeira, die ein vor=
überfahrender Schiffsherr ihnen reicht, sie von dem bös=
artigen Zeitfieber heilte, „von dem so viele Menschen jetzt
heftig, ja bis zum Wahnsinn ergriffen sind". Diese Dich=
tung blieb ohne Fortsetzung, als die Revolution über die
Verfassungsdiscussionen hinaus auf das Schlachtfeld schritt,
und das Einrücken der verbündeten Heere das Signal zu dem
Umsturz des französischen Königsthrons und den September=
morden gab. Goethe ward Zeuge eines Wendepuncts der Welt=
geschichte, und von ihm selbst galt das Wort, das er am
Abend nach der Kanonade von Valmy zu den Soldaten
sprach: „Von hier und heute geht eine neue Epoche der Welt=
geschichte aus, und ihr könnt sagen, ihr seid dabei gewesen".

Preußen gab nach der Reichenbacher Convention seine oppositionelle Stellung gegen Oestreich auf und vereinigte sich mit diesem durch den Pillnitzer Vertrag im Jahre 1791 zur Unterdrückung der französischen Staatsveränderung und zur Herstellung des absoluten Königthums. Eine preußische Armee, verstärkt von großen Schaaren französischer Emigranten, zog unter der Anführung des Herzogs von Braunschweig im August des Jahres 1792 längs dem linken Moseluser auf Longwy und Verdun, um in dieser Richtung die Straße von Chalons an der Marne zu gewinnen und nach Paris zu ziehen. Oestreichische Armeecorps sollten von Belgien aus sich den Operationen der Hauptarmee anschließen. König Friedrich Wilhelm II. befand sich selbst bei dem Heere. Herzog Karl August von Weimar zog als Chef eines Regiments mit ins Feld, und Goethe beschloß ihn auf diesem Feldzuge, den man in Folge der entstellten Berichte der Emigranten sich im Voraus als einen militärischen Spaziergang ausgemalt hatte, zu begleiten, wobei eben so sehr das Verlangen die Welt von einer neuen Seite kennen zu lernen, als der Wunsch des Herzogs, ihn als Freund zur Seite zu haben und dem stockenden Stubenleben zu entreißen, den Ausschlag gaben. Die freudigsten Tage dieser Campagne waren für Goethe die, welche er in den gastlichen Wohnungen der Mutter und der Freunde in den Rheinlanden zubrachte, nur daß er nebenbei zu klagen hat, daß durch das eintönige Thema der politischen Discussionen alle geistreiche Unterhaltung verdrängt werde. Um die Mitte des Augusts verweilte er mehrere Tage bei seiner Mutter in Frankfurt.

Seinen alten Freund Merck fand er nicht mehr. Von ihm hatte Goethe nach seiner Rückkehr aus Italien nur Briefe des schmerzlichsten Inhalts erhalten, Zeugnisse, daß der Lebensmuth des einst so geisteskräftigen und charakter-

starken Mannes in Folge häuslicher Trübsal und nicht
ganz unverschuldeter Zerrüttung seiner Vermögensverhält=
nisse gebrochen sei. Es geht aus den Briefen hervor, daß
Goethe und Karl August sich mit warmer Freundestheil=
nahme bemühten, seine Lage zu erleichtern, wenn sie gleich
Glück und Zufriedenheit ihm nicht wiederherstellen konnten.
Zu dem Seelenleiden trat ein schmerzhaftes körperliches
Leiden hinzu, und in einem Anfall düsterer Schwermuth
machte er am 27. Juni 1791 seinem Leben ein Ende.

Am 20. August reiste Goethe nach Mainz und ver=
lebte zwei heitere Abende mit Sömmering, Forster, Huber
und anderen Freunden in anziehenden Unterhaltungen und
heiterster Stimmung. Goethe zeigte sich sehr mittheilsam
und erging sich besonders in Schilderungen und Erzäh=
lungen aus Italien. Politische Gespräche wurden absicht=
lich von den republikanisch gesinnten Freunden vermieden.
Ueber Trier reiste er dem inzwischen in Frankreich einge=
rückten Heere nach, bei welchem er am 27. August im
Lager vor Longwy, wenige Tage nach der Uebergabe der
Festung, eintraf und von bekannten Gesichtern aufs freund=
lichste begrüßt wurde. Seinen Geburtstag feierte er dies=
mal in Longwy. Am Morgen ritt er mit einigen Freunden
dorthin und ließ sich bei heiterer Mittagstafel im traulichen
Kreise alter Kriegs= und Garnisonskameraden die Aben=
teuer ihres bisherigen Zuges von Aschersleben über Göt=
tingen und Coblenz bis auf den französischen Boden er=
zählen. Haß und Verachtung des revolutionären Frank=
reichs zeigte sich allenthalben in der Armee, und Mancher
fand es auffallend, daß er nicht mit gleicher franzosen=
fresserischer Wuth in Frankreich hineinstürmte, während
ihm „weder am Tode der aristokratischen noch demokratischen
Sünder im mindesten etwas gelegen war"; der wüthende
Franzosenhaß des deutschen Junkerthums war ihm eben so

unleidlich, wie die Declamationen der Demagogen. Niemand hegte indeß den geringsten Zweifel an dem Gelingen des Heerzuges nach Paris, obwohl die bisherigen Mühseligkeiten des Marsches und des Lagerlebens die verbündete Armee schon übel zugerichtet hatten.

Mit den Officieren des herzoglich=weimarischen Regiments verabredete er, daß er sich immer an sie und, wo möglich, an die Leibschwadron anschließen wolle. Ward er gleich dadurch größerer Gefahr ausgesetzt, so war ihm dies doch lieber, als sich im Train der Nachzügler fortziehen zu lassen. Auf dem Marsche nach Verdun fuhr er im offenen Wagen vor der ganzen Armeecolonne vorauf. Sein Nachtquartier liebte er in dem großen Schlafwagen zu nehmen, „gewiß der trockensten, wärmsten und erfreulichsten Lagerstätte", deren Bequemlichkeit ihm schon von früheren Zeiten her bekannt war; mit guten wollenen Decken hatte er sich vorsorglich versehen. Von seiner unerschütterlichen Gemüthsruhe im Angesichte der Gefahr und seinem persönlichen Muthe sind uns manche treffende Züge aufbehalten. Nicht minder bewährt sich mitten im Kriegsgewühl die rein menschliche Theilnahme an fremdem Geschick und das Bemühen, durch Rath und That hülfreich zu sein. Seine Schilderung der Campagne in Frankreich, allzu detaillirt und tagebuchartig, um gleich den andern biographischen Schilderungen allgemein anzuziehen, ist dennoch ein wichtiger Beitrag sowohl zur Zeitgeschichte als zur Charakteristik des Dichters. Die Handlungen roher Kriegswillkür, die Noth der Einzelnen, deren Zeuge er sein mußte, ohne helfen zu können, gruben sich schmerzlich in sein Gemüth ein, während er die eigenen Entbehrungen und Strapazen stets mit stoischem Gleichmuth und meist mit heiterstem Humor überstand. Schon die Requisitionen im Namen Ludwigs XVI. erschienen ihm als eine empörende und

überdies unkluge Willkürhandlung, die am meisten dazu
dienen mußte, das Volk gegen das Königthum aufzureizen.
Er gesteht, ihm sei nicht leicht eine grausamere Scene
und ein tieferer männlicher Schmerz in allen seinen Abstu=
fungen jemals vor Augen und zur Seele gekommen, als
da man auf dem Marsche nach Verdun die Schafheerden
wegnahm und unter die Regimenter vertheilte, den Besitzern
dagegen ganz höflich auf Ludwig XVI. gestellte Papiere
überreichte.

Während des langweiligen Lagerlebens vor der Festung
Verdun, die man am 30. August erreicht hatte, fand
Goethe sein wissenschaftliches Nachdenken durch einen gün=
stigen Zufall aufs glücklichste angeregt: „glückselig der",
— konnte er ausrufen — „dem eine höhere Leidenschaft den
Busen füllte!" Während er dem Fischfange der Soldaten
an dem Rande eines kleinen Teichs zusah, bemerkte er,
wie in dem klaren Wasser die kleinen Fischlein, indem sie
sich bewegten, verschiedene Farben spielten. Durch die Be=
obachtung dieses Phänomens sah er sich in seiner Farben=
theorie gefördert und gab sich wieder mit Leidenschaft diesen
Beobachtungen hin. Während des nächtlichen Bombarde=
ments traf er mit dem ihm befreundeten Fürsten Reuß XI.
zusammen. „Nach mancherlei politischen Gesprächen, die
sie nur in ein Labyrinth von Hoffnungen und Sorgen
verwickelten", fragte ihn der Fürst, womit er sich gegen=
wärtig beschäftige, und war sehr verwundert, als der
Dichter, statt von Tragödien und Romanen, von der
Farbenlehre zu berichten begann. Unter dem Lärm der
Kanonenkugeln ward der Vortrag fortgesetzt, und da die
Aufmerksamkeit des Fürsten ihm mit lebhaftem Antheil
folgte, zuletzt, als die Kälte des einbrechenden Morgens
sie ins Bivouak der Oestreicher trieb, an einem mächtigen
Kohlenfeuer zu Ende geführt. Unter den Strapazen der

nächsten Tage verließ ihn jene Farbenerscheinung keinen
Augenblick, und während am 12. September heftige Regen=
güsse Alles unter die Zelte trieb, dictirte er seinem Kanz=
leigefährten Vogel die Resultate seines Nachdenkens und
zeichnete darauf die Figuren daneben. Diese Papiere mit
den Merkmalen des durch die Zeltdecke durchdringenden
Regens blieben Goethe später lieb als Zeugnisse jener be=
wegten Tage und seines treuen Forschens.

Verdun war inzwischen am 2. September den Alli=
irten übergeben worden, und die Straße nach Paris schien
ihnen offen zu stehen. Allein mehr und mehr machten sie
die Erfahrung, daß sie von den Emigranten über die
Stimmung des Volkes getäuscht seien. Von einer feindlich
gesinnten Bevölkerung umgeben, wagte der Herzog von
Braunschweig nicht vorzudringen, ohne die Flanke des
Heeres zu decken: Kühnheit und Entschlossenheit lag nicht
in seinem Charakter. Ueberdies hatte der unaufhörliche
Regen den zähen Lehmboden in unwegsame Sümpfe ver=
wandelt, und die aus den Strapazen und der mangelhaf=
ten Verpflegung entstehenden Krankheiten begannen die
Armee zu entmuthigen. Statt sofort nach der Einnahme
von Verdun die Straße nach Paris einzuschlagen oder die
wichtigen Pässe des Ardennerwaldes zu besetzen, die man
noch ohne Schwertstreich hätte einnehmen können, säumte
der Herzog mehrere Tage bei Verdun und zog dann unter
bedächtigen Anordnungen langsam am Rande des Waldes
hin. Dumouriez, der Befehlshaber des anfangs sehr
schwachen und unzuverlässigen französischen Armeecorps,
erhielt dadurch Zeit, sich in Besitz der wichtigsten Pässe
des Waldes von Argonne, eines Theils des Ardennerwal=
des, zu setzen und nach und nach Verstärkung an sich zu
ziehen. Am 18. September stieß Beurnonville mit 17000
Mann zu ihm, am 19. traf Kellermann mit 20000 Mann

ein, so daß die Franzosen jetzt über 50000 Mann hatten
und den Verbündeten um ein Drittheil überlegen waren.
Der kampflustige König von Preußen drängte zur Schlacht;
der Herzog, scheinbar nachgebend, doch auch jetzt noch einer
energischen Unternehmung abgeneigt, eröffnete am 20. Sep=
tember das verhängnißvolle Gefecht bei Valmy. Nach
dem ersten Angriff auf Kellermann's Corps, das leicht zu
durchbrechen gewesen wäre, ward der Kampf abgebrochen,
und der Tag verfloß unter heftigem Kanonenfeuer, das
wenig Schaden that. „Von der ungeheueren Erschütterung"
— so erzählt Goethe — „klärte sich der Himmel auf;
denn man schoß mit Kanonen völlig als wäre es ein
Pelotonfeuer, zwar ungleich, bald abnehmend, bald zu=
nehmend. Nachmittags ein Uhr, nach einiger Pause, war
es am gewaltsamsten, die Erde bebte im ganz eigentlichsten
Sinne, und doch sah man in den Stellungen nicht die
mindeste Veränderung".

Goethe war an diesem Tage zu Pferde und rückte mit
dem herzoglich=weimarischen Armeecorps, welches den Vor=
trab bildete, gegen den Feind, so daß er gleich beim ersten
Angriff in den Bereich der feindlichen Kugeln kam und sie
dutzendweise vor und um sich niederschlagen sah; der Befehl
zum Rückzug entfernte ihn bald von der gefährlichen Stelle.
Doch wie in den stürmenden Jugendtagen zog ihn auch
jetzt noch die Gefahr mit magischer Gewalt zu sich. Er
hatte so viel vom Kanonenfieber gehört und wünschte zu
wissen, wie es eigentlich damit beschaffen sei. Ganz allein
ritt er seitwärts auf den Höhen weg in die Nähe der feind=
lichen Stellung, die er deutlich überschauen konnte. Be=
kannte Officiere, denen er begegnete, waren höchst verwundert,
ihn hier zu finden und wollten ihn mit sich zurücknehmen.
Er aber entwand sich ihnen, indem er von besonderen Ab=
sichten sprach, und sie überließen ihn seinem „bekannten,

wunderlichen Eigenſinn". Als er in die Region gelangt
war, wo die Kugeln herüberſpielten, bemerkte er bald, daß
etwas Ungewöhnliches in ihm vorgehe. Ohne daß er eine
heftigere Bewegung des Blutes bemerken konnte, ſchien
ihm, als wäre er an einem ſehr heißen Orte und er ſelbſt
von dieſer Hitze völlig durchdrungen; die Augen behielten
ihre Stärke und Deutlichkeit; aber es war, als ob die
Umgebung einen braunröthlichen Ton hätte; dieſer bäng=
liche Zuſtand ſchien ihm jedoch eigentlich nur durch das
Gehör erregt zu werden, als ſei das Heulen, Pfeiſen und
Schmettern der Kugeln durch die Luft die alleinige Urſache
dieſer Empfindungen. Eine große Gleichgültigkeit gegen
die Gefahr, die ſein Leben bedrohte, ſpricht wenigſtens aus
jeder Zeile ſeines Berichts. Als er zurückgeritten und völlig
in Sicherheit war, fühlte er jene Gluth ſogleich erloſchen;
nicht das Mindeſte von einer fieberhaften Bewegung war
übriggeblieben. Nachmals ward dieſes abenteuerlichen Rittes
noch oft im Kreiſe der Kriegskameraden mit Scherz und
mit Verwunderung gedacht.

Einige Tage blieben noch die Preußen in ihrer Stellung,
nicht um nochmals anzugreifen, ſondern um mit Dumouriez
wegen einer Waffenruhe zu unterhandeln und ihn, wo
möglich, in das Intereſſe der Alliirten zu ziehen. Große
Niedergeſchlagenheit herrſchte im Lager, wo es an Lebens=
mitteln gebrach und die Ruhr mit jedem Tage furchtbarer
um ſich griff. Am 1. October begann der Rückzug auf
den von anhaltenden Regengüſſen durchweichten Straßen,
„wo der beſte Wille gleitete und verſank, ehe er ſich's ver=
ſah"; der einzige Troſt war, daß der Feind die abziehende
Armee nicht beläſtigte. Die Leiden jener Tage, die ge=
drückte Stimmung des Heers hat Goethe anſchaulich be=
ſchrieben. Er ſelbſt hatte alle ſeine geiſtige Stärke zuſam=
menzunehmen, um von der allgemeinen Verzagtheit nicht

mitergriffen zu werden. Mitten unter den grauenvollen
Scenen that er ein Gelübde, zu Hause niemals wieder
über Unannehmlichkeiten und Mißbehagen Klage zu führen.
Manchmal kam ihm der Humor zu Statten, der auch in
seiner Schilderung der Mißgriffe und der Rathlosigkeit im
Hauptquartier gar viel zwischen den Zeilen lesen läßt, und
er suchte sich und Andere durch Erzählungen und heitere
Einfälle zu zerstreuen. In seiner nie schlummernden Geistes-
beschäftigung lag ein kräftiges Heilmittel gegen die über-
wältigende Sorge und Noth. Noch konnte es ihm die
Seele erheben, wenn der Mond bei beruhigter, nur von
leichtem Gewölk durchstreifter Luft über die weithin ge-
lagerten Massen von schlafenden Menschen und Pferden,
auf die malerisch gruppirten Bagagewagen ein reizendes
Dämmerlicht breitete, und ein Bild zu entstehen schien,
dem der größte Maler sich glücklich schätzen würde gewachsen zu sein. Ueber manche mißmuthige Stunde brachte
ihn Fischer's physikalisches Wörterbuch, dessen dritter Band
ihn begleitete, hinweg. Einmal finden wir ihn in dem
großen Küchenwagen, wohin er sich hatte flüchten müssen,
weil seine mit vier Pferden bespannte Equipage in dem
tiefen Koth nicht weiter konnte, mit dieser Lecture beschäftigt, während die verdrießliche Küchenmagd, in der
Ecke sitzend, seine Gesellschaft ausmachte, bis er endlich
ein Reitpferd erhaschte und, das Wörterbuch der Fürsorge
der Magd übergebend, sich darauf schwang. Aber dies
waren nur einzelne Stunden, wo der Geist sich den Ein-
drücken des furchtbaren Elends entreißen konnte, das sein
theilnehmendes Gemüth täglich und stündlich in Spannung
erhielt. Einer der schmerzlichsten Momente war das Scheiden
vom Schlosse Grandpré, wo mehrere hundert Kranke der
Menschlichkeit der Feinde überlassen wurden. In Goethe's
Umgebung erzählte man, dies sei das einzige Mal gewesen,

wo er ein verdrießliches Gesicht gemacht und sie weder
durch Ernst gestärkt, noch durch Scherz erheitert habe. Nicht
minder that ihm oft die Angst und Noth der unglücklichen
Landbewohner weh, welche von den Plünderungen ausge-
hungerter Nachzügler zu leiden hatten. Aus solchen Er-
lebnissen sind manche Züge in das Gemälde des Kriegs-
unglücks aufgenommen, welches in Hermann und Dorothea
den Hintergrund der herrlichen Idylle bildet.

Inmitten dieser mit jedem Tage wachsenden Mühsal
hatte Goethe die erste freundliche Begegnung von Seiten
des Herzogs von Braunschweig zu erfahren, der ihm bisher
abgeneigt war und es ihm zu erkennen gab — vielleicht
eine Folge seines gemessenen, wenig verbindlichen Benehmens
bei seinem Besuche am Braunschweiger Hofe —; „nun
aber war das Unglück eine milde Vermittlerin geworden".
Als man sich eines Tags am Ufer der Maas durch eine
sumpfige Wiese hindurcharbeiten mußte, um an die gebahnte
Heerstraße zu gelangen, ritt der Herzog auf ihn zu, indem
er sagte: „Es thut mir zwar leid, daß ich Sie in dieser
unangenehmen Lage sehe; jedoch darf es mir in dem Sinne
erwünscht sein, daß ich einen einsichtigen glaubwürdigen
Mann mehr weiß, der bezeugen kann, daß wir nicht vom
Feinde, sondern von den Elementen überwunden worden".
Goethe hat zwar in seiner Erzählung den Herzog möglichst
geschont, verhehlt indeß nicht, „daß das Vertrauen, welches
man dem berühmten Feldherrn so lange Jahre gegönnt
hatte, für immer verloren schien". Um mehr als die Hälfte
der Mannschaft vermindert, kam die preußische Armee,
nachdem auch Verdun und Longwy geräumt waren, am
23. October auf deutschem Boden an, und Luxemburg
ward zu einem ungeheuren Lazareth.

Goethe war hier schon am 14. October angelangt.
Die auf einander gethürmte Festung fesselte sein Auge durch

ihre malerische Bauart; er suchte sich durch wiederholte
einsame Wanderungen in derselben zu orientiren und ent=
warf zu Hause mehrere Zeichnungen. Das Kriegsgetümmel
war ihm verleidet, und gern flüchtete er sich in die Ruhe
seiner abgelegenen Wohnung, wo er zum erstenmal wieder
seine Manuscripte vornehmen konnte, die er im Gewirre
des Rückzugs, wo ihm sein Reisewagen nebst Koffer mehrere
Tage abhanden gekommen war, schon verloren geglaubt
hatte. Das Tagebuch des Feldzugs wagte er nicht anzu=
blicken; das Convolut zur Farbenlehre brachte er in Ord=
nung. In einem hübschen Garten im Pfaffenthal fand das
Bedürfniß nach Ruhe und Sammlung für manche Stunde
ein willkommenes Asyl.

Auf der Weiterreise nach Trier ward die unbehagliche
Stimmung noch durch einen Ruhranfall verstärkt; es ist
uns daher bei unserm den ästhetischen Genüssen seit lange
entrückten Dichter sehr erklärlich, daß das römische Monu=
ment bei Igel, dessen Darstellungen die Idee der Versöh=
nung von Leben und Tod, Gegenwart und Zukunft ver=
sinnbildlichen und ihn in die schönste Epoche der antiken
Kunst versetzten, ihm, „wie der Leuchtthurm einem nächt=
lich Schiffenden entgegenglänzte" [12]). In Trier, wo ihm
seit dem 25. October einige ruhige Tage gegönnt waren,
fand er achtungswerthe Ueberreste römischer Bauwerke, bei
denen er lieber verweilte, als bei den mittelalterlichen
Bauten, an denen die Stadt überaus reich ist; denn dem
Interesse für gothische Baukunst fühlte er sich längst ent=
fremdet. Er fand jetzt auch einige ruhige Stunden zur
Fortsetzung seiner chromatischen Arbeiten und zeichnete
mehrere Figuren zu den Farbentafeln, um seine Ansichten
immer anschaulicher zu machen. Hier ermittelte er auch
die Magd, der er den Band des physikalischen Wörterbuchs
aufzubewahren gegeben hatte. Sie lag im Lazareth, das

Buch unter ihrem Kopfkissen; sie erkannte ihn, konnte aber nicht reden und überreichte ihm das Buch, das sie unter ihrem Haupte hervorzog, so reinlich und wohlerhalten, wie er es ihr übergeben hatte. Am 29. October langte Herzog Karl August mit seinem Armeecorps an. Goethe ergeht sich wiederholt in dem Lobe der treuen Fürsorge, der Freigebigkeit und Leutseligkeit, womit sein Fürst den gesunkenen Muth der Seinigen aufrichtete und sich bei Hohen und Niederen beliebt machte.

Noch bedrängt von der Erinnerung an die überstandenen Leiden, welche, wie Goethe sich beklagt, noch dadurch lästiger ward, daß sie dem, der sich ihrer zu entschlagen suchte, zum Ueberdruß wiederkäuend vorgetragen wurden, sah man schon neues Unheil in den deutschen Grenzländern entstehen, als die Nachricht von Custine's raschen Handstreichen auf Speyer und andere benachbarte Rheinstädte anlangte, als man die Uebergabe von Mainz und Frankfurt vernahm. Die Umstände, unter denen sie erfolgte, bewiesen, daß die Franzosen nicht bloß mit Waffengewalt siegten, sondern daß der Zündstoff der Freiheitsideen ihrer Revolution in die auf politische Reformen sehnlich harrenden Gemüther der Deutschen fiel und ihnen eine mächtige Bundesgenossenschaft zuzuführen versprach. Goethe war um so mehr davon ergriffen, als nahe Angehörige und Freunde bei diesen Vorfällen betheiligt waren und zu leiden hatten. Sein Freund Forster, von republikanischem Eifer fortgerissen, war der Leiter im Club der „Patrioten", welche die zum Anschluß an die französische Republik auffordernden Proclamationen Custine's verbreiteten und die Thore von Mainz den Franzosen öffneten. In Frankfurt wurden Goethe's Mutter und Andere, die ihm nahe standen, von den Lasten einer militärischen Occupation bedroht.

Ein Brief der Mutter, der, bereits vor jenen Ereig=

niſſen geſchrieben, erſt jetzt verſpätet in ſeine Hände kam, ſprach noch nicht von dieſen Beſorgniſſen, ſondern brachte ihm eine Nachricht, die ihn auf Augenblicke in die Träume ſeiner Kindheit verſetzte. Sein Oheim, Schöff Textor, deſſen nahe Verwandtſchaft bei ſeinen Lebzeiten den Neſſen von der Stelle eines Frankfurter Rathsherrn ausſchloß, war am 19. September geſtorben, und Goethe's Mutter hatte den Auftrag erhalten, bei ihrem Sohne anzufragen, ob er die Rathsherrnſtelle annehmen würde, wenn die Wahl auf ihn fallen ſollte. Goethe antwortete ablehnend, wie man auch wohl nicht anders erwartet haben mochte. Er fühlte ſich den reichsſtädtiſchen Zuſtänden zu ſehr ent= fremdet, um in ſeiner Vaterſtadt mit freudigem Wirken in einen neuen Geſchäftskreis eintreten zu können, zumal da die drohenden politiſchen Verhältniſſe für die Zukunft der freien Reichsſtadt wenig Erfreuliches erwarten ließen. Aber auch abgeſehen von dieſen Bedenken hielten ihn An= hänglichkeit und Dankbarkeit an das edle weimariſche Fürſten= haus und „an ein Land, dem er doch auch Manches ge= leiſtet hatte", gefeſſelt. Eben ſo wenig vermochten ihn ſpätere Anerbietungen von anderer Seite dem Fürſten zu entziehen, „der ihm gegeben hatte, was Große ſelten ge= währen, Neigung, Muße, Vertraun, Felder und Garten und Haus". Wer kennt nicht die von dankbarer Liebe eingegebenen Diſtichen, die um ſo ſchöner ſind, als kein Schmeichelwort der Phraſe ſich in dies einfache Fürſtenlob eingemiſcht hat.

Von Trier fuhr Goethe, indem er ſich wieder von dem Armeecorps trennte — ſeinen Wagen verſprach man ihm nach Coblenz nachzuſenden — in Geſellſchaft eines preußiſchen Officiers auf einem Boote die Moſel abwärts, erheitert von den mannigfaltig wechſelnden Uferanſichten des in zahlloſen Krümmungen zwiſchen den Felſen ſich hin=

durchwindenden Flusses. Mitten in dem Felsenlabyrinth überfiel sie die Nacht und ein heftiger Sturm, dessen Stöße die Wellen über den Bord des Kahns trieben, so daß der Ruderer, welcher nicht mehr wußte, wo er war, und nirgend eine Zuflucht sah, selbst zu verzagen anfing. Doch es bewährte sich „Cäsar und sein Glück" auch in dieser Gefahr. Sie erreichten, von Wasser triefend, tief in der Nacht das Städtchen Trarbach, wo sie durch freundliche Bewirthung erheitert und erquickt wurden. Am nächsten Tage fuhren sie nach Coblenz hinunter. Mit jugendlichem Entzücken genoß unser Dichter von der Moselbrücke aus den Anblick der Stadt und des gegenüberliegenden Ehrenbreitstein; dies Naturbild blieb so lebhaft in seiner Erinnerung, daß er es zu den schönsten zählt, die ihm je vor Augen gekommen seien. Auch zu manchen Farbenbeobachtungen hatte ihm die Wasserfahrt Gelegenheit gegeben, besonders war ihm über die epoptischen Farben ein neues Licht aufgegangen.

Der Anblick des Rheins rief in seiner Seele eine Reihe der schönsten Jugenderinnerungen wach, und wenn er jene friedlichen, sorgenlosen Tage mit den erschütternden Ereignissen verglich, von denen er jetzt wiederum an diese reizenden Ufer geführt ward, so ergriff ihn eine tiefe Wehmuth. Er sehnte sich aus dem beengenden Kriegsgetümmel, das ihn hier von neuem empfing, ins Weite hinaus; „ihn verlangte aus der gewaltsamen Welt an Freundesbrust". Daher beurlaubte er sich bei seinem Herzog, dessen Armeecorps am rechten Rheinufer aufgestellt ward, miethete ein Ruderboot und fuhr den Rhein hinab, um seinen Jacobi durch einen Besuch zu überraschen. In sternheller, kalter Nacht wurde Bonn erreicht, wo der Bootsmann einkehrte. Wochenlang gewohnt, die Nacht im Freien zuzubringen, beschloß Goethe in seinem Kahn zu

übernachten. Bald jedoch hatte er seine Verwegenheit zu
bereuen, indem das durch einen Leck ins Schiff dringende
Wasser ihn aus tiefem Schlafe weckte, so daß er, ganz
durchnäßt, ein Wirthshaus aufsuchen mußte. Am nächsten
Tage (6. Nov.) gelangte er bei Dunkelheit nach Düssel=
dorf und ließ sich mit Laternen nach Pempelfort bringen,
wo er nach augenblicklicher Ueberraschung die freundlichste
Aufnahme fand. Das lebhafte Gespräch, welches das un=
verhoffte Wiedersehen anregte, ward bis in die Nacht hin=
ein fortgesetzt.

Acht Jahre waren verflossen, seit die Freunde von ein=
ander zum letzten Mal gerührt Abschied genommen hatten.
Jacobi hatte indeß in seinem idyllischen Pempelfort, von
einem gemüthvollen und gebildeten Familienkreise umgeben,
ein stilles Leben geführt. Goethe hatte die bewegteste
Lebensepoche durchgemacht. Der zweimalige Aufenthalt in
Italien, das Feldlager in Schlesien, die Campagne in
Frankreich — welch eine Reihe von Lebenserfahrungen,
welch eine Umgestaltung und Erweiterung seiner Gedanken=
welt, wovon die spärlichen Briefe nur Weniges hatten an=
deuten können! Befriedigter und entschiedener trat er vor
den Freund, als in der sehnsüchtigen Epoche ihres letzten
Wiedersehens, und an die Stelle jener Milde und Weich=
heit der Stimmung schien Herbheit und Kälte getreten zu
sein. Noch lagen die Bilder der letzten Wochen schwer auf
seiner Seele und hemmten die freudige Bewegung. Dazu
kam, daß für Manches, was ihm werth geworden war, den
Freunden das Organ fehlte, um mit regem Interesse dar=
auf einzugehen. Goethe's naturhistorische Forschungen er=
schienen in diesem Kreise nur als eine Nebenbeschäftigung,
von der man wenig Notiz nahm, nicht verbergend, daß es
für ihn Besseres zu thun gebe. Indeß ließ man sich einen
Vortrag über die Optik gefallen und hörte seinen morpholo=

gijchen Erörterungen zu, denen Jacobi's Vorstellungsart wenig abzugewinnen vermochte. Von Goethe's letzten poetijchen Arbeiten war nicht die Rede, und er konnte daraus jchließen, daß jein Großkophta, der auch an Jacobi überjandt war, eher verletzt, als erfreut hatte. Eine Vor= lejung der Bruchjtücke der Reije der Megaprazons=Söhne jand jo wenig Anklang, daß der Dichter froh war, die Reijenden in irgend einem Hafen zur Ruhe zu bringen.

Ward denn bei jolchen Anläjjen auch diesmal offen= bar, wie jehr jie in den Richtungen ihres Denkens von einander abwichen, jo liebten jie jich doch aufrichtig, und die Liebe verwijchte jchnell die verletzenden Eindrücke einzelner herben Aeußerungen. Goethe fühlte jich bald in dem Elemente des friedlichen Familienkreijes jo wohl und heimijch, daß er eine Woche nach der andern jich von dem gajtlichen Haufe fejjeln ließ und, wie Jacobi jich äußert, mit jeder milder wurde; jeine Liebenswürdigkeit und Liebe= jähigkeit traten in weit höherm Maße hervor, als jein jpäterer Bericht, welcher die Divergenzen allzujcharf betont, jchließen läßt. Nach dem Abjchiede konnte er wieder in dem früheren liebevollen Tone dem Freunde jchreiben: „Das Bild, das ich von Dir und den Deinigen mitnehme, ijt unauslöjchlich, und die Reije unjerer Freundjchaft hat für mich die größte Süßigkeit". Und Jacobi konnte noch zwanzig Jahre jpäter von den Wochen, die jie zujammen in Pempelfort verlebt hatten, das Bekenntniß ablegen: „Wir hatten Stunden mit einander verlebt, die keiner von uns je vergejjen konnte. Jene Ahnungen in der Mitter= nachtsjtunde zu Cöln wurden uns jetzt zu Erkenntnijjen; wunderbar hatten jelbjt die Täujchungen jich zur Wahrheit verklärt". Das eben mußten die gehaltvollen Gejpräche jein, wo jie über die höchjten Probleme der Philojophie ihre Gedanken austaujchten. Hatte Goethe anfänglich nicht

verhehlt, daß er gegen das Christenthum und namhafte
Christen einen wahrhaft Julianischen Haß hege, so milderte
sich auch diese schroffe Opposition, in der er sich seit seiner
Trennung von Lavater, besonders während seines Aufent=
halts in Italien, bestärkt hatte. „Du gestandest zu" —
heißt die charakteristische Aeußerung Jacobi's — „von
einem gewissen Christenthum, daß es der Gipfel der Mensch=
lichkeit sei, und wie ich Dein Heidenthum jenem Dir ver=
haßten Christenthum, das auch ich nicht mochte, vorzog,
so zogst Du hinwiederum Deinem eigenen Heidenthum vor,
was Du mein Christenthum nanntest, ohne jedoch Dir dieses
aneignen zu können".

Dies erhält noch mehr Licht, wenn wir Goethe's
Worte an die Fürstin Galizin vergleichen: „Geben Sie
mir zu, verehrte Freundin, ich stelle mich nicht fromm, ich
bin es am rechten Orte; mir fällt nicht schwer, mit einem
klaren unschuldigen Blick alle Zustände zu beobachten und
sie wieder auch eben so rein darzustellen. Jede Art fratzen=
hafter Verzerrung, wodurch sich dünkelhafte Menschen nach
eigener Sinnesweise an dem Gegenstand versündigen, war
mir von jeher zuwider. Was mir widersteht, davon wend'
ich den Blick weg; aber Manches, was ich nicht gerade
billige, mag ich gern in seiner Eigenthümlichkeit erkennen,
und da zeigt sich denn meist, daß die Andern eben so
Recht haben, nach ihrer eigenthümlichen Art und Weise
zu existiren, als ich nach der meinigen". Herr von Dohm,
der ausgezeichnete preußische Staatsmann, welcher sich in
jenen Tagen ebenfalls als Gast in Pempelfort aufhielt und
an philosophischen Unterhaltungen Theil nahm, zeichnete
damals in seinem Tagebuche an: „Goethe sprach viel und
gut; tiefe Blicke über christliche Religion; überall tiefein=
dringender Scharfsinn zugleich mit sehr viel Witz". Als
von Dohm nachmals Jacobi für die bei ihm verlebten

reichen Tage und die durch ihn herbeigeführte hocherfreu=
liche Bekanntschaft seinen Dank aussprach, erwiderte dieser:
„Ich freue mich darauf, wenn wir uns wiedersehen, recht
viel mit Ihnen von Goethe zu sprechen. Mein Vorsatz
war, den Verfolg meiner Gespräche mit ihm ihrem Haupt=
inhalt nach aufzuschreiben; meine Krankheit hat das aber
verhindert". Wir würden köstliche Beiträge zur Kenntniß
des Goethe'schen Geistes besitzen, wenn die älteren Freunde
des Dichters sich dem Geschäft der Aufzeichnung inhalt=
reicher Gespräche hätten unterziehen mögen, welches erst
in dessen Greisesjahren von jüngeren Freunden unternom=
men ward. Die Blüthe seiner Unterhaltung, womit er
jedesmal die ganze Pempelforter Gesellschaft in Entzücken
versetzte, waren seine Schilderungen der italienischen Reise.
Die herrliche Landschaft und das bunte Volksleben war bis
ins kleinste Detail seiner Einbildungskraft unmittelbar ge=
genwärtig; „er konnte beschreiben, als wenn er's vor sich
sähe, und von belebender Staffage wimmelte es durch und
durch". Es war, wie er selbst sich ausdrückt, das Zauber=
stäbchen, womit er stets alle bösen Geister vertreiben konnte.

Einsame Stunden gab es in dem gastlichen Hause nicht
viel. Jeder Sonnenblick ward zu Spaziergängen ins Freie
benutzt. Den Freunden in dem benachbarten Düsseldorf
ward auch manche Stunde gewidmet, und die dortige Ge=
mäldegallerie lud zu fleißigen Besuchen ein. Die Bewun=
derung der Meisterwerke italienischer Kunst hatte Goethe
nicht gegen den Werth der niederländischen Schule unem=
pfänglich gemacht; er hielt sich viel im Saale des Rubens
und der vorzüglichsten Niederländer auf und „fand sich
Gewinn fürs ganze Leben".

Da Goethe vergeblich von Woche zu Woche auf seine
Reisechaise wartete, die ihm von Coblenz aus hatte nach=
geschickt werden sollen, so fuhr er endlich am 4. December

in Jacobi's Reisewagen ab, um bei der Fürstin Galizin
zu Münster, mit der er in Weimar schöne Stunden verlebt
hatte, zu einem kurzen Besuche einzukehren. Unterwegs
erneuerte er mit dem Professor Plessing zu Duisburg
das Andenken an das Zusammentreffen in früheren Jahren
und fand in der Unterhaltung mit dem Naturhistoriker
Merrem „einige gute Ideen über die Wissenschaft, die
ihm so sehr am Herzen lag". In Münster war in dem
Hause der Fürstin Alles zur freundlichsten Aufnahme des
geehrten Gastes vorbereitet. In der Nähe dieser schönen
Seele, in der sich Frömmigkeit und zarter Sinn für alles
Edle in Kunst und Wissenschaft begegneten, erschien sich
unser Dichter selbst „milder als seit langer Zeit"; er erkannte es als ein' großes Glück, „nach dem schrecklichen
Kriegs- und Fluchtwesen endlich wieder fromme menschliche
Sitte auf sich einwirken zu fühlen". Es war dies eine
Wirkung seines edleren Selbst, das ihn zu den Freunde-
kreisen im Norden hingezogen hatte und ihn in Pempelfort
wochenlang fesselte. Die Mißtöne, die er in seinem Innern barg, waren schon nach und nach verscheucht, und
wenn man sich auch die Verschiedenheit des Standpunctes
offen gestand, so trafen doch die tiefer eingehenden Gespräche, die sich zunächst an Hamann und Hemsterhuys,
die abgeschiedenen Freunde der Fürstin, anknüpften, in der
Anerkennung des Edelsten und Höchsten im menschlichen
Dasein zusammen. Schilderungen von Italien gaben auch
diesen Unterhaltungen einen hohen Reiz, besonders wurden
die katholischen Geistlichen, die vornehmlich den Gesell-
schaftskreis der Fürstin bildeten, durch die anschauliche
Schilderung der katholischen Kirchenfeste angezogen. An
einem Protestanten fiel seine tolerante Objectivität so sehr
auf, daß man sich heimlich erkundigte, ob denn Goethe
katholisch geworden sei; schon während seines Aufent-

halts in Italien war dies Gerücht hin und wieder auf=
getaucht.

Im Verkehr mit dem trefflichen von Fürstenberg,
welcher mathematischen und naturhistorischen Studien nicht
fremd war, kamen auch Goethe's naturgeschichtliche For=
schungen zur Sprache. Zu Erörterungen über antike Kunst
gelangte man wiederholt durch die Betrachtung der vorzüg=
lichen Sammlung geschnittener Steine, eines Nachlasses
von Hemsterhuys, welcher im Besitz der Fürstin geblieben
war. Goethe zeigte ein so lebhaftes Interesse für diese
kostbaren Reliquien des Alterthums, daß die Fürstin ihm
beim Scheiden die ganze Sammlung mitgab, damit er in
Weimar zu sorgfältigeren Studien Muße habe. Es war
ihr abgerathen worden, Goethe ein so werthvolles Besitz=
thum anzuvertrauen; denn allerdings war Goethe säumig
in der Rückgabe von Kunstgegenständen, von denen ihm
die Trennung schwer ward; die Fürstin hatte jedoch den
Bedenklichen erwidert: „Glaubt ihr denn nicht, daß der
Begriff, den ich von ihm habe, mir lieber sei, als diese
Steine? Sollt' ich die Meinung von ihm verlieren, so
mag dieser Schatz auch hinterdrein gehen". Nach dem
Abschied von Münster begleitete ihn die Fürstin noch bis
auf die erste Station, indem sie sich zu ihm in den
Wagen setzte. Noch einmal tauschten sie ihre Religions=
ansichten gegenseitig aus, und sie trennte sich von ihm
mit dem Wunsche, ihn, wo nicht hier, doch dort wieder
zu sehen.

Indeß hatte sich das Fluchtgetümmel vom Rhein her
nach Westphalen hereingewälzt. Goethe gerieth mitten in
den Schwarm der Emigrirten, nicht wenig erfreut, daß er
durch die Fürsorge der Fürstin mittelst Laufzettel auf den
Poststationen angemeldet und empfohlen war, so daß er,
wenn gleich bei dem schlechtesten Wetter oft auf ungebahn=

ten Wegen hin und her geschüttelt, doch rasch über Pader=
born nach Cassel weiter befördert ward. In Cassel war
man der Anmaßung der Emigrirten schon so überdrüssig
geworden, daß er den in französischer Sprache ihn höflichst
abweisenden Kellner deutsch anreden mußte, um nur im
Gasthofe Aufnahme zu finden. Ueber Eisenach gelangte
er dann um die Mitte des Decembers nach Weimar zurück;
wie freudig empfangen, sagen uns die wenigen Worte des
Dichters, es habe eine Familienscene gegeben, welche wohl
in einem Roman die tiefste Finsterniß erhellen und erhei=
tern würde.

Während Goethe's Entfernung hatte der Herzog ihm
seine Wohnung (das bekannte Goethehaus auf dem Frauen=
plan, jetzt „Goetheplatz") stattlich ausbauen lassen. Er
fand es schon meistens wohnbar, doch war ihm noch die
Freude gegönnt, bei der weiteren Einrichtung mit= und
einzuwirken. Nach der mühseligen Wanderzeit genoß er
das Glück des stillen häuslichen Herdes mit innigem Be=
hagen. Sein Knabe, an dem er mit innigster Vaterfreude
hing, wuchs munter heran. Christiane („sein Mädchen",
wie er sie gern nennt) rühmt er in einem Briefe an Jacobi
als „gar sorgfältig und thätig" im Hauswesen; sie verstand
sich vortrefflich darauf, seine ökonomischen Verhältnisse in
Ordnung zu halten und bei mitunter vorkommenden Stö=
rungen wieder ins Gleis zu bringen. Dies muß uns als
eine Sache von Belang erscheinen, wenn wir erfahren, daß
Goethe im Jahre 1792 sich genöthigt sah, von Hufeland
ein Capital von tausend Thalern aufzunehmen, das er noch
1800 verzinste und erst nach mehreren Jahren zurückzahlen
konnte. Seltsam genug versuchte er damals sogar das
Lotteriespiel.

Heinrich Meyer, der inzwischen aus Italien zurück=
gekommen war, wurde mit dem November 1791 sein Haus=

und Tischgenoß. An ihm besaß er jetzt, was er so lange entbehrt hatte, einen durch herzliche Zuneigung und gleiche Studienzwecke treu verbundenen Freund, der ihm die Erinnerungen an Italien neu belebte, im Studium der Kunst ihn bei gleichen Grundsätzen durch seine ausgebreiteten Kenntnisse förderte und durch sein theilnehmendes Eingehen auf die optischen Versuche des Freundes die Freudigkeit des Strebens erhöhte. Diesen Freund gefunden zu haben nennt Goethe eins der glücklichsten Ereignisse seines Lebens; um so erfreulicher mußte dessen wohlthuende Nähe gerade jetzt sein, als das herzliche Einvernehmen mit Herder durch den Mißmuth und die kränkliche Reizbarkeit desselben mehr und mehr sich trübte und von ihm ein anregendes Eingehen auf Goethe's damalige geistige Beschäftigungen nicht zu erwarten stand. Für gemeinsame Studien der antiken Kunst war die durch künstlerischen Werth ausgezeichnete Gemmensammlung, welche ihm die Fürstin Galizin anvertraut hatte, ein neuer Gewinn, den man möglichst ausbeutete. Die Besitzerin war freundlich genug Goethe mehrere Jahre in Besitz derselben zu lassen. Seine Hoffnung nach dem 1806 erfolgten Tode der Fürstin diesen Kunstschatz für Weimar oder Gotha zu erwerben, ging nicht in Erfüllung; jetzt ist jene Sammlung dem Gemmencabinet im Haag einverleibt.

Hinsichtlich der Farbentheorie begegneten sich die Studien der Freunde vornehmlich in den Untersuchungen der ästhetischen Wirkung und Kunstharmonie der Farben. Meyer entwarf mehrere Zeichnungen, um die Goethe'schen Farbenspeculationen zur Anwendung zu bringen und die Theorie des Colorits näher zu begründen. Wie hoch Goethe den Werth eines solchen gemeinschaftlichen Arbeitens anschlug und welche Hoffnungen er überhaupt für die deutsche Wissenschaft auf ein Zusammenhalten der mit gleichen Forschungen

beschäftigten Gelehrten baute, geht aus dem im Jahre
1793 verfaßten Aufsatz „der Versuch als Vermittler von
Object und Subject" hervor, worin er nachzuweisen sucht,
daß nur aus einer Reihe von einzelnen auf dasselbe Ziel
gerichteten Erfahrungen die höhere Formel wissenschaftlicher
Wahrheit gezogen werden könne. Seine Anhänglichkeit
an die liebgewonnene Wissenschaft blieb auch fernerhin unverändert und ging stets neben den übrigen Beschäftigungen
her. Er wandte sich jetzt mehr der Physik und Chemie zu
und knüpfte zu dem Ende einen näheren brieflichen Verkehr
mit Lichtenberg in Göttingen an, durch den er sich sehr
gefördert fühlte.

Die Leitung des Theaters nahm ihn zugleich sehr in
Anspruch. Was wir hier im Allgemeinen bemerken, gilt
nicht bloß von einer kurzen Epoche, sondern von Goethe's
ganzer vieljährigen Bühnenleitung, ein rühmliches Blatt
in der Charakteristik seiner praktischen Wirksamkeit. Seine
gewissenhafte Fürsorge erstreckte sich auf das Kleine wie
auf das Große. Er bildete bei neuen Aufführungen durch
Leseproben die ästhetische Auffassung des Drama's und der
einzelnen Rollen, war bei den Bühnenproben selbst zugegen,
ertheilte überall seinen Rath und seine Befehle und begab
sich nicht selten selbst auf die Bühne, um Stellungen und
Gruppen zu ordnen. Streng hielt er auf Beobachtung
der Theatergesetze und war gegen Nachlässigkeit und Wider-
setzlichkeit unnachsichtig, während er zugleich durch seine
geistige Ueberlegenheit und Humanität die Mitglieder der
Bühne an sich zog und spornte. Fiel auch manches Unangenehme dabei vor, so betrachtete er es „als ein Symbol
des Welt- und Geschäftslebens, wo es auch nicht immer
sanft hergeht". Parteilichkeit war ihm fremd. „Sein Verhalten zu dem weiblichen Personal des Theaters war durchaus rein; die Liebenswürdigste hatte sich keiner größern

Gunst von ihm zu gewärtigen, als daß er ihr die Wange zum Kuß darreichte" (Eberwein), und in gleichem Sinne spricht sich Goethe gegen Eckermann aus. Unermüdlich unterstützte er junge vielversprechende Talente durch Rath und That und widmete sich mit der Geduld eines Lehrmeisters ihrer Ausbildung; eine wahrhaft schöpferische Genialität zeigte er in der Kunst, das Talent zu wecken, heranzuziehen und auf den rechten Platz zu stellen. Ohne über große Geldmittel verfügen zu können, — für Gastrollen, die er überhaupt nicht liebte, und glänzende Ausstattung wurde nicht viel verausgabt — gelang es seiner umsichtigen, consequenten Leitung, die weimarische Bühne in kurzem auf eine so hohe Stufe künstlerischer Leistung zu heben, daß man bald von allen Seiten Deutschlands auf sie als ein Muster blickte, und Goethe manchmal die Erfahrung machen mußte, daß die von ihm mit Mühe und Aufopferung herangebildeten Talente durch die Anerbietungen anderer Bühnen fortgelockt wurden.

Es bedurfte eines solchen äußern Antriebs, um Goethe nach den Erfahrungen der letzten Jahre zur dramatischen Dichtung zurückzuführen. Einige dramatische Kleinigkeiten entstanden im Jahre 1793, bevor er aufs neue in die Kriegsscenen am Rhein hineingezogen ward. Die kleine dramatische Production der Bürgergeneral dictirte er im Lauf einer Woche. Da der Schauspieler Beck die Rolle des Schnaps in den „beiden Billets" nach Florian und dem „Stammbaum" von Anton Wall, einer Fortsetzung jenes Stückes, mit ganz individueller Trefflichkeit spielte, so konnte Goethe sich nicht enthalten, diesen Schnaps nochmals zu produciren und zwar als Propagandisten der neuen überrheinischen Freiheitsideen, wovon er einem gutmüthigen Bauern vorschwatzt, um sich gelegentlich eine gute

Mahlzeit zu gewinnen. Die Posse ist ganz der Wirklichkeit entnommen, wie denn das Felleisen mit den Utensilien des Freiheitsapostels von Goethe's Diener auf dem Feldzuge erbeutet worden war und jedesmal bei der Aufführung seine Dienste that. Da das Stück im lebendigsten Dialog gehalten ist, so machte es auf der Bühne eine gute Wirkung und ist noch in neuester Zeit mit Erfolg wieder vorgeführt worden. „Den Bürgergeneral" — schreibt Goethe am 7. Juli 1793 an Jacobi — „habe ich vor meiner Abreise in Weimar spielen lassen, er nimmt sich sehr gut aus", und gegen Eckermann äußerte er, „das Stück habe manchen heitern Abend gemacht". Es ist daher unbegreiflich, wie Goethe in dem Berichte, welcher der Darstellung der Campagne angehängt ist, ganz im Widerspruche damit behaupten konnte, das Stück habe die widerwärtigste Wirkung, selbst bei Freunden und Gönnern, hervorgebracht, indem doch selbst Jacobi, der vom Großkophta schwieg, über dies Stück seinen Beifall aussprach; eben so unbegreiflich, daß man in politischem Rigorismus den anspruchslosen Scherz als einen Angriff auf die weltbewegenden Freiheitsideen, als einen Beweis, daß der Dichter die welthistorische Bedeutung der Revolution nicht verstanden habe, gedeutet hat. Goethe wußte recht gut, daß er an einem Wendepuncte der Geschichte stehe und war nicht im geringsten aufgelegt, die fortrollenden Ereignisse als eine Posse zu betrachten. Nach seinem Geständniß war nicht leicht jemand in so weiter Entfernung vom eigentlichen Schauplatze des Unheils gedrückter, als er; er gehörte zu dem Kreise der „Aufgeregten", die er in dem gleichnamigen Drama und in dem wohl schon damals niedergeschriebenen Eingange zu den „Unterhaltungen deutscher Ausgewanderten" uns vorführt — „Bekenntnisse dessen, was damals in meinem Busen vorging".

Der Plan des Drama's die Aufgeregten ist vortrefflich erfunden, um die verschiedenen politischen Parteistellungen neben einander vorzuführen; doch lagen die Hauptscenen desselben nicht in dem Kreise, in welchem sich die Goethe'sche Poesie am liebsten bewegte, und es ist daher lückenhaft geblieben. Des Dichters politischen Standpunct (gegen Eckermann nannte er es daher sein „politisches Glaubensbekenntniß") legt es uns am klarsten dar, wofür auch die um dieselbe Zeit entstandenen politischen Epigramme, die unter die venetianischen eingeschaltet worden sind, uns Fingerzeige geben. In der Rolle des Hofraths, der das Bestehende schätzt, aber zu jeder nothwendigen und nützlichen Reform die Hand zu bieten bereit ist, zeichnet Goethe sich selbst und läßt ihn den vermittelnden Standpunct zwischen den Ultra's der Parteien vertreten. Das Unrecht des aristokratischen Egoismus, der den aus offenkundigen Mißbräuchen fließenden Vortheil nicht opfern mag, wird eben so scharf verurtheilt, wie der Alles nivellirende Radicalismus, der „das große Gewicht des höheren Standes im Staate" nicht anerkennt. In der Einleitung zu den Unterhaltungen der Ausgewanderten wiederholt sich die Klage, daß der Dämon des politischen Gesprächs in alle geselligen Kreise eindringe. Es steht in deutlicher Beziehung zu der einst so geistreich belebten weimarischen Gesellschaft, wenn dort der Baronin die Worte in den Mund gelegt werden: „Wo sind die schönen, zierlichen Gedichte geblieben, die sonst so oft aus den Brieftaschen unsrer jungen Frauenzimmer zur Freude der Gesellschaft hervorkamen? Wohin haben sich die unbefangenen philosophischen Betrachtungen verloren? Ist die Lust gänzlich verschwunden, mit der ihr von euren Spaziergängen einen merkwürdigen Stein, eine uns wenigstens unbekannte Pflanze, ein seltsames Insect mitbrachtet und dadurch Gelegenheit gabt, über den

großen Zusammenhang aller vorhandenen Geschöpfe wenig=
stens angenehm zu träumen?"

Mitten unter den Gräueln des Terrorismus, „wo ihm
die Welt blutiger und blutdürstiger als jemals erschien",
war es ihm nicht möglich auf productivem Wege der Miß=
stimmung Herr zu werden; doch war es ein verwandtes
Heilmittel, daß er den Reineke Fuchs zu überarbeiten
unternahm. Dies satirische Thierepos, welches uns ein
durch niedere Leidenschaften zerrüttetes Staatsleben vor=
führt, wo Gewalt und List sich um den Sieg streiten, er=
schien ihm jetzt als ein Spiegel der Zeitläufte, als „die
unheilige Weltbibel". Während hier „das Menschenge=
schlecht sich in seiner ungeheuchelten Thierheit ganz natür=
lich vorträgt" (ein Ausdruck, den man in dieser Verbindung
und Beziehung nicht so herb deuten darf, um dabei ein
Kreuz zu schlagen), hilft doch der ergötzliche Humor der
lebenvollen Schilderung über Anarchie und Gemeinheit
hinweg. Durch Voß' Homerübersetzung und Luise, welche
Goethe „leidenschaftlich" liebte und gern vorlas, war er
mit dem Wohllaut des deutschen Hexameters vertrauter ge=
worden; es war ihm daher die Bearbeitung des Reineke
eine erwünschte Gelegenheit, sich durch eine größere Pro=
duction dieser Versart noch mehr zu bemeistern, und warum
sollte eine Form, welche die Idylle so trefflich kleidete,
den satirisch=epischen Scenen der Thierwelt widersprechen?
Ging dabei von dem ursprünglichen Volkston viel verloren,
so ward der Dichter um so mehr zu einer selbstständigen
Reproduction des Originals aufgefordert, und er nahm
dabei ein Recht für sich in Anspruch, dessen sich schon die
früheren Bearbeiter der Thiersage bedient hatten. Goethe
arbeitete an dieser Dichtung mit anhaltendem Fleiße, so
daß er schon am 2. Mai seinem Jacobi die Arbeit als
fertig ankündigen konnte; doch beschäftigte ihn die Vollen=

dung und Ausfeilung des Einzelnen noch längere Zeit; sie
gewährte ihm eine angenehme Zerstreuung während der
neuen Campagne, zu der er am 12. Mai 1793 abreiste.

Die Verbündeten betrachteten die Wiedereroberung von
Mainz als die Hauptaufgabe des nächsten Feldzugs. Eine
preußische Armee schloß seit Mitte des Aprils die von einem
ansehnlichen französischen Armeecorps besetzte und stärker
befestigte Stadt ein. Da der Herzog sich ins Lager begab,
so verließ auch Goethe sein stilles Weimar, um in dessen
Gesellschaft zu sein. Nachdem er einige Wochen in Frank=
furt, das bereits wieder in deutschen Händen war, verweilt
hatte, wo er mit Sömmering, der aus Mainz hierher ge=
flüchtet war, „in einsamen Stunden viel arbeitete", langte
er am 27. Mai bei dem Armeecorps des Herzogs von
Weimar im Lager von Marienborn an. Von weimarischen
Freunden traf er unter andern dort den Rath Krans und
den Engländer Gore, ebenfalls einen geschickten Maler,
der sich seit einigen Jahren in Weimar niedergelassen hatte
und mit Goethe sehr befreundet war; die Belagerung von
Mainz „als ein seltener wichtiger Fall, wo das Unglück
selbst malerisch zu werden versprach", hatte sie herbeigelockt.
Während des Bombardements, das am 27. Juni eröffnet
ward, „machten sie so viele Brandstudien, daß es ihnen
später gelang ein durchscheinendes Nachtstück zu verfertigen,
welches mehr als irgend eine Wortbeschreibung die Vor=
stellung einer unselig glühenden Hauptstadt des Vaterlandes
zu überliefern im Stande sein möchte". Der ausführliche
Bericht, worin uns Goethe von dem Lagerleben und den
Scenen der Belagerung in Kenntniß setzt, schon damals
zum Theil an Herder und Jacobi übersandt, ist wiederum
ein Beweis, mit welcher Aufmerksamkeit, gewissermaßen
Forschungsbegier, er Alles, was um ihn vorging, selbst
die militärischen Stellungen und Bewegungen, verfolgte

und in Wort und Bild skizzirte. Oft wandelte ihn auch
hier die Lust an, der Gefahr ins Angesicht zu blicken, wenn
es galt, eine anziehende Erscheinung, eine ungekannte Scene
in der Nähe zu betrachten. „Man vergaß an eigene Sicherheit zu denken. Von der wilden, wüsten Gefahr angezogen,
wie von dem Blick einer Klapperschlange, stürzte man sich
unberufen in die tödtlichen Räume, ging, ritt durch die
Trancheen, ließ die Haubitzgranaten über dem Kopfe
dröhnend zerspringen, die Trümmer neben sich niederstürzen".
Einstmals gewann er einen Mann des Wachtpostens durch
ein Trinkgeld, um sich von ihm zu den äußersten Schanzen
führen zu lassen; er stand endlich in der letzten Schanze
des rechten Flügels, wo man hinter einem Bollwerk von
Schanzkörben auf ein Paar hundert Schritte Kanonenkugeln wechselte. „Hier fand ich es nun, aufrichtig gestanden, heiß genug, und man nahm sich's nicht übel,
wenn irgend eine Anwandlung jenes Kanonenfiebers sich
wieder hervorthun wollte; man drückte sich nun zurück,
wie man gekommen war, und kehrte doch, wenn es Gelegenheit und Anlaß gab, wieder in gleiche Gefahr".

In manchen ruhigeren Stunden wandte sich sein Geist
zu der gewohnten Beschäftigung zurück. Die optischen
Studien wurden fortgesetzt, und am Reineke Fuchs ward
fleißig gearbeitet. In die Gemüthsstimmung jener Tage
läßt uns ein noch vor dem eigentlichen Bombardement ge-
schriebener Brief an Jacobi einen Blick werfen: „Dein
lieber Brief trifft mich hier und giebt mir einen guten
Morgen, eben als ich mich von einem Strohlager erhebe,
und die freundlichste Sonne in mein Zelt scheint. Ich
schreibe gleich wieder und wünsche Euch Glück zu dem
schönen Frühling in Pempelfort, da wir indeß zwischen
zerrissenen Weinstöcken, auf zertretenen, zu früh abgemähten
Aehren uns herumtummeln, stündlich den Tod unserer

Freunde und Bekannten erwarten, und ohne Aussicht, was
es werden könne, von einem Tage zum andern leben.
Das Wetter ist sehr schön, die Tage heiß, die Nächte himm=
lisch. Das werdet ihr auch so haben und den lieben Frieden
dazu, den Euch ein guter Geist erhalte und auch dieser
Gegend wiedergebe".

Nachdem der Commandant der unglücklichen Stadt die
Capitulation abgeschlossen hatte, begann am Nachmittag
des 24. Juli der Ausmarsch der 17000 Mann starken
französischen Besatzung, der unter der Bedingung, ein Jahr
lang nicht gegen die Verbündeten zu fechten, mit allen
Kriegsehren abzuziehen zugestanden worden war. Goethe
gedenkt des „ergreifenden" Moments, wo eine Abtheilung
französischer Jäger unter den Klängen des Marseillermar=
sches, dessen langsames, melancholisches Tempo zu den
ernsten Gesichtern der Veteranen stimmte, an ihm vorüber=
ritt. Für die Clubbisten war ein gleiches Zugeständniß
nicht zu erlangen gewesen; gegen sie, die eigentlichen Ur=
heber des Unheils, wandte sich der Haß der Bürger, vor=
nehmlich der Vertriebenen, welche jetzt mit den Verbündeten
wieder einzogen. Einigen Clubbisten gelang es zu entflie=
hen. Goethe war Augenzeuge, wie einer derselben von der
Volkswuth, die man gewähren ließ, fürchterlich gemißhan=
delt wurde. Eine ähnliche Scene hätte sich beinahe unter
den Fenstern seines Quartiers ereignet. Es erscholl plötz=
lich aus der Volksmenge der Ruf: „Haltet ihn an! schlagt
ihn todt! das ist der Spitzbube von Architecten, der erst
die Domdechanei geplündert und nachher selbst angezündet
hat". Die Wuth galt einem Mann zu Pferde, der sich
in dem Zuge der Franzosen befand; es kam auf einen
einzigen entschlossenen Menschen an, und die That war
geschehen. Ohne die Gefahr, in die er sich begab, zu
überlegen, sprang Goethe hinaus unter die Menge, und

auf sein gebieterisches Halt! trat die vollkommenste Stille
ein. Dann fuhr er laut und heftig sprechend fort: „hier
sei das Quartier des Herzogs von Weimar, der Platz
daran sei heilig; wenn sie Unfug treiben und Rache üben
wollten, so fänden sie noch Raum genug. Wer sie auch
seien, so hätten sie mitten in der deutschen Armee keine
andere Rolle zu spielen, als ruhige Zuschauer zu bleiben;
ihr Unglück und ihr Haß gebe ihnen hier kein Recht, und
er leide an dieser Stelle durchaus keine Gewaltthätigkeit"
— und was er noch weiter in ähnlichem Sinne hinzusetzte.
Das Volk war nach und nach weiter zurückgetreten und
ließ den Bedrohten ungefährdet seines Weges ziehen.
Georg Forster, einer der wenigen Clubbisten, welche durch
edle Motive verleitet worden waren mit den Franzosen
gemeinschaftliche Sache zu machen, befand sich damals in
Paris, wo er, bitter enttäuscht, im nächsten Jahre sein
Leben beschloß; sein Schicksal ging Goethe sehr zu Herzen.
Am 26. ritt Goethe mit einigen Freunden in die ver=
wüstete Stadt, schmerzlich bewegt von der Erinnerung an
glückliche friedliche Stunden, die er hier in Freundeskreisen
verlebt hatte, und von dem Anblicke der Verwüstung, die ihm
auf allen Schritten entgegentrat. „In Schutt und Trüm=
mer war zusammengestürzt, was Jahrhunderten aufzubauen
gelang"; die Bevölkerung von Mainz war auf 6000 her=
abgesunken. Sein Freund Sömmering war wieder in das
ausgeplünderte und übel zugerichtete Akademiegebäude ein=
gezogen; wehmüthig betrachtete Goethe die verwüsteten
Zimmer, „wo sie vorm Jahre so heiter und traulich zu
wechselseitigem Scherz und Belehrung freundschaftlich bei=
sammen gesessen". Gleichwohl fand man Muße, sich über
die glücklich geborgenen werthvollen Präparate in belehren=
den Gesprächen zu unterhalten. Mit Gore und Kraus
begab er sich auf die Citadelle und gedachte der heiteren

S

Jugendtage, wo er hier das Drususdenkmal abgezeichnet
hatte. Vom Wall sowie vom Dom aus entwarf Gore
eine Zeichnung der ganzen von der Belagerung entstellten
Stadt. Goethe war froh dem Anblick des Jammers wieder
zu enteilen und besuchte das gegenüberliegende Castel;
„auf der Rheinbrücke holte man noch frischen Athem wie
vor Alters und betrog sich einen Augenblick, als wenn
jene Zeit wiederkommen könne".

Bald darauf zogen die Regimenter ab. Goethe ward
zu seiner Freude der Verpflichtung entlassen, als Begleiter
des Herzogs an dem Ungemach des Feldzuges noch ferner
theilzunehmen; er erhielt Urlaub nach Hause zurückzukehren. Indeß wünschte er zuvor noch einige Wochen bei
Freunden in den Rheingegenden zuzubringen. Schon aus
dem Lager vor Mainz schrieb er am 7. Juli an Jacobi:
„Wie gern käme ich wieder zu Euch! Neulich waren wir
bis Bingen gefahren und stiegen an einem schönen Abende
bei dem Mäusethurm ans Land. Ich sah dem Flusse nach,
der zwischen die dunkeln Berge sich hineindrängt und
wünschte mit ihm zu Euch zu gehen. Eigentlich sollte ich
Schlossern besuchen; ich fürchte mich aber davor. Seine
eine Tochter ist tödtlich krank, und es wäre mir entsetzlich,
meine Schwester zum zweitenmal sterben zu sehen. Meine
Mutter hat mir Briefe von dem Kinde gezeigt, die höchst
rührend sind". Am 19. meldete er demselben Freunde,
er wolle nun doch Schlosser besuchen, da die arme Julie
unterdessen [5. Juli] verschieden sei. Schlosser, damals
Director des Hofgerichts zu Karlsruhe, befand sich mit
seiner Familie auf der Heimkehr von einer Rheinreise und
traf mit ihm in Heidelberg im Hause der alten treuen
Freundin Delph zusammen. In den wissenschaftlichen
Unterhaltungen kam auch die Farbenlehre zur Sprache,
über die ihm Goethe einen ausführlichen Vortrag hielt,

ohne ihm seine Theorie ganz einleuchtend machen zu können.
Auch ein Aufsatz über wissenschaftliches Zusammenwirken
der Fachgelehrten (wahrscheinlich der obenerwähnte) ward
mitgetheilt, worauf jedoch Schlosser sehr ungläubig erwi=
berte, daß Goethe im Irrthum sei, wenn er sich einbilde,
es werde jemand ein frembes Verfahren billigen und zu
dem seinigen machen, und es könne überhaupt in Deutsch=
land irgend eine gemeinsame Wirkung und Mitwirkung
stattfinden. Daß zwischen beiden auch manche verletzende
Aeußerungen vorfielen, hebt Goethe's Bericht wohl allzu
scharf hervor; an Jacobi schrieb er am 10. August: „Mit
Schlossern brachte ich in Heidelberg einige glückliche Tage
zu; es freut mich sehr und ist ein großer Gewinnst für
mich, daß wir uns einmal wieder einander genähert haben".
Goethe verweilte dann noch einige Tage bei der Mutter
in Frankfurt, wo er mit Sömmering noch „einige sehr auf=
munternde Conferenzen" hatte, und kehrte am 20. August
in die behagliche Stille seines Hauses zurück, wohin er sich
längst gesehnt. Auch jetzt wiederholte er sich die Worte
seines in freundlicheren Tagen niedergeschriebenen Gedicht=
chens (Venedig, 1790):

Weit und schön ist die Welt; doch, o wie dank' ich dem Himmel,
    Daß ein Gärtchen, beschränkt, zierlich, mir eigen gehört!
Bringt mich wieder nach Hause! Was hat ein Gärtner zu reisen?
    Ehre bringt's ihm und Glück, wenn er sein Gärtchen bestellt.

Viertes Capitel.

1794 — 1796.

Die Weltgeschichte ging im Sturmschritt einher; alle
Gemüther blickten mit ängstlicher Spannung in die Zu=
kunst. Die Zeit war in Deutschland vorüber, wo man in
politischen Gesprächen sich über Aristokratie und Volksrechte
gegenseitig erhitzte und in naiver Unerfahrenheit mit dem
Feuer der Freiheitsideen spielte; die Gräuel des Terroris=
mus hatten die Enthusiasten enttäuscht. Wenn sich nun in
dem Augenblick, wo der Krieg bereits an Deutschlands
Grenzen pochte, der Blick des Patrioten auf das eigene Vater=
land wandte, so erregte hier die Schwäche und Haltlosigkeit
der Vertheidigungsanstalten die größte Besorgniß. Innerer
Zwiespalt lähmte die Kriegsunternehmungen; im Baseler
Frieden (1795) trat Preußen von der Coalition zurück,
und die Reichsverfassung ging ihrer völligen Auflösung
entgegen. Die kleineren Staaten schwankten zwischen preu=
ßischen und östreichischen Interessen. Weimar ging mit
Preußen. Ward es auch durch seine Lage im Norden der
Demarcationslinie gegen die französischen Armeen gesichert,
so machte doch die Stellung von Kursachsen, welches sein
Contingent noch ferner bei der Reichsarmee ließ, auch fernere
Unterhandlungen und Rüstungen nöthig. Der Herzog von

Weimar war indeß schon nach beendigtem Feldzuge von 1793 aus dem preußischen Dienst ausgetreten. Goethe war im Lager bei Aschersleben gegenwärtig, als der Herzog von seinem Armeecorps Abschied nahm. „Das Wehklagen des Regiments", berichtet er, „war groß durch alle Stufen. Sie verloren Anführer, Fürsten, Rathgeber, Wohlthäter und Vater zugleich. Auch ich sollte von engverbundenen trefflichen Männern auf einmal scheiden; es geschah nicht ohne Thränen der besten. Die Gegend um Aschersleben, der nahe Harz, von dort aus so leicht zu bereisen, erschien für mich verloren; auch bin ich niemals wieder tief hinein= gedrungen."

Indeß hatte sich Goethe über die dadurch auch für ihn herbeigeführte Aenderung seiner Lebensweise nur zu freuen, indem er sich von jetzt an ungestörter seinen fried= lichen Beschäftigungen hingeben konnte. Einen Auftrag, der ihn noch einmal auf den Schauplatz des Krieges geführt haben würde, lehnte er ab. Doch ward während der Kriegsstürme sein Gemüth durch Sorge und Schmerz stets dort zu verweilen genöthigt, wo theure Angehörige und Freunde von den Ereignissen unmittelbar berührt wurden. Ihm wurden von dort her manche Schatzkästchen und Kost= barkeiten zum Aufbewahren eingesandt, Zeugnisse sowohl des Zutrauens, als der dort herrschenden Angst und Noth. Viele seiner Freunde flüchteten damals, um vor den Drang= salen des Krieges sich zu retten, vom heimischen Herde. Jacobi verließ, um dem Kriegslärm auszuweichen, im Herbst 1794 sein freundliches Pempelfort, von wo er noch vor kurzem, die Trennung von der friedlichen Wohnung, zu der er nicht wieder zurückkehren sollte, nicht ahnend, in der Widmung des Woldemar dem Freunde in der Ferne den Gruß wärmster Liebe und Verehrung hinübergesandt hatte. „Es war mir so schmerzlich," schrieb ihm Goethe

am 31. October, „als wenn ich mit Dir hätte auswandern
sollen." Jacobi lebte seitdem mehrere Jahre in Freundeskreisen zu Hamburg und im Holsteinischen, namentlich mit
Claudius, Stolberg und der geistvollen Gräfin Julie von
Reventlow, bis er 1799 Eutin zu seinem Wohnsitz wählte
und zur Ruhe seiner Studien zurückkehren konnte. Goethe
wurde mehrmals dringend nach Eutin eingeladen, und die
Verheirathung seiner Nichte Luise Schlosser mit Ludwig
Nicolovius, der sie in Pempelfort kennen gelernt hatte und
mit ihr nach Eutin zog, schien dazu eine noch nähere Veranlassung zu sein. Allein ihn lockte nicht die pietistische Beschränktheit jener Kreise sowie die scheinheilige Geziertheit
und Prüderie, welche er beim Erscheinen seines Wilhelm
Meister von neuem zu erfahren Gelegenheit hatte, „nach
den nordischen Sumpf- und Wassernestern", vor denen er
seinen Jacobi warnte, weil er ihnen „nichts Gutes zutraute".
Neue Lectionen dort persönlich entgegenzunehmen, fühlte
er keinen Trieb.

Um dieselbe Zeit wie Jacobi verließ auch Schlosser
die Rheingegenden. Er trat 1794 aus dem markgräflich-
badischem Staatsdienst und siedelte nach Ansbach über,
welches er 1796 mit Eutin und im folgenden Jahre mit
seiner Vaterstadt vertauschte, wo ihn 1799 ein unerwarteter
Tod abrief. Goethe's Mutter hielt in Frankfurt standhaft
aus, obwohl der Sohn bereits Vorbereitungen getroffen
hatte, sie bei sich aufzunehmen. Auf sein Anrathen ver-
kaufte sie den wohlbesetzten Weinkeller, die Bibliothek und
die werthvolle Gemäldesammlung, endlich auch das Haus
und das entbehrliche Mobiliar und bezog ein schönes neues
Quartier an der Hauptwache, das sie bald darauf, beim
Bombardement 1796 nach Offenbach flüchtend, wieder verlassen mußte; ihre Habseligkeiten hatte sie in feuerfeste
Keller gerettet. Goethe selbst beschäftigte manchmal der

Gedanke an die Möglichkeit, bei annähernder Gefahr fort=
ziehen zu müssen, und wenn er dennoch mitten in bedroh=
lichen Zeitläuften mit emsiger Thätigkeit seinen Geschäften
und Studien nachging, mochte er sich wohl mit jenem Bauer
vergleichen, der während der Mainzer Belagerung im Be=
reich der Kanonen hinter einem Schanzkorbe, den er von
Stelle zu Stelle schob, ruhig sein Feld bestellte.

Nach der Rückkehr von der Campagne des Jahres 1793
war des Dichters nächste Beschäftigung, an den Reineke
Fuchs die letzte Hand zu legen, so daß gegen den Winter
der Druck beginnen konnte. „Es macht mir noch viel Mühe“
schreibt er am 18. November an Jacobi — „dem Verse
die Aisance und Zierlichkeit zu geben, die er haben muß.
Wäre das Leben nicht so kurz, ich ließe ihn noch eine
Weile liegen; so mag es aber gehen, daß ich ihn los
werde.“ Er theilte Wieland und Herder die Handschrift
zur Durchsicht mit und bat sie, Verbesserungsvorschläge
anzumerken. Wie sich erwarten ließ, fand J. H. Voß,
als Hexameter=Fürst in großem Ansehen, an den Goethe'=
schen Hexametern viel auszusetzen. Allein obgleich Goethe
selbst sie sehr bescheiden in Vergleich mit Voß' philologischer
Technik herabsetzt und offen bekennt, sie nur dem Gehör
nachgebildet zu haben, so wird man doch trotz mancher
prosodischen Mängel den leicht hinfließenden Rhythmus des
Goethe'schen Verses dem Genius unserer Sprache ange=
messener finden, als die steifleinene Structur der Voßischen
Hexameter. Dies erkannte Knebel, der feine Kenner antiker
Metrik, schon damals an, indem er Goethe's Reineke Fuchs
„das beste und der Sprache eigenthümlichste Product deutscher
Prosodie“ nannte.   .

Der Leitung des Theaters widmete Goethe auch ferner
viel Zeit und Kräfte. Seitdem er mit Sinn und Neigung
wieder auf das Bühnenwesen einging und auch dieser Sphäre

seiner Thätigkeit einen poetischen Reiz abgewann, war ihm
sein Roman Wilhelm Meister um vieles näher getreten,
welchen er beständig, selbst in Italien, als ein Gefäß, wo=
rin er einen Theil seiner Kunst= und Weltbetrachtungen
niederzulegen gedachte, im Auge behalten hatte. Seit 1791
begann er das Vorhandene gelegentlich zu ordnen und zu
überarbeiten. Er betrachtete es auf seinem jetzigen Stand=
puncte als seine Aufgabe, den früheren Entwurf, der sich
allzu ausführlich in der Darstellung der dramatischen Kunst
erging und zu sehr in den Kreisen des Schauspielerlebens
verweilte, mehr zusammenzudrängen (er ward fast um ein
Drittel verkürzt), damit dieser Theil der Lehrjahre des
Helden nur als ein einzelnes Moment, als der Durch=
gangspunct zu höherer Geistes= und Charakterbildung
erscheine. Aus des Dichters eigener Bildungsgeschichte ist
die Idee des Romans entnommen. Es ist die Versöhnung
der poetisch=phantastischen Auffassung des Lebens mit der
Wirklichkeit, die Erziehung für die Welt. Der Held wird
durch die Conflicte des Lebens, durch eine Reihe sich stufen=
weise steigender Verhältnisse hindurchgeführt, damit er durch
sie lerne, sein Inneres mit den Bedingungen der Außenwelt,
wenn auch mit manchen Entsagungen, in Harmonie zu
setzen, und die Kraft gewinne, sich durch seine Thätigkeit
für das Verlorene neue Stellungen des Lebens zu schaffen.
Es ward daher dieser Roman, wie Faust, eine Dichtung, die
sich nicht in sich selbst abschließt, sondern immer vorwärts
weist. Froh, über den Anfang hinaus zu sein, ließ Goethe,
da der Verleger ihn drängte, 1794 den Abdruck des ersten
Bandes vor sich gehen. Wegen der Fortsetzung war er
nicht ohne Sorge; doch hoffte er, daß die Nothwendigkeit
der beste Rathgeber sein werde.

　　Ungeachtet dieser umfangreichen Production fand er
dennoch in diesen Jahren, deren hohe geistige Anspannung

nur mit der italienischen Studienzeit verglichen werden
kann, noch Muße für viele poetische Nebenarbeiten. Er
vermochte auch seine übrigen Geistesrichtungen zu verfolgen
und den Geschäften, die ihm neben der Theaterleitung ob=
lagen, die gewohnte Thätigkeit zu widmen. Seine ander=
weitigen Amtsgeschäfte zogen ihn oft auch nach Ilmenau
und Jena hinüber, und es bewährte sich die frühere Er=
fahrung, daß er von solchen Ausflügen stets den besten
Gewinn für Poesie und Wissenschaft heimbrachte.

Nach Ilmenau riefen ihn mehrmals die Bergbauan=
gelegenheiten, die ihm gemeinschaftlich mit dem Geheimrath
von Voigt oblagen. An und für sich boten sie wenig
Erfreuliches, da es sich mehr und mehr herausstellte, daß
bei den beschränkten Mitteln von dem isolirt gewagten
Unternehmen kein Gewinn zu erreichen sei. Nur durch
neue Bewilligung von Zuschüssen ward verhindert, daß das
Bergwerk schon eher ins Stocken gerieth, als bis der
Stollenbruch von 1795 dem dortigen Bergbau ein Ende
machte. Es ward jedoch unserm Dichter auch jetzt noch
recht jugendlich wohl in dem stillen Thal zwischen den sanften
waldbewachsenen Höhen, besonders da er häufig seinen
Knaben dort mit sich herumführen konnte, „der diese Gegend
mit frischem kindlichen Sinn wieder auffaßte, alle Gegen=
stände, Verhältnisse, Thätigkeiten mit neuer Lebenslust
ergriff und viel entschiedener, als mit Worten hätte ge=
schehen können, durch die That aussprach, daß dem Abge=
storbenen immer etwas Belebtes folge, und der Antheil
der Menschen an dieser Erde niemals erlöschen könne.“
Hier ward Wilhelm Meister' fortgeführt, und man erkennt
aufs neue, wie das eigene Erlebniß den Einschlag zum
Gewebe des Romans darbot; hier ward Hermann und
Dorothea entworfen.

Zu den wissenschaftlichen Beziehungen, die Goethe

seit Jahren mit den Lehrern der Universität Jena unter=
hielt, war jetzt auch ein neues engeres Band hinzugekommen,
seit ihm die Leitung und Oberaufsicht der dortigen wissen=
schaftlichen Anstalten übertragen war. Bei dem einsichts=
vollen Eingehen des Herzogs auf die Naturstudien ward
es Goethe's Verwaltung möglich, selbst bei nicht reichlich
fließenden Mitteln, diesen Zweig der Universitätsstudien
aus der Abhängigkeit von der medicinischen Fachwissenschaft
zu befreien und die darauf bezüglichen Anstalten theils zu
erweitern, theils neu zu gründen. Er ordnete und ver=
größerte die naturhistorischen Sammlungen und ließ unter
seiner Leitung 1794 den neuen botanischen Garten anlegen,
der in dem kenntnißreichen, thätigen Professor Batsch einen
trefflichen Vorsteher erhielt. Später wurde der botanische
Garten erweitert. Goethe bemühte sich überall selbst zu
lernen und an Strebende sich anzuschließen; daher schämte
er sich auch nicht als Lernender zu den Füßen der Meister
zu sitzen. Regelmäßig wohnte er den Sitzungen der unter
Batsch' Leitung gebildeten naturforschenden Gesellschaft bei.
Als er sich im Januar 1795 einige Wochen in Jena auf=
hielt, wanderte er in Begleitung Meyer's sowie der zur
Zeit dort anwesenden Brüder Humboldt in den frühen
Morgenstunden, oft durch tiefen Schnee, zu dem Hörsaal.
des Hofraths Loder, der über Bänderlehre, einen höchst
wichtigen Theil der Anatomie, Vorlesungen hielt. Zugleich
wurden mit Göttling chemische Versuche angestellt. Fichte,
vor kurzem an Reinhold's Stelle nach Jena berufen, zog
Goethe durch seine tüchtige Persönlichkeit und seinen wissen=
schaftlichen Ernst sehr an, wenn gleich seine Vertheidigung
der französischen Revolution und seine Angriffe auf die
supernaturalistische Religionslehre sowie seine Streitigkeiten
mit der jenaischen Facultät gleich anfangs zu manchen un=
angenehmen Händeln Veranlassung gaben, wobei Goethe

gemäß seiner amtlichen Stellung vielfach zu vermitteln
und einzugreifen veranlaßt war. Durch Fichte's „Wissen=
schaftslehre" wurde in ihm der Trieb aufs neue erregt,
die Fortschritte der deutschen Philosophie aufmerksam zu
verfolgen; mit welch lebhaftem Interesse beweist uns der
Brief vom 24. Juni, worin er ihm seinen Dank für die
übersandten ersten Bogen der „Wissenschaftslehre" ausspricht.
„Das Uebersendete enthält nichts, das ich nicht verstände
oder wenigstens zu verstehen glaubte, nichts, das sich nicht
an meine gewohnte Denkweise willig anschlösse. Nach meiner
Ueberzeugung werden Sie durch die wissenschaftliche Be=
gründung dessen, worüber die Natur mit sich selbst in der
Stille sehr lange einig zu sein scheint, dem menschlichen
Geschlechte eine unschätzbare Wohlthat erweisen und werden
sich um jeden Denkenden und Fühlenden verdient machen.
Was mich betrifft, werde ich Ihnen den größten Dank
schuldig sein, wenn Sie mich endlich mit den Philosophen
versöhnen, die ich nie entbehren und mit denen ich mich
niemals vereinigen konnte."

In Verbindung mit den jugendfrischen, kräftig empor=
strebenden Talenten, welche sich damals auf der rasch auf=
blühenden Universität Jena sammelten und sie zu einem
leuchtenden Mittelpuncte deutschen Geisteslebens machten,
erhielt Goethe, was sein vorwärts dringender Geist im Ver=
kehr mit den gealterten Freunden in Weimar seit lange
entbehrt hatte, lebendige Anregung, und seinem Geiste
wuchsen neue Schwingen. War dies vielleicht das Gefühl,
welches ihn antrieb, im Jahre 1795 ein Drama der be=
freite Prometheus zu beginnen? Jena wurde seit der
Zeit sein Asyl, sobald sich sein Geist in die Stille zurück=
zog, um ungestört arbeiten und schaffen zu können. Er
fühlte sich in eine erquickendere Atmosphäre versetzt, die
Rede floß offener und lebendiger von seinen Lippen, und

sein ganzes Wesen erschien liebenswürdiger, als wo ihn die steifen Formen der Residenz beengten. Als ein Beweis seiner Uneigennützigkeit verdient angeführt zu werden, daß er stets die Kosten seines Aufenthaltes in Jena, auch wenn er zunächst durch amtliche Verhältnisse dorthin gerufen ward, aus eigenen Mitteln bestritt.

In den Wochen, welche er im Januar 1795 mit Alexander von Humboldt verlebte — schon von Baireuth aus, wo er die Stelle eines Oberbergmeisters bekleidete, hatte dieser mit ihm einen naturwissenschaftlichen Briefwechsel unterhalten — wurde das ganze Gebiet der Naturwissenschaft durchsprochen. Seitdem berührten sie sich mehrmals. Jeder Besuch Humboldt's war für Goethe von reichem Gewinn. Wie er ihn in späteren Jahren einem Brunnen mit vielen Röhren vergleicht, wo man nur Gefäße unterzuhalten brauche und wo es uns immer erquicklich und unerschöpflich entgegenströme, in gleichem Sinne urtheilte er auch damals bei dessen Besuche im Jahre 1797 (in einem Briefe an Knebel): seine Gegenwart reiche allein hin, eine ganze Lebensepoche interessant auszufüllen; sie bringe Alles in Bewegung, was nur chemisch, physisch und physiologisch interessant sein könne. Goethe's morphologische Ansichten begegneten bei dem jugendlichen, geistvollen Naturforscher einer ermuthigenden Auffassung. Da er den Brüdern Humboldt seine Ideen über vergleichende Anatomie und deren methodische Behandlung im Gespräch mittheilte, so ward er dringend aufgefordert, sie niederzuschreiben. Daraus entstand der „erste Entwurf einer allgemeinen Einleitung in die vergleichende Anatomie, ausgehend von der Osteologie" (1795), worin er einen anatomischen Typus für den organischen Bau der Thiere aufstellte; zur Erläuterung schrieb er im folgenden Jahre „Vorträge über die drei ersten Capitel des Entwurfs".

Ueber die gleichzeitige Beschäftigung mit den Problemen der Farbenlehre giebt uns Goethe in einem Briefe an Jacobi vom 20. December 1794 ein Bekenntniß, in welchem uns der hohe Ernst seines geistigen Strebens entgegentritt: „Der Dir gesagt hat, ich habe meine optischen Studien aufgegeben, weiß nichts von mir und kennt mich nicht. Sie gehen immer gleichen Schritts mit meinen übrigen Arbeiten, und ich bringe nach und nach einen Apparat zusammen, wie er wohl noch nicht beisammen gewesen ist. Die Materie, wie Du weißt, ist höchst interessant, und die Bearbeitung eine solche Uebung des Geistes, die mir viel= leicht auf keinem andern Wege geworden wäre. Die Phäno= mene zu erhaschen, sie zu Versuchen zu fixiren, die Erfah= rungen zu ordnen und die Vorstellungsarten darüber kennen zu lernen, bei dem Ersten so aufmerksam, bei dem Zweiten so genau als möglich zu sein, beim Dritten vollständig zu werden und beim Vierten vielseitig genug zu bleiben, dazu gehört eine Durcharbeitung des armen Ichs, von deren Möglichkeit ich auch sonst keine Idee gehabt habe". Wenn er dabei die Klage über die Fachgelehrten wiederholt, so hat er doch namentlich von Sömmering zu rühmen, daß sein Eingreifen geistreich und selbst sein Widerspruch för= dernd gewesen sei. Eher hatte er sich über Lichtenberg zu beklagen, der ungeachtet ihrer Correspondenz über optische Gegenstände in seiner neuesten Ausgabe von Erxleben's Na= turlehre der Versuche Goethe's auch nicht mit einem Worte gedachte.

Indeß muß Goethe selbst eingestehen, daß durch die wissenschaftlichen Beschäftigungen ein Zwiespalt in seinem Dasein entstanden sei, indem die Anrechte, welche Poesie und Kunst geltend machten, sich mit jenen nicht ganz ver= söhnen ließen. Völlig ward dieser erst ausgeglichen, als sich mit dem Jahre 1794 das Verhältniß zu Schiller zu

einer innigen Freundschaft gestaltete und jenen herrlichen
Geistesbund zwischen den beiden größten Dichtern herbei=
führte, der für die Entwicklung ihres Geistes und dadurch
für unsere Literatur überhaupt von der segensreichsten Be=
deutung ward. In freudiger Erinnerung blickt Goethe
auf jene Jahre zurück, als auf einen „neuen Frühling,
in welchem Alles froh neben einander keimte und aus auf=
geschlossenen Samen und Zweigen hervorging". Werfen
wir einige Rückblicke auf die vorangegangenen flüchtigen Be=
rührungen beider Dichter[13]).

Im Jahre 1787 verweilte Schiller zum erstenmal
in Weimar, damals schon ein gefeierter Dichtername und
seit dem Erscheinen des Don Carlos auch über die Kreise
hinaus, in denen die Räuber und verwandte Erzeugnisse
des stürmenden Jugenddranges gezündet hatten. In den
literarischen Cirkeln Weimars und bei den dortigen Nota=
bilitäten, Herder und Wieland, fand er ein freundliches
Entgegenkommen; Goethe war in Italien. Der scharfe
Ton, mit dem er in seinen Briefen an Körner Einzelheiten
von Goethe erzählt, die einfach referirende Weise, womit
er die aus Herder's Munde in den wärmsten Ausdrücken
hervorströmende Charakteristik mittheilt, beweisen hinlänglich,
daß er Goethe nicht mit der Begeisterung eines Verehrers,
nicht mit dem Verlangen, durch den Umgang mit ihm in
eine neue Schule der poetischen Kunst zu kommen, ent=
gegensah; vielmehr hatte er schon bei seinem Namen jene
unheimliche Empfindung, wie sie nach seinem seltsamen
Geständniß Brutus und Cassius dem Cäsar gegenüber ge=
habt haben müßten. In diese Zeit fiel die strenge, ab=
sprechende Recension des Egmont.

In dem Sommer 1788, wo Goethe aus Italien zu=
rückkehrte, wohnte Schiller in Rudolstadt und dem nahen
Volkstädt, beschäftigt mit der Bearbeitung der Geschichte

des Abfalls der Niederlande und zugleich beglückt durch den Umgang in dem Familienkreise der Frau von Lenge= feld, deren jüngste Tochter Charlotte nachmals seine Lebens= gefährtin ward. Am 7. September, einem Sonntag, traf Goethe, der in Begleitung von Caroline Herder und Frau von Stein zu einem Besuche bei dieser auch ihm befreun= deten und ihn innig verehrenden Familie herübergekommen war, mit Schiller zusammen. Zu einer herzlichen An= näherung, wie die Freundinnen gehofft hatten, konnten diese Stunden nicht führen. Schiller's erste dramatische Werke, die letzten Nachklänge der Sturm= und Drangperiode unserer Literatur, waren Goethe zuwider, „weil ein kraft= volles, aber unreifes Talent gerade die ethischen und thea= tralischen Paradoxen, von denen er sich zu reinigen gestrebt, recht in vollem hinreißenden Strome über das Vaterland ausgegossen hatte". Wenn er auch anerkannte, daß der Dichter im Don Carlos sich bemüht habe, „sich zu be= schränken und dem Rohen, Uebertriebenen, Gigantischen zu entsagen", so war er doch nach dem Läuterungsprocesse, den seine Kunstansichten in Italien durchgearbeitet hatten, nicht fähig, sich mit dieser Dichtung zu befreunden. „Den redlichen und so seltenen Ernst," — so äußert er sich jedoch später offen gegen Schiller — „der in allem erscheint, was Sie geschrieben und gethan haben, habe ich immer zu schätzen gewußt." Die Freundinnen erwarteten von Goethe freundlichere Worte der Anerkennung, von Schiller mehr Wärme in seinen Aeußerungen. Dieser aber befand sich damals im Zenith des jugendlichen Dichterstolzes, und wie er mit dem Selbstgefühl eines Marquis Posa vor Könige hingetreten wäre, so stand er auch jetzt als ein kalter schweigsamer Beobachter im Bewußtsein geistiger Eben= bürtigkeit dem gefeierten Dichter gegenüber, dessen „erster Anblick schon die hohe Meinung, die man ihm von dieser anziehenden und schönen Figur beigebracht hatte, ziemlich tief herunterstimmte". „Im Ganzen genommen" — äußert er in einem Briefe an Körner — „ist meine in der That große Idee von Goethe nach dieser persönlichen Bekanntschaft nicht vermindert worden; aber ich zweifle, ob wir einander je sehr nahe rücken werden. Vieles, was mir jetzt noch interessanter ist, was ich noch zu wünschen und zu hoffen habe, hat seine Epoche bei ihm durchlebt. Sein ganzes Wesen ist schon von Anfang her anders angelegt, als das meinige, unsere Vorstellungsarten scheinen wesentlich verschieden. Indessen schließt sich aus einer solchen Zusammenkunft nicht sicher und gründlich. Die Zeit wird das Weitere lehren". Weit herber lauteten seine mündlichen Aeußerungen.

Als Schiller im November nach Weimar zurückgekehrt war, lebte er sehr zurückgezogen. Ob er gleich seinem Freunde Körner mittheilt, daß Goethe „die Götter Griechenlands" sehr günstig beurtheilt habe und ihm an dessen Urtheil viel liege, so suchte er ihn doch nur selten auf, und in den Worten „dieser Mensch, dieser Goethe, ist mir einmal im Wege, und er erinnert mich so oft, daß das Schicksal mich hart behandelt hat" — bricht wieder die Empfindung des Cassius hervor. Auch Goethe gesteht Schiller gemieden zu haben (ein Freund war späterhin Zeuge, daß die reuige Erinnerung ihm Thränen kostete) und besonders im Verkehr mit Moritz in der Abneigung gegen Schiller's Dichtungen leidenschaftlich bestärkt worden zu sein. Dessenungeachtet wandte er seinen Einfluß keineswegs gegen ihn. Als auf Anregung der Frau von Stein und des Coadjutors von Dalberg, der Schiller sehr hochschätzte, beim Herzoge die Berufung Schiller's an die Universität Jena betrieben wurde, leitete er in Gemeinschaft mit von Voigt die Sache ein. Sein Rescript rühmt

Schiller's Gaben und seine Leistungen im Fach der Ge=
schichtschreibung, zu welcher die „Geschichte des Abfalls
der vereinigten Niederlande" eine vorzügliche Befähigung
dargethan hatte. Er sprach dem angehenden Docenten
Muth ein und ermunterte ihn gleichwie von Voigt mit
dem docendo discitur. Schiller trat im Frühling 1789
sein Amt an und führte im nächsten Jahre seine Charlotte
heim. Es folgten die glücklichen Jahre der tieferen Durch=
bildung, der Läuterung und Reife seines Geistes.

Im Herbst 1790 erhielt Schiller einen Besuch von
Goethe, der aus Schlesien über Dresden kam, wo er, wie
wir schon erwähnt haben, Körner's Bekanntschaft gemacht
und sich viel mit ihm über Kunst und Kantische Philosophie
unterhalten hatte. Diese war auch der Gegenstand
seiner Unterredung mit Schiller, dem dabei „interes=
sant war, wie er Alles in seiner eigenen Manier kleide
und, was er lese, überraschend zurückgebe." Sie führte
noch zu keiner Annäherung. Schiller gefiel die Goethe'sche
Philosophie nicht: „sie holt zu viel aus der Sinnenwelt,
wo ich aus der Seele hole" — „aber," fügt er doch an=
erkennend hinzu, „sein Geist wirkt und forscht nach allen
Directionen und strebt sich ein Ganzes zu erbauen, und
das macht mir ihn zum großen Manne." Goethe schien
aufs neue eingesehen zu haben, daß eine „ungeheure Kluft
zwischen ihren Denkweisen klaffte" und „an keine Vereini=
gung zu denken" sei. Die Kantische Philosophie, welche
Schiller mit Freuden in sich aufnahm, „entwickelte das
Außerordentliche, was die Natur in sein Wesen gelegt,
und er, im höchsten Gefühl der Freiheit und Selbstbestim=
mung, war undankbar gegen die große Mutter, die ihn
gewiß nicht stiefmütterlich behandelte. Anstatt sie als
selbstständig, lebendig vom Tiefsten bis zum Höchsten ge=
setzlich hervorbringend zu betrachten, nahm er sie von der

Seite einiger empirischen menschlichen Natürlichkeiten."
Diesen Gegensatz sprach Schiller's Abhandlung „über An=
muth und Würde" deutlich aus, und wenn er dort das
Genie als Günstling der Natur gegen die durch Anstrengung
erworbene Kraft des Geistes mit einigen bittern Seiten=
bemerkungen herabsetzt, so waren seine Worte unstreitig
direct gegen Goethe gerichtet. Es blieb daher auch das
Zureden gemeinschaftlicher Freunde, unter andern Dalberg's,
vergeblich. Die beiden großen Geister mußten sich im
rechten Zeitpuncte selbst finden.

Schiller bereitete 1794 die Herausgabe der Horen
vor, einer Zeitschrift, welche, der Geschichte, Philosophie
und schönen Literatur gewidmet, die vorzüglichsten Schrift=
steller Deutschlands vereinigen sollte. Auf das zur Mit=
wirkung einladende Schreiben antwortete Goethe unterm
24. Juni mit freundlicher Zusage und sprach die Hoffnung
aus, es werde eine nähere Verbindung mit so wackern
Männern, wie die Unternehmer seien, Manches, das bei
ihm ins Stocken gerathen sei, wieder in einen lebhaften
Gang bringen. Im Juli kam Goethe nach Jena, und es
dürfte erst in diese Tage das von Goethe erzählte folgen=
reiche Zusammentreffen in Batsch' naturforschender Ge=
sellschaft zu verlegen sein, indem die Briefe an Körner
diese Juli=Unterhaltungen als den ersten offenen Gedanken=
austausch, als die erste Mittheilung der Hauptideen, zwischen
denen sich eine unerwartete Uebereinstimmung gefunden
habe, bezeichnen. Aus den obigen Angaben wissen wir
schon, daß es nicht, wie Goethe's Worte schließen lassen,
das erste Mal war, wo sie auf dem Gebiete des philo=
sophischen Denkens ihre Ansichten einander mittheilten.

Aus einer Sitzung der naturforschenden Gesellschaft
gingen sie („zufällig"?) beide zugleich heraus. Ein Ge=
spräch knüpfte sich an, und Schiller bemerkte unter An=

derm, „wie eine so zerstückelte Art die Natur zu behandeln,
den Laien, der sich gern darauf einließe, keineswegs an=
muthen könne". Hiemit berührte er den Angelpunct der
Naturbetrachtung Goethe's, der darauf erwiderte: „daß
es wohl eine andere Weise geben könne, die Natur nicht
gesondert und vereinzelt vorzunehmen, sondern sie wirkend
und lebendig, aus dem Ganzen in die Theile strebend,
darzustellen". Goethe ward dadurch veranlaßt, seine
morphologischen Theorieen aus einander zu setzen, und
fühlte sich durch das Gespräch so lebhaft angezogen, daß
er Schillern auf sein Zimmer folgte, wo die Ideenent=
wickelung nach den beiderseitigen verschiedenen Gesichts=
puncten fortgesetzt ward. „Es war eine merkwürdige
Stunde", sagt Schiller's Schwägerin, Caroline von Wol=
zogen, „über die ein günstiges Geschick den reichsten Segen
ausschüttete".

In Folge des freundschaftlichen Austausches ihrer Ge=
danken sahen sie nicht mehr bloß die Linien, die sie trenn=
ten, sondern mehr die Beziehungen, die zwischen ihren
Standpuncten obwalteten, das Ziel, worin ihre verschiedenen
Wege zusammentrafen. Es war die künstlerische Produc=
tivität, welche die Radien ihres Wesens um einen Mittel=
punct vereinigte. Sie zog Schiller mehr und mehr aus
den ideellen Regionen der Speculation und lehrte ihn die
reelle Welt mit Liebe ergreifen; sie schützte Goethe gegen
mikrologisches Hingeben der Aufmerksamkeit an die äußeren
Gegenstände und ließ ihn den innern Menschen mit mehr
Wärme erfassen. Jeder hob daher und stärkte die Dichter=
kraft des Andern, und es gilt von der ganzen Zeit ihrer
Freundschaft, was Schiller von jenen ersten Gesprächen
sagt: „Ein jeder konnte dem Andern etwas geben, was
ihm fehlte, und etwas dafür empfangen". Goethe äußerte
in einem Briefe an Meyer über das Zusammensein mit

Schiller, er habe lange nicht solch einen geistigen Genuß
gehabt, wie in jenen Tagen, und erwiderte Schillers freund=
schaftliche Worte mit dem Geständniß, daß auch er von
den Tagen jener Unterhaltungen an eine Epoche rechne[14]).

Nach der Rückkehr von einer Geschäftsreise nach Dessau,
die ihn auch nach Dresden und zu ihrem gemeinschaftlichen
Freunde Körner führte, erhielt Goethe von Schiller einen
ausführlichen, mit der Absicht vertraulicher Annäherung
verfaßten Brief (vom 23. August), worin er „mit freund=
schaftlicher Hand die Summe seiner Existenz gezogen" sah
und den Beweis fand, daß seine Eigenthümlichkeit als
solche nicht nur von Schiller begriffen, sondern auch an=
erkannt sei. „Lange schon hab' ich" — schreibt Schiller
— „obgleich aus ziemlicher Ferne, dem Gange Ihres
Geistes zugesehen und den Weg, den Sie sich vorgezeichnet
haben, mit immer erneueter Bewunderung bemerkt. Sie
suchen das Nothwendige der Natur, aber Sie suchen es
auf dem schwersten Wege, vor welchem jede schwächere
Kraft sich wohl hüten wird. Sie nehmen die ganze Natur
zusammen, um über das Einzelne Licht zu bekommen; in
der Allheit ihrer Erscheinungsarten suchen Sie den Er=
klärungsgrund für das Individuum auf. Von der ein=
fachen Organisation steigen Sie Schritt vor Schritt zu
der mehr verwickelten hinauf, um endlich die verwickeltste
von allen, den Menschen, genetisch aus den Materialien
des ganzen Naturgebäudes zu erbauen. Dadurch, daß Sie
ihn der Natur gleichsam nacherschaffen, suchen Sie in seine
verborgene Technik einzudringen: eine große und wahrhaft
heldenmäßige Idee, die zur Genüge zeigt, wie sehr Ihr
Geist das reiche Ganze seiner Vorstellungen in einer schö=
nen Einheit zusammenhält".

Mit eben derselben Klarheit und Selbsterkenntniß
zeichnet Schiller in dem folgenden Briefe (31. August),

auf Goethe's Veranlassung, seine eigene geistige Indivi=
dualität. „Unsere späte, aber mir manche schöne Hoffnung
erweckende Bekanntschaft", heißt es im Eingange, „ist mir
abermals ein Beweis, wie viel besser man oft thut, den
Zufall machen zu lassen, als ihm durch zu viele Geschäftig=
keit vorzugreifen. Wie lebhaft auch immer mein Verlangen
war, in ein näheres Verhältniß zu Ihnen zu treten, als
zwischen dem Geist des Schriftstellers und seinem aufmerk=
samsten Leser möglich ist, so begreife ich doch nunmehr
vollkommen, daß die so sehr verschiedenen Bahnen, auf
denen Sie und ich wandelten, uns nicht wohl früher,
als gerade jetzt, mit Nutzen zusammenführen konn=
ten. Nun kann ich aber hoffen, daß wir, so viel von
dem Wege noch übrig sein mag, in Gemeinschaft durch=
wandeln werden, und mit um so größerm Gewinn, da
die letzten Gefährten auf einer Reise sich immer am meisten
zu sagen haben". Bescheiden stellt er sodann den kleinen
Kreis seiner Anschauungen und Begriffe neben die große
Ideenwelt, die Goethe beherrsche, und gesteht von sich ein,
er schwebe zwischen dem Begriffe und der Anschauung,
zwischen der Reflexion und der Empfindung, zwischen dem
technischen Kopf und dem Genie. Gewöhnlich habe ihn
der Poet übereilt, wo er philosophiren sollte, und der
philosophische Geist, wo er dichten wollte. Ein schöneres
Loos, meint er, würde ihm noch zu Theil werden, wenn
er dieser beiden Kräfte in so weit Meister werden könne,
daß er einer jeden mit Freiheit ihre Grenzen zu bestimmen
vermöge. Goethe übersandte an Schiller einen Aufsatz,
worin er die Erklärung der Schönheit, daß sie Vollkommen=
heit mit Freiheit sei, auf organische Naturen anwandte;
Schiller theilte ihm das Manuscript seiner Abhandlung
über das Erhabene mit. „Ueber alle Hauptpuncte, sehe
ich", — konnte Goethe jetzt erwidern (4. Sept.) — „sind

wir einig, und was die Abweichungen der Standpuncte,
der Verbindungsart, des Ausdrucks betrifft, so zeugen
diese von dem Reichthum des Objects und der ihm corre-
spondirenden Mannigfaltigkeit der Subjecte".

Am 14. September kam Schiller auf Goethe's dringende
Einladung in Begleitung Wilhelms von Humboldt
nach Weimar und wohnte vierzehn Tage bei ihm. Da der
Hof sich auf einige Zeit in Eisenach aufhielt, so konnte
Goethe ungestört ganz seinen Freunden angehören. „Jeden
Augenblick," — schreibt Schiller an Körner, — „wo ich
zu irgend etwas aufgelegt war, habe ich mit Goethe zugebracht, und es war meine Absicht, die Zeit, die ich bei
ihm zubrachte, so gut als möglich zur Erweiterung meines
Wissens zu benutzen.... Ich bin sehr mit meinem Aufenthalte zufrieden, und ich vermuthe, daß er sehr viel auf
mich gewirkt hat." Dies waren die ersten jener gedanken-
reichen „Conferenzen", die seitdem abwechselnd in Weimar
und Jena gehalten wurden und oft einen Wilhelm und
Alexander von Humboldt und andere ausgezeichnete Männer
jener großen Literaturepoche zu Genossen hatten.

Schiller wurde durch die Herausgabe der Horen und
durch die Bearbeitung des Wallenstein, Goethe durch die
Vollendung des Wilhelm Meister in den nächsten Jahren
in der höchsten Anspannung der productiven Kräfte gehalten.
Die ersten beiden Bücher des Wilhelm Meister sah Schiller
erst im Abdruck, die folgenden begleitete er schrittweise mit
seiner rathenden Kritik, deren Forderungen Goethe durch
mehrere Aenderungen Genüge zu thun suchte; über manche
Bücher wurden förmliche Berathungen gehalten. Die Ausarbeitung der „Bekenntnisse einer schönen Seele", jenes
bewundernswerthen Mittelgliedes in den Schilderungen des
Romans, fällt in die erste Hälfte des März 1795. Goethe
schreibt darüber unterm 18. März an Schiller: „Vorige

Woche bin ich von einem sonderbaren Instinct befallen
worden, der glücklicherweise noch fortdauert. Ich bekam
Lust, das religiöse Buch meines Romans auszuarbeiten, und
da das Ganze auf den edelsten Täuschungen und auf der
zartesten Verwechslung des Subjectiven und Objectiven
beruht, so gehörte mehr Stimmung und Sammlung dazu,
als vielleicht zu einem andern Theile. Und doch wäre,
wie Sie seiner Zeit sehen werden, eine solche Darstellung
unmöglich gewesen, wenn ich nicht früher die Studien nach
der Natur dazu gesammelt hätte." Die hinterlassenen
Selbstbekenntnisse des Fräulein von Klettenberg liegen zum
Grunde.

Die Bewunderung, womit Schiller den Roman auf=
nahm, das Lob, das er allen einzelnen Theilen desselben
spendet, selbst denen, die den Helden in niederer Sphäre
des Lebens sich bewegen lassen, ist ein Zeugniß, daß Schiller
die Einseitigkeit seiner idealen Natur überwunden hatte
und auf der jetzt gewonnenen Stufe seiner ästhetischen An=
sicht mit dem Ausspruch: „sobald mir einer merken läßt,
daß ihm in poetischen Darstellungen irgend etwas näher
anliegt, als die innere Nothwendigkeit und Wahrheit, so
gebe ich ihn auf" — den engherzigen moralischen Stand=
punct der Jacobi'schen Kritik von sich wies. Schon der
erste Theil, worin die Schilderung der lockeren Schauspieler=
wirthschaft manchen Anstoß selbst bei einem Freunde wie
Herder erregte, hatte, wie er an Körner schreibt, seine
Erwartungen weit übertroffen. „Es giebt wenig Kunstwerke,
wo das Objective so herrschend ist — die lebendigste Dar=
stellung der Leidenschaft abwechselnd mit dem ruhigsten,
einfachsten Ton der Erzählung" — was ihm die Aeußerung
abnöthigt, daß der Dichter der einzige wahre Mensch, und
der beste Philosoph nur eine Caricatur gegen ihn sei. Sein
Entzücken steigt mit dem Fortgange des Romans: er möchte

mit dem nicht gut Freund sein, der diesen nicht zu schätzen
wüßte. In solch freudigen Antheil stimmen Körner und
W. von Humboldt ein; das war der Freundeskreis, in dem
Goethe jetzt seine Welt sah; ihr Beifall war ihm eine
belebende Stärkung seiner Dichterkraft und entschädigte
ihn für manche unfreundliche Stimmen des Publicums,
die selbst durch die engherzige Moralansicht eines Schlosser,
Jacobi und Stolberg, bei dem nur die „Bekenntnisse einer
schönen Seele" Gnade fanden, verstärkt wurden. Daß er
sich nunmehr zu Jacobi und Herder minder hingezogen
fühlte. und diese alten Freundschaftsbande zwar nicht löste,
aber doch lockerte, war die natürliche Wirkung nicht sowohl
des momentanen Unwillens, als überhaupt des Geistes=
frühlings, von dem er sich jetzt wie neubelebt fühlte.

Zuletzt fast ermüdet von den Anstrengungen, welche
die letzten Bücher des Romans in Anspruch genommen
hatten, brachte Goethe im Sommer des Jahres 1796 das
Werk zum Abschluß, der nicht gerade gelungen genannt
werden kann. Er ließ jedoch „Verzahnungen" stehen, die
auf künftige Fortsetzung deuteten. Schiller rechnete es zu
dem schönsten Glück seines Daseins, daß er die Vollendung
dieses Meisterwerkes erlebe, daß sie noch in die Periode
seiner strebenden Kräfte falle und er noch aus dieser reinen
Quelle schöpfen könne. Das Verhältniß der Freunde und
ihr inniges Verständniß spricht sich am schönsten in den
Worten Schiller's aus: „Ich kann Ihnen nicht beschreiben,
wie sehr mich die Wahrheit, das schöne Leben, die einfache
Fülle dieses Werks bewegte. Die Bewegung ist zwar
noch unruhiger, als sie sein wird, wenn ich mich desselben
ganz bemächtigt habe, und das wird dann eine wichtige Krise
meines Geistes sein; sie ist aber doch der Effect des Schönen,
nur des Schönen, und die Unruhe rührt bloß davon her,
weil der Verstand die Empfindung noch nicht hat einholen

können. Ich verstehe Sie nun ganz, wenn Sie sagten, daß es eigentlich das Schöne, das Wahre sei, was Sie oft bis zu Thränen rühren könne. Ruhig und tief, klar und doch unbegreiflich, wie die Natur, so wirkt es, und so steht es da, und Alles, auch das kleinste Nebenwerk, zeigt die schöne Gleichheit des Gemüths, aus welchem Alles geflossen ist."

Um Schiller bei der Herausgabe der Horen und des demnächst hinzutretenden Musenalmanachs behülflich zu sein, ward Goethe veranlaßt, manches Aeltere hervorzusuchen und zu redigiren, sowie durch kleinere Dichtungen sich von der Arbeit am Roman eine Ausspannung zu gewähren. Die römischen Elegieen erschienen in den Horen, eine Auswahl von Epigrammen der letzten Jahre, mit den venetianischen zu einem Cyklus verbunden, brachte der Musenalmanach. Auch die Episteln, welche eine größere Folge anmuthiger Lehrdichtungen eröffnen sollten, wurden dadurch hervorgerufen, und die Elegieen fortgesetzt. Alexis und Dora, ein reizendes lyrisch=idyllisches Gemälde, ursprünglich daher Idylle überschrieben, tritt schon an den Eingang zur epischen Dichtung, zu der er sich jetzt mehr als zur dramatischen hingezogen fühlte. Daß Hero und Leander nicht in ähnlicher Behandlungsweise zur Ausführung gedieh, ist zu bedauern, da dieser Stoff weit mehr für ihn, als für Schiller, vorhanden war.

Es war für Goethe ein erwünschtes Ereigniß, daß Voß, dessen Homerübersetzung und Luise er sehr hoch hielt, auf seiner Reise im Jahre 1794 auch Weimar berührte, wenn auch nicht von den literarischen Größen dorthin gezogen, von denen er bei seiner beschränkten Bildung und einseitigen Richtung nicht geeignet war zu lernen und neue Geistesanregung zu empfangen. Von Goethe hielt ihn anfangs sogar das Vorurtheil zurück, daß er aus Verach=

tung des bürgerlichen Standes sich habe adeln lassen, bis
man ihn über das wahre Sachverhältniß aufklärte. Wie=
derholt las Voß in Gegenwart der Dichter Weimars aus
seinem Homer vor und war erfreut, seinen Hexametern
Freunde zu gewinnen. Goethe ließ sich ganz besonders
angelegen sein, aus den Erörterungen seiner Ansichten über
deutsche Prosodie und Metrik Gewinn zu ziehen. „Voß
war hier", — schreibt er an Meyer in seiner alles Tüch=
tige bereitwillig anerkennenden Humanität — „ein recht
wackerer liebenswürdiger Mann, offen, und dem es strenger
Ernst ist um das, was er thut..... Es war mir sehr
lieb, ihn gesehen, gesprochen und die Grundsätze, wonach
er arbeitet, von ihm selbst gehört zu haben. So läßt sich
nun das, was im Allgemeinen mit uns nicht harmonirt,
durch das Medium seiner Individualität begreifen". Goethe
gab sich seitdem der Homerischen Dichtung mit wachsendem
Interesse hin, das im nächsten Jahre durch Wolf's Prole=
gomena zum Homer, die epochemachende kritische Unter=
suchung der Entstehung des Homerischen Epos, noch lebhafter
angeregt wurde. Bei mehreren Abendversammlungen der
gelehrten Freitagsgesellschaft, die sich in seinem Hause ver=
sammelte, las er die Ilias in so schönem Vortrage vor,
daß Humboldt und Böttiger mit Entzücken von jenen ge=
nußreichen Stunden sprechen. Daher fühlte er sich zu
einem ähnlichen Versuch der Bearbeitung Homerischer Ge=
dichte angetrieben und übersetzte einen Theil des Hymnus
auf Apollo, den die Horen anonym brachten [15]).

Die Erzählungen deutscher Ausgewanderten
kamen durch die Horen ebenfalls wieder in Fluß und ge=
stalteten sich zu einem Novellenkranz, der durch die Unter=
haltungen der Gesellschaft zusammengehalten ward. Ein
Theil fließt aus ältern Novellenstoffen, andere sind freie
Erfindungen des Dichters. An vier gespenstische und myste=

riöſe Erzählungen reihen ſich zwei ⎮moraliſchen Inhalts,
unter denen die Geſchichte vom Procurator dem Dichter
am längſten im Sinn gelegen zu haben ſcheint. Den Schluß
macht „das Märchen" von der Erlöſung der verzauberten
Lilie, eine meiſterhafte Dichtung, in der die beweglichſte
Phantaſie mit ſymboliſchen Räthſeln heiter ſpielt, doch
voll tiefen Sinnes, deſſen Deutung damals wie jetzt den
Auslegern viel zu ſchaffen gemacht hat [16]).

Mit der dichteriſchen Productivität gingen die theore-
tiſchen Erörterungen Hand in Hand. Ueber das Weſen
der künſtleriſchen Compoſition und die Grenzen der Dich-
tungsarten ward viel zwiſchen beiden Dichtern verhandelt.
Die ſchönſte Frucht ihrer äſthetiſchen Erörterungen iſt Schiller's
Abhandlung über naive und ſentimentaliſche Dichtung.
Goethe überſetzte für die Horen, als geiſtige Beſchäftigung
während des zerſtreuenden Aufenthalts am Hofe zu Eiſe-
nach, den „Verſuch über die Dichtungen" von Frau von
Stael, hauptſächlich weil Schiller eine Beigabe von Anmerkungen und Abhandlungen beabſichtigte, was nicht zur
Ausführung kam. In Betreff der kunſtgeſchichtlichen Studien
war ihm Meyer als kenntnißreicher Freund zur Seite.
Von ihm begleitet, „ſchwelgte" er, als er 1794 nach einem
kurzen Aufenthalt in Deſſau auch Dresden beſuchte, in dem
Genuß der dortigen Gemäldegallerie.

Im October 1795 reiſte Meyer nach Italien. Auch
Goethe's Sinn ſtand dorthin; er hoffte ſeinem Freunde im
nächſten Jahre folgen zu können. Nicht nur den Werken
der Kunſt, ſondern auch dem Lande und der nationalen
Cultur des älteren und des neueren Italiens wollte er
aufs neue ein umfaſſendes Studium widmen, weshalb er
ſich noch durch eine längere gründliche Vorbereitung zu dieſer
Aufgabe zu befähigen unternahm. Als ſich jedoch im Sommer
1796, wo die Reiſe vor ſich gehen ſollte, die Fluthen des

Revolutionskriegs über Italien ergossen, mußte er die Hoff=
nung aufgeben; was er damals ahnte, daß sie damit für
immer vernichtet sei, erfüllte sich; er betrat Italiens Boden
nicht wieder. „Was ich noch an Cultur bedarf" — schrieb
er an Schiller — „konnte ich nur auf jenem Wege finden;
was ich vermag, konnte ich nur auf jene Weise nutzen
und anwenden, und ich war sicher, in unsern engen Bezirk
einen großen Schatz zurückzubringen, bei welchem wir uns
der Zeit, die ich entfernt von Ihnen zugebracht hätte,
künftig doppelt erfreut haben würden". Die Vorstudien
waren indeß nicht ohne Gewinn. Unter Anderm arbeitete
er sich aufs neue in die Werke Palladio's hinein und war
erfüllt von Bewunderung für das Genie, den Reichthum
und die Grazie dieses außerordentlichen Künstlers. Durch
die Beschäftigung mit florentinischer Kunstgeschichte wurde
er zu der Selbstbiographie des Benvenuto Cellini ge=
führt und von dem „naiven Detail eines bedeutenden
Lebens" so lebhaft angezogen, daß er im Februar 1796
eine Uebersetzung derselben begann, welche nach und nach
bruchstückweise in die Horen eingerückt und 1803, mit
kunst= und culturgeschichtlichen Erläuterungen vervollständigt,
herausgegeben ward.

Unterdessen wurde in der Werkstatt der beiden Dichter
ein poetisches Feuerwerk vorbereitet, das im Herbst 1796
leuchtend und zündend über die deutsche literarische Welt
daherfuhr, die Xenien [17]). Schiller war verdrießlich über
die Kälte und das Mißwollen, womit seine unter so großen
Erwartungen begonnene Zeitschrift aufgenommen und in
elenden, meist von niedriger Mißgunst eingegebenen Kri=
tiken heruntergerissen wurde. Goethe hatte ebenfalls von
der Gleichgültigkeit des großen Literatenhaufens und der
Beschränktheit der pietistischen Kreise so viel zu erdulden,
daß es ihm nicht zu verargen war, wenn er das Publicum

mit Verachtung behandelte. Er gab in einem Briefe vom
28. October 1795 Schiller den Rath, Alles, was gegen
die Horen gesagt worden, zusammenzusuchen und beim
Jahresschlusse ein literarisches Gericht zu halten: „wenn
man dergleichen Dinge in Bündlein bindet, brennen sie
besser". Da sich Schiller in Folge neuer Angriffe sehr
niedergeschlagen und leidenschaftlich erregt aussprach, ermunterte ihn Goethe zu energischer Abwehr, indem er
äußerte, ein rechter Dichter müsse auch den Aerger productiv
zu machen verstehen. Als er darauf zufällig im December
1795 über die Xenien des Martial gerieth, (einen Cyklus
von Epigrammen in einzelnen Distichen, deren jedes eins
der Leckerbissen, welche von nah und fern auf die römische
Tafel gebracht wurden, bespricht,) kam ihm der Einfall,
den er am 23. December sogleich dem Freunde mittheilte,
auf alle deutschen Zeitschriften Epigramme in eben solcher
schlagenden Kürze zu machen und im nächsten Musenalmanach
zu veröffentlichen. Als Probe übersandte er Schiller am
26. December vierzehn satirische Distichen. Dieser ergriff
den Vorschlag mit Freuden; „der Gedanke mit den Xenien ist
prächtig", antwortet er augenblicklich darauf, „und muß
ausgeführt werden...... Ich denke aber, wenn wir das
Hundert voll machen wollen, werden wir auch über einzelne
Werke herfallen müssen, und welcher reichliche Stoff findet
sich da!" Er studirte sogleich den Martial, und in der
Gewitterwolke seines gerechten Zorns sammelten sich rasch
die leuchtenden Blitze seiner Distichen, die bald über die
nichts ahnenden Häupter verderbend niederfallen sollten.
Außer Körner und Wilhelm von Humboldt wurde niemand
ins Geheimniß gezogen. Bei Goethe's mehrmaligem Aufenthalt in Jena in der ersten Hälfte des Jahres 1796,
wo ihm die Beendigung des Wilhelm Meister als Hauptaufgabe vorlag, und Schiller's Anwesenheit in Weimar

während des Aprils wurden die Epigramme mit frischer Lust und Laune in freundschaftlichem Wetteifer, wobei oft der Eine die Idee, der Andere die Form an die Hand gab, in rascher Folge producirt. Auch während der Zeit der Trennung wanderten die Xenien=Collationen hin und her. Immer mehr erweiterte sich der Plan über die anfängliche Tendenz hinaus. Jeder geistreiche Einfall ward in einem Monodistichon fixirt, und außer den satirischen Invectiven wurden auch ernste Lebensansichten und ästhetische Maximen in die gedrängte körnige Form gefaßt. Diese letzteren wuchsen nach und nach zu solcher Zahl an, daß sie für die Epigramme des Hasses und Zorns eine zu gute Gesellschaft zu sein schienen. Goethe gab daher dem Wunsche seines Freundes nach, die „unschuldigen und gefälligen" Xenien, in verschiedene Gruppen vertheilt, unter die übrigen Gedichte in den ernsten Theil des Almanachs zu stellen und die satirischen unter der Bezeichnung Xenien als Schluß anzuhängen. Uebrigens ward der Grundsatz festgehalten, „sich so in einander zu verschränken, daß sie niemand ganz aus einander scheiden und absondern solle." Unter den Epigrammengruppen trägt nur die „Eisbahn" (jetzt in Goethe's vier Jahreszeiten der „Winter") die alleinige Chiffre G. Die übrigen unter den Aufschriften Votivtafeln, Vielen, Einer sind mit G. und S. unterzeichnet. Ueber das Eigenthumsrecht, das sie anfänglich für ewige Zeiten auf sich beruhen lassen wollten, haben sie zum Theil durch Aufnahme in die Sammlungen ihrer Gedichte entschieden, wobei jedoch einige Epigramme von beiden in Anspruch genommen und einige Schiller'sche Distichen zur Vervollständigung des Goethe'schen Cyklus der vier Jahreszeiten verwandt worden sind; mehrere der treffendsten Epigramme haben nachmals in den Werken der beiden Dichter kein Unterkommen gefunden.

Die eigentlichen Xenien, etwas über vierhundert Mono=
disticha, greifen ohne Schonung die auf dem Markte der
Literatur sich hervordrängende Mittelmäßigkeit, Anmaßung
und Gemeinheit an. Auf breiter Fläche stellt sich die ge=
sammte Autorenwelt der damaligen Literaturepoche vor
uns auf. Schlagend trifft nach allen Seiten der geistvolle
Witz der scharfgespitzten Epigramme; sie durchstreifen die
verschiedenartigsten Gebiete der Wissenschaft und der Li=
teratur, um die Schwächen und Erbärmlichkeiten an einzelnen
Büchern und den falschen Notabilitäten der Literatur auf=
zudecken. Hier erscheinen die aus der Leipziger und Ber=
liner Schule hervorgegangenen schalen Zeitschriften, voran
der geschwätzige Chorführer der veralteten Kritik, der
Buchhändler Friedrich Nicolai, den Schiller schonungslos
vernichtete; dort wird in Friedrich Schlegel die dünkelhafte
Verschrobenheit der Jung=Fichtianer schwer getroffen.
Gegen die frömmelnden Coterieen sandten beide Dichter
ihre scharfgespitzten Pfeile, und selbst alte Freunde wurden
nicht geschont; Lavater, Jung=Stilling, Claudius, Graf
Friedrich Stolberg und „die ganze Stolbergische Secte",
wie Schiller sie bezeichnet, in der Schlosser, ohne genannt
zu werden, mitbegriffen war, wurden reichlich bedacht und
selbst Klopstock leise gestreift. Demokratische Worthelden er=
hielten in der gegen den Capellmeister Reichardt, den Heraus=
geber der Journale „Deutschland" und „Frankreich", gerich=
teten Xenien=Salve ihre Abfertigung. Die Zustände der
poetischen Literatur wurden nach verschiedenen Seiten durch=
leuchtet. Gegen das bürgerliche Schauspiel der Iffland=
Kotzebueschen Manier rief Schiller den zürnenden Schatten
Shakspeare's herauf und hatte damit sich von seiner eigenen
dramaturgischen Vergangenheit losgesagt. Einige Schlag=
lichter fielen zugleich auf die damalige Gelehrtenrepublik.
Goethe griff die auf angelernten Meinungen bequem ruhen=

den Optiker und Geologen an, Schiller traf die Beschränkt=
heit der nachbetenden Schulphilosophie.

Freundschaftliche Beziehungen, besonders in der näch=
sten Umgebung, suchte man möglichst zu schonen. Friedrich
Jacobi's und Vossens ward in Ehren gedacht; Herder
blieb unberührt, und Wieland wurde nur mit einigen hei=
tern Anspielungen geneckt. Allein die jüngere Wieland'sche
Schule, Heinse, von Thümmel, Manso wurden von den
Xenien aufs härteste behandelt, und Böttiger entging durch
seine intrigante Schmiegsamkeit nicht der verdienten Züchti=
gung. Uebrigens lagen in den Aussprüchen der negativen
Kritik so viele Hindeutungen auf das höhere Ziel, dem
die Literatur entgegenzustreben habe, daß sie sich in ihrer
Tendenz an die ernsten Votivtafeln anschließen, welche die
edelsten Maximen des Lebens und Dichtens enthalten. In
den meisten Fällen sind die Xenien das offene Urtheil
einer gereiften, durchgebildeten ästhetischen Kritik, die das
Schlechte beim rechten Namen nennt; nur in einzelnen
Fällen hat persönliche Gereiztheit zu Ungerechtigkeiten ver=
leitet. Die schärfsten Angriffe rühren von Schiller her,
der im Hasse wie in der Strenge des Urtheils energischer
war, als Goethe, obwohl man diesem bei dem ganzen
Handel die Rolle des Verführers zuschrieb.

Die Presse gerieth bald nach dem Erscheinen des Alma=
nachs (gegen den Anfang des Octobers) in Bewegung,
um den Darbringern der Xenien die Bitterkeiten zurückzu=
geben und die Angriffe abzuwehren. Ueberall erhob sich
ein gewaltiger Lärm. Der gothaische Hof zürnte, weil
seinen Günstlingen übel mitgespielt war. Selbst Wieland
und Herder verhehlten ihren Verdruß nicht, und sogar der
in eigenen Angelegenheiten so rücksichtslose Polemiker Voß
ward sentimental. Seufzend schrieb der alte Gleim: „Auf
unserm Helikon, wie war's einmal so schön" und nennt

die Xenien „reißende Wölfe, noch ärger als die Jacobiner". Im Beginn des Jahres 1797 sind die Zeitschriften voll von Aufsätzen über die Xenien; eine Schmähschrift folgt der andern; es sind die Fluthen in Goethe's „Zauberlehrling". Nicolai schrieb ein ganzes Buch gegen die Xenien, und aus den Titeln anderer Repliken „Gegengeschenke an die Sudelköche in Jena und Weimar" von dem zornwüthigen Manso, der von dem Leipziger Buchhändler Dyk gehetzt war, „Ochsiade" und dergleichen, mag man schon auf die Urbanität schließen, womit man die Wiedervergeltung übte. Die beiden Dichter, der erwarteten Wirkung froh, ließen schweigend das Unwetter vorüberziehen und antworteten nur durch neue Meisterwerke. Besonders bewahrte sich Goethe seine olympische Ruhe und stärkte seinen reizbaren Freund durch seinen unverwüstbaren Humor. „Es ist lustig zu sehen," schreibt er am 5. Decbr. an Schiller, als er die Manso'schen Grobheiten gelesen hatte, „was diese Menschenart eigentlich geärgert hat, was sie glauben, daß einen ärgert, wie schal, leer und gemein sie eine fremde Existenz ansehen, wie sie ihre Pfeile gegen das Außenwerk richten, wie wenig sie auch nur ahnen, in welcher unzugänglichen Burg der Mensch wohnt, dem es nur immer Ernst um sich und um die Sachen ist." Als Schiller darauf mit etwas kleinlauter Empfindlichkeit antwortet, behält Goethe die stolze Haltung gegen seine Angreifer in den für seine Persönlichkeit charakteristischen Worten: „Wenn ich aufrichtig sein soll, so ist das Betragen des Volkes ganz nach meinem Wunsche; denn es ist eine nicht genug gekannte und geübte Politik, daß jeder, der auf einigen Nachruhm Anspruch macht, seine Zeitgenossen zwingen soll, Alles, was sie gegen ihn in petto haben, von sich zu geben. Den Eindruck davon vertilgt er durch Gegenwart, Leben und Wirken jederzeit wieder.

Was half's manchem bescheidenen, verdienstvollen und klugen Mann, den ich überlebt habe, daß er durch unglaubliche Nachgiebigkeit, Unthätigkeit, Schmeichelei, Rücken und Zurechtlegen einen leidlichen Ruf zeitlebens erhielt? Gleich nach dem Tode sitzt der Advocat des Teufels neben dem Leichnam, und der Engel, der ihm Widerpart halten soll, macht gewöhnlich eine klägliche Geberde." In solch hohem Selbstgefühl konnte er die herrlichen Worte seinen Gegnern erwidern:

Also das wäre Verbrechen, daß einst Properz mich begeistert,
  Daß Martial sich zu mir auch, der verwegne, gesellt?
Daß ich die Alten nicht hinter mir ließ, die Schule zu hüten:
  Daß sie nach Latium gern mir in das Leben gefolgt?
Daß ich Natur und Kunst zu schaun mich redlich bestrebe,
  Daß kein Name mich täuscht, daß mich kein Dogma beschränkt?
Daß nicht des Lebens bedingender Drang mich, den Menschen,
                        verändert,
  Daß ich der Heuchelei dürftige Maske verschmäht?
Solcher Fehler, die du, o Muse, so emsig gepfleget,
  Zeihet der Pöbel mich; Pöbel nur sieht er in mir.
Ja sogar der Bessere selbst, gutmüthig und bieder,
  Will mich anders; doch du, Muse, befiehlst mir allein.
Denn du bist es allein, die noch mir die innere Jugend
  Frisch erneuest und sie mir bis zu Ende versprichst.

Fünftes Capitel.

Von 1797 bis zum Frühjahr 1799.

⁓⁓⁓

Goethe führte mit der Raschheit jugendlichen Feuers sein idyllisches Epos Hermann und Dorothea aus; Schiller wandte sich mit dem endlich entschiedenen Bewußt= sein, daß seine poetische Anlage nur im Drama ihren Gipfelpunct erreichen könne, zur Bearbeitung des Wallen= stein. Ihre Geister richteten sich an einander auf, überall sich liebevoll fördernd und zum höchsten Streben ermuthigend. Ihr Briefwechsel verbreitete sich über die wichtigsten Ange= legenheiten ihrer geistigen Thätigkeit, und wiederholte Zu= sammenkünfte bald in Jena, bald in Weimar unterhielten den lebhaftesten Ideenaustausch.

Der erste Entwurf zu Hermann und Dorothea schloß sich unmittelbar an die lyrische Idylle „Alexis und Dora" an, indem, wie Goethe bemerkt, ein Gegenstand, der zu einem ähnlichen kleinen Gedichte bestimmt war, sich zu einem größern ausdehnte und ihn dadurch in das ver= wandte epische Feld führte. Ihm schien der Gegenstand äußerst glücklich zu sein, den er, wie Schiller an Körner berichtet, schon mehrere Jahre mit sich herumgetragen hatte, „ein Sujet, wie man es in seinem Leben vielleicht nicht zweimal findet". Eine Erzählung von der Heirath

10*

einer auswandernden Salzburgerin in Göcking's „ausführ= licher Historie der Emigranten oder vertriebenen Lutheraner aus dem Erzbisthum Salzburg" (1732) hat ihm die Grund= linien dazu an die Hand gegeben. Der Plan der epischen Dichtung wurde gleichzeitig mit den darin vorgeführten Zeitereignissen im August des Jahres 1796 ausgedacht und während des Aufenthalts in Jena seit der Mitte des Augusts so rasch ausgeführt, daß gegen den October schon mehr als die Hälfte fertig war. „Die Ausführung," — schreibt Schiller an Körner (28. Oct.) — „die gleichsam unter meinen Augen geschah, ist mit einer mir unbegreif= lichen Leichtigkeit und Schnelligkeit vor sich gegangen, so daß er neun Tage hinter einander jeden Tag über anderthalb= hundert Hexameter schrieb". Weitere Förderung brachte ein kurzer Herbstaufenthalt in Ilmenau, der Wiege mancher Goethe'schen Dichtung; in jenem stillen Asyle dürften auch die ersten Grundzüge unsers idyllischen Gemäldes zu suchen sein. „Sie können dort" — meint Schiller mit Recht — „das Städtchen Ihres Hermanns finden, und einen Apotheker und ein grünes Haus mit Stuccaturarbeit giebt es dort wohl auch". Die nächsten Monate waren der sorgfältigen Durcharbeitung der ersten Gesänge gewidmet. Es entstand zugleich die als Zueignung dienende schöne Elegie, welche uns des Dichters gemüthliche Theilnahme an seiner Dich= tung, so wie Idee und Tendenz derselben in ergreifenden Worten ans Herz legt:

> Deutsche selber führ' ich euch zu, in die stillere Wohnung,
>   Wo sich, nah der Natur, menschlich der Mensch noch erzieht.
> Auch die traurigen Bilder der Zeit, sie führ' ich vorüber;
>   Aber es siege der Muth in dem gesunden Geschlecht.
> Hab' ich euch Thränen ins Auge gelockt und Lust in die Seele
>   Singend geflößt, so kommt, drücket mich herzlich ans Herz!

Während der Reise nach Leipzig und Dessau, die Goethe

in den letzten Decembertagen in Gesellschaft des Herzogs unternahm, wurde der Entwurf der letzten Gesänge vollständig ins Reine gebracht. Er rühmt den guten Einfluß dieser Reise auf seine Stimmung. Ungeachtet eines anhaltenden Katarrhs arbeitete er in den Wintermonaten, die sonst seiner poetischen Production nicht günstig zu sein pflegten, fleißig daran fort, so daß er im April seinem Freunde Meyer das Gedicht als fertig ankündigen konnte. Die vier ersten Gesänge wurden zum Druck abgesandt, nachdem mit Wilhelm von Humboldt „noch ein prosodisches Gericht gehalten und so viel als möglich gereinigt worden war". An die übrigen Gesänge legte der Dichter während seines Aufenthalts in Jena vom 20. Mai bis 21. Juni die letzte Hand, Schiller's und Humboldt's Bemerkungen nutzend.

Mit diesem Gedichte erwarb sich Goethe aufs neue die ungetheilte Bewunderung seiner Nation. Auch war es eine durchaus nationale Dichtung, in der die Verhältnisse deutschen Familienlebens mit den alles erschütternden Zeitbewegungen in die innigste Verbindung gebracht waren. Obwohl der Dichter selbst anerkennt, daß ihn „der Geist des Dichters der Luise dabei begleitet habe", wie er dies auch dankbar in einem Briefe an Voß offen ausspricht, so führt er uns doch von dem beschränkten Standpunct des idyllischen Familienlebens auf den weitern Schauplatz der Völkerbewegung, des Schicksals der Nationen hinaus, läßt in belebten Gruppen alle bedeutenden Momente des Lebens an uns herantreten und erhebt uns wiederum durch das Gefühl, daß mitten im wechselnden Geschick Liebe und häusliches Glück ein Dauerndes und Unzerstörbares zu begründen und den Wogen der Zeit das feste Ufer entgegenzustellen vermögen. Des Dichters Subjectivität war mit dem Gegenstande seiner Dichtung so innig verwebt,

daß ihn beim Vorlesen der ersten Gesänge in Schiller's
Hause die Rührung übermannte; so „schmilzt man" —
äußerte er, seine Thränen trocknend — „an seinen eigenen
Kohlen!" Es war beim Gespräche Hermanns mit der
Mutter am Birnbaum, welches die Erinnerung an bewegte
Momente der Jugend lebhaft erneuern mochte. In ähn=
licher Veranlassung sah man ihn einsmals tief ergriffen,
als er, Vossens Luise vorlesend, an die Trauungsscene
kam. Thränen traten in seine Augen; er gab das Buch
einem Nachbar. „Eine heilige Stelle!" rief er aus mit
einer Innigkeit, die alle Anwesenden erschütterte.

Die künstlerische Form von Hermann und Dorothea
zeigt uns Goethe auf der klaren Höhe epischer Plastik.
„Es sind," urtheilt Wieland mit Recht, „Figuren in Mar=
mor gehauen; alles im großen Stil." Goethe selbst be=
kennt gegen Schiller, er verdanke alle Vortheile, deren er
sich in dem Gedichte bedient, der bildenden Kunst, und an
Meyer spricht er den Wunsch aus, daß das Gedicht vor
ihm die Probe aushalten möge; denn die höchste Instanz,
vor der es gerichtet werden könne, sei die, vor welche der
Menschenmaler seine Compositionen bringe. Das Werk
Wilhelms von Humboldt über Hermann und Dorothea
machte ihm große Freude.

Seitdem Goethe durch dieses Meisterwerk sein Talent
für die epische Dichtung zu seiner eigenen Ueberraschung
kennen gelernt hatte, folgte eine Reihe epischer Entwürfe,
ohne daß es gelungen wäre, dem Hermann ein Seiten=
stück zu geben. Durch seine philosophirende Umgebung
mehr und mehr in die Speculation hineingezogen, machte
er sich jetzt mit der Theorie des Epos und der Bestim=
mung der Grenzen des Epischen und Dramatischen viel zu
schaffen und verzehrte seine productive Kraft durch Theo=
retisiren, Schematisiren und mancherlei dadurch veranlaßte

Abschweifungen. Die Resultate der mit Schiller über jenes
ästhetische Problem gepflogenen Unterhaltungen sind in
dem Aufsatze über epische und dramatische Poesie
aufgezeichnet; die Dichtkunst des Aristoteles wurde zu
diesem Zwecke wieder mit erneutem Interesse studirt.
Durch Wolf, mit dem ein freundschaftlicher Verkehr eingeleitet war, wurde er tief in ein kritisches Studium der
Homerischen Gedichte hineingezogen, und das Nachdenken
über die epischen Anfänge der Völkergeschichten führte in
das verwandte Gebiet der alttestamentlichen Patriarchen-
idylle. Eichhorn's Einleitung ins alte Testament zog ihn
an: „die wunderbarsten Lichter gingen ihm auf". Er versuchte eine neue Berechnung und Erklärung des Zugs der
Kinder Israel durch die Wüste und schrieb darüber eine
Abhandlung nieder, welche er später in die Erläuterungen
zum westöstlichen Divan einschaltete.

Indeß war mit dem Abschluß des Hermann zugleich
der Entwurf zu einem zweiten epischen Gedicht die Jagd
entstanden [18]); doch mochte er keinen Vers davon nieder-
schreiben, ehe er über das Wesen des Epos ganz im Klaren sei. Es ist dasselbe Sujet, welches Goethe späterhin
in der Novelle vom Kind mit dem Löwen behandelte.
Daß sich dieses zu einer Behandlung in antiker Hexameterform nicht eigene, leuchtete Goethe bald ein; er war daher
geneigt, es in achtzeiligen Stanzen auszuführen. Uebrigens
theilten sowohl Schiller als Humboldt das in ihm rege
gewordene Bedenken, ob überhaupt dieser Stoff sich zu
einer epischen Darstellung eigene; er selbst spricht die Besorgniß aus, daß das „eigentlich Interessante des Sujets
sich zuletzt gar in eine Ballade auflösen möchte". Das
neue Epos wollte keine Gestalt gewinnen und machte andern
Entwürfen Platz.

Der modernen Reimpoesie war Goethe dadurch wieder

näher gebracht und ergriff in Gemeinschaft und im Wett=
eifer mit Schiller die Balladendichtung, so daß Schiller
das Jahr 1797 als das Balladenjahr bezeichnen konnte.
Goethe wählte vorzugsweise seine Stoffe aus dem Kreise
antiker Vorstellung, während Schiller sich mehr an romantisch=
sentimentale hielt. Von jenem erhielten wir die meister=
haften Dichtungen die Braut von Korinth, der Zau=
berlehrling, der Schatzgräber, der Gott und die
Bajadere. Ibykus ward an Schiller überlassen, gleich=
wie später Hero und Leander. In die anmuthigste dra=
matisch=elegische Form kleidet sich der neue Pausias
und sein Blumenmädchen. Die Elegie, welche seine
„Sehnsucht, ein drittes Mal über die Alpen zu gehen",
enthalten sollte, ist er uns schuldig geblieben.

Goethe fand sich jetzt (im Juni 1797) wieder in ge=
eigneter Stimmung, den Faust fortzusetzen. „Unser Bal=
ladenstudium", schreibt er dem Freunde, „hat mich wieder
auf diesen Dunst= und Nebelweg gebracht". In der Span=
nung, in der ihn das Project der Reise nach Italien er=
hielt, fühlte er sich zu keiner größeren zusammenhangenden
Composition aufgelegt; dagegen ließen sich bei den frag=
mentarischen Scenen des Faust einzelne günstige Momente
nutzen, und es gelang ihm, diese Dichtung „in Absicht auf
Schema und Uebersicht in der Geschwindigkeit recht vorzu=
schieben". In diesen Tagen ward die Zueignung —
„Ihr naht euch wieder, schwankende Gestalten" — und
der Prolog im Himmel gedichtet, auch das xenienartige
Intermezzo Oberons und Titania's goldene Hochzeit,
womit die Brockenscene, nicht zu ihrem Vortheil, ausge=
stattet ward. Das Vorspiel auf dem Theater dürfte
derselben Zeit angehören.

Die Liebe zum Faust verschwand bald wieder, wie es
so oft das Geschick dieser Dichtung war, als gegen Ende

des Juni Hofrath Hirt, der gelehrte Kenner antiker Kunst, zum Besuch nach Weimar kam; „die nordischen Phantome wurden durch die südlichen Reminiscenzen verdrängt“. Hirt's Aufsatz über Laokoon (in den Horen 1797) regte Goethe an, seine Ansichten über diesen schon früher behandelten Gegenstand zusammenzustellen, und er konnte nach wenig Tagen seine Abhandlung an Schiller übersenden. „Sie haben“ — erwiderte Schiller — „mit wenig Worten und in einer kunstlosen Einkleidung herrliche Dinge in diesem Aufsatz ausgesprochen und eine bewundernswürdige Klarheit über die schwere Materie verbreitet. In der That, der Aufsatz ist ein Muster, wie man Kunstwerke ansehen und beurtheilen soll; er ist aber auch ein Muster, wie man Grundsätze anwenden soll; in Rücksicht auf beides habe ich sehr viel daraus gelernt“. Nebenher nährte Goethe sein Verlangen nach den Kunstgenüssen des Südens durch den Entwurf zu einer Schilderung der Peterskirche und die Fortsetzung des Benvenuto Cellini. Vornehmlich regten die Briefe seines Freundes Meyer seine Sehnsucht immer von neuem an, indem er sich durch dessen Abwesenheit von allem Genuß der bildenden Kunst getrennt sah und sich zugleich bewußt war, daß auch der Freund das, was seine Briefe schilderten, ohne ihn nur halb genösse. So lange der Krieg sich über Oberitalien daherwälzte, war an eine Ausführung des Reiseplans nicht zu denken, und die Freunde mahnten dringend ab. Als aber im Frühling 1797 der Waffenstillstand von Leoben Ruhe brachte, lebte die Hoffnung, den Freund auf italienischem Boden wiederzusehen, aufs neue auf: „seitdem bin ich mit aller Welt Freund“.

Schiller versprach sich für Goethe von einem längern Aufenthalt in Italien nicht viel Gewinn „für seinen höchsten und nächsten Zweck“. Er war überzeugt, daß Goethe auf dem Gipfel, wo er jetzt stehe, mehr darauf denken müsse, die schöne Form, die er sich gegeben habe, zur Darstellung zu bringen, als nach neuem Stoffe auszugehen, und die Folgezeit bewies, daß er richtig geurtheilt habe. Goethe's Aeußerung: „nicht eher will ich wiederkommen, als bis ich wenigstens eine Sattheit der Empirie empfinde, da wir an eine Totalität nicht denken dürfen" — deutet auf die Ge= fahr hin, welche die realistische Tendenz seines diesmaligen Reiseunternehmens seiner poetischen Productivität zu bringen drohte. Meyer war inzwischen seiner leidenden Gesundheit wegen in seine Heimat zurückgegangen, und Goethe schickte sich daher an, dort mit ihm zusammenzutreffen: „sind wir nur einmal erst wieder zusammen, so wollen wir fest an einander halten und unsere Wege weiter zusammen fort= führen". Da Goethe die Rückkehr des Herzogs, der ihn über Manches zu sprechen wünschte, abwarten mußte, so verzögerte sich seine Abreise bis zum Ende des Juli. Kurz zuvor verbrannte er noch „aus entschiedener Abneigung gegen Publication des stillen Ganges freundschaftlicher Mittheilung" einen Theil der seit 1772 an ihn gesandten Briefe — keines= wegs, wie er sagt, alle; — er legte noch in seinen letzten Lebensjahren die großen Convolute der „seit 1780" (denn 1779 hatte er eine Menge Briefschaften vernichtet) von den bedeutendsten Männern Deutschlands an ihn einge= gangenen Briefe vor.

Fast möchten wir, wenn wir ihn auf seiner diesmaligen Reise begleiten, dem Autodafé mancher Jugenddenkmale eine symbolische Deutung geben. Er scheidet von der poe= tischen Fülle seiner Jugendwelt, die noch zuletzt in Hermann und Dorothea herrlich vor uns ausgebreitet lag. Der Strom des Lebens reißt ihn nicht mehr anregend und erwärmend in seine Mitte hinein. Man darf wohl sagen, es ist ihm nach der ersten Trennung von Italien nie jene

geniale Frische der Empfänglichkeit wiedergekehrt, wodurch
jene Reise in seinem Leben ein verjüngender Frühlings=
sonnenblick geworden war. Wenn wir seine diesmaligen
brieflichen Relationen und Tagebuchsskizzen [19]) mit den
früheren Berichten aus der Schweiz und Italien vergleichen,
in denen selbst das flüchtig hingeworfene Blättchen von
der Lebenswärme der Poesie durchdrungen ist, so drängt
sich uns die Bemerkung auf, daß er an jene Scheide der
Lebensperioden gelangt war, wo der dichterische Genius
die Flügel zu senken beginnt. Noch bewahrte sich der Geist
den klaren, scharfbeobachtenden Blick und die Lust des
Forschens; allein wir begegnen nicht mehr der lebendigen
Auffassung, welche, das Einzelne leicht und rasch phantasie=
voll überfliegend, an das Große und Bedeutende sich heftet.
„Für einen Reisenden", bekennt er, „geziemt sich ein skep=
tischer Realism; was noch idealistisch an mir ist, wird in
einem Schatullchen wohlverschlossen mitgeführt, wie jenes
Undinische Pygmäenweibchen". Dies Idealistische erscheint
nicht mehr als der tiefinnerliche Drang der genialen In=
dividualität, die über die Welt ihrer Anschauungen und
Empfindungen frei gebietet; es tritt jetzt an die Gegen=
stände nach und nach als ein Hang zu symbolischer Deu=
tung heran, wodurch eine Neigung zum Sentimentalen
gefördert wird, während der Dichter zu größeren poetischen
Productionen sich wenig aufgelegt fühlt. Deutlich genug
ist die Aenderung in seiner Auffassung der Außenwelt da=
durch bezeichnet, daß er auf den Einfall geräth, „eine
sentimentale Reise" zu schreiben. Durch symbolisch=senti=
mentale Auffassung wird das Kleine bedeutend, und das
Große verliert seine Erhabenheit, es tritt mit dem Alltäg=
lichen auf gleiche Fläche.

Schon die Hinreise nach Frankfurt ward mit einer
Bedächtigkeit betrieben, wie nie zuvor; vier Tage war er

unterwegs. Chriſtiane und ſeinen Sohn führte er zum
erſtenmal der Mutter zu, welche ſich über die neue Be=
kanntſchaft ſehr erfreut zeigte und ihnen viel Liebe bewies;
von Frankfurt ſandte er die Seinigen wieder nach Weimar
zurück. Die Schilderungen aus Frankfurt führen uns in
ſeine neue umſtändliche Reiſemethode ein, in die unbegrenzte
Breite des Stoffſammelns, wobei ihm die Ueberzeugung
wohlthut, daß er jetzt erſt reiſen lerne und zum Bewußtſein
ſeiner Beſonnenheit komme. Er glaubte einzuſehen, worin
gewöhnlich der Fehler der Reiſebeſchreibungen liege. „Man
mag ſich ſtellen wie man will, ſo ſieht man auf der Reiſe
die Sache nur von Einer Seite und übereilt ſich im Ur=
theil; dagegen ſieht man aber auch die Sache von dieſer
Seite lebhaft, und das Urtheil iſt im gewiſſen Sinne
richtig. Ich habe mir daher Acten gemacht, worin ich alle
Arten von öffentlichen Papieren, die mir jetzt begegnen,
Zeitungen, Wochenblätter, Predigtauszüge, Verordnungen,
Komödienzettel, Preiscourante einheften laſſe und ſodann
auch ſowohl das, was ich ſehe und bemerke, als auch mein
augenblickliches Urtheil einſchalte. Ich ſpreche nachher
von dieſen Dingen in Geſellſchaft und bringe meine Mei=
nung vor, da ich denn bald ſehe, inwiefern ich gut unter=
richtet bin und inwiefern mein Urtheil mit dem Urtheil
wohlunterrichteter Menſchen eintrifft. Sodann nehme ich
die neue Erfahrung und Belehrung auch wieder zu den
Acten, und ſo giebt es Materialien, die mir künftig als
Geſchichte des Aeußern und Innern intereſſant genug bleiben
müſſen. Wenn ich bei meinen Vorkenntniſſen und bei meiner
Geiſtesgeübtheit Luſt behalte, dieſes Handwerk eine Weile
fortzuſetzen, ſo kann ich eine große Maſſe zuſammenbringen“.
Wie ſehr dieſe anſchwellen mußte, wird uns erklärlich, wenn
wir ſelbſt in den zum Druck redigirten Auszügen weitläufige
Berichte über Lage und Bauart der einzelnen Städte, Be=

tragen, Kleidung und Beschäftigung Einheimischer und Fremder bis zu dem Feldbau und den Holz= und Butter= preisen herab angemerkt finden. Während ihm nach dieser Seite hin alles Kleinliche „bedeutend" vorkommt, zieht er dagegen aus den Stürmen jener welterschütternden Zeit, wo nach Schiller's Worten „um der Menschheit große Gegenstände, um Herrschaft und um Freiheit gerungen ward", seine Fühlhörner so bedächtig in sein Schnecken= häuschen zurück, daß wir den Dichter von Hermann und Dorothea kaum wiedererkennen, wenn er von Frankfurt aus unterm 10. August an Knebel schreibt: „Was mich betrifft, so sehe ich nur immer mehr ein, daß jeder nur sein Handwerk treiben und das Uebrige alles lustig nehmen soll. Ein Paar Verse, die ich zu machen habe, interessiren mich mehr, als sehr viel wichtigere Dinge, auf die mir kein Einfluß gestattet ist, und wenn ein jeder das Gleiche thut, so wird es in der Stadt und im Hause wohlstehen".

Von Frankfurt, wo Goethe sich drei Wochen aufge= halten hatte, ging am 25. August die Reise weiter nach Heidelberg, wo er sich freute die Freundin früherer Jahre, Fräulein Delph, wiederzusehen, und dann über Heilbronn nach Stuttgart, wo er neun Tage verweilte. Hier bot sich seinem Kunstsinn in den Werkstätten Dannecker's und anderer Künstler manches Bemerkenswerthe dar. Da man gerade damals mit dem weimarischen Schloßbau be= schäftigt war, so zogen besonders die Zimmerdecorationen des neugebauten Schlosses zu Stuttgart seine Aufmerksam= keit auf sich. Er sandte darüber an den Herzog einen aus= führlichen Bericht und unterrichtete sich über das Einzelne durch wiederholte Unterhaltungen mit dem Professor Thou= ret, der später zur Decoration des herzoglichen Schlosses in Weimar herbeigerufen ward. Da sich Goethe auch mit dem Plane der Erweiterung und Verschönerung des Wei=

marer Theaters trug, so fand er hier, wie in Frankfurt,
Gelegenheit sich über Decorationsmalerei und andern thea-
tralischen Apparat genauer zu unterrichten. Seine Poesie,
die bei dem Allen wenig Anregung fand, pflückte sich
wenigstens in diesen Tagen ein duftiges Blümchen „der
Edelknabe und die Müllerin" („der Junggesell und der
Mühlbach"), ein lyrisch-dramatisches Gedichtchen, das der
Anfang einer Reihe von romanzenartigen „Gesprächen in
Liedern" sein sollte. In den Liedern „der Müllerin Ver-
rath", der Bearbeitung eines französischen Gedichts, und
„der Müllerin Reue" ward später dieser idyllische Roman
weiter geführt.

In Tübingen logirte er bei dem Buchhändler Cotta,
in welchem er bei näherer Bekanntschaft „so viel Mäßiges,
Sanftes und Gefaßtes, so viel Klarheit und Beharrlichkeit
fand", daß er ihn zu den seltenen Erscheinungen zählen
mußte. Er gewann in ihm einen Verleger seiner Werke.
Die Besuche bei einigen Professoren der Universität bereicherten seine naturhistorischen Kenntnisse, und mehrere
Naturaliencabinette gaben Stoff zu neuen Beobachtungen.

Von Tübingen fuhr er am 16. September über Tutt-
lingen, wo er übernachtete, nach Schaffhausen. Hier
stand er am 18. wieder an dem Rheinfall, wo er vor
achtzehn Jahren mit Lavater sich über das Erhabene mit
poetischem Feuer unterhalten hatte. Jetzt genügten ihm
die allgemeinen Eindrücke der großartigen Naturerscheinung
nicht. Mit der Ausdauer eines Naturforschers bemühte
er sich, sie im Einzelnen zu zergliedern und verwendete fast
den ganzen Tag bis zur sinkenden Sonne, um die Bewegungen der brausenden Wassermassen, die ihren Sturz
begleitenden Farbenerscheinungen von den mannigfaltigsten
Standpuncten aus, bald an den Ufern, bald vom Strome
aus aufzufassen, das Detail der Phänomene und Prospecte

zu beobachten und mit den dadurch erregten Ideen in
Skizzen niederzuschreiben. An Schiller schrieb er, daß der
Vers des Tauchers „es wallet und siedet und brauset und
zischt" 2c. sich dabei vortrefflich legitimirt habe und die
Hauptmomente der ungeheuren Erscheinung in sich begreife.

Auf dem Wege nach Zürich erblickte Goethe einen
Apfelbaum, der unter dichter Epheuumrankung verkrüppelt
war. Er ward ihm ein Symbol der in der Umschlingung
der Fesseln der Liebe ermattenden männlichen Kraft, welche
es nicht über sich gewinnen kann, das harte Heilmittel
anzuwenden, die Schlingen der verderblichen Ranken zu
zerstören, und es entstand die Elegie Amyntas. Diese
schmerzvolle Klage des Leidenden, dem „der gefährliche
und doch geliebte Gast" die strebende Kraft abschmeichelt,
so daß die gewaltige Wurzel nur zur Hälfte lebendigen
Saft hinaufsendet, läßt eine unsern Dichter sehr nahe
berührende Deutung zu, wenn wir eine spätere Aeußerung
Schiller's an Körner, mit der er Goethe's geschwächte
Productivität zu erklären sucht, damit zusammenhalten:
„Sein Gemüth ist nicht ruhig genug, weil ihm seine elenden
häuslichen Verhältnisse, die er zu schwach ist zu ändern,
viel Verdruß erregen", worauf Körner erwidert: „Solche
Verhältnisse machen den kraftvollsten Mann endlich mürbe;
es ist kein Widerstand da, der durch Kampf zu überwinden
ist, sondern eine heimlich nagende Empfindung, deren man
sich kaum bewußt ist und die man durch Betäubung zu
unterdrücken sucht." Eine Bestätigung von Schiller's Be=
merkung liegt in den etwas später geschriebenen Worten
Goethe's: „daß sogar schon häusliche Gegenwart geliebter
und geschätzter Personen seine poetischen Quellen gänzlich
ableite."

Am 20. September traf er mit seinem Heinrich Meyer
in Zürich zusammen. In Gesellschaft des Freundes begab

er sich am folgenden Tage nach Stäfa, dessen Wohnorte. Es folgten genußreiche, geistanregende Stunden, wo er die von seinem Freunde verfertigten oder mitgebrachten Kunst= werke betrachtete und an seiner Seite, zum Theil auf Wanderungen an den freundlichen Ufern des Sees „was Ehrliches zusammen durchschwätzte." Lavater, den er auch das Jahr zuvor bei dessen Durchreise durch Jena gemieden hatte, besuchte er in Zürich nicht, obwohl dieser in den Gasthof kam und seinen Namen an die Thür schrieb. In einer Allee sah ihn Goethe an sich vorübergehen, ohne von ihm erkannt zu werden. Er scheute die peinlichen Momente, wo man versuchen würde, die abgerissenen Fäden wieder anzuknüpfen. Damals war Goethe in seinen Abneigungen schroffer und erklärte Lavater für den stubirtesten Heuchler. Einige Jahre später, wo er überaus duldsam zu werden begann, würde er die dargebotene Hand nicht zurückgestoßen haben; davon zeugt die nachmalige liebevolle Zeichnung des Charakterbildes seines vordem hochverehrten Jugend= freundes.

Inzwischen hatten die fortdauernden Unruhen in Italien ihm bereits den Plan einer italienischen Reise verleidet. Er begnügte sich, mit Meyer eine Reise durch die Ur= kantone auf den Gotthard zu machen und dann „vom Gipfel der Alpen wieder zurück dem Falle des Wassers zu folgen und sich wieder nach Norden zu bewegen", jetzt durch die Aussicht beglückt, im nächsten Winter wieder mit Schiller „vergnügt am Fuße des Fuchsthurms zusammen zu wohnen." So befand er sich denn wieder auf der Straße seiner ersten Schweizerreise, als er Lili's Bild im beglückten jungen Herzen trug, als „goldene Träume" das auf dem klaren Spiegel des Züricher See's dahingleitende Schiff umschwebten, und der schönste Schmuck im Schatz der Kirche zu Einsiedeln ihn an ihre wallenden Locken er=

innerte. Mancher Denkstein der Jugenderinnerung stand am Wege; doch fühlte er zugleich, wie er an Schiller schreibt, daß er ein anderer Mensch geworden sei, und die Gegenstände ihm anders erscheinen mußten. Als er am 1. October in Altorf beim Erwachen den nahen Berg, der noch Tags zuvor ihm den braunen Gipfel gezeigt, mit dem über Nacht gefallenen Schnee bedeckt sah, war es wohl ein tief aus dem Herzen quellendes elegisches Gefühl, das in den zart hingehauchten Distichen sich ausspricht:

War doch gestern dein Haupt noch so braun, wie die Locke der Lieben,
    Deren holdes Gebild still aus der Ferne mir winkt.
Silbergrau bezeichnet dir früh der Schnee nun die Gipfel,
    Der sich in stürmender Nacht dir um den Scheitel ergoß.
Jugend, ach! ist dem Alter so nah, durchs Leben verbunden,
    Wie ein beweglicher Traum Gestern und Heute verband.

Am 3. October stand er zum letzten Mal auf dem Gipfel des Gotthard, noch ein rüstiger Bergwanderer. Mineralogische Schätze wurden reichlich zusammengeladen; er verspricht seinem Freunde von Voigt unter mehreren bekannten Dingen auch einige seltene und vorzüglich schöne Sachen heimzubringen. Von da wandte er sich mit seinem Gefährten aufs neue dem Vierwaldstättersee zu, dessen Umgebungen er diesmal mit besonderer Aufmerksamkeit betrachtete und sich die einzelnen Localitäten so genau einprägte, daß seine lebhaften mündlichen Schilderungen nachmals nicht ohne Einfluß auf die treffenden Landschaftszeichnungen in Schiller's Tell waren.

Goethe hatte nämlich während seiner Schweizerreise die Idee zu einem Epos Wilhelm Tell erfaßt und studirte daher das Local und die Natur des Schweizer Landvolks um so sorgfältiger. Er las zu diesem Zwecke gleich nach

seiner Rückkehr nach Stäfa (8. Oct.) Tschudi's Schweizer=
chronik und besprach mit Meyer die Behandlung des Stoffs.
Es war sein Wunsch, wieder eine größere Arbeit in Hexa=
metern zu unternehmen. „Eine solche Ableitung und Zer=
streuung" äußert er, „war nöthig, da mich die traurigste
Nachricht mitten in den Gebirgen erreichte. Christiane
Neumann, verehlichte Becker, war von uns geschieden"
[am 22. Sept.]. Diese hoffnungsvolle junge Schauspielerin
war Goethe zuerst werth geworden, da er sie als Kind in
der Darstellung der Rolle des Arthur (in Shakspeare's
Johann) unterrichtete, in der sie das Publicum zur Be=
wunderung hinriß. Seitdem hatte er ihr wachsendes Ta=
lent mit innigster Theilnahme begleitet und gefördert. [20])
„Sie war mir", schreibt er unterm 25. October an Böttiger,
„in mehr als einem Sinne lieb. Wenn sich manchmal in
mir die abgestorbene Lust fürs Theater zu arbeiten wieder
regte, so hatte ich sie gewiß vor Augen, und meine Mäd=
chen und Frauen bildeten sich nach ihr und ihren Eigen=
schaften. Es kann größere Talente geben, aber für mich
kein anmuthigeres...... Liebende haben Thränen, und
Dichter Rhythmen zur Ehre der Todten. Ich wünschte,
daß mir etwas zu ihrem Andenken gelungen sein möchte."
Das war die Elegie Euphrosyne, eine Dichtung in edler,
streng antiker Haltung, der letzten Elegie des Properz ver=
wandt: der Dichter läßt den scheidenden Geist mitten
zwischen den düstern Gebirgsmassen zu sich heranschweben,
um von ihm die kindlichen Worte dankbarer Erinnerung
und den Auftrag zu vernehmen, ihn nicht ungerühmt zu
den Schatten hinabgehn zu lassen, da nur die Muse dem
Tode einiges Leben zu gewähren vermöge. Knebel, der
Uebersetzer der Properzischen Elegieen, schrieb ihm die schö=
nen Worte des Beifalls: „Sie ist eines der naturseligsten,
zartesten Werke, die je von eines Dichters Seele durch die

Feder geflossen, einzig, eigen und schön, die Verse frei
wie die Natur."

Neue Anhaltpuncte für das Studium der Kunst ge=
währte die Ankunft des letzten Kastens von Rom, der
über Triest, Villach und Constanz endlich glücklich in die
Hände des Eigenthümers gelangte. Er enthielt die Copie
des antiken Gemäldes der sogenannten Albobrandinischen
Hochzeit, wozu Meyer einen ausführlichen Commentar
geschrieben hatte. „Das Bild", schreibt Goethe, „nunmehr,
so viel es möglich war, nachgebildet und wieder hergestellt
vor sich zu sehen, sich daran erfreuen und sich über seine
Tugenden und Mängel besprechen zu können, ist eine sehr
reizende und belehrende Unterhaltung". Es ward, sorg=
fältig eingepackt, auf der Heimreise mitgeführt, um diesen
Schatz nicht fremden Händen und neuen Zufällen auszu=
setzen. Daneben ward auch wieder viel theoretisirt und
mit Meyer ein Schema über die zulässigen Gegen=
stände der bildenden Kunst entworfen. Meyer's Stu=
dien waren vornehmlich dahin gerichtet, die Geschichte der
Kunst im Sinne Winckelmann's fortzuführen. Mit großer
Genauigkeit hatte er die Kunstschätze Italiens verzeichnet,
und Goethe war erfreut, „aus diesen Trümmern eine
Kunstgeschichte aufsteigen zu sehen, gleichsam wie einen
Phönix aus einem Aschenhaufen." Pläne wurden bereits
entworfen, den gewonnenen Stoff in ansprechender Form
für das deutsche Publicum zu verarbeiten.

Am 26. October brach Goethe mit seinem Freunde
zur Heimreise auf. Sie wandten sich über Schaffhausen
nach Stuttgart und wählten von da die Straße über
Nürnberg, wo sie einige Tage (6. — 15. Nov.) mit
Knebel zubrachten und sich an den alten Kunstwerken und
sonstigen Merkwürdigkeiten dieser interessanten Stadt er=
freuten. Im nächsten Jahre wählte Knebel, der sich mit

11*

der Kammersängerin Luise von Rudorf verband, Ilmenau zu seinem Wohnsitz und blieb somit in des Freundes Nähe. Die Unterhaltung mit Meyer ließ zu ausführlichen Tagebuchs-Aufzeichnungen nicht Zeit und Lust, so daß der Reisebericht zuletzt in kleine Blättchen ausläuft.

Die Nachwirkung dieser Reise erwies sich für Goethe's Productivität nicht günstig. Hatte er gleich während seiner Reise die Meinung gehegt, bei der Leichtigkeit, die Gegenstände aufzunehmen, reich geworden zu sein, ohne beladen zu sein, und von dem Stoff nicht incommodirt zu werden, weil er ihn gleich zu ordnen und zu verarbeiten wisse, so vernehmen wir doch bald nach seiner Rückkunft die Klage, daß er das Reisematerial zu nichts brauchen könne und außer aller Stimmung gekommen sei etwas zu thun, so daß ihm kaum gelingen wolle, einen erträglichen Brief zu dictiren. Er erinnerte sich dabei früherer ähnlicher Wirkungen. Eindrücke, meinte er, müßten bei ihm lange im Stillen wirken, ehe sie zum poetischen Gebrauche sich willig finden ließen. Allein Jahre vergehen, ohne daß es Goethe gelingt, aus dem reichen Schatze seiner Ideen ein neues Kunstwerk zu gestalten, und all sein dichterisches Bemühen kommt nicht über Entwürfe und fragmentarische Anfänge hinaus.

Die Freundschaft mit Schiller war vornehmlich das Band, das ihn an die Poesie fesselte. In dem Briefe, der jene Klage enthält, erkennt Goethe zugleich dankbar an, daß ihn Schiller von der allzustrengen Beobachtung der äußern Dinge und ihrer Verhältnisse auf sich selbst zurückgeführt: „Sie haben mich die Vielseitigkeit des innern Menschen mit mehr Billigkeit anzuschauen gelehrt, Sie haben mir eine zweite Jugend verschafft und mich wieder zum Dichter gemacht, welches zu sein ich so gut als aufgehört hatte." Schiller war aufs eifrigste mit der Be-

arbeitung des Wallenstein beschäftigt, und Goethe begleitete
dies Werk schrittweise mit seinem Rath und seiner auf=
munternden Anerkennung. Es war Schiller darum zu
thun, sich Goethe's Natur möglichst anzunähern und eine
Dichtung zu Stande zu bringen, die dessen Anforderungen
Genüge leiste; er war sich's bewußt, daß nur der fortge=
setzte Verkehr mit einer ihm objectiv so entgegengesetzten
Natur und sein lebhaftes Hinstreben danach ihn fähig ge=
macht hatten, über seine subjectiven Grenzen so weit hin=
auszugehen. In längeren Conferenzen wurden alle einzelnen
Theile durchgesprochen, ein schöner Beweis, wie bereit
stets Goethe war, das Treffliche neidlos zu fördern und
anzuerkennen.

Da Goethe sich während des Winters „von aller Pro=
duction beinahe abgeschnitten" fühlte, so warf sich sein un=
ruhiger Geist in eine zerstreuende Vielgeschäftigkeit. Faust
trat ihm wieder nahe; Märchen und Novellen wurden
ausgesonnen, die er als einen zweiten Theil den Unter=
haltungen der Ausgewanderten anzuschließen gedachte; die
Ilias ward wieder vorgenommen, und ein Schema derselben
sorgfältig verfaßt, „worin alle Motive Schritt vor Schritt
ausgezogen" wurden. Die Bemerkung, daß zwischen Ilias
und Odyssee ein Epos der Tod des Achilles mitten
inne liege, führte ihm ein neues Sujet zu einer epischen
Dichtung zu, deren Entwurf viel durchdacht und mit den
Freunden besprochen wurde. Meyer zog ihn zu Betrach=
tungen der Kunst und zu den Studien der Kunstgeschichte,
und da er über florentinische Kunstgeschichte schrieb, so
nahm Goethe den Cellini wieder vor und verfaßte kleine
historische Aufsätze dazu. Beide bereiteten gemeinschaftlich
eine archäologische Zeitschrift vor, deren erstes Heft im
Jahre 1798 unter dem Titel Propyläen ans Licht trat.
Goethe bezeichnet sie als eine wahre Wohlthat für seinen

Geift, indem fie ihn endlich nöthige, die Ideen und Er=
fahrungen, welche er fo lange mit fich herumfchleppe,
auszufprechen. Schiller's Horen, im letzten Jahrgange
fchon ermattet, hörten auf zu erfcheinen.

Neben diefen Befchäftigungen blieb auch der Natur=
forfchung ihre Stelle. Abwechfelnd zogen ihn Infecten,
Mineralien und Farben an. Er fchrieb feine Ideen über
Metamorphofe der Infecten nieder, theilte in dem Auffatze
„über pathologifches Elfenbein" das Ergebniß feiner Be=
obachtungen der Elephantenzähne mit, nahm die weit=
fchichtigen Papiere zur Farbenlehre wieder vor und machte
den Entwurf zur Gefchichte derfelben. Schiller's reflectiren=
der Geift griff auch hier fördernd und ordnend ein. Phyfika=
lifche und philofophifche Lectüre fchloß fich daran. Von
Schelling's naturphilofophifchen Schriften fühlte Goethe
fich lebhaft angezogen, da fie mit feiner fpeculativen Natur=
forfchung fich nahe berührte. „Die Philofophie" — fchreibt
er — „wird mir immer werther". Durch den Verkehr
mit Meyer trat die Farbentheorie wieder in engere Be=
ziehung zur bildenden Kunft, und in den Propyläen
beabfichtigte man die äfthetifche Seite der Farbenlehre
näher zu beleuchten.

Ein kurzer Aufenthalt in Jena, im März 1798,
während deffen über Wallenftein berathen ward, regte die
Neigung zu poetifchen Arbeiten wieder an. Goethe benutzte
„die lyrifche Stimmung des Frühlings", um den Fauft
fortzufetzen, und „brachte ihn um ein Gutes weiter."
„Das alte noch vorräthige höchft confufe Manufcript ift
abgefchrieben, und die Theile find in abgefonderten Lagen
nach den Nummern eines ausführlichen Schema's hinter
einander gelegt; nun kann ich jeden Augenblick der Stim=
mung nutzen, um einzelne Theile weiter auszuführen und
das Ganze früher oder fpäter zufammenzuftellen." Da Goethe

gegen Schiller äußert, daß ihn die tragischen Scenen sehr angegriffen hätten, so sind unstreitig um jene Zeit die Abschnitte entstanden, welche den ersten Theil schließen. Jene Prosascene zwischen Faust und Mephistopheles dictirte Goethe in raschem Fluß, wie sie jetzt dasteht, vielleicht nach einem älteren Entwurf. Weimar ließ aber Sammlung und ruhige Stimmung nicht aufkommen. Der ungünstige Ankauf des Oberroßlaer Freiguts, das er im Juni in Besitz nahm, brachte neue Wirthschaftssorgen mit sich, zumal da die Gebäude sehr in Verfall gerathen waren; die Gegend hatte nichts Anziehendes. Der Schloßbau nahm ihn, seit Thouret in Weimar angelangt war, gleichfalls in Anspruch. Für Iffland's Gastspiel, auf das wir später zurückkommen, mußten Vorbereitungen getroffen werden. Uebrigens ließ die Anwesenheit des geschätzten Künstlers eine gute Nachwirkung zurück, und Goethe fühlte sich wieder zu dramatischen Arbeiten aufgelegt. Doch war es nur ein Zeitverlust, wenn er sich durch Iffland zur Wiederaufnahme der Bearbeitung eines zweiten Theils der Zauberflöte bestimmen ließ, was ihm Schiller mit einem „Trachtet nach dem, was droben ist" auszureden suchte. Goethe meinte, es könne nicht schaden, die schon vor drei Jahren angefangene Arbeit in Zeiten mittlerer Stimmung durchzuführen. Er hat es jedoch nicht über sich vermocht, diese Nebenarbeit fertig zu machen.

Der Sommer, in den wieder ein längerer Aufenthalt in Jena fiel, gewährte einige poetische Lichtblicke. Achill und Tell, die antike und moderne Welt, stritten um den Vorrang, und noch zögerte die Ausführung, weil die Bedenklichkeiten in der Theorie noch nicht überwunden waren. Das Studium der Ilias „hatte ihn wieder in dem Kreise von Entzückung, Hoffnung, Einsicht und Verzweiflung durchgejagt"; gleichwohl, so sehr ihn der Achilles-Mythus anzog, drückte ihn die Furcht, sich im Stoffe zu vergreifen, der mehr tragisch=sentimental, als Homerisch=antik sei. Schiller hielt es eher für eine Tugend als einen Fehler des Stoffs, daß er den Forderungen unseres Zeitalters entgegenkomme, indem es für den Dichter ebenso unmöglich als undankbar sei, seinen vaterländischen Boden ganz zu verlassen. Goethe hielt den Plan fest; im Beginn des nächsten Jahres hatte sich das Gedicht bis in seine kleinsten Theile organisirt; fünf Gesänge waren motivirt, so daß Schiller erstaunt war, wie deutlich der Dichter Alles vor sich sehe, ohne es aufzuschreiben. Endlich entschloß er sich, den ersten Gesang auszuführen, welchen er am 2. April 1799 an Schiller übersandte. Er hatte so guten Muth zur Fortsetzung, daß er im Lauf des Jahres fertig zu sein hoffte. Allein die Aussicht verschwand ihm bald wieder, indem er einsehen mochte, daß die sorgfältigste künstlerische Behandlung dem antiken Stoff nicht das warme Interesse von Hermann und Dorothea zu leihen vermochte. Jener erste Gesang ist uns als Probe geblieben, wie sehr er sich der Home= rischen Behandlung zu nähern gesucht hatte, ohne jedoch die heroische Haltung der Ilias sich zu eigen machen zu können. Ein späterer Vorsatz, das Sujet als Roman zu bearbeiten, zeigte sich noch weniger ausführbar.

Um jene Zeit dachte er wiederholt über die Möglich= keit eines großen Naturgedichtes, um die Resultate der neueren Wissenschaft in ein anmuthigeres Gewand zu kleiden. Der glückliche Versuch mit der didaktischen Elegie „die Metamorphose der Pflanzen," welcher er, wie oben erwähnt, ein ähnliches Gedicht über die magnetischen Kräfte anzuschließen gedachte, konnte zu einem solchen Unterneh= men ermuthigen. Später führte ihn besonders die Be= schäftigung mit Lucrez' Lehrgedicht „über die Natur der Dinge", welches Knebel zu übersetzen und mit ihm zu be=

sprechen angefangen hatte, mehrmals auf diesen Entwurf
zurück, ohne daß er Zeit gewann ihn auszuführen.

In den Juni 1798 fallen außer dem Abschluß der
Elegie Euphrosyne die kleineren lyrisch-didaktischen Gedichte
Bakis' Weissagungen, ein Cyklus von Räthsel-Epigram-
men, die an poetischem Werth hinter den früheren Epigrammen weit zurückstehen, und deutscher Parnaß (anfangs Sängerwürde überschrieben), sowie die nähere
Motivirung der ersten Gesänge des Tell. Die Behandlung des Gedichts trat jetzt klarer hervor und ward in
den Unterhaltungen mit Schiller viel hin und her überlegt.
Tell war in dem Goethe'schen Entwurf als ein kräftiger
Lastträger dargestellt, der die rohen Thierfelle und sonstigen Waaren durchs Gebirge herüber und hinüber zu tragen
beschäftigt ist; ohne sich weiter um Herrschaft noch Knecht-
schaft zu kümmern, treibt er sein Gewerbe und ist fähig
und entschlossen, die unmittelbarsten persönlichen Uebel abzuwehren. In diesem Sinne ist er seinen Landsleuten bekannt und harmlos auch unter den fremden Bedrängern.
Der Landvogt war einer von den behaglichen Tyrannen,
welche herz- und rücksichtslos auf ihre Zwecke hindringen,
übrigens sich gern bequem finden, deshalb auch leben und
leben lassen, dabei auch humoristisch dies oder jenes ver-
üben, was gelegentlich zu Nutzen oder Schaden wirken
kann. Diese beiden Charaktere sollten persönlich gegen
einander stehen und unmittelbar auf einander wirken. Die
älteren Schweizer und deren treue Repräsentanten, an Besitz und Ehre verletzt, sollten das sittlich Leidenschaftliche
zur innern Gährung und zum endlichen Ausbruch treiben.
Daß die Ausarbeitung dieses epischen Gedichts unterblieben
ist, haben wir weniger zu bedauern, indem uns in dem
dramatischen Gemälde Schiller's, dem Goethe sein Sujet
ohne Neid überließ, ein hinlänglicher Ersatz geworden ist,

wobei wir zugleich den Einfluß der Goethe'schen Local-
und Sittenschilderungen sehr hoch anzuschlagen haben, das
Siegel des zehnjährigen Bundes unsrer größten Dichter.

„Sobald ich mich von Jena entferne" — klagt Goethe
gleich nach dem kurzen jenaischen Juniaufenthalt — „werde
ich gleich von einer anderen Polarität angezogen, die mich
dann wieder eine Weile festhält." Die Propyläen, zu
deren erstem Hefte das Manuscript redigirt und abgesandt
werden mußte, gestatteten der Muse der Poesie nur flüchtigen Besuch. Ueberdies zerstreute ihn der neue Theaterbau. Die Nothwendigkeit einer Veränderung war längst
fühlbar geworden; die Anwesenheit des Baumeisters Thouret beschleunigte die Ausführung, welche so rasch betrieben
wurde, daß das erweiterte Haus, welches zweihundert Zuschauer mehr, als bisher, faßte, am 12. October eröffnet
werden konnte. Es begann damit eine neue Epoche der
deutschen Bühne; denn Wallensteins Lager von Schiller
ward zur Aufführung gebracht, eingeleitet durch den köstlichen Prolog, welcher die dem Drama durch die gewaltigen
Zeitbewegungen gebotene höhere Aufgabe in glänzender
Rede hervorhebt (Kotzebue's Schauspiel „die Korsaren"
folgte darauf). Goethe hatte nicht die Vorstellung einer
eigenen Dichtung jemals mit solchem Eifer betrieben, wie
diese. „Goethe", schreibt Caroline von Schlegel, „ist wie
ein Kind so eifrig dabei gewesen. Den Tag vor der Eröffnung des Theaters war er von früh bis spät Abends
da, hat da gegessen und getrunken und eigenhändig mit-
gearbeitet." Er selbst hatte bei den Proben die äußeren
Anordnungen übernommen, Meyer bei den Costümen und
Decorationen mitgewirkt. Die Generalprobe wurde im
Theatercostüm gehalten. „Wir waren" — berichtet Schiller's Schwägerin, Caroline von Wolzogen — „mit Goethe
und Schiller bei der letzten Probe gegenwärtig und über-

ließen uns ganz dem hinreißenden Vergnügen, diese so ganz eigenthümliche Dichtung in ihrem vollen Leben zu sehen. Es war ein schöner Abend. Schiller war sehr gerührt, und Goethe's herzlicher Antheil äußerte sich höchst liebens= würdig." Die Artikel über den Werth des Werkes und die erste Aufführung waren von Goethe selbst für die Cottaische allgemeine Zeitung schon im Voraus abgesandt, um schiefen Beurtheilungen anderer Scribenten zuvorzu= kommen.

Wenn ein lange Zeit in Deutschland verbreitetes Ge= rücht Goethe einen großen Antheil an der Bearbeitung dieses Drama's zuschrieb, so lag dem allerdings das rich= tige Gefühl zum Grunde, daß es im Goethe'schen Geiste gedichtet sei. Unmittelbar sind nur von Goethe hie und da einige „Pinselstriche" hinzugethan. Zur Capuzinerpre= digt, welche man vornehmlich auf seine Rechnung gesetzt hat, übersandte er seinem Freunde nur einen Band Pre= digten des Abraham a Sancta Clara, wonach Schiller die nachträglich eingeschobene Scene rasch ausgeführt hat. 21) In gleicher Weise machte sich Goethe's freundschaftlicher Beistand im Verlauf des Werkes geltend, indem er überall mit seinem Rathe dem Dichter zur Seite stand. Besonders fühlte sich Schiller durch Goethe's inhaltsschweren Brief über das astrologische Motiv in einem der schwierigsten Puncte der Dichtung gefördert, so daß er erwidert: „Es ist eine rechte Gottesgabe um einen weisen und sorgfältigen Freund, das habe ich bei dieser Gelegenheit aufs neue er= fahren." Wenn ihn unter der Last der Arbeit manchmal ein Mißtrauen in seine Kräfte anwandeln wollte, so gab ihm Goethe's Beifall stets neuen Muth.

Am 30. Januar 1799, dem Geburtstage der Herzo= gin Luise, konnten die Piccolomini zur Aufführung ge= bracht werden, zu welcher auch Schiller nach Weimar her=

überkam. Am 20. April folgte Wallensteins Tod. „Schiller's Wallenstein ist so groß, daß zum zweitenmale nichts Aehnliches vorhanden ist" — so äußerte sich Goethe mehr als zwanzig Jahre nach des Freundes Tode. „Es ist mit diesem Stücke", bemerkte er bei anderer Gelegenheit, „wie mit einem ausgelegenen Weine: je älter sie werden, desto mehr Geschmack gewinnt man an ihnen".

Sechstes Capitel.

1799—1805.

~~~~~~~

Seit Schiller durch den Wallenstein das Feld wieder gewonnen hatte, auf dem seinem poetischen Talent noch die schönsten Erfolge vorbehalten waren, stand bei ihm der Gedanke fest, durch die anregende Anschauung der Bühne seine dramatische Production zu beleben und auszubilden und daher Jena, wo er sich besonders seit der Abreise Wilhelms von Humboldt (1797) sehr vereinsamt fühlte, mit Weimar zu vertauschen. Der Herzog kam seinen Wünschen mit liberalen Anerbietungen entgegen, und Schiller zog im December 1799 nach Weimar herüber. Die Freunde kamen dadurch in unmittelbare Nähe und sahen die jenaischen Abende mit ihren gehaltvollen Geistesgenüssen nach Weimar verpflanzt, wenn nicht etwa die mehrmals wiederkehrende Abwesenheit Goethe's sie wieder zu der Aushülfe des brieflichen Verkehrs zu greifen nöthigte. Die Innigkeit ihres Verhältnisses erlitt auch in den folgenden Jahren keine Beeinträchtigung und Störung, wie sie sich's in den letzten Stunden des Jahres, welches sie enger zusammengeführt hatte, in ernstem Gespräche gelobten und gern der Ansicht huldigten, daß mit dem Jahre 1800 das neue Jahrhundert begonnen werde.

.

Gleichwohl konnte ihre gegenseitige geistige Einwirkung nicht mehr ganz so bedeutend, wie früher, sein, nachdem ihre Naturen sich mehr und mehr dergestalt ausgeglichen hatten, daß sie fast die Rollen vertauscht zu haben schienen. Nicht mehr arbeitete Schiller schüchtern und bedächtig an Goethe's Hand, sondern schritt im Selbstgefühl rüstiger Productionskraft von einem dramatischen Werke zum andern. Goethe dagegen war jetzt mehr der Zögernde, Unschlüssige, der einen Entwurf von dem andern verdrängen ließ, ohne jene freudig schaffende Kraft, die ihm den Wilhelm Meister und seinen Hermann rasch vollenden half, wieder zurückrufen zu können. Während jener alles Theoretisiren bei Seite warf, um nicht in der Production gehemmt zu werden, und beides jetzt „im Süd- und Nordpol" von einander geschieden sah, stieg Goethe tiefer und tiefer in die philosophische Speculation hinein. Ob er gleich sein Glaubensbekenntniß auch jetzt noch dahin ausspricht, daß die Forderungen von oben herein den unschuldigen productiven Zustand zerstören und das Werk des Genie's unbewußt entstehe, so wagte er doch kaum noch einen Schritt zu thun, bevor er in der Theorie mit sich im Reinen sei; die Reflexion und ihre Tochter, die Symbolik, beginnt seine Poesie zu trüben.

Goethe war durch Schiller's Thätigkeit fürs Drama und ihr gemeinschaftliches Wirken für die deutsche Bühne ebenfalls in diese Sphäre der Dichtung wieder zurückgeführt worden. Die epischen Entwürfe blieben liegen, wenn auch „Tell" noch zu Zeiten sein Nachdenken beschäftigte. Faust, zu dessen Fortsetzung Schiller wiederholt ihn antrieb, rückte „sachte" vor; der Dichter konnte am 1. August 1800 melden, daß darin ein Knoten gelöst sei. Dies war die Motivirung des Erscheinens der Helena. Die Ausarbeitung dieses Theils der Dichtung, jetzt des zweiten Theils dritter

Act, ward zum größeren Theil bei einem Herbstaufenthalt in Jena ausgeführt. Da Wilhelm von Humboldt gleich= zeitig mit der Uebersetzung von Aeschylus' Agamemnon beschäftigt war, so ließ Goethe sich bestimmen, bei dem Uebergange zum antiken Stoff den Trimeter der griechischen Tragödie in Anwendung zu bringen. Aus der hier beab= sichtigten symbolischen Vermittlung des Antiken und Moder= nen entsprang auch das kleine Festspiel Paläophron und Neoterpe. In einem frohen Cirkel bei Fräulein von Göchhausen dictirte Goethe, auf= und abschreitend, den Entwurf des Stücks, wie es ihm gerade einfiel. Am 24. Oct. 1800 ward es zur Feier des Geburtsfestes der verwittweten Herzogin von einem aus jüngeren Mitgliedern damals gebildeten Liebhabertheater aufgeführt.²²) Es war der erste Versuch eines neuen Genre dramatischer Vorstellungen, indem man die Masken des antiken Drama's anwandte.

Schon diese Versuche sind uns ein Beweis, daß Goethe seit einigen Jahren und besonders seit der Aufführung des Wallenstein darauf bedacht war, das Theaterrepertorium von den momentanen Launen des genießenden Publicums zu emancipiren und für die Bühne die Forderungen eines ausgebildeten Kunstgeschmacks zur Geltung zu bringen. Diese höhere Richtung gewann Goethe's Theaterleitung, seit sein künstlerischer Genius im Bunde mit Schiller die volle Energie wiedergewonnen hatte. Vornehmlich bezeichnet Iffland's erster Gastrollencyklus im März und April des Jahres 1796, wo er in vierzehn Vorstellungen auftrat, eine Epoche in der Entwickelung der weimarischen Bühne. „Außer einem solchen belehrenden, hinreißenden, unschätz= baren Beispiele", sagt Goethe in den Annalen, „wurden diese Vorstellungen bedeutender Stücke Grund eines dauer= haften Repertoriums und ein Anlaß, das Wünschenswerthe näher kennen zu lernen." Ein bedeutender Schritt dazu

war, daß zum Schluß des Iffland'ſchen Gaſtſpiels Goethe's
Egmont zum erſtenmal auf die Bühne gebracht wurde.
Schiller war die Redaction überlaſſen. Vergleicht man die
Aenderungen und Verkürzungen des Stückes in der jetzt
gedruckt uns vorliegenden Bearbeitung, ſo war ſein Verfahren allerdings „grauſam", wie Goethe ſelbſt es nennt,
ohne daß in dieſer Bemerkung ein Vorwurf gekränkter
Autoreitelkeit liegen ſoll. Nicht nur die Scenen, in denen
die Regentin auftritt, wurden weggelaſſen; auch ſonſt
wurden manche Scenen ohne Noth verrückt und viele Stellen
verändert; ſelbſt die Traumerſcheinung Clärchens war nicht
nach Schiller's Sinne. Somit iſt dieſe Redaction ein
Pendant zu der Recenſion des Egmont.

Iffland gefiel ſich in Weimar ſo ſehr, daß er auf
Unterhandlungen wegen eines dortigen Engagements einging. Man gewährte die von ihm geſtellten Bedingungen,
auch die, daß er nur in herzoglichen Landen zu ſpielen
verpflichtet ſein ſolle; als Regiſſeur wurde ihm eine ausgedehnte Vollmacht zugeſtanden. Die Abſicht war ſogar,
ihm gegen Contract die Direction zu überlaſſen, ſo daß
ihm beim Engagement des Bühnenperſonals freie Hand
gelaſſen werden ſollte. Iffland wollte ſich indeß erſt in
Mannheim erklären, wie er ſich losmachen könne. Die
Hoffnung ward vereitelt. Iffland entſchied ſich für Berlin,
von wo man ihm die glänzendſten Anerbietungen machte.
Der Herzog und Goethe geſtanden zu, daß er ſie nicht
habe ausſchlagen können, und zürnten ihm deswegen nicht.
Im April 1798 kam Iffland zum zweitenmal nach Weimar
auf ſechs Gaſtrollen. Er nahm kein Honorar; nur die
Koſten der Reiſe und des Aufenthalts wurden von der
Theatercaſſe beſtritten. „Was ich dort ſehe und empfinde",
ſchrieb er, „iſt das edelſte Honorar."

Inzwiſchen hatte das weimariſche Theater manche be-

deutende Talente herangebildet und neue gewonnen. Caroline Jagemann, durch schöne Gestalt, edle Züge und
künstlerisches Talent ausgezeichnet, kehrte 1797 von Mannheim nach Weimar zurück; zuerst trat sie als Sängerin
in Wranitzky's Oper Oberon auf und erlangte noch größere
Bedeutung im recitirenden Drama. Sie ward bald der
Liebling des Publicums und — des Herzogs. Zu ihm
trat sie, ohne jedoch ihre Stellung am Hoftheater aufzu-
geben, in ein vertrauliches Verhältniß und ward nachmals
als Frau von Heygendorf in den Adelstand erhoben. Die
Herzogin billigte die Wahl ihres Gatten, da sie seit der
Geburt ihres jüngsten Sohnes nicht wünschen durfte wieder
Mutter zu werden. Dies zur Milderung des Urtheils
wie zur Erklärung späterer Vorgänge. Denn es leuchtet
ein, daß durch den persönlichen Einfluß der Jagemann
dem Intendanten das Geschäft der Theaterleitung oft er-
schwert und verleidet wurde.

Von anderen Notabilitäten der weimarischen Bühne,
welche größtentheils ihre künstlerische Ausbildung Goethe
verdanken, nennen wir Becker, Graff, Vohs, Oels, Grüner,
Wolff nebst dessen Frau, ein treffliches Künstlerpaar, das
nachmals zu Goethe's großem Verdrusse nach Berlin gezogen
wurde, Frau Vohs und die ihr an Lieblichkeit gleichende
Christiane Becker, geb. Neumann, welche durch Goethe's
„Euphrosyne" verewigt worden ist. Goethe stiftete eine
förmliche Theaterschule, welche im Jahre 1803 auf
zwölf Mitglieder angewachsen war.

Seit Schiller nach der Vollendung des Wallenstein
in Weimar seinen bleibenden Aufenthalt genommen hatte,
leistete er in der Förderung und Fortbildung des Hoftheaters seinem Freunde den thätigsten, erfolgreichsten
Beistand. Sie theilten sich in die Geschäfte der Leitung
der Proben und der Vorbereitung der Vorstellungen und

fanden bei dem Hofrath Kirms, der Goethe in der Theater=
intendanz untergeordnet war, die bereitwilligfte Unter=
ftützung, am meiften aber in der Begeifterung und Hingebung
der Künftler felbft. „Da ward", fagt Kanzler von Müller,
der ein Zeuge jener Jahre war, „keine Art perfönlicher
Hingebung gefpart, mit unermüdlicher Geduld Lefe= und
Darftellungsproben abgewartet und wiederholt, jeder Cha=
rakter genau begrenzt, entwickelt, lebendig hingeftellt, die Har=
monie des Ganzen immer fchärfer ins Auge gefaßt, erfpäht
und gerundet. Nirgends vermochte Goethe den Zauber
feiner impofanten Perfönlichkeit freier zu üben und geltend
zu machen als unter feinen dramatifchen Jüngern: ftreng
und ernft in feinen Forderungen, unabwendlich in feinen
Befchlüffen, rafch und freudig jedes Gelingen anerkennend,
das Kleinfte wie das Größte beachtend und eines Jeden
verborgenfte Kraft hervorrufend, wirkte er im gemeffenen
Kreife, ja meift bei geringen Mitteln, oft das Unglaub=
liche; fchon fein ermunternder Blick war reiche Belohnung,
fein wohlwollendes Wort unfchätzbare Gabe. Jeder fühlte
fich größer und kräftiger an der Stelle, wo Er ihn hin=
geftellt, und der Stempel feines Beifalls fchien dem ganzen
Leben höhere Weihe zu gewähren. Man muß es felbft ge=
fehen und gehört haben, wie die Veteranen aus jener Zeit
des heiterften Zufammenwirkens von Goethe und Schiller noch
jetzt mit heiliger Treue jede Erinnerung an diefe ihre Heroen
bewahren, mit Entzücken einzelne Züge ihres Waltens
wiedergeben und fchon bei Nennung ihres Namens fich
leuchtenden Blicks gleichfam verjüngen, wenn man ein
vollftändiges Bild der liebevollen Anhänglichkeit und des
Enthufiasmus gewinnen will, die jene großartigen Naturen
einzuflößen wußten."

Nachdem früher auf der Bühne der Converfationston
und ein gewiffer Naturalismus, der für Einfachheit und

Natürlichkeit galt, geherrscht hatte, war man durch Iffland's erstes Gastspiel zu der Einsicht gelangt, daß es des Künstlers Aufgabe sei, seine Individualität zu überwinden, aus jeder Rolle ein in sich abgerundetes Ganzes zu machen und dadurch sein Talent zu einer künstlerischen Vielseitigkeit auszubilden. Eine andere Bemühung war mit der Vorstellung des Wallenstein glücklich durchgeführt: die lange von der Bühne verbannte rhythmische Declamation wurde hergestellt und der dramatische Vers wieder in seine Rechte eingesetzt. Seitdem war das Bestreben der beiden Dichter dahin gerichtet, die Bühne mehr und mehr einer idealen Classicität anzunähern, die freilich nach anderer Seite auch ihr Bedenkliches hatte. Von nationalen Tendenzen gänzlich absehend, suchte man das Beste verschiedener Zeiten und Völker zur Anschauung zu bringen, „eine gewisse Anzahl vorhandener Stücke auf dem Theater zu fixiren und dadurch endlich einmal ein Repertorium aufzustellen, das man der Nachwelt überliefern könne."

Zuerst wandte man sich zu dem französischen Drama, von dessen Erneuerung namentlich Karl August sich eine Verbesserung des Geschmacks versprach. Goethe übersetzte 1799 Voltaire's Mahomet, mit dessen Aufführung das Theater den Geburtstag der Herzogin (30. Januar 1800) feierte. Das Gedicht Schiller's an Goethe, als er den Mahomet von Voltaire auf die Bühne brachte, läßt einiges Mißwollen gegen die Wiederbelebung des französischen Pathos blicken, obwohl auch er späterhin mit der Bearbeitung von Racine's Phädra sich anschloß. Daß Goethe nicht zur Bewunderung des einst geschmähten französischen Trauerspiels (die Lustspiele Moliere's hielt er stets in Ehren) zurückgekehrt war, sieht man genugsam aus seiner Aeußerung bei Gelegenheit einer Vorlesung der Phädra nach dem französischen Original: „Der Deutsche möchte

wohl auf ewig dieser beschränkten Form, diesem abgemes=
senen und aufgedunsenen Pathos entsagt haben." Dieses
setzte auch seine Umdichtung auf das richtige Maß herab.

Im Jahre 1800 vollendete Goethe die Bearbeitung
von Voltaire's Tancred, wobei er bemüht war, dem
Anfang und dem Ende des Stücks mehr Fülle, als im
Original, zu geben. Aus dem nämlichen Bestreben, einige
werthvolle Dramen des Auslandes der deutschen Bühne
anzueignen, entstanden Schiller's Bearbeitungen von Mac=
beth, Turandot und Phädra. Bei der Aufführung von
Lustspielen des Terenz wurden, wie in „Paläophron und
Neoterpe", griechische Masken angewandt. Die Ausschreibung
eines Preises für das beste Lustspiel (1801) zeugt von
dem Bestreben der beiden Dichter, die Production anzu=
regen, war aber ohne sonderlichen Erfolg, da nur mittel=
mäßige Stücke einliefen.

Je größere Ansprüche die großen dramatischen Schö=
pfungen Schiller's an den Schauspieler machten, desto
mehr ließ sich das Repertorium classischer Dramen erweitern,
indem man keine Schwierigkeiten mehr zu scheuen hatte.
Zu Lessing's Emilia und Minna trat im November 1801
auch Nathan der Weise hinzu. Im folgenden Jahre
(15. Mai) erschien Goethe's Iphigenie in ihrer edlen me=
trischen Form (obschon durch Schiller's Redaction grausam
verkürzt) auf der Bühne, gerade um die Zeit, als die erste
Darstellerin der jungfräulichen Priesterin, Corona Schröter,
aus dem Leben schied. Daneben machte Goethe, nicht
ohne Widerspruch des Publicums, den gewagteren Versuch,
die Dramen der Brüder Schlegel, Jon und Alarkos,
vorzuführen.

Der Höhestand der weimarischen Bühne fiel in die
letzten Lebensjahre Schiller's, und die Glanzpuncte ihrer
Leistungen waren jene classischen Dramen, welche der Dich=

ter gleichsam im Hinblick auf sie und durch sie ermuthigt
in rascher Folge schuf. In Betreff der Bühnendarstellung
der Jungfrau von Orleans hatte Schiller einiges Bedenken und war der Ansicht, das Stück werde sich nicht
zur Aufführung eignen, während Goethe der Meinung
war, man habe schon größere Schwierigkeiten überwunden.
Dennoch kamen diesmal die Leipziger, Berliner und andere
Bühnen der weimarischen zuvor, indem der Herzog unter
höflich ausweichenden Vorwänden die Aufführung in Weimar verweigerte, weil seiner Caroline Jagemann darin
eine, wie ihm schien, zweideutige und undankbare Rolle
zufallen würde. Goethe bewährte aufs neue seine discrete
Freundschaft, indem er die Ursache der Verzögerung möglichst verheimlicht und den Verdacht der Mißgunst gegen
seinen von der Gunst des Publicums gefeierten Freund
lieber auf sich genommen hat [23]).

Unterbrechen wir hier die Schilderung von Goethe's
dramaturgischer Thätigkeit, um einen Blick auf einige
persönliche Vorgänge der letzten Jahre und auf des Dichters anderweitige geistige Beschäftigungen zu richten, die
uns zu seiner Wirksamkeit für die Bühne zurückführen
werden.

Goethe hatte bis dahin eine sehr feste Gesundheit genossen. Wenn er gleich im Sommer 1795 eine Cur in
Karlsbad zu seiner Stärkung für rathsam hielt, so war
doch eine erhebliche Störung nicht eingetreten. Von einem
gefahrvollen Krankheitsleiden wurde er zum erstenmal im
Beginn des Jahres 1801 befallen. Wir erinnern uns
aus der früheren Erzählung, daß er um jene Zeit mit
der Bearbeitung des Tancred beschäftigt war. Um mit
dieser Arbeit, welche er Iffland für die auf den 18. Januar in Berlin vorbereitete Feier des preußischen Krönungs-
festes versprochen hatte, rascher zum Abschluß zu kommen,

begab er sich im December 1800 nach Jena. Die geistige
Thätigkeit ließ ihn das Unangenehme der kalten Räume des
dortigen herzoglichen Schlosses vergessen; selbst eine heftige
Erkältung, die durch gewaltsame Mittel schnell unterdrückt
ward, machte ihn in seinem Vorsatz nicht irre. Bald nach
seiner Rückkehr nach Weimar ward er am 1. Januar von
einer Fieberkrankheit befallen, zu der sich ein Krampfhusten
und die Geschwulst der Rose gesellten. Einige Tage verlor
er das Bewußtsein, und sein Leben war ernstlich bedroht;
seine Freunde fürchteten für ihn. Die Kraft seiner Natur
und ärztliche Pflege ließen ihn die Gefahr glücklich über=
stehen. In den Tagen der Genesung begann er am 19. Ja=
nuar Theophrast's Büchlein von den Farben zu übersetzen.
Zu den Vorbereitungen der am 30. Januar 1801 in Wei=
mar stattfindenden Aufführung des Tancred vermochte er
schon Einiges mitzuwirken. Schiller leitete die Proben.
Mit Anfang des Februars war er seiner frühern Thätig=
keit zurückgegeben und wandte sich mit erneuter Lust zum
Faust, der eine Strecke vorwärts geschoben ward.

Erquickende Frühlingstage genoß er in dem ruhigen
ländlichen Aufenthalt zu Oberroßla. Seit drei Jahren
war er durch Ankauf im Besitz des dortigen Freiguts; doch
hatte ihm die Verwaltung des ersten Pachters nur Verluste
gebracht. Jetzt war ein neuer Verwalter eingesetzt, dessen
lebhafte Neigung zur Baumzucht auch Goethe's Interesse
für Parkanlagen wieder belebte. Dies veranlaßte manche
Hin= und Herfahrten; die heitere Gastlichkeit des Besitzers
zog viele Freunde herbei. Wieland war ein geselliger Nach=
bar in seinem nahgelegenen Gute Osmannstedt. Goethe
konnte dankbar rühmen, daß der ländliche Aufenthalt ihm
zu manchen kleinen poetischen Productionen Stimmung
verlieh; das Gedicht „Wanderer und Pachterin" ist un=
streitig unter diese zu zählen. Indeß war er froh, im

Jahre 1803 das kleine Besitzthum wieder los zu werden „ohne irgend einen Verlust als der Zeit und allenfalls des Aufwandes auf ländliche Feste, deren Vergnügen man aber doch auch für etwas rechnen mußte“.

Mit Anfang des Juni 1801 reiste Goethe in Begleitung seines Sohnes ins Pyrmonter Bad, dessen Gebrauch Aerzte und Freunde ihm zu fernerer Stärkung seiner Gesundheit angerathen hatten. Die Aussicht auf einen längeren Aufenthalt unter den Gelehrten und den wissenschaftlichen Schätzen der Göttinger Universität machte ihm diese Reise besonders anziehend. Ein Lebehoch der Studirenden empfing ihn, als er am 7. Juni spät Abends in Göttingen eintraf. Einige Tage verflossen im Verkehr mit dortigen Gelehrten, vornehmlich Blumenbach und Heyne, mit denen er von früher her befreundet war, und im Beschauen der naturhistorischen und archäologischen Sammlungen; weitere Studien wurden einem zweiten Aufenthalt vorbehalten. Wie ihm Alles zum Studium ward, so beschäftigte er sich auch während seines Badeaufenthalts mit jener Umständlichkeit, die wir von seiner letzten Schweizerreise her kennen, mit der Natur, dem Geschichtlichen und den gegenwärtigen Zuständen Pyrmonts, so daß auch Badelisten und Komödienzettel zu den Acten gesammelt wurden. Die Muse kam nur zu seltenem Gruß. Einsame Stunden wurden mit der Fortführung der Uebersetzung des Theophrast und der Collectaneen zur Farbenlehre ausgefüllt; doch entspann sich daneben ein Märchen, in welchem das Jahr 1582, wo auf einmal ein Zug von Gästen aus allen Weltgegenden nach Pyrmont strömte, die sich bei völlig mangelnden Einrichtungen auf die wunderlichste Art behelfen mußten, als prägnantes Moment ergriffen war, freilich nur ein Entwurf, dessen Grundzüge uns der Dichter in einem späteren Aufsatze aufgezeichnet hat.

Es war ein Fehlgriff der Aerzte, den kaum von einer entzündlichen Krankheit Genesenden einem so entschieden aufregenden Bade zuzuschicken. Er war auf einen solchen Grad reizbar geworden, daß ihn Nachts die heftigste Bluts= bewegung nicht schlafen ließ und leichte Anlässe in einen excentrischen Zustand versetzten. Wenig befriedigt daher von den Resultaten seines Aufenthalts, verließ er Pyrmont am 17. Juli und fühlte sich wohler in der Nachcur ge= lehrter Göttinger Studien, welche er bis Mitte August fortsetzte. Er hatte ein Verzeichniß aller in sein natur= wissenschaftliches Fach schlagenden Bücher, deren er bisher nicht hatte habhaft werden können, mitgebracht und ver= wandte nun die meisten Stunden des Tages dazu, theils auf der Bibliothek, theils in seiner Wohnung eine Reihe von Werken, besonders in Bezug auf die Geschichte der Farbenlehre, durchzugehen und auszuziehen, nicht selten in Gefahr, durch die Masse von Gelehrsamkeit, der er nahe war, auf Seitenwege abgelockt zu werden; denn was ließ sich aus dem Bereich seiner Collectaneen aus= schließen? Die übrigen Stunden verlebte er in heiterster Geselligkeit. „Ich müßte das ganze damals lebende Göt= tingen nennen, wenn ich Alles, was mir an freundlichen Gesellschaften, Mittags= und Abendtafeln, Spaziergängen und Landfahrten zu Theil ward, einzeln aufführen wollte". Die Nächte waren weniger anmuthig; es gab hier keine römischen Nächte, „von weichen Gesängen durchklungen"; sondern die Cadenzen einer eifrigen Sängerin, Hundegebell und der Lärm der Nachtwächterhörner brachten ihn bei seiner noch anhaltenden Nervenreizbarkeit oft um den Schlaf, bis die Polizei um des geehrten Gastes willen mehrere der Hörner zum Schweigen brachte. Am 14. Au= gust begab er sich über Dransfeld, wo er die Basalt= brüche besuchte, und Münden nach Cassel, wo er die

Seinigen in Begleitung Meyer's antraf. Seinen Geburts=
tag feierte er in Gotha, wo ihn Prinz August in seinem
freundlichen Sommerhause mehrere Tage gastlich bewirthete,
und langte am 30. August wieder in Weimar an.

Im Herbste dieses Jahres stiftete Goethe die Mitt=
wochsgesellschaft, einen geselligen Kreis, an dem auch
die gebildetsten Frauen Weimars (Gräfin Henriette von
Egloffstein, Frau von Wolzogen, Frau von Schiller, Amalie
von Imhof und andere) Theil nahmen. „Es geht sehr
vergnügt dabei zu“, schreibt Schiller an Körner, „obwohl
die Gäste zum Theil sehr heterogen sind, denn der Herzog
selbst und die fürstlichen Kinder werden auch eingeladen.
Wir lassen uns nicht stören; es wird fleißig gesungen und
poculirt; auch soll dieser Anlaß allerlei lyrische Kleinig=
keiten erzeugen“. Mehrere gesellige Lieder Goethe's [21)]
und Schiller's haben daher ihre Veranlassung. Zu dem
22. Februar 1802, wo der Erbprinz vor seiner Abreise
nach Paris zum letztenmal in diesem Kreise verweilte,
dichtete Schiller das Lied „So bringet denn die letzte volle
Schale“ und Goethe das bekannte „Mich ergreift ich weiß
nicht wie“, dessen dritte Strophe durch die näheren Um=
stände erst ihr rechtes Licht erhält.

Um diese Zeit hatte sich August von Kotzebue nach
einem kurzen Aufenthalt in Rußland wieder nach Weimar
gewandt und erwartete nichts Geringeres, denn in seiner
Vaterstadt als der Dritte im Triumvirate der dramatischen
Poesie zu glänzen. Als ein gefeierter Bühnendichter und
überdies durch seine letzterlebten Abenteuer der unfrei=
willigen Reise nach Sibirien die interessante Persönlichkeit
des Tages, fand er in den höheren Kreisen Weimars eine
zuvorkommende Aufnahme. Goethe jedoch, der zwar sein
Talent anerkannte und ihm in früheren Jahren sehr zuge=
than gewesen war, hielt sich jetzt aus Abneigung gegen

seinen Charakter in kalter Entfernung, und Kotzebue's
Wunsch, in die Mittwochsgesellschaft aufgenommen zu werden, wurde durch ihn vereitelt, was denn Kotzebue veranlaßte eine ähnliche Gesellschaft an den Donnerstags-
Abenden in seiner Wohnung zu empfangen. Außerdem
war Kotzebue gereizt durch Goethe's offene Parteinahme
für die Brüder Schlegel, mit denen er bitter verfeindet
war. Die Aufführung des Jon hatte Goethe mit großer
Sorgfalt betrieben; in Kotzebue's „Kleinstädtern" strich
er die Angriffe auf die ihm befreundeten jungen Dichter,
und der Aufsatz, worin Böttiger, jetzt ein dienstfertiger
Knappe Kotzebue's, den Dichter des Jon und die Theater-
intendanz angriff, mußte, auf Goethe's Veranlassung, von
Bertuch, dem Herausgeber des Journals für Luxus und
Moden, noch nach erfolgtem Abdruck zurückgezogen werden.
Durch alles dies gegen Goethe aufgebracht, warb er Partei
und suchte an ihm durch eine öffentliche Demonstration zu
Schiller's Verherrlichung Rache zu nehmen, zugleich mit
der geheimen Absicht den Bund der Freunde zu sprengen.
Gerade dazu schien ein geeigneter Zeitpunct gekommen zu
sein, da man auch bei Schiller eine Verstimmung gegen
Goethe wegen der Verzögerung der Aufführung der Jung-
frau von Orleans voraussetzte.

Mehrere der ersten Damen Weimars, welche die geheime Absicht nicht durchschauten, hatten sich zur Theilnahme bereit erklärt; die schöne Gräfin Egloffstein hatte
die Darstellung der „Jungfrau", Amalie von Imhof die
der „Maria Stuart" übernommen, und Sophie Mereau
sollte das „Lied von der Glocke" vortragen. Kotzebue beabsichtigte zum Schlusse als Meister Glockengießer aufzu-
treten; der Schlag seines Hammers sollte die Form zertrümmern, und aus der fallenden Hülle Schiller's Büste
hervortreten, um von schönen Händen mit dem Lorbeer-

kranze gekrönt zu werden. Schiller selbst war so sehr
Feind solcher eiteln Demonstrationen, „daß er vor Ekel
darüber fast krank wurde" und sein Erscheinen bei der
Feier, auf das man gerechnet hatte, zweifelhaft ließ.
Schon war indeß das Fest auf den 5. März angesetzt und
Alles vorbereitet; Einladungen waren ergangen; selbst die
Prinzessin Caroline hatte ihre Gegenwart zugesagt. Allein
— der Bürgermeister (Karl Adolf Schultze) weigerte sich
den neudecorirten Saal des Stadthauses, der dazu unent=
behrlich war, für die Errichtung der Bühne herzugeben,
die Bibliothekverwaltung lieferte die Dannecker'sche Büste
Schiller's nicht aus, und da noch andere Hindernisse hin=
zutraten, konnte das beabsichtigte Fest nicht zu Stande
kommen. Indem man dabei Goethe aus triftigen Gründen
für das feindliche Princip hielt, so richtete sich gegen ihn
der geheime Grimm der Gegenpartei.²⁵) Bedauernswerther
war, daß in Folge dieser Spaltungen der von Goethe ge=
stiftete gesellige Kreis sich auflöste. Später trat die Don=
nerstagsgesellschaft an die Stelle. Das Verhältniß zwischen
Goethe und Schiller litt jedoch nicht die geringste Störung.
Kotzebue begab sich bald darauf nach Berlin und benutzte
seitdem „den Freimüthigen", den er in Verbindung mit
Merkel herausgab, zur Polemik gegen Goethe und die
jüngere an ihn sich anlehnende Schule.

Nach denselben Grundsätzen, wie Goethe in Gemein=
schaft mit Schiller für die idealen Kunstzwecke der Bühne
thätig war, suchte er mit seinem Freunde Meyer den
reineren Geschmack in der bildenden Kunst zu fördern.
Die Propyläen wurden bis 1800 fortgesetzt und erhielten
sehr viele Beiträge von Goethe's Hand. Eine seiner aus=
gezeichnetsten Leistungen in der theoretischen Darstellung
ist die Abhandlung der Sammler und die Seinigen,
worin unserm Dichter, dem die philosophisch=systematische

Entwicklung der Begriffe noch weniger, als Schiller, ge=
läufig war, die Behandlung in Briefform und Dialog eine
freiere Bewegung gestattete. Da bei der Theilnahmlosigkeit
des Publicums der Absatz nicht über 300 Exemplare
stieg, so sahen sich die Herausgeber zu ihrem Verdrusse ge=
nöthigt, die Zeitschrift eingehen zu lassen; einige nach=
folgende Aufsätze über bildende Kunst wurden in die allge=
meine Literaturzeitung eingerückt. Während die „weimarischen
Kunstfreunde“ (wie sie sich jetzt zu bezeichnen pflegten) bei
der ästhetischen Erörterung ihrer Ansichten und Grundsätze
den Zweck verfolgten, von dem Sentimental=Unbedeutenden
und Platt=Natürlichen auf die höheren Anforderungen
idealer Kunst, d. h. in ihrem Sinne auf die unbedingte
Anerkennung des griechischen Kunstprincips, hinzuarbeiten,
erkannten sie das Bedürfniß, um auf die großen Vortheile
einer sorgfältigen Wahl günstiger Gegenstände den Künstler
aufmerksam zu machen, diese durch Preisaufgaben zu er=
leichtern, um bei Gelegenheit der Erläuterung und der
Beurtheilung derselben bestimmter auf das im Einzelnen
zu verfolgende Ziel hinweisen zu können. Zu den Preis=
aufgaben wählte man vorzugsweise Scenen aus Homer’s
Gedichten, „welche von jeher die reichste Quelle gewesen,
aus welcher die Künstler Stoff zu Kunstwerken geschöpft
haben.“ Die erste Aufgabe war die Scene aus dem dritten
Buch der Ilias, wo Venus dem Paris die Helena zuführt.
Sie hatten die Freude, neun Preisstücke eingehen zu sehen,
deren Zahl mit jeder neuen Preisaufgabe stieg. Hektors
Abschied von Andromache und der Ueberfall des Rhesus
waren für das Jahr 1800 ausgeschrieben. Außer den
Concurrenzstücken wurden auch mehrere andere Arbeiten
neuerer und älterer Meister zu den öffentlichen Ausstellungen
in Weimar eingesandt. In den nächsten Jahren ließ man
Scenen aus dem Leben des Achill, Perseus’ Befreiung

der Andromeda, Odyffeus und Polyphem folgen. Dann ging man 1804 zu einem allgemeinen Problem, dem Kampf der Menschen mit dem Elemente des Waffers, über. Die fiebente und letzte Kunstausstellung im Jahre 1805 war den Thaten des Hercules gewidmet. Goethe gab in den Abhandlungen über die Ausstellungen, anfangs in den Propyläen, dann in der allgemeinen Literaturzeitung, eine forgfältig eingehende Kritik über die eingegangenen Zeich= nungen und Gemälde. Um fich zu diefer Beurtheilung beffer vorzubereiten, ftudirte er die Schilderungen griechifcher Gemälde von Philoftrat und fchrieb die Abhandlung über Polygnot's Gemälde in der Lefche zu Delphi, mit denen uns die Schilderungen des Paufanias bekannt machen; fie enthielten die bedeutendften Scenen aus den Homerifchen Gedichten.

Es leuchtet aus allem diefen hervor, daß die weimari= fchen Kunftfreunde in ihrem Eifer für antike Plaftik zu weit gingen und von Einfeitigkeit nicht freizufprechen waren. Von der Hoheit der griechifchen bildenden Kunft erfüllt, würdigten fie zu wenig den idealen Gehalt des modernen Lebens, aus dem unfere neuere Malerkunft eine neue Fülle von Kunftleiftungen fchöpfte. Ihr Wirken für die Verehrung claffifcher Kunft hielt confequent die Richtung Winckelmann's feft. Diefem fetzten fie daher, als Refultat mehrjähriger kunftgefchichtlichen Studien und gleichfam als Schlußftein ihrer Bemühungen für die Kunft, in der Hoff= nung, durch hiftorifche Darftellungen „der faft ganz falfchen Richtung der Zeit" entgegenwirken zu können, gemeinfchaft= lich mit Wolf ein Denkmal in dem 1805 erfchienenen Werke Winckelmann und fein Jahrhundert. Die erfte, von Goethe's Hand herrührende Abtheilung, welche Winckelmann als Menfchen fchildert, ift dem Vollen= detften beizuzählen, was er in deutfcher Profa gefchrieben

hat; denn er schilderte ein Stück des eigenen innern und
äußern Lebens. Im Ganzen genommen waren alle diese
wohlgemeinten Anstrengungen für die Aufrechthaltung des
antiken Kunstprincips vergeblich und ihre Wirkung auf die
Künstler gering. Das Zeitalter wandte sich von der Antike
ab und erfüllte sich mit dem Geiste der christlich=mittel-
alterlichen Romantik. Die daraus sich entwickelnde Kunst,
welche den „Weimarer Kunstfreunden" als eine Verirrung,
als ein Rückschritt erschien, war bei manchen Fehlgriffen
im Einzelnen die Entfaltung einer neuen Kunstblüthe, eine
Ansicht, der auch Goethe sich später nicht ganz zu verschließen vermochte. [26])

Wenden wir uns von der einige Jahre vorausgreifenden
Schilderung der dramaturgischen und antiker Plastik gewidmeten Bemühungen der „Weimarer Kunstfreunde" zu
dem Januar des Jahres 1802 zurück, so finden wir Goethe
wiederum im Schlosse zu Jena in Knebel's alter Stube,
wo er immer „ein glücklicher Mensch ist, weil er keinem
Raume auf der Erde so viele productive Momente ver-
dankt". An einem weißen Fensterpfosten hatte er angemerkt, was er von einiger Bedeutung in diesem Zimmer
seit dem 21. November 1798 gearbeitet hatte; dies interessante Autographon des Dichters hat man leider! bei
späterer Restauration des Zimmers verlöscht. Diesmal
rief ihn nach Jena ein lästiges Geschäft, das ihn den
größten Theil des Jahres von Weimar entfernt hielt.
Die nachgelassene Bibliothek des verstorbenen Hofraths
Büttner war, größtentheils schon bei Lebzeiten des Besitzers, von der herzoglichen Regierung angekauft. In
einer Reihe von Zimmern im Seitengebäude des herzoglichen Schlosses, die ihm zur Wohnung angewiesen waren,
lagen die Bücher, zum Theil noch ungebunden, massenweis
über einander gestapelt; andere Kammern waren mit

physikalisch = chemischem Apparat angefüllt. Goethe's per=
sönliche Anwesenheit war nöthig, um „die Herculische
Büchererpedition" zu leiten, die um so schwieriger war,
als die nöthigen Räume für die Wiederaufstellung mangel=
ten, indem das bisher benutzte Local im Schlosse geräumt
werden sollte. Die nachgelassenen physikalischen, besonders
optischen Instrumente dienten dazu, den Grund zu einem
physikalischen Cabinet zu legen.

Goethe wandte seinen längeren Aufenthalt in Jena
nach gewohnter Weise zugleich dazu an, im Verkehr mit
den vielen ausgezeichneten Männern, die damals die Zierde
der blühenden Universität waren, fortwährend zu lernen
und sich geistig anzuregen; auch der aufstrebenden Jugend
schloß er sich mit freudiger Theilnahme an. Fichte war
bereits 1799 von der Universität geschieden, nachdem er
die Regierung, die ihn aufs rücksichtsvollste schonte und
ihn gern dem Lehrstuhl erhalten hätte, durch sein unge=
stümes Benehmen fast gezwungen hatte, ihm die Entlassung
zu ertheilen. Niethammer, ein Anhänger Fichte'scher
Philosophie, hatte Goethe schon bei einem früheren Auf=
enthalt in Jena förmlich philosophische Vorträge gehalten,
um ihn in den Gang des neuesten Systems einzuführen.
Schelling war unserm Dichter von Seiten seiner natur=
philosophischen Speculation geistesverwandt; Goethe fand
in ihm „große Klarheit bei großer Tiefe". Auf den
phantasievollen jungen Denker und die an ihn sich an=
schließende Dichterjugend, Tieck und die Brüder Schlegel,
setzte er große Hoffnungen und stand mit ihnen im besten
Vernehmen. Hegel, damals Privatdocenten in Jena, wid=
mete er eine wahrhaft väterliche Fürsorge, einer der Ersten,
die dessen künftige Bedeutung für die Wissenschaft erkannten,
wie denn überhaupt das strebende, hoffnungsvolle Talent
bei Goethe stets die bereitwilligste Anerkennung und För=

berung fand. Mit Ritter wurde Physik getrieben, mit
Loder vergleichende Anatomie fortgesetzt, deren Probleme
Goethe „immer mit sich in Gedanken herumführte". Mit
Himly ward Vieles über das Sehen und über Farbener-
scheinungen, oft bis tief in die Nacht, verhandelt. Auch
mit Mondbeobachtungen beschäftigte sich Goethe im Laufe
jener Jahre mit besonderem Interesse. Im Herbste hatte
er die Freude, das neuerworbene Mineraliencabinet, welches
der Fürst Dimitri Galizin, als Präsident der neugestifteten
mineralogischen Societät, der Akademie geschenkt hatte, in
dem dortigen, bereits höchst reichhaltigen Museum wohlgeordnet aufstellen zu lassen.

Mitten zwischen diese jenaischen Beschäftigungen fiel
der Bau des Lauchstädter Theaters. [27]) Bis dahin
hatte ein leicht von Brettern aufgeführtes kleines Schau-
spielhaus, in welchem es für Schauspieler und Zuschauer
an aller anständigen Bequemlichkeit fehlte, der weimarischen
Truppe zu ihren Darstellungen während der Badesaison
gedient. Die Nothwendigkeit eines Neubaus hatte sich
längst fühlbar gemacht. Auf Goethe's Anrathen bewilligte
Karl August die nöthige Summe; doch war es schwierig,
auf fremdem Grund und Boden ein solches Unternehmen
auszuführen, indem die Stift-Merseburgischen Behörden
den mit schön gewachsenen Bäumen gezierten Platz neben
dem Bretterhause, welchen man ausgewählt hatte, nicht
zum Bau eines Theaters hergeben wollten. Wenn Goethe
bei einem gemeinnützigen Unternehmen auf eigensinnigen
Widerstand stieß, half er sich manchmal durch einen Ge-
waltstreich. Er ließ in einer mondhellen Nacht die Bäume
fällen. Die Bedenken waren jetzt gehoben. Es gelang die
Concessionsurkunde zu erwirken und das Unternehmen ins
Werk zu richten. Die tüchtigen Baumeister, welche beim
Bau des nunmehr vollendeten Residenzschlosses — am

1. August 1803 wurde es von der herzoglichen Familie bezogen — thätig gewesen waren, leisteten Goethe beim Entwerfen des Planes zu dem neuen Theatergebäude ihre Beihülfe, und „mit leidenschaftlicher Kunstliebe" betrieb er die rasche Ausführung. Im März lag das accordirte Holz noch bei Saalfeld eingefroren; dennoch konnte die neue Bühne am 26. Juni mit der Vorstellung des Tasso eröffnet werden. Goethe's Vorspiel Was wir bringen, welches er Anfangs Juni in Jena in raschem Zuge durchdictirt und dann nur stellenweise noch nachgebessert hatte, leitete sie ein. Vor den Augen der Zuschauer ward die Verwandlung eines schlechten Bauernwirthshauses in einen Palast dargestellt, und die verschiedenen Gattungen des Drama's mit besonderer Beziehung zu den Leistungen der weimarischen Gesellschaft auf symbolische und allegorische Weise vorgeführt. Das in munterer Laune leicht hingeworfene und lebendig durchgeführte Stück machte großes Glück und mußte mehrmals, nachher auch in Weimar mit einem Prolog des Dichters, wiederholt werden.

Indessen konnten die Freunde, und vor allen Schiller, das Bedauern nicht zurückhalten, daß Goethe auf dem Gebiete der Poesie so selten und höchstens mit unbedeutender Gabe erscheine, hatte man doch seinen „Hermann" als den Eintritt in eine neue dichterische Jugendfülle begrüßt. Noch bei der Uebersetzung der Voltaire'schen Tragödien hatten ihn die jenaischen Freunde ermahnt, nicht Fremdes zu bearbeiten, da er die Kraft habe, deutsche Meisterwerke selbst zu schaffen. Schiller klagt gegen Humboldt (17. Febr. 1803), daß er sich auf nichts energisch concentrire. Sie ahnten nicht, daß Goethe schon seit dem Erscheinen des „Wallenstein" mit einer größeren dramatischen Dichtung beschäftigt war, von der er diesmal selbst Schillern ein Geheimniß machte, weil er fürchtete, es werde ihm wieder

gehen, wie mit der „Jagd" und der „Achilleis", bei denen
er durch vieles Hin= und Herberathen unschlüssig und un=
sicher geworden war.

Die erste Idee der Natürlichen Tochter war gegen
Ende des Jahres 1799 durch die Lectüre der kurz zuvor
erschienenen Memoiren der Prinzessin von Bourbon=Conti,
einer natürlichen Tochter des Prinzen Louis François von
Conti, angeregt und ein Schema sogleich ausgearbeitet
worden. In dem Plane bereitete sich der Dichter ein
Gefäß, worin er Alles, was er so manches Jahr über die
französische Revolution gedacht und geschrieben hatte, nieder=
zulegen hoffte. Bei der Bedächtigkeit und Umständlichkeit,
mit welcher er in der späteren Lebensperiode Alles, was
er vornahm, zu behandeln pflegte, motivirte er die drama=
tische Handlung mit allzu großer Ausführlichkeit und er=
weiterte sie zu der Breite des Epos, so daß er nach dem
Vorgange des Wallenstein eine Trilogie daraus gestaltete,
welche, vollständig ausgearbeitet, funfzehn Acte umfaßt
haben würde. Der erste Theil ward in den Jahren 1801
bis 1803 vollendet. Dieser enthält nur die Exposition der
eigentlichen Handlung. In den Parteiungen und Ränken,
welche in den höheren, den Thron umgebenden Regionen
thätig sind, sieht man den Sturm der Revolution drohend
herannahen; es ist die trübe Atmosphäre, welche das auf=
steigende Gewitter verkündet. Die Personen, welche uns
vorgeführt werden, können uns noch nicht durch ihr Handeln
anziehen. Dazu kommt der Mangel individueller Charakte=
ristik; selbst das historische Interesse ist verflüchtigt, indem
die Charaktere nur symbolisch als Vertreter ihrer Standes=
interessen uns entgegentreten. Unstreitig würden sie in
der Fortführung der dramatischen Handlung durch schärfere
Zeichnung in ein helleres Licht getreten sein; denn der
zweite und der dritte Theil, über deren Anlage uns kurze

Andeutungen gegeben sind, waren bestimmt, in die eigent=
liche Volksbewegung einzuführen und die daraus hervor=
gehende neue Gestaltung der Dinge zur Darstellung zu
bringen. Das Urtheil über den Werth dieses Drama's
bleibt daher unvollständig; als Ganzes kann es nicht be=
friedigen, da es keine in sich abgeschlossene Handlung hat;
dagegen ist es reich an einzelnen tiefgedachten und herrlich
entwickelten Scenen, in denen sich die volle Meisterschaft
des Dichters aufs neue bewährt; -die kunstvolle Sprache
hat noch die Klarheit und den melodischen Wohllaut seiner
Iphigenie und seines Torquato Tasso, nur nicht die gleiche
Wärme.

Dem feinsinnigen weimarischen Publicum, dem die
neueste Schöpfung des verehrten Meisters am 2. April
1803 zum erstenmale vorgeführt wurde, entging ihr hoher
dichterischer Werth nicht; sonst konnte jedoch das allzu
weit ausgesponnene Drama, dessen letzten beiden Acten alle
Bühneneffecte abgehen, kein Glück machen, weshalb Schiller
den Rath ertheilte, es zu diesem Zweck zu verkürzen. Die
kalte Aufnahme, die es bei der Nation fand, so daß es in
Berlin förmlich ausgepocht ward, trug viel dazu bei, dem
Dichter die Fortsetzung zu verleiden. Er beklagt „den
großen unverzeihlichen Fehler begangen zu haben, mit dem
ersten Theil hervorzutreten, ehe das Ganze vollendet war".
Goethe konnte sich jedoch damit trösten „den Besten ge=
nug gethan zu haben". Schiller äußert in einem Briefe
an Wilhelm von Humboldt, der sich damals in Rom be=
fand, (18. Aug. 1803): „Goethe's N. T. wird Sie sehr
erfreuen. Die hohe Symbolik, mit der er den Stoff be=
handelt hat, so daß alles Stoffartige vertilgt und Alles
nur Glied eines idealen Ganzen ist, diese ist wirklich be=
wundernswerth. Es ist ganz Kunst, und ergreift dabei
die innerste Natur durch die Kraft der Wahrheit. Daß er

13*

zu der Zeit, wo Sie, nach meinem letzten Briefe, an seiner Productivität ganz verzweifeln mußten, mit einem neuen Werk hervorgetreten, wird Sie ebenso, wie mich selbst, überrascht haben". Mit gleicher Anerkennung schreibt Wilhelm von Humboldt an Goethe (Rom, 25. Febr. 1804): „Ihre natürliche Tochter habe ich mit innigem Antheil und unglaublichem Vergnügen gelesen. Eine solche edle und schöne Sprache kenne ich sonst in keinem deutschen Gedichte, sie übertrifft an classischer Schönheit und Reinheit vielleicht selbst das, was Sie selbst bis jetzt geschrieben haben. Nur von dieser Seite allein schon wäre das Stück eine der wichtigsten Erscheinungen unserer Literatur, wenn nicht noch sein eigentlicher Gehalt und die Charakterzeichnung hinzukäme". Nicht minder enthusiastisch sprach Fichte in einem an Schiller gerichteten Briefe, der auch Goethe mit= getheilt wurde, seine Bewunderung über dies Drama aus, welches er für das Meisterwerk des Dichters erklärte. Selbst Herder, der sich sonst gern den Anschein gab, als bekümmere er sich um die neuern Producte der deutschen Literatur nicht, war von dem hohen Sinn, in welchem das Stück gedacht war, ergriffen. Wie sehr er es aner= kannte, ersieht man aus Falk's, in diesem Falle wohl glaubwürdigem, Bericht, wonach er es „die köstlichste, gereifteste Frucht eines tiefen, nachdenkenden Geistes nannte, der die ungeheuern Begebenheiten dieser Zeit still in seinem Busen getragen und zu höhern Ansichten entwickelt habe".

Herder stand in den letzten Jahren nicht mehr in einem innigen Verhältnisse zu Goethe. Mit seiner Kränklichkeit hatte sich sein Widerspruchsgeist, der seit dem ersten Beginn ihrer Freundschaft ihrem Verhältniß zu einander so viel Herbes beigemischt hatte, vermehrt; „man kam nicht zu ihm", be= merkt Goethe, der indeß nie aufgehört hat, seine edlen Eigenschaften in Ehren zu halten, „ohne sich seiner Milde

zu erfreuen, man ging nicht von ihm, ohne verletzt zu sein".
Mit dem Erscheinen der Xenien hörte der freundschaftliche
Verkehr völlig auf. Herder's Zerwürfniß mit Schiller und,
in Folge seiner leidenschaftlichen Polemik gegen die Kantische
Philosophie, mit den meisten Professoren der Universität
Jena trug ebenfalls zu gegenseitiger Verstimmung bei. In=
deß durch die Confirmation von Goethe's Sohn, welche
Herder am 13. Juni 1802 im Innern des Hauses „nach
seiner edlen Weise" verrichtete,[28]) hatten sie sich wieder mehr
genähert, so daß im folgenden Jahre ein „reines Vernehmen"
sich wieder herstellte; doch sollte ein letzter herber Mißklang
nicht ausbleiben. Bald nach der Aufführung des neuen
Goethe'schen Drama's wohnten beide im jenaischen Schlosse
zusammen unter einem Dache und sahen sich häufiger.
Herder begann eines Abends sich über die Schönheiten dieser
Dichtung in ausführlichem Gespräch auszulassen. Allein
die schöne Freude sollte Goethe nicht lange gegönnt sein:
„denn er endigte mit einem zwar heiter ausgesprochenen,
aber höchst widerwärtigen Trumpf, wodurch das Ganze,
wenigstens für den Augenblick, vor dem Verstand vernichtet
ward" — vielleicht ein verletzender Scherz über die Auf=
schrift des Stückes, dem allerdings die anfängliche Benen=
nung „Eugenie" besser angestanden hätte. Goethe sah ihn
an und schwieg. So trennten sie sich zum letzten Male
im Leben; während Herder's letzter Krankheit kam auch
Goethe, wurde aber, da der Kranke mit Besuchen verschont
werden mußte, nicht vorgelassen. Am 18. December 1803
war Herder geschieden, der erste aus dem Sternenkranze,
mit welchem Weimar ins neue Jahrhundert eingetreten war.

In einigem Zusammenhange mit den Vorstudien zu
der „natürlichen Tochter" steht die im nächsten Jahre unter=
nommene Uebersetzung von Rameau's Neffen, einer
damals noch ungedruckten Schrift Diderot's, worin uns das

Treiben eines humoristischen Proletariers inmitten der aristokratischen Gesellschaftskreise des alten Frankreichs mit lebhaften Farben geschildert wird. Goethe stand um jene Zeit in enger Beziehung zur französischen Literatur; die dem Rameau beigefügten literarhistorischen Excurse verrathen nur zum Theil, welche genaue Kenntniß sich Goethe von dem Gange und dem Detail der französischen Literatur und ihrer Koryphäen erworben hatte. Die Vertreterin der modernsten Wendung derselben, Frau von Stael, mit ihr der treffliche Benjamin Constant fanden sich damals in Weimar ein, begierig, das gesellige und literarische Weimar, das jetzt zum Mittelpuncte deutscher Bildung geworden war, kennen zu lernen und die deutschen Ansichten in Wissenschaft und Kunst jenseits des Rheins zur Geltung zu bringen. Auch auf Constant's Schriften (er übersetzte Schiller's Wallenstein) läßt sich anwenden, was Goethe in Bezug auf das Werk der Frau von Stael „über Deutschland" sagt, welches zum größeren Theil aus den weimarischen Gesprächen erwachsen ist: es sei als ein mächtiges Rüstzeug anzusehen, das in die chinesische Mauer veralteter Vorurtheile, die uns von Frankreich trennte, eine breite Lücke durchbrach. Dabei mußte mancher Zeitverlust, manches Unangenehme von der redseligen, oft zudringlichen und rücksichtslosen Französin, die vom 14. December 1803 bis zum Anfang des folgenden März in Weimar blieb, in Geduld ertragen werden. Goethe suchte sie möglichst zu vermeiden; sie fand ihn daher oft steif und abgemessen, kommt jedoch zu dem Urtheil, wenn man ihn zum Reden zu bringen wisse, sei er bewundernswürdig. Der Unterschied der französischen und deutschen Poesie war mehrmals Gegenstand ihrer längeren Unterredungen.

Ueberhaupt war um diese Zeit Weimar das Ziel literarischer Wallfahrten; das Salve an der Thürschwelle im

Treppenvorsaal des Goethe'schen Hauses begrüßte die aus=
gezeichnetsten Zeitgenossen. Unter denen, welche damals in
engere Beziehung zu Goethe traten, ist vor allen Musik=
director Zelter aus Berlin zu nennen; mit diesem wacker
gesinnten Manne hatte Goethe in Folge der ihm mitgetheilten
Compositionen seiner Lieder einen Briefwechsel eingeleitet,
der nachmals zu einer herzlichen Freundschaftsverbindung
führte. [29]) Der Besuch Johannes von Müller's, welcher
in einer politischen Mission 1804 zwei Wochen in Weimar
verweilte, hatte freundschaftliche Beziehungen zu dem ge=
feierten Historiker zur Folge. Besonders beachtenswerth
für das Verständniß der Fortentwickelung der Poesie Goethe's
ist sein inniges Anschließen an bedeutende Philologen, unter
deren Einfluß seine Richtung zur antiken Form noch mehr
verstärkt und er vornehmlich in die Technik der griechischen
Dichter tiefer eingeführt wurde. Die Einwirkung der
Aeschyleischen Studien Wilhelms von Humboldt haben
wir oben schon berührt. Jetzt trat der Verkehr mit Fried=
rich August Wolf[30]) zu Halle, dem Meister in der Alter=
thumskunde und Kritik, hinzu, belebt durch Goethe's häufigen
Aufenthalt in Lauchstädt, der auch zu Gegenbesuchen in
dem nahen Halle einlud; einen Tag mit Wolf zuzubringen
schien ihm „ein ganzes Jahr gründlicher Belehrung einzu=
tragen". Das Freundschaftsband befestigte sich durch mehr=
maliges Zusammensein und durch brieflichen Verkehr, und
war für Goethe höchst anregend. Bei dem Besuche in
Leipzig im Jahre 1800 lernte Goethe Gottfried Hermann,
den scharfsinnigen Forscher auf dem Gebiete griechischer
Metrik, kennen, mit dem er hernach mehrmals in Karlsbad
wieder zusammentraf.

Im Jahre 1802 kam Voß, der sein Rectorat in
Eutin niedergelegt hatte, nach Jena und wurde von Goethe
mit der aufmerksamsten Freundschaft behandelt. Man

suchte ihn im Weimarischen durch möglichst liberale An=
erbietungen festzuhalten und gab seinem Sohne Heinrich
eine Anstellung am weimarischen Gymnasium. Goethe
pflegte bei seinem Aufenthalte in Jena viele Stunden in
wissenschaftlichen Gesprächen mit ihm zuzubringen, in denen
besonders Voß' metrische Theorieen und die in seiner kürz=
lich erschienenen Schrift von der Zeitmessung der deutschen
Sprache niedergelegten Ansichten erörtert wurden. Die Aus=
führliche Recension von Voß' Gedichten sprach die freundschaft=
lichste Anerkennung aus. Um so schmerzlicher war es für
Goethe, daß Voß im Jahre 1805 einem Rufe nach Heidel=
berg folgte. Das herzliche Verhältniß hörte damit auf;
doch geschah der Zuneigung zu dem Sohne, der mit kind=
licher Liebe an dem verehrten väterlichen Freunde hing,
dadurch kein Eintrag.

Als Erzieher von Goethe's Sohne trat Dr. Riemer,
bisher der Genosse der Humboldt'schen Familie, in sein
Haus, welches Meyer um Weihnachten 1802, wo er sich
verheirathete, verlassen hatte. Riemer war ein gründlicher
Philolog und wurde dem Dichter bei vielen Arbeiten und
Studien ein anhänglicher Gehülfe und häufig sein Secretär.
Er erhielt 1812 eine Anstellung am Gymnasium und zu=
letzt die Stelle eines Oberbibliothekars.

Wenn des Menschen Wesen und Gemüth sich darin
spiegelt, wie er geliebt worden ist, so können die, welche
Goethe etwa noch für kalt, stolz und abgemessen halten
möchten, aus den rührenden Bekenntnissen dieser und ande=
rer jungen Männer, die ihm einer liebevollen Theilnahme
würdig schienen, sich überzeugen, mit welcher Gewalt er
offene Herzen durch die Sanftheit und Liebeswärme seines
Gemüths an sich zog, „durch das Unnennbare", wie der
jüngere Voß sich ausdrückt, „das durch ihn in die Herzen
bringt und mit Worten nicht ausgesprochen werden kann."

Wir können uns nicht versagen, noch einige charakteristische Stellen aus dessen Briefen [31] hier folgen zu lassen: „Goethe hat die Kunst inne, Andere, ohne daß sie es merken, zum Guten und Schönen zu lenken; ja es ist auch gar nicht Absicht, wenn er es thut; es ist vielmehr sein ganzes Wesen, das es, ihm selbst unbewußt, hervorbringt.... Den Mann liebe ich ohne Grenzen; ich sehe ihn als meinen theuren Vater an, und er mich als seinen Sohn, und in diesem Verhältnisse ist er einer meiner ersten Freunde, auf den ich wie auf eine feste Burg baue. Was mir der Mann geworden ist, und wie gut er neben seiner geistigen Größe ist, das wünschte ich Dir einmal mündlich erzählen zu können; dafür kann auch ein Sohn seine Eltern nicht inniger lieben, als ich diesen Vater aller guten Kinder liebe. Ich bin täglich bei ihm, ich lebe ganz unter seinen Augen, ich enthülle ihm die geheimsten Winkel meines Herzens, nicht weil er es fordert, sondern weil ich ohne das gar nicht leben kann. Wenn ich traurig bin, so schütte ich gegen ihn mein Herz aus und gehe getröstet von bannen, und wenn ich fröhlich bin, — ja, für mich existirt keine Freude, ehe ich ihm nicht mitgetheilt habe, was mich fröhlich macht, — und dann ist ein freundlicher Blick von ihm mir doch das Höchste dabei oder ein väterlicher Kuß oder Händedruck oder der süße Laut, wenn er mich mit einem lieben Namen nennt..... Oft bin ich bei ihm bis 10 Uhr Abends auf seinem Studirzimmer. Da sitzt der Goethe im tiefsten Negligé, im wollenen Jäckchen, auf seinem Sopha und unterhält sich oder läßt sich vorlesen; aber seine Gespräche dabei sind das Lehrreichste und Schönste..... In meinem Leben bin ich nicht so innerlich bewegt und so tief erschüttert gewesen, als damals, wo er meinen Blick durch nie gesehene und betretene Pfade von der Erde zum Himmel führte und dort zu einer Aussicht in die Ewigkeit schärfte."

„Allerdings konnte Goethe zurückhaltend und steif sein"
— sagt Frommann, in dessen elterlichem Hause zu Jena
der Dichter häufig verkehrte — „aber eben nur, wenn er
in Lagen und Umgebungen war, wo er sich nicht frei
äußern konnte, und vorzüglich, wenn er verbildeten, an=
maßenden oder neugierigen Menschen gegenüberstand. Am
meisten waren ihm aufgespreizte, hohle Patrone zuwider,
die nichts leisten konnten, aber doch viel vorstellen wollten.
Ich glaube nicht zu irren, wenn ich behaupte, daß gerade
diese Menschengattung am meisten gethan hat, ihn in den
üblen Ruf des Aristokratismus zu bringen." Diese Worte
erinnern uns auch an einen früheren, viel herumgetragenen
Vorfall mit Bürger. Als dieser bei seinem Besuche in
Weimar (1789) sich mit der stolzen, derben Ansprache:
„Sie sind Goethe; ich bin Bürger!" vorstellte, wehrte
Goethe die zudringliche Brüderlichkeit durch vornehme Hal=
tung ab und unterhielt sich mit ihm, statt über Gedichte,
über den Zustand und die Frequenz der Universität Göt=
tingen. Bürger rächte sich hinterher durch ein Epigramm,
mit welchem noch Nicolai seine Replik auf die Xenien würzte.

Mögen hier noch einige Worte über Goethe's Persön=
lichkeit von einem andern Zeitgenossen eine Stelle finden.
„Man hat Goethen" — schreibt Ernst Moritz Arndt —
„oft einer gewissen abstoßenden Unzugänglichkeit, eines
gewissen vornehmen Stolzes beschuldigt. Ich glaube, nichts
ist ungerechter, als diese Beschuldigung. Unzugänglichkeit,
das mag hin und wieder gelten — wohin hätte der Herrliche
vor allem Anlauf und Ueberlauf der oft müssigsten und
auflauschigsten Menschen sich retten wollen, wenn er mit
Person und Herz immer offene Thür gehalten hätte? —
aber vornehmer Stolz? Nichts lag diesem Antlitz und
dieser Haltung ferner, als was man gewöhnlich mit den
Worten „vornehm" und „vornehmes Wesen" nennt......

Goethe drückte, wie kein anderer Mensch, in Gestalt und Wesen Wahrheit und Klarheit, kurz den ruhigsten, selbstbewußtesten Verstand aus — eine ernste, heitere, über das Leben hinschauende Besonnenheit, und wenn er lächelte, liebenswürdigste Freundlichkeit. Herrlicheres Angesicht konnte kaum ein Sterblicher haben; aber in seiner Haltung, wenn er ging oder vor einem stand, war allerdings ein gewisses Etwas, eine eigenthümliche Förmlichkeit und Steifigkeit, welche ungeübte oder falsche Betrachter und Beobachter wohl auch vornehme Hoffart gescholten haben."

Seit 1803 wurde die jenaische Akademie von einem harten Schlage nach dem andern getroffen. Nicht nur verlor sie mehrere bedeutende Männer durch den Tod, unter ihnen den verdienstvollen Batsch: mehr noch entzogen ihr die lockenden Anerbietungen, welche vornehmlich von Preußen und Bayern ausgingen und bei den geringeren Mitteln der thüringischen Akademie nicht aufgewogen werden konnten. Mit Hufeland's Berufung nach Berlin, Paulus' Abgang nach der Universität Würzburg verlor Goethe die Nähe langjähriger Freunde. Schelling folgte ebenfalls einem Rufe nach Würzburg. Loder wurde von der Universität Halle gewonnen. Karl August war nicht minder als seine Räthe schmerzlich davon ergriffen, ohne im Stande zu sein, zu halten, was sich nicht durch Dankbarkeit fesseln ließ. Goethe und Voigt suchten der Universität, deren Frequenz sehr abnahm, durch neue Anstrengungen aufzuhelfen. Man berief mehrere tüchtige Gelehrte und erweiterte die vorhandenen Institute. Unter Leitung des von Heidelberg berufenen Professors Ackermann — Sömmering hatte abgelehnt — ward 804 das anatomische Museum errichtet. Goethe selbst übernahm das nach Batsch' Tode erledigte Präsidium der naturforschenden Gesellschaft. Es erschien unter den bedenklichen Umständen, worin sich die

Universität befand, als eine Lebensfrage, daß mit dem Abgang des Professors Schütz nicht, wie dessen Plan war, auch die Herausgabe der allgemeinen Literaturzeitung nach Halle verlegt werde. In dieser Angelegenheit schritt Goethe aufs thätigste ein und setzte es durch, daß die allgemeine Literaturzeitung in Jena selbst, unter Eichstädt's Redaction, fortgeführt ward, wenngleich Schütz nicht gehindert werden konnte, ein ähnliches Institut in Halle zu gründen. Goethe übernahm einen Theil der Correspondenz, um die Mitarbeiter festzuhalten, neue zu gewinnen und die literarischen Kritiken wieder zu beleben. Wie angelegentlich er die Sache betrieb, bezeugt ein dringlich bittendes Schreiben an den Historiker Johannes von Müller. Auch verfaßte er selbst in den nächsten Jahren mehrere und darunter manche sehr ausführliche Recensionen.

Böttiger's Weggang nach Dresden (1804) wurde sowohl von Goethe als von Schiller gern gesehen, da er die Achtung, in der er bei ihnen früher seiner vielseitigen gelehrten Kenntnisse halber stand, durch seine Klatschereien und intriganten Bündnisse mit den ihnen entgegenwirkenden Mittelmäßigkeiten völlig verscherzt hatte. Anfangs war er bei mehreren ihrer Arbeiten ins Vertrauen gezogen worden; als er aber hinterher als Ubique (wie er in ihren Briefen benannt wird) ihnen durch Aushorchen, Ausplaudern und versteckte Invectiven zu schaden suchte, überließen sie ihn den Kotzebue's und Merkel's. „Sie haben nicht Unrecht", sagte Goethe einmal zu einer Freundin, welche Böttigern wegen seiner schätzbaren Gelehrsamkeit vertheidigte, „er brauchte kein Lump zu sein, wenn er es nicht wollte". An W. von Humboldt gebrauchte er die Worte: „Man ist in Weimar wie im Himmel, seitdem der Böttiger'sche Kobold weggebannt ist". Gleichwohl möchte nicht in Abrede zu stellen sein, daß er in seinem Heroldsamte den Dichtern Weimars auch mehrfach genützt hat.

Bei den von vielen Seiten an Goethe sich herandrän= genden Geschäften blieb für poetische Arbeiten nicht viel Raum, noch weniger Stimmung. Zu Zeiten gewann der Unmuth solche Macht über ihn, daß er beim Uebergange in das Jahr 1804 an Frau von Schiller schrieb, er möchte sich am liebsten mit Herder begraben lassen. Die Scenen der Fortsetzung der natürlichen Tochter besuchten ihn nur manchmal noch „wie unstete Geister, die wiederkehrend flehentlich nach Erlösung seufzen." Nebenbei kam ihm auch wohl der Gedanke, „aus dem Ganzen der erst intendirten drei Theile ein einziges Stück zu machen." Er mochte indeß wohl fühlen, daß die Bewältigung der in größeren Dimensionen weltgeschichtlicher Ereignisse fortschreitenden Handlung in jener Lebensepoche schon seine productiven Kräfte überstieg, und zog für immer seine Hand von dem angefangenen Werke.

Während seine eigenen dramatischen Arbeiten ruhten, begleitete er inzwischen mit seinem Rathe Schiller's Be= arbeitung des Drama's „Wilhelm Tell", auf das er mehr Einfluß geübt hat, als auf die übrigen dem Wallenstein folgenden Stücke. Schiller war jetzt darin vor ihm be= vorzugt, daß er sich ungestörter seinem poetischen Schaffen überlassen konnte, während sein Freund durch Verhältnisse und Geschäfte hin und her gezogen ward. Goethe be= schäftigte sich zu gleicher Zeit nebenher mit der Bühnen= redaction des Shakspearischen Julius Cäsar und seines Götz von Berlichingen, „um ihn zu einem Bissen zu= sammenzukneten, den das deutsche Publicum allenfalls auf einmal hinunterschlucke." Die Scenenveränderungen wurden vermindert, das Darzustellende ward in größere Massen vereinigt; jedoch opferte er allzuviel von dem früheren

Stücke, und die hinzugefügten Scenen entbehren der Jugend=
frische. Ueberdies war er nicht einmal mit besonderer
Liebe an die Redaction gegangen, überzeugt, daß beim
Lesen niemand die neue Arbeit billigen werde, obwohl er
doch „ein Jahr daran gewoben und aufgedröselt." Des
Dichters eigene Bearbeitung hat daher dem Stücke einen
eben so schlechten Dienst geleistet, wie früher beim Egmont
die Redaction Schiller's, welcher diesmal sich dem mißlichen
Geschäft nicht hatte unterziehen wollen. Am 22. September
1804 ging das Stück in seiner neuen Form zum ersten
Mal über die Bühne, ohne mit seinen Aenderungen Beifall
zu finden. Noch weniger gefiel die von Schiller redigirte
Stella, der um des Publicums willen ein tragischer Ab=
schluß gegeben war.

Bei dem Mangel an productiver Stimmung fiel für
Goethe die poetische Ausbeute des Jahres 1804 nur gering
aus. Sogar bei den Festlichkeiten, welche im November
ganz Weimar in freudiger Aufregung erhielten und Goethe
nebst andern Geheimräthen den Titel „Excellenz" brachten,
reichte ihm die sonst so gefällige Muse der Feste, die noch
in den letzten Jahren zu der Geburtsfeier der Herzogin
einige Gedichte zu Maskenzügen hervorgerufen hatte, keine
poetische Gabe dar. Der Erbprinz hielt mit seiner jungen
Gemahlin, der kaiserlichen Prinzessin Maria Paulowna,
am 9. November seinen Einzug, bewillkommt von dem
diesmal aufrichtigen Jubel der Weimaraner, welche das
neuvermählte Fürstenpaar in festlichem Zuge durch eine Ehren=
pforte in die Residenz einführten. Wie hätten die Dichter
Weimars, der Metropole deutscher Poesie, inmitten dieser
Festlichkeiten sich stumm verhalten können? Die ganze Welt,
wie Schiller an Körner schreibt, erwartete etwas von ihnen.
Da Goethe nichts vorbereitet hatte, so half Schiller aus;
rasch arbeitete er das kleine inhaltsschwere Festspiel die

Huldigung der Künste aus, in welchem er in würdigster
Weise die Huldigung, die der liebenswürdigen Fürstin
dargebracht wurde, mit den erhabensten Ideen des Schönen
umkränzte. Bei der Aufführung am 12. November (als
Vorspiel zu Racine's Mithridates) ward die edle Dichtung
gewürdigt, wie sie es verdiente. Die Fürstin vergoß
Thränen der Rührung und Freude; Alle fühlten sich ergriffen und erhoben von dem Gefühl, daß die Hoffnung,
die des Dichters Phantasie in reizenden Bildern vorführte,
sich erfüllen und der das Edle und Schöne liebevoll pflegende
hohe Sinn des weimarischen Fürstenhauses in seinen jüngeren
Gliedern fortleben werde. „Ich danke dem Himmel", schreibt
Wieland, „daß er mich lange genug leben ließ, um des
beseligenden Anschauens eines solchen Engels in jungfräu-
licher Gestalt noch in meinem 72. Jahre zu genießen. Mit
ihr wird ganz gewiß eine neue Epoche in Weimar angehen;
sie wird durch ihren allbelebenden Einfluß fortsetzen und
zu höherer Vollkommenheit bringen, was Amalia vor mehr
als vierzig Jahren angefangen hat."

Die „Huldigung der Künste" war die letzte Dichtung,
welche Schiller vollendete. In den besseren Stunden, die
ihm noch gewährt waren, arbeitete er an seinem Demetrius,
dessen Plan mit Goethe bis ins Einzelne berathen ward;
aber unter den Krankheitsanfällen der raúheren Jahreszeit
brach der letzte Rest seiner physischen Kräfte zusammen.
Auch Goethe litt während der Wintermonate schwer an
einer von Krämpfen begleiteten Nierenkolik, welche zweimal
zurückkehrte; sein Arzt zweifelte, ihn ganz herstellen zu
können. Seine Stimmung war daher sehr niedergedrückt;
trübe Ahnungen stiegen auf. Als ihm beim Neujahrsbriefe
an Schiller zufällig die Worte „zum letzten neuen Jahr"
aus der Feder geflossen waren und er den Brief deshalb
zerrissen hatte, äußerte er an Frau von Stein, es ahne

ihm, daß entweder er oder Schiller in diesem Jahre sterben
würde. Es war ein wehmüthiges herzliches Wiedersehen,
als nach einer längeren Krankheitsperiode Schiller, der sich
zuerst wieder erholt hatte, in Goethe's Zimmer trat.
Heinrich Voß, welcher dabei zugegen war, konnte nie ohne
Rührung daran zurückdenken. Sie fielen sich um den Hals
und sprachen ohne Worte die Freude der Wiedervereinigung
in einem langen Kusse aus. An guten Tagen war Goethe
mit Rameau und Winckelmann beschäftigt und begann
einige Capitel zur Geschichte der Farbenlehre zu dictiren.
Beide hofften auf den Genesung bringenden Frühling;
aber Schiller's Auge sollte sich nicht mehr an der ersehnten
Blüthe des Maies erquicken. Am 29. April sahen sich die
Freunde zum letzten Mal. Schiller ging ins Schauspiel,
wo Clara von Hoheneichen gegeben wurde; Goethe ward
durch sein Befinden abgehalten, ihn dahin zu begleiten, und
konnte in den nächsten Tagen das Haus nicht verlassen;
so schieden sie vor Schiller's Hausthür, um sich nie wieder=
zusehen. Während Schiller's Krankheit war Goethe sehr
niedergeschlagen. Voß traf ihn einmal weinend in seinem
Garten; er erzählte ihm viel von Schiller; Goethe hörte
es mit Fassung an: „das Schicksal", war seine einzige
Aeußerung, „ist unerbittlich, und der Mensch wenig."
Am Abend des 9. Mai war Schiller nicht mehr.

Niemand hatte den Muth, Goethe bei seinem jetzigen
krankhaften Zustande die Nachricht von dem Tode des
Freundes zu bringen. Meyer war gerade bei ihm, als
die Trauerkunde draußen anlangte; er ward herausgerufen,
wagte aber nicht zurückzukehren, sondern ging weg, ohne
Abschied zu nehmen. Die Verwirrung indeß, die Be=
sorgniß, welche Goethe um sich herum wahrnahm, ließ
ihn nichts Tröstliches ahnen; „ich merke es", äußerte er,
„Schiller muß sehr krank sein." Man hörte ihn in der

Nacht weinen. Am Morgen sagte er zu seiner eintretenden Freundin: „nicht wahr, Schiller war gestern sehr krank." Diese Betonung wirkte so heftig auf sie, daß sie in lautes Schluchzen ausbrach. „Er ist todt?" sagte Goethe mit Festigkeit. „Sie haben es selbst ausgesprochen!" war ihre Antwort. „Er ist todt!" wiederholte Goethe noch einmal und, sich seitwärts wendend, bedeckte er sich weinend die Augen mit den Händen.

Sein erster leidenschaftlich ergriffener Gedanke war, über das Grab hinaus das geistige Zusammenwirken fort=zusetzen und den mit Schiller durchdachten und durchsproche=nen Demetrius in seinem Geiste zu vollenden; so schien es ihm, als ob er den geschiedenen Freund ins Dasein zurückrufe und sich seinen Verlust ersetze; so dünkte er sich gesund und getröstet. Allein in diesem Zustande, wo ihn überdies körperliche Leiden von jeglicher Gesellschaft trenn=ten und er in traurigster Einsamkeit seinem Schmerze überlassen war, konnte nicht ein Werk gedeihen, das nur durch die höchste Anspannung productiver Kraft einiger=maßen möglich gemacht und auch dann noch ein bedenkliches Unternehmen geblieben wäre. „Meine Tagebücher", be=richtet Goethe, „melden nichts von jener Zeit; die weißen Blätter deuten auf den hohlen Zustand, und was sonst noch an Nachrichten sich findet, zeugt nur, daß ich den laufenden Geschäften ohne weiteren Antheil zur Seite ging und mich von ihnen leiten ließ, anstatt sie zu leiten."

Gleich nach Schiller's Hinscheiden eine Todtenfeier auf der Bühne zu veranstalten, wie von mehreren Seiten gewünscht ward, schien ihm verletzend; gegen Zelter machte er einige bittere Bemerkungen über „die Sucht der Men=schen, aus jedem Verlust und Unglück wieder einen Spaß herauszubilden." In gefaßterer Stimmung veranstaltete er zu würdiger Feier des Andenkens am 10. August auf

dem Theater zu Lauchstädt die Aufführung der Schiller'schen
Glocke. Die mannigfaltigen einzelnen Rollen waren unter
die Gesellschaft vertheilt, und die Vorstellung des Glocken=
gusses belebte das Ganze durch dramatische Handlung. Am
Schlusse trat unter der emporschwebenden Glocke die Muse
hervor und sprach den Epilog Goethe's, jene bekannte
Elegie in hohem Stil, eingegeben von inniger Liebe und
hochherziger Anerkennung des mit ihm ringenden großen
Dichtergeistes. „Von seinem Grabe her" — so schloß er
den ihm wie auch Winckelmann gewidmeten Nachruf —
„stärkt uns der Anhauch seiner Kraft und erregt in uns
den lebhaftesten Drang, das, was er begonnen, mit Eifer
und Liebe fort= und immer fortzusetzen."

Dieser trüben Stimmung, in der er mit dem Verlust
des Freundes die Hälfte seines Daseins verloren zu haben
beklagte, entrissen ihn im Juni einige erheiternde und geist=
voll anregende Freundesbesuche. Am 30. Mai langte
Wolf von Halle in Weimar an, „begleitet von seiner
jüngeren Tochter, die in allen Reizen der frischen Jugend
mit dem Frühling wetteiferte", und brachte vierzehn Tage
in Goethe's gastlichem Hause zu. Die tief eingehenden
Unterhaltungen über alte Kunst und Literatur wurden
durch den heitersten Humor und selbst den Widerspruchs=
geist, welcher Wolf eigen war, gewürzt, so daß Goethe
bekannte, „durch die Gegenwart dieses so höchst tüchtigen
Mannes in jedem Sinne gestärkt zu sein."

Bald darauf ward er durch die Anmeldung Jacobi's
erfreut, der nach vielen prüfungsreichen Jahren, seit er
sein idyllisches Pempelfort verlassen hatte, jetzt auf der
Reise nach Süddeutschland begriffen war, um in seine
neue Stellung an der Akademie der Wissenschaften in
München einzutreten. Goethe, seit einigen Jahren in
seinem Urtheil über Andere milder geworden, hatte schon

in den ersten Tagen des Jahres 1800 die mehrere Jahre
unterbrochene Correspondenz mit seinem Jugendfreunde,
dem er trotz ihrer abweichenden Ansichten im Grunde des
Herzens stets zugethan blieb, wieder angeknüpft. Er macht
dabei das für seine damalige Lebensepoche charakteristische
Bekenntniß: „Sonst machte mich mein entschiedener Haß
gegen Schwärmerei, Heuchelei und Anmaßung auch gegen
das wahre ideale Gute im Menschen, das sich an der Er=
fahrung nicht wohl ganz rein zeigen kann, oft ungerecht.
Auch hierüber wie über manches Andere belehrt uns die
Zeit, und man lernt, daß wahre Schätzung nicht ohne
Schonung sein kann. Seit der Zeit ist mir jedes ideale
Streben, wo ich es antreffe, werth und lieb, und Du
kannst denken, wie mich der Gedanke an Dich erfreuen
muß, da Deine Richtung eine der reinsten ist, die ich je=
mals gekannt habe." Goethe war daher durch Jacobi's
persönliche Gegenwart sehr beglückt; die alte Freundschaft
war wieder lebendig wie sonst; es zeigte sich, wie Goethe
schreibt, „das unbedingte liebevolle Vertrauen in seiner
ganzen Klarheit und Reinheit." Freilich that sich im Ver=
lauf der Unterhaltungen, da Jacobi in ausführliche Er=
örterungen über sein philosophisches System einging, die
geistige Differenz wieder hervor; Goethe verstand nicht
mehr die Sprache seiner Philosophie, und Jacobi konnte
sich in der Welt der Goethe'schen Dichtung nicht recht be=
hagen. In Jacobi's Frage, was er denn eigentlich mit
der natürlichen Tochter gewollt habe, war es ihm vor
Allem deutlich geworden, wie weit sie in allen geistigen
Beziehungen von einander gekommen seien. Ließ sich gleich
hier keine Vereinigung vermitteln, so bekräftigten sie doch
wieder treulich und liebevoll den alten Bund.

Der Sommeraufenthalt in Lauchstädt brachte Goethe
wieder in Wolf's Nähe, mit dem er von neuem heitere

14*

Tage verlebte. Außer den höchst lehrreichen Unterhaltungen
mit dem gründlich gelehrten Freunde (mehreren seiner
Vorlesungen hörte er hinter einer Tapetenthür zu) hatte
er noch den Gewinn, daß Dr. Gall im Juli in Halle
Vorlesungen über Schädellehre hielt, welche mit Goethe's
Naturforschung in inniger Berührung stand und von ihm
als der Gipfel vergleichender Anatomie anerkannt ward.
Goethe suchte von Gall's öffentlichen Vorlesungen wie von
seinen Privatunterhaltungen den möglichsten Nutzen zu
ziehen. Die geistige Anstrengung wirkte jedoch ungünstig
auf seinen körperlichen Zustand. Während dieser Krank-
heitsanfälle behandelte ihn Dr. Reil, mit dem er dadurch
in ein engeres Freundschaftsverhältniß trat. Gall hatte
die Gefälligkeit, den Apparat jeder Vorlesung auf das
Zimmer des Erkrankten zu schaffen und ihm den Verfolg
seiner Theorieen mitzutheilen, so daß er seinen ferneren
Unterricht nicht vermißte. Es versteht sich, daß bei diesen
Unterhaltungen die Gall'sche Schädeltheorie auch an den
Mitgliedern erprobt ward, bei welcher Gelegenheit Gall
unserm Dichter ganz ernstlich versicherte, er sei nicht sowohl
zum Dichter, als zum Volksredner geboren.

Auf diese vielseitig belebten Tage, in welche auch ein
Besuch Zelter's in Lauchstädt fiel, folgte gegen Ende des
Augusts ein Ausflug in die Harzgegend. Begleitet von
seinem Sohne August und Wolf, reiste Goethe nach Magde-
burg, wo er sich vorzüglich mit den Alterthümern des
Doms beschäftigte, und von da nach Helmstedt, welches,
zu jener Zeit noch braunschweigische Landesuniversität,
mehrere tüchtige Männer besaß. Ueber die originelle Persönlichkeit des gelehrten Sonderlings Hofrath Beireis und
seine confuse Raritätensammlung, über die lustige Excursion
zum Landrath Hagen auf der Nienburg (in der Gegend
gewöhnlich „der tolle Hagen" genannt), sowie über manche

Specialitäten dieser Reise hat uns Goethe in seinen An=
nalen eine anziehende Schilderung aufgezeichnet, auf die
wir der Kürze wegen hier verweisen müssen. Auf dem
Rückwege brachte er mehrere Tage in Halberstadt zu,
wo er in Gleim's Wohnung und an seinem Grabe sich
das Bild des liebenswürdigen, verdienstvollen Mannes,
mit dem ihn das Leben nur in flüchtige Berührung ge=
bracht hatte, mit jener alles edle Streben und Wirken
anerkennenden Pietät vergegenwärtigte, die in seiner letzten
Lebensperiode als ein Grundzug seines Charakters mehr
und mehr hervortritt. Darauf berührte er noch einmal
den Harz und ging, zum drittenmale in seinem Leben, an
dem rauschenden Wasser der von Granitfelsen eingeschlossenen
Bode hin, ergriffen von bedeutenden Momenten vergangener
Jahre.

Viertes Buch.

Goethe im Alter.

Univerſalismus geiſtiger Intereſſen.

Noli turbare circulos meos!

Erstes Capitel.

1806—1813.

～～～～

Die Literaturperiode des letzten Jahrzehends, in deren Mittelpunct Goethe und Schiller standen, hatte reiche Früchte getragen. Eine jüngere Generation hatte sich an ihnen emporgearbeitet und den Kampf gegen die abgestandenen Literaturtendenzen, welchen die Xenien eröffneten, erfolgreich fortgekämpft. Ueber Schiller's Grabe schwieg die Stimme der Mißgunst, und einzelne Anfechtungen der ästhetischen Kritik, welche namentlich von einigen Wortführern der romantischen Schule ausgingen, konnten der Anerkennung und Verehrung der Nation keinen Eintrag thun. Um Goethe schaarten sich enger die Genossen der jüngeren Dichterschule; jedoch verschmähte er es, ein Parteihaupt zu sein, und ließ sich von ihrem anhänglichen Lobe nicht bestechen, da die Absicht nicht zu verkennen war, ihre einseitige ästhetische Richtung durch berühmte Namen zu decken. Indeß waren sie die Ersten, welche den dichterischen Charakter Goethe's in helleres Licht setzten und die richtige Einsicht in seine Dichtungen eröffneten; kaum daß jetzt noch einer, wie zur Zeit des Xenienkampfes, seine Dichtergröße in Zweifel zu stellen wagte. Auch das hatte Goethe vor seinem frühgeschiedenen Freunde voraus, den

Glanz des Ruhmes noch ein langes glückliches Alter hin=
durch genießen zu können.

Daß für ihn mit Schiller's Tode die Sonne der Poesie
sich verhüllt habe, daß der productive Trieb, den des
Freundes aufmunternde und anregende Gegenwart stets
lebendig erhalten hatte, ermattet sei, fühlte er selbst, und
in dem schwermüthigen Worte an Zelter: „ich sollte eigent=
lich eine neue Lebensweise anfangen", liegt eben das Be=
kenntniß, daß die Fäden, die ihn an die Poesie knüpften,
fürs erste zerrissen seien. Es war ihm daher gewissermaßen
der Abschluß einer Lebensepoche, daß er ihm Jahre 1806
zum erstenmal eine vollständige Sammlung seiner poetischen
Werke zur Herausgabe ordnete, so daß im März des
nächsten Jahres die erste Lieferung erscheinen konnte. Er
blieb dabei seinem Grundsatze getreu „nichts eigentlich um=
zuschreiben oder auf einen hohen Grad zu verändern".
Mit dieser Gesammtausgabe ward auch der erste Theil des
Faust (im Winter 1806 bis zum Mai 1807) in der Form,
wie er uns jetzt vorliegt, zusammengestellt: denn nur
wenige Lücken waren noch auszufüllen. Es traf diese ge=
nialste der Goethe'schen Dichtungen gerade den rechten Zeit=
moment, um in einer von philosophischen Bestrebungen
erregten Generation zu zünden. An eine Fortsetzung des
fragmentarisch begonnenen zweiten Theils wurde zunächst
nicht gedacht. Den wieder auftauchenden Plan, das Epos
Tell vorzunehmen und in Hexameterform auszuführen,
drängten die Stürme der Zeit gleichfalls bald wieder zurück.

Schon mit dem Beginn des Jahres 1806 zog sich über
das nördliche Deutschland, das sich während eines zehn=
jährigen Friedens über das Ziel der Napoleonischen Politik
getäuscht hatte, die drohende Kriegswolke dichter zusammen.
Der Rheinbund ward geschlossen; Preußen zog die kleineren
norddeutschen Staaten zu einem engeren Bunde an sich.

Während noch unterhandelt ward, sammelten sich die Heere im Centrum Deutschlands. Auch der Herzog von Weimar übernahm wieder das Commando eines preußischen Armee= corps. Goethe verbrachte die Sommermonate in Karlsbad, dessen Heilquellen er diesmal eine besondere Stärkung seiner wankenden Gesundheit verdankte. Als er im September nach Thüringen zurückkehrte, fand er Alles in kriegerischer Aufregung und die nächsten Freunde in ängstlicher Erwar= tung der Entwicklung der Ereignisse. Mit seinem Collegen von Voigt hatte er „viele sorgenvolle Verhandlungen"; er war unzufrieden mit dem Gange der Dinge, und die Ahnung einer nahebevorstehenden trüben Zukunft war auch unstreitig der Inhalt der letzten „höchst prägnanten" Unter= haltung mit seinem Herzoge im Hauptquartiere zu Nieder= Roßla.

Nach dem unglücklichen Treffen bei Jena (14. Oct.) bei dem der Herzog nicht zugegen war, der erst am 15. Oct. mit der geschlagenen Armee vor Erfurt zusammentraf, war man in Weimar auf das Schlimmste gefaßt, da Napoleons Zorn über die Parteinahme des Herzogs nicht unbekannt war. Die Herzogin=Mutter, der Erbprinz und die Erb= prinzessin hatten sich aus der Stadt geflüchtet. Nur die Herzogin Luise blieb im Schlosse zurück, inmitten von Plünderung und Brand, der auch das Schloßgebäude be= drohte, ein ermuthigendes Vorbild für die geängstigten Bürger [32]). In der ersten Nacht herrschte Todesangst in der der Plünderung preisgegebenen Stadt. Goethe erhielt nicht, wie Wieland, welcher Mitglied des Nationalinstituts war, eine Schutzwache; doch war sein Haus, das zum Quartier eines französischen Generals bestimmt war, von der Plünderung ausgenommen; der ihm die Nachricht brachte, war ein junger Husarenofficier von Türckheim, ein Sohn Lili's. Während der Nacht ward in Goethe's

Haus mehrmals hereingestürmt. Zwei eingedrungene Ti=
railleurs, die er anfangs durch seine imponirende Persön=
lichkeit zur Ordnung gebracht hatte, schlichen, vom Wein
erhitzt, ihm auf sein Zimmer nach und bedrohten sein
Leben. Es gelang Christianen, welche sich überhaupt in
diesen Stunden der Angst sehr standhaft benahm, einen
andern der ins Haus Geflüchteten zu Hülfe zu rufen, der
ihn von den Wüthenden befreite. Er fand am nächsten
Tage in seinem Hause überall zerstreutes Pulver und ge=
füllte Patronen; in einem Hause ihm gegenüber war förm=
lich Feuer angelegt, das nur durch Zufall entdeckt und ge=
löscht wurde. Am Morgen trat eine Schutzwache vor das
Haus. Goethe hatte erst den General Victor, dann die
Marschälle Lannes und Augereau mit Adjutanten und Ge=
folge im Hause. Napoleon langte am nächsten Vormit=
tage im Schlosse an, wo ihn die Herzogin an der Treppe
empfing. Nach einer rauhen Begrüßung begab er sich so=
gleich in die für ihn bereit gehaltenen Gemächer. Bei der
nachfolgenden Unterredung benahm sich die Herzogin ihm
gegenüber mit solcher Würde und Festigkeit, daß sie ihm
Anstand und Achtung abnöthigte, und er der Zügellosigkeit
seiner Truppen Einhalt that. Dem Herzog wurde die
kaiserliche Gnade in Aussicht gestellt, wenn er binnen 24
Stunden die preußische Armee verlasse; nur mit Mühe
erlangte man, daß die Frist auf drei Tage ausgedehnt
wurde. Goethe unterließ es bei der Audienz zu erscheinen,
die Napoleon den Ministern gewährt hatte.

Von der Last der Einquartierung blieb er nicht ver=
schont; für vierzig Personen Betten mußten bereitet sein.
Einige Tage logirte auch Denon, der Director der kaiser=
lichen Museen, bei ihm; sie hatten sich in Venedig kennen
gelernt und freuten sich des Wiedersehens. Die Unkosten
dieser bewegten Tage wurden auf 2000 Thaler berechnet.

Gleichwohl war Goethe froh, nichts Aergeres erlitten zu haben. Am meisten hatte er den Verlust seiner Sammlungen und Papiere gefürchtet, welche ihm das Unersetzlichste seiner Habe waren; die Manuscripte zur Farbenlehre waren das Erste, was er in Sicherheit zu bringen gesucht. Auch erhielt er die tröstliche Nachricht, daß es seinem Knebel, der sich seit einem Jahre in Jena wieder niedergelassen hatte, bei der Plünderung leidlich ergangen war. Dagegen hatte sein Freund Meyer Alles verloren, auch seine Zeichnungen; Herder's handschriftlicher Nachlaß war größtentheils vernichtet. „Da eine trübe Zeit heranrückt", sagte Goethe zu seinen Freunden, „so müssen auch wir enger an einander rücken". Dies erfüllte er auch in Bezug auf sein häusliches Verhältniß. Am ersten Sonntag nach den Schreckenstagen, den 19. October, fuhr er mit Christianen, seinem Sohne und Riemer, als Zeugen, Morgens nach der Schloßkirche und ließ vom Oberconsistorialrath Günther in der Sacristei den Act der ehelichen Trauung vollziehen. Seinen Freunden stellte er sie mit den Worten vor: „Sie ist immer meine Frau gewesen." Die vorwaltende Rücksicht war dabei ohne Zweifel, für den Fall einer unglücklichen Wendung der politischen Ereignisse die Zukunft seines Sohnes sicher zu stellen. Die weimarische Gesellschaft grollte auch dieses Schrittes wegen; nur bei Wenigen konnte er seine Frau einführen.

Der Herzog, welcher sein Armeecorps muthig an die Elbe zurückgeführt und den Uebergang nach Havelberg glücklich veranstaltet hatte, wurde von Preußen selbst aufgefordert, sich dem Sieger zu unterwerfen. In Berlin suchte er eine Audienz bei Napoleon nach, die ihm jedoch verweigert wurde. In dieser Angelegenheit war Kanzler von Müller mit aufopfernder Treue für seinen Fürsten bemüht. Er reiste nach Berlin, verschaffte sich beim Kaiser

Gehör und erhielt endlich in der Audienz am 5. November aus dessen Munde die Zusicherung der Verzeihung für den Herzog „aus Achtung für die Herzogin" sowie die Bewilligung der Pässe für die Mitglieder der herzoglichen Familie. Karl August kehrte in seine Residenz zurück, begrüßt vom Jubel der Seinigen. Seine Staaten mußten sich dem Rheinbunde anschließen; indeß setzte man noch immer französischerseits großes Mißtrauen in ihn; er war von Horchern umgeben, und sein künftiges Schicksal noch zweifelhaft. Von der anhänglichen und wahrhaft deutschen Gesinnung Goethe's unter diesen gefahrvollen Zuständen hat uns Falk ein schönes Zeugniß aufbewahrt, dessen Glaubwürdigkeit, wenn wir auch einiges Phrasenbeiwerk in Abzug zu bringen haben, nicht zu bezweifeln ist. Dieser, als Dolmetscher bei den französischen Behörden angestellt, hatte Gelegenheit gehabt, eine Reihe von Beschwerdepuncten gegen den Herzog aufzufangen und theilte eines Tages Goethe ein Verzeichniß derselben mit. In lebhafteste Aufregung versetzt, vertheidigte Goethe seinen fürstlichen Freund. „Was wollen sie denn, diese Franzosen?" sagte er unter Anderm, „sind sie Menschen? Warum verlangen sie gerade das Unmenschliche? Was hat der Herzog gethan, was nicht lobens= und rühmenswerth ist? ..... Ich sage euch, der Herzog soll so handeln, wie er handelt! Er muß so handeln! Er thäte sehr Unrecht, wenn er je anders handelte. Ja, und müßte er darüber Land und Leute verlieren..., so soll und darf er doch um kein Haarbreit von dieser edeln Sinnesart und dem, was ihm Menschen= und Fürstenpflicht in solchen Fällen vorschreibt, abweichen. Unglück! Was ist Unglück? Das ist Unglück, wenn sich ein Fürst dergleichen von Fremden in seinem eigenen Hause muß gefallen lassen. Und wenn es auch dahin mit ihm käme....., daß beides, sein Fall und sein Unglück gewiß wäre, so soll uns auch das nicht irre machen, sondern mit einem Stecken in der Hand wollen wir unsern Herrn .... ins Elend begleiten und treu an seiner Seite aushalten. Die Kinder und Frauen, wenn sie uns in den Dörfern begegnen, werden weinend die Augen aufschlagen und zu einander sprechen: das ist der alte Goethe und der ehe= malige Herzog von Weimar, den der französische Kaiser seines Thrones entsetzt hat, weil er seinen Freunden so treu im Unglück war..... Ich will in alle Dörfer und in alle Schulen ziehen, wo irgend der Name Goethe be= kannt ist: die Schande der Deutschen will ich besingen, und die Kinder sollen mein Schandlied auswendig lernen, bis sie Männer werden und damit meinen Herrn wieder auf den Thron herauf= und euch von dem euern herunter= singen ...." Falk standen beim Abschied die Thränen in den Augen.

Solche Anhänglichkeit an sein edles Fürstenhaus machte Goethe noch nicht zum „Hofmann" und „Fürstenknecht", wie es manchmal heuchlerischen Liberalen oder oberflächlich unterrichteten Nachsprechern ihn zu benennen beliebt hat. Neben Falk's Berichte möge eine andere Erzählung, die ebenfalls dem Jahre 1806 angehört, eine Stelle finden. „Einmal bei Tische" — so berichtet Oehlenschläger, der damals in Weimar sich aufhielt — „sprach er so feurig und mit so vieler Achtung und Kraft für Bürgerrechte und Bürgerehre gegen einen kalten Hofmann, der zur Unzeit über das wackre Betragen eines Bürgers spotten wollte, daß ich nicht lassen konnte, als der Fremde weg war, ihm um den Hals zu fallen und zu küssen." „Ja, ja! lieber Däne" — sagte Goethe — „Ihr meint's auch treu und gut in der Welt!"

Goethe erwartete eine Wiedergeburt Deutschlands (denn schon in jenen Tagen äußerte er, es beginne eine neue

Epoche der Weltgeschichte) besonders von innen heraus, von den geistigen Bestrebungen. Gegen Fernow sprach er sich bei Gelegenheit einer Unterhaltung über das deutsche Journalwesen sehr ernstlich dahin aus, daß man jetzt besonders, wo Deutschland nur eine große und heilige Sache habe, die, im Geiste zusammenzuhalten, um in dem allgemeinen Ruin wenigstens das bis jetzt noch unangetastete Palladium unserer Literatur aufs eifersüchtigste zu bewahren, keine Frivolitäten, die nur zum Geklatsch der Müssiggänger dienen, in den Journalen hegen und pflegen dürfe; nach dem 14. Oct. dürfe kein „Freimüthiger" (das Kotzebue-Merkelsche Literaturblatt) mehr existiren. Jetzt, wo Alles auf der Spitze stehe, sei es eine wahre Verrätherei, mit dem alten Leichtsinn fortzufahren; sonst würden die Franzosen die einzige Achtung, die sie noch für die Deutschen haben könnten, die Achtung für unsre Cultur und für unser geistiges Streben verlieren und uns um so weniger ehren, je weniger wir vor uns selbst Achtung bewiesen.

Diese Gesinnung war es auch, welche ihn veranlaßte, Johannes von Müller's französisch gehaltene Rede „über den Ruhm Friedrichs des Großen", worin die patriotische Beredsamkeit des Geschichtschreibers der Schweiz zum letztenmal ermuthigend emporflammte, durch eine deutsche Uebersetzung im Vaterlande zu verbreiten. „Lassen Sie ja nicht ab", schreibt er in Folge dessen an Müller, „nach Ihrer Ueberzeugung zu handeln und zu schreiben; man wirkt und nützt im Sturme muthig fort; es kommt eine Zeit, wo der Parteigeist die Welt auf eine andere Weise spaltet und uns in Ruhe läßt" — eine Hoffnung, die für Müller nicht in Erfüllung ging.

Seinen verzagten Freund Wolf, dem mit der Aufhebung der Universität Halle die Freude seines Daseins, seine Lehrthätigkeit entrissen war, wies er in dem köstlichen

Briefe vom 28. November hin auf die Geistesschätze, die
ihm nicht genommen werden können, und suchte in ihm
den Trieb zu literarischen Unternehmungen zu beleben.
„Haben wir ein halbes Jahr hin, so sieht man eher, was sich
herstellt oder was verloren ist, ob man an seiner Stelle blei=
ben kann oder ob man wandern muß, und das Letzte sollte
man gewiß nur im äußersten Nothfall ergreifen. Denn
der Boden schwankt überall, und im Sturm ist es ziemlich
gleich, auf welchem Schiff der Flotte man sich befindet.“

Bald regelten sich wieder die Angelegenheiten in Wei=
mar, und man kehrte zu den gewohnten Geschäften der
friedlichen Zeiten zurück. Das Theater, das eine Zeitlang
zum Lazareth gedient hatte, wurde gegen Ende des Jahres
1806 wieder eröffnet. Die sparsame Verwaltung des
Regisseurs Genast hatte die Auflösung des Instituts glück=
lich abgewendet. Auf den lebhaften Wunsch der Schau=
spieler wurde Goethe's Tasso am 30. Jan. 1807 zur Auf=
führung gebracht, und der Dichter selbst war überrascht
von dem glücklichen Gelingen.

Auch die geselligen Kreise belebten sich wieder. Schon
im November nahmen die Abendgesellschaften der Hofräthin
Schopenhauer, die im Mai 1806 sich in Weimar nieder=
gelassen hatte, ihren Anfang.[33]) Der Anfangs kleine Kreis
erweiterte sich schnell; Donnerstags versammelte sich bei
ihr eine größere, Sonntags eine kleinere „concentrirte“
Gesellschaft. Wir brauchen nur die Namen Goethe, Wie=
land, Meyer, Fernow, Falk, Einsiedel zu nennen, um
ihn als die Elite des geistreichen Weimars zu bezeichnen.
Fremde von Bedeutung wurden stets hier eingeführt, auch
fürstliche Personen nahmen Theil. Eine ungezwungene
Unterhaltung verbreitete sich über das Schönste und
Tiefste in Poesie und Wissen; nur die Politik ward ver=
mieden. Manchmal wurden auch wissenschaftliche Vorträge

gehalten. Goethe war gern in diesem Kreise, den seine belebte Unterhaltung oft stundenlang an seine Lippen fesselte. Indeß ward sein geselliges Talent sehr von der Stimmung beherrscht, und da man wußte, daß er manchmal nicht zum Reden aufgelegt war, so stand für ihn ein Tisch bereit, an den er sich schweigsam setzen konnte; hier brachte er manche Landschaften zu Stande. Außerdem pflegte Goethe in den Wintermonaten dieser Jahre an den Mittwoch-Abenden vor einem erlesenen Cirkel von Freunden und Freundinnen Vorträge über ästhetische und naturwissenschaftliche Gegenstände zu halten, wobei es ihm zugleich Freude machte, zum Verarbeiten seiner Ideen angetrieben und im wissenschaftlichen Denken gefördert zu werden.

Im Frühling 1807 ward Weimar von einem tief von Allen empfundenen Verluste getroffen. Die Herzogin Amalia schied nach kurzer Krankheit aus dem Kreise, den sie so viele Jahre durch Geist und Anmuth belebt hatte. Ihre Kraft war unter den Erschütterungen der letzten Zeit, welche auch ihrem Bruder, dem Herzog von Braunschweig, den Tod brachte und seine Familie ins Exil trieb, zusammengebrochen. „Wir wollen uns glücklich preisen", schrieb Fernow, der in den letzten Jahren (seit 1804) als ihr Bibliothekar ihr nahe stand, damals an einen Freund, „daß wir in dieser Zeit gelebt und diese Fürstin gekannt haben; eine bessere sehen wir nicht wieder, auch ihres Gleichen nicht. Das fühlt jeder hier, und das ist das Gefühl, mit welchem wir um sie trauern. Ja, es liegt selbst ein Trost darin, das Vortreffliche und Unersetzliche gekannt zu haben und es betrauern zu dürfen." Und in gleichen Gefühlen schrieb Goethe die ihrem Andenken gewidmeten Blätter, welche zunächst zu dem Zweck geschrieben waren, beim Trauergottesdienst in den Landeskirchen vorgelesen zu werden.[31]) Das Lebensbild, das er vorführte, schloß er mit den erhebenden Worten: „Das ist der Vorzug edler Naturen, daß ihr Hinscheiden in höhere Regionen segnend wirkt, wie ihr Verweilen auf der Erde; daß sie uns von dorther gleich Sternen entgegenleuchten, als Richtpuncte, wohin wir unsern Lauf bei einer nur zu oft durch Stürme unterbrochenen Fahrt zu richten haben; daß diejenigen, zu denen wir uns als zu Wohlwollenden und Hülfereichen im Leben hinwendeten, nun die sehnsuchtsvollen Blicke nach sich ziehen, als Vollendete, Selige."

Getreu seinem Vorsatze „von seinem geistigen Dasein zu retten, was er könne", verfolgte Goethe eifrig die Bahnen, die er seinem geistigen Streben vorgezeichnet hatte. Wer ihn in seinem Verhalten den Zeitbewegungen gegen= über bis hieher begleitet hat, wird nicht dadurch überrascht werden, daß unser Dichter alles directe Einwirken auf die politischen Zustände ablehnte und sich der Sorgen um die Zeitläufte möglichst entschlug. Um dem aufregenden Drange der Ereignisse auszuweichen, mied er zeitweise sogar das Lesen der Zeitungen. Am meisten war daher sein Sinn zu der friedlichen Stille der Naturwissenschaft hingewandt, in deren Mittelpunct jetzt die Bearbeitung seines größeren Werkes über die Farbenlehre stand, dessen Druck im Jahre 1806 begonnen und im folgenden Jahre rasch ge= fördert ward. Die Tafeln dazu wurden gezeichnet und ge= stochen, und die Geschichte der Farbenlehre, vornehmlich durch jenaische Studien, in den nächsten Jahren fortgeführt. Erst im Mai 1810 ward er von dieser Arbeit befreit und sah mit Freuden „achtzehn Jahre nach dem Gewahrwerden eines alten Irrthums, in Gefolg von unabläßigen Be= mühungen" das letzte Blatt in die Druckerei wandern, fürs erste entschlossen, diesen Betrachtungen, insofern es möglich wäre, sobald nicht weiter nachzuhangen. Den ge= sammten Apparat zur Farbenlehre schenkte er an das phy=

fikalische Cabinet zu Jena. Auf die Polemik der Physiker
von Fach neben vereinzelter freudiger Anerkennung des
Geleisteten, z. B. von Seiten Hegel's, können wir hier
nicht weiter eingehen. [35]) Goethe ließ sich durch Angriffe
auf seine Theorie nicht irre machen, wenn er sich auch
durch manche der Gegenschriften sehr verletzt fühlte. Er
war sich bewußt, wie er an Frau von Stein schreibt, durch
diese Arbeit zu einer Cultur gelangt zu sein, die er sich
auf anderm Wege schwerlich verschafft hätte, und was er
von der Zukunft hoffte, ist in seinen Worten zusammen=
gefaßt: „mir können sie nichts zerstören, denn ich habe
nicht gebaut; aber gesäet habe ich, und so weit in die
Welt hinaus, daß sie die Saat nicht verderben können,
und wenn sie noch so viel Unkraut zwischen den Weizen
säen." An Wolf schrieb er: „diese Herren mögen sich
geberden, wie sie wollen, so bringen sie wenigstens dieses
Buch nicht aus der Geschichte der Physik heraus; mehr
verlang' ich nicht." Es war sein Vorsatz, nichts zu er=
widern, sondern nach gewohnter Weise „allen öffentlichen
und heimlichen Angriffen auf sein Thun und Bemühen
nichts entgegenzustellen, als fortwährende Thätigkeit."

Da sich die Karlsbader Kur während des Sommers
1806 seiner Gesundheit sehr zuträglich erwiesen hatte, so
besuchte er während der nächsten Jahre bis 1813 regelmäßig
die böhmischen Bäder [36]) mit alleiniger Ausnahme des
durch den östreichischen Krieg beunruhigten Jahres 1809.
Hier zog ihn der Verkehr in freier Natur vornehmlich zu
mineralogisch=geognostischen Forschungen hin, und, immer
von neuem angeregt, durchstreifte er, seine Sammlungen
bereichernd, Thal und Höhen längs der Eger; reiche
Ausbeute ward in der Sammlung der mineralogischen Ge=
sellschaft zu Jena niedergelegt. Höchst belehrend waren für
ihn auch manche schon an Ort und Stelle vorhandenen

Sammlungen, namentlich die reichhaltige Joseph=Müllersche zu Karlsbad, die er 1807 in die neue Ordnung brachte, welche sie seitdem behalten hat, so daß sie auch die Goethe'sche genannt zu werden pflegt. Es erwuchsen aus diesen geognostischen Untersuchungen mehrere Abhandlungen: „Sammlung zur Kenntniß der Gebirge von und um Karlsbad", „Beschreibung des Kammerbergs bei Eger" u. and. Diese Abhandlungen vermittelten damals ein näheres Verhältniß zu dem ausgezeichneten Mineralogen Geheimrath von Leonhard in Hanau. Bei dem Werthe, den das Urtheil eines bedeutenden Fachgenossen in Betreff der Verdienste Goethe's um die Naturwissenschaften für uns haben muß, heben wir aus vielen treffenden Bemerkungen desselben nur folgende hervor: „Goethe's Forschungen im Bereiche der Naturwissenschaften allein hätten hingereicht, Gelehrtenruf und Ansehen, ja Ruhm und Stolz zu gründen. Sie tragen im Feuereifer wie im vollkommen Wahren der Beobachtung das Gepräge nicht gewöhnlichen Schwunges, den Hindernisse wohl augenblicklich zu hemmen, aber nicht zu unterdrücken vermochten."

Von großem Einfluß auf Goethe's geistige Thätigkeit und seine gelehrten Verbindungen ward ihm der Aufenthalt in den Bädern durch den persönlichen Verkehr mit vielen bedeutenden Gelehrten und ausgezeichneten Zeitgenossen. Für seine naturwissenschaftlichen Forschungen war ihm das mehrmalige Zusammentreffen mit Bergrath Werner und August von Herder höchst schätzenswerth. Besonders war der Sommer des Jahres 1807, wo er vom Mai bis in den September in Karlsbad verweilte, von vielseitiger Anregung und dauerndem Gewinn. Durch die Anwesenheit des Herzogs von Weimar ward er in die höchsten Kreise der Gesellschaft eingeführt, welche der geistvolle Fürst vornehmlich belebte. Die Fürstin Solms, nachmalige Königin von Hannover, mit der Goethe damals bekannt wurde, gab bei späteren Gelegenheiten wiederholte Beweise, wie sehr sie den Dichter verehre. In der Gesellschaft der reizenden Fürstin Bagration lernte er den Fürsten von Ligne kennen, dessen heitere, geistreiche Persönlichkeit ihn sehr anzog. Eine engere freundschaftliche Verbindung schloß er mit dem französischen Gesandten Grafen Reinhard, der auch im französischen Staatsdienst den Sinn für deutsche Bildung sich erhalten hatte. Von Goethe's Seite hatte eine Auseinandersetzung seiner Farbentheorie, von Reinhard's Seite die Erzählung der Geschichte seines vielbewegten Lebens [37]) ein engeres Anschließen vermittelt. Mit Wärme erfaßte Reinhard, wie seine eigenen Worte aussprechen, in Goethe „diese mit allem Menschlichen und Göttlichen sich befreundende Aneignungsfähigkeit, dieses allseitige Eindringen in Wissenschaft und Kunst, diese Gelehrsamkeit mit diesem Schöpferblick, diese Toleranz bei dieser Entschiedenheit, diesen Muthwillen bei diesem hohen Gefühl fürs Würdige und Edle, diese Jugendlichkeit bei dieser Reife", und nennt es einen unschätzbaren Gewinn, „in ihm nicht nur den Dichter und Schriftsteller, sondern den Menschen gekannt zu haben, indem er erst dadurch jenen völlig begreifen gelernt habe". Er unterhielt seitdem mit Goethe einen Briefwechsel, welcher, wenn gleich verstümmelt herausgegeben [38]), doch ein schätzbares Document dieser auf gegenseitige Hochachtung gegründeten Freundschaft bleibt. Er zeigt uns, wie Goethe's sittliche Natur die an ihn fesselte, denen er sein Innerstes aufschloß. Der sächsische Oberhofprediger Reinhard, zu dessen Unterhaltung er durch das Bedürfniß der ernsten Seite seines Wesens sich hingezogen fühlte, war überrascht, mit dem Dichter in den Hauptpuncten einer sittlich-ernsten Lebensansicht zusammenzutreffen. Goethe spricht bei Erwähnung dieser Bekanntschaft ein bedeutsames Wort aus, das bei Beurtheilung von einzelnen seiner Aeußerungen nicht zu übersehen ist: „er mochte einsehen, daß mein scheinbarer liberalistischer Indifferentismus doch nur eine Maske sein dürfte, hinter der ich mich sonst gegen Pedanterie und Dünkel zu schützen suchte."

Zwischen Goethe und Alexander von Humboldt,[39] der 1804 von seiner großen amerikanischen Reise zurückkehrte und die reichste Ausbeute für Naturkunde heimbrachte, ward das alte Verhältniß erneuert, und die geistige Wahlverwandtschaft unterhielt ein enges Freundschaftsband, das erst der Tod löste. Jene höhere Einsicht in die organische Bildung der Natur, wohin Goethe's Forschung gerichtet war, erschloß sich in schönster Fülle in Humboldt's Ideen zur Physiognomik der Gewächse und verwandten Schriften. Freundliche Zusendungen und Mittheilungen unterhielten und befestigten einen ununterbrochenen freundschaftlichen Verkehr. Seinem Reisewerke widmete Goethe ein anhaltendes Studium. Er skizzirte danach (1807) eine ideale Landschaft, worin die Höhen der amerikanischen und europäischen Berge gegen einander gestellt, auch deren Schneelinie und Vegetationshöhen bezeichnet wurden, und nahm dies zum Gegenstande seiner Mittwochsvorlesungen.

Die osteologischen Forschungen wurden gleichfalls nicht außer Acht gelassen. Im Jahre 1808 gründete Goethe das osteologisch-zoologische Cabinet in Jena, zu welchem er Vieles aus seinem Eigenthum schenkte. Die Berufung Döbereiner's an die Stelle des 1809 verstorbenen Göttling war ein bedeutender Gewinn für die dortigen naturwissenschaftlichen Studien. Goethe unterstützte und begleitete mit warmem Antheil die Forschungen des ausgezeichneten Chemikers, welche ihm auch für seine chromatischen Studien vielfach nützlich wurden. 1812 ward zu Jena die Stern-

warte in dem ehemaligen Schiller'schen Garten errichtet.
Die Oberaufsicht zu übernehmen lehnte Goethe Anfangs
ab, weil er sich die dazu erforderlichen mathematischen
Kenntnisse nicht zutraute, gab jedoch nachher sein Be=
denken auf.

Ueberhaupt wenn sich auch Goethe in sicher umschriebenen
Kreisen geistiger Bestrebungen bewegt und Manches, was
seiner Natur nicht gemäß ist, ablehnt, so bewahrt er sich
doch, auch im höchsten Alter, die Elasticität des Geistes
dadurch, daß er überall mit warmer Theilnahme sich dahin
wendet, wo geistiges Leben sich regt, immer zu fördern
und selbst zu lernen sucht, und nicht, wie es auch ausge=
zeichneten Geistern so oft begegnet ist, von den neuern Be=
strebungen weggewendet, mit seiner Bildung abschließt.
„Von dem Standpuncte aus," — so lautet ein schönes
Bekenntniß seiner letzten Jahre — „worauf es Gott und
der Natur mich zu setzen beliebt und wo ich zunächst den
Umständen gemäß zu wirken nicht unterließ, sah ich mich
überall um, wo große Bestrebungen sich hervorthaten und
andauernd wirkten. Ich meines Theils war bemüht, durch
Studien, eigene Leistungen, Sammlungen und Versuche
ihnen entgegenzukommen und so, auf den Gewinn dessen,
was ich nie selbst erreicht hätte, treulich vorbereitet, es zu
verdienen, daß ich unbefangen ohne Rivalität oder Neid
ganz frisch und lebendig dasjenige mir zueignen durfte,
was von den besten Geistern dem Jahrhunderte geboten
ward. Und so zog sich mein Weg gar manchen schönen
Unternehmungen parallel, nahm seine Richtung grad' auf
andere zu; das Neue war mir deshalb niemals fremd,
und ich kam nicht in Gefahr, es mit Ueberraschung auf=
zunehmen oder wegen veralteten Vorurtheils zu verwerfen".

Mitten unter der Anspannung seiner Kräfte für die
Naturforschung begegnen wir den vielseitigsten Interessen

für Kunst und Literatur. Mit großer Freude spricht er
von den jährlichen Acquisitionen werthvoller Zeichnungen,
Kupferstiche und Bildwerke älterer und neuerer Zeit, an
denen sich sein Kunstsinn in wiederholtem Studium erbaute.
Meyer's Bearbeitung der Geschichte der bildenden Kunst
hielt Betrachtung und Unterhaltung über diese Gegenstände
stets rege. Höchst schätzenswerth war ihm in dieser Hinsicht
ebenfalls das freundschaftliche Verhältniß zu dem Dresdener
Landschaftsmaler Kaaz, der in jenen Jahren mehrmals
in Weimar, auch vom Hofe ausgezeichnet, verweilte und
durch Briefe eine fortgesetzte Verbindung unterhielt. Er
widmete Goethe's Handzeichnungen eine besondere Auf=
merksamkeit, von denen er sich mehrere Blätter zu weiterer
Benutzung auswählte, woran er durch seinen frühzeitigen
Tod verhindert wurde. Die letzten praktischen Versuche
im Zeichnen machte Goethe 1810 während seiner Farben=
studien in Jena und seines Badeaufenthaltes in Karlsbad,
wo er ein Heft von zweiundzwanzig Handzeichnungen, land=
schaftliche Gegenstände aus der Umgegend von Jena und
Karlsbad, zu Stande brachte. Er sah sie als das Resultat
seiner Kunstbestrebungen an, weshalb er sie in einen Band
vereinigte und in dem handschriftlich beigefügten Vorworte
den Wunsch aussprach, daß sie als Denkmal seiner künst=
lerischen Leistungen beisammen aufbewahrt bleiben möchten.
Das Interesse für Musik steigerte sich durch den Verkehr
mit Zelter. Mit Beethoven trat er während der Bade=
saison von 1812 in nähere Bekanntschaft. Im Jahre 1808
brachte er in Weimar nach dem Muster seiner Theater=
schule einen kleinen Gesangverein, eine „Hauscapelle",
unter Eberwein's Leitung zu Stande. Donnerstags
Abends war Probe, nach der man meistens zu einem fröh=
lichen Mahl zusammenblieb, Sonntags Aufführung vor
großer Gesellschaft, wobei ein Frühstück gereicht ward.

Aeltere und jüngere Theatersänger, Choristen und Lieb=
haber nahmen Theil. Seit 1810 konnten von dieser Ge=
sellschaft öffentliche Musikvorträge im Theater gehalten
werden, wobei solche Musikstücke gewählt wurden, welche
zu hören das Publicum sonst nicht leicht Gelegenheit fand.
Doch löste sich im folgenden Jahre dieser Verein wieder
auf. Wie innig bei Goethe die ästhetischen Genüsse mit
der Erforschung der Naturgesetze verbunden sind, sieht man
aus den Tabellen der Tonlehre, welche „nach vieljährigen
Studien", besonders nach den Unterhaltungen mit Zelter,
1810 abgefaßt wurden. Von akustischen Experimenten wird
uns schon gleich nach der ersten italienischen Reise berichtet;
Chladni's Schriften hatte er aufmerksam gelesen; auch
über dies Capitel der Physik wollte er zu klarer Einsicht
gelangen.

Zu gleicher Zeit wurden mit den recitirenden Schau=
spielern die Didaskalien in der früheren Weise fortgesetzt,
mit den geübtesten nur bei neuen Stücken, mit den jünge=
ren bei frischer Besetzung älterer Rollen. „Ganz allein
durch solches Nachholen und Nacharbeiten", bemerkt Goethe,
„wird ein ungestörtes Ensemble erhalten". Die Höhe der
Leistungen der weimarischen Bühne fand eine glänzende
Anerkennung bei den Darstellungen in Leipzig im Sommer
des Jahres 1807, zuerst vom 24. Mai bis 5. Juli, dann
vom 4. bis 29. August. In dem Prologe, der die Reihe
der Vorstellungen eröffnete, hat Goethe die Anhänglichkeit
an Leipzig, die er stets bewahrte, aufs schönste ausgesprochen.
„Im Ensemble, wie im Einzelnen ist Kunst, deutsche Kunst",
schrieb Graf Reinhard, nachdem er der meisterhaften Auf=
führung des Torquato Tasso beigewohnt hatte; „Sie sind",
fügte er hinzu, „der Einzige, der in dieser Art etwas ge=
schaffen hat, das sich den Franzosen gegenüberstellen läßt".

Zur Wiedereröffnung des Theaters in Weimar am

19. Sept. dichtete Goethe das schöne Vorspiel „nach glücklicher Wiederversammlung der herzoglichen Familie". Sein Bemühen war auch ferner dahin gerichtet, seine Pflanzung zu erhalten. Die biographische Schilderung hat indeß nur noch gelegentlich der Geschichte der weimarischen Bühne zu gedenken, da sie aufgehört hatte, die Richtung und geistige Thätigkeit des Dichters zu bestimmen. Die französische Spionerie ward auch in Betreff der Bühnenvorstellungen so lästig, daß Goethe zuletzt nicht länger die Verantwortlichkeit allein haben wollte. Daher stand ihm sein Freund, Kanzler von Müller, in der Prüfung der Stücke bei, und es gelang jeden Anstoß zu vermeiden.

In Bezug auf Goethe's Verhältniß zu der Literaturbewegung der romantischen Schule ist vornehmlich bemerkenswerth, daß er von dem strengen Festhalten an den antiken Formen nachließ und bis zu einem gewissen Grade die Berechtigung der modern-romantischen Wendung der poetischen Literatur anerkannte, so daß er sich zum großen Verdruß des alten Voß sogar der früher abgelehnten Sonettenkünstelei annahm. Er war umsichtig genug, die Tendenzen zum Mittelalter „als einen Uebergang zu höheren Kunstregionen" zu betrachten. „Ueberhaupt lasse ich mich" — schreibt er an Knebel — „nicht irre machen, daß unsere modernen religiösen Mittelältler mancherlei Ungenießbares fördern und beförbern. Es kommt durch diese Liebhaberei und Bemühung manches Unschätzbare ans Tageslicht, das der allerneusten Mittelmäßigkeit doch einigermaßen die Wage hält." Nur konnte er sich weder mit Werner's mystischen Tragödien, noch mit Arnim's romantischen Extravaganzen oder „den Nebeln von Görres und Consorten" befreunden. Dem regenerirten Minnegesang konnte er ebensowenig Geschmack abgewinnen; aber er entzückte sich an den altdeutschen Volksliedern, die in „des Knaben Wunder-

horn" (1806) zusammengestellt waren. Unter den wieder-
erweckten epischen Dichtungen der Vorzeit würdigte er das
Lied von den Nibelungen nach Verdienst. Wie er früher
dem Vossischen Homer durch seine Vorträge mehr Eingang
und tieferes Verständniß verschaffte, so machte es ihm auch
jetzt Freude, das deutsche Nationalepos durch neudeutsche
Versionen zugänglich zu machen, und lebhaft leuchteten die
Strahlen seines Auges, wenn er die herrliche Dichtung in
befreundeten Kreisen vorlas. Er fand, daß der Werth
des Gedichts sich erhöhe, je länger man es betrachte; er
zeichnete sich eine Karte zu den Nibelungen. Doch besaß
er zu viel Klarheit des Blickes, um es nicht „ein schädliches
Bestreben" zu nennen, die Nibelungen der Ilias gleich-
stellen zu wollen. Es erwuchs aus der Beschäftigung mit
dem altdeutschen Epos weiter keine poetische Production,
als die dem 30. Januar 1810 gewidmeten Stanzen zur
Erklärung eines Maskenzugs, die romantische Poesie, in
dem wir den Namen Siegfried, Brunhild, König Rother 2c.
begegnen. „Es ist nicht leicht", schreibt er darüber an
Knebel, „bei uns ein so mannigfaltiger und brillanter
Aufzug erschienen." Goethe erschien darin als Tempelherr
und trotz seiner 61 Jahre in solcher Schönheit, daß die
Anwesenden ihn nicht genug bewundern konnten. Am
16. Februar wurde ein ähnlicher großer Maskenzug „die
Völkerwanderung" aufgeführt, zu welchem das poetische
Weimar gemeinschaftlich mitwirkte; Goethe's Beitrag war
der „Maskenzug russischer Nationen".

Bei der in dieser Lebensepoche des Dichters entschieden
hervortretenden Hinneigung zu den Bestrebungen und Tendenzen der romantischen Schule ist seine Verehrung für
die dramatischen Dichtungen Calderon's ein besonders
wichtiges Moment. Den Uebergang von Shakspeare, seiner
Jugendliebe, zu Calderon, von dem einen Pol des Drama's

zum andern, hatte der ideale Charakter der griechischen
Tragödie vermittelt. Nach 1800 beginnt Goethe auf Calde=
ron aufmerksam zu werden, wie denn auch Schiller sich der
Einwirkung desselben keineswegs entzog. Goethe spricht
sich 1804 in einem Briefe an Schiller über den tiefen Ein=
druck aus, den Calderon's „standhafter Prinz" auf ihn
gemacht habe. Dies Drama nahm er so lebhaft in sich
auf, daß es noch lange nachwirkte. Die Uebersetzungen
Calderon's von A. W. Schlegel und nachmals von Gries
begleitete Goethe mit steigender Theilnahme; er äußerte
wiederholt und noch in seinen letzten Lebensjahren seine
Bewunderung des spanischen Dramatikers in den aner=
kennendsten Ausdrücken. Aus dem Studium Calderon's
erwuchs ein Versuch der Nachbildung, der um das Jahr
1807 zu fallen scheint; einige Fragmente, „Eginhard" über=
schrieben, sind uns davon aufbewahrt, welche hinlänglich
darthun, wie sehr er sich Calderon's Diction und Vers zu
eigen zu machen bemüht war.[10]) Die Tendenz ist der
Sieg des christlichen Märtyrerthums über eine im Unter=
gange begriffene Cultur, ein Thema, das Goethe in seinen
Dichtungen mehrmals berührt hat. Wenn er gleich seinen
Entwurf bald wieder fallen ließ, so versuchte er doch Cal=
deron's Stücken einen Platz auch auf der deutschen Bühne
zu verschaffen. Nach längerer Vorbereitung wurde 1811
„der standhafte Prinz" zur Aufführung gebracht. Im fol=
genden Jahre schloß sich „das Leben ein Traum" an;
später folgte „Zenobia".

Die Vorliebe für Calderon ist nur eine von vielen
Erscheinungen, woraus man erkennt, wie sehr sich unserm
Dichter die dramatische Bewegung der Handlung und der
Charaktere in Abstractionen und Symbole auflöst. Die·
Sonne Shakspeare's leuchtet ihm nicht mehr; jetzt entzückt
er ihn nicht, wie einst den Jüngling weil „das Leben

ganzer Jahrhunderte durch seine Seele webte"; seine leben=
athmenden Dramen werden ihm zuletzt zu „interessanten
Märchen, nur von mehreren Personen erzählt, die sich,
um etwas mehr Eindruck zu machen, charakteristisch maskirt
haben"; einer solchen symbolischen Betrachtungsweise muß
er denn wohl „unergründlich" dünken. Es war daher ein
allzu gewagtes Unternehmen, wenn Goethe gegen das Ende
des Jahres 1811 „Romeo und Julie" mit der Absicht
redigirte, das Stück „zu concentriren und diesen in seinen
Haupttheilen so herrlich behandelten Stoff von allem
Fremdartigen zu reinigen." Zur Feier des 30. Jan. 1812
wurde die herrliche Dichtung in ihrer neuen Form dem
Publicum vorgeführt und mit Beifall aufgenommen [41]);
jedoch sprach sich das Urtheil einsichtiger Kenner Shakspeare's
mit Recht dahin aus, daß viele der wesentlichsten Schön=
heiten des Originals geopfert seien, weshalb sich Goethe
an „Versuche ähnlicher Art, die im Werke waren" nicht
ferner gewagt hat. Den Versuch, seinen Faust für die
Bühnenaufführung zu redigiren, gab er bald wieder auf.

Obwohl Goethe sich von den höheren Kunstformen der
Poesie mehr weggewendet hatte, so zieht sich doch auch
durch diese Jahre ein poetischer Faden hindurch. Die
Balladen= und Liederdichtung trieb auch jetzt noch manche
Blüthe hervor, wenn gleich nicht mehr ganz so frühlings=
frisch, wie in verschwundenen Tagen. In der Muße des
Badelebens richtete sich sein Blick hauptsächlich auf leiden=
schaftliche Verwicklungen des gesellschaftlichen Lebens, welche
er in Novellenform zur Darstellung brachte. Es war da=
bei Plan, diese einzelnen Bilder socialer Verhältnisse unter
dem Titel Wilhelm Meisters Wanderjahre zu einem
Ganzen an einander zu reihen. Während des Karlsbader
Aufenthalts von 1807 entstanden die Erzählungen St. Jo=
seph der zweite, die neue Melusine, die pilgernde

Thörin, die gefährliche Wette und die schon früher
begonnene der Mann von funfzig Jahren. Die Wahl=
verwandtschaften dehnten sich zu einem größeren Roman
aus, dem die wunderlichen Nachbarskinder eingefügt
wurden. 1810 wurde in Karlsbad das nußbraune Mäd=
chen verfaßt. Ein Theil des ersten Buchs der Wander=
jahre (jetzt die beiden ersten Capitel) erschien 1810 im
Taschenbuch für Damen; in den nächsten zehn Jahren
unterblieb die Fortsetzung.

Wie aber stets die Goethe'sche Poesie in des Dichters
eignen Busen griff, so hatten auch an diesen anscheinend
rein objectiven Darstellungen einzelne leidenschaftliche Be=
ziehungen Antheil. Während des gesellschaftlichen Verkehrs
in den Badeorten hatte er nicht nur Gelegenheit, manche
wahlverwandtschaftliche Verwicklung zu beobachten, sondern
auch des Dichters Gemüth bewahrte sich noch bis ins höchste
Alter die jugendliche Empfänglichkeit für weibliche Reize,
und es entzückte ihn, von dem Geist und der Anmuth der
Frauen, welche er durch die Anziehungskraft seiner liebens=
würdigen Persönlichkeit an sich fesselte, in einen kleinen
Roman, der über die Alltäglichkeit den Schimmer der Poesie
breitete, verstrickt zu werden. Aus solchen ·Verhältnissen
erwuchs der Plan zu einer Erzählung „der Sultan wider
Willen“, der ihn besonders 1806 beschäftigte. Der Grund=
zug war darin das Interesse, womit vier Damen von ganz
verschiedenen Charakteren sich Einem Manne zuwenden,
jede in ihrer Art liebenswürdig.

Das seltsamste Document eines romantischen Liebes=
verhältnisses zwischen dem bejahrten Dichter und einem
jugendfrischen Mädchen wäre „Goethe's Briefwechsel mit
einem Kinde“ (Bettina Brentano), wenn nicht die durch
ihr lebhaftes Colorit geistreich täuschende Composition den
factischen Vorfällen und Beziehungen jener Momente ein

späteres Phantasiebild unterschöbe. Wer sie vorurtheilsfrei
prüft und das Detail dieser Berichte mit dem, was wir
über Goethe's dermalige innere und äußere Zustände wissen,
zusammenhält, muß sich zu dem Resultat der Kritik Riemer's
bekennen, der in seiner nahen Stellung zu ihm am meisten
zu einem Urtheil befähigt war, „daß das Ganze ein Roman
sei, der von der Wirklichkeit Zeit, Ort und Umstände ent=
lehne." Jetzt ist kein Zweifel mehr, daß er für den wahr=
heitliebenden Biographen ganz werthlos ist; selbst die
eingeflochtenen Geschichten aus Goethe's Kindheit sind durch
phantastisches Ausmalen entstellt, und noch weniger wird
man wagen dürfen, die sinnlich=übersinnlichen nächtlichen
Besuche, wobei der Geheimrath keinen Anstand nimmt,
den Gastwirth zum Elephanten um 3 Uhr Nachts aus dem
Bette zu treiben, Promenaden und Mantelscenen zur
Charakteristik des fast sechzigjährigen Dichters heranzuziehen.
Auch das ist schon aus dem Stil der Briefe, der doch
auch für die Kritik ein Hauptmoment ist, zu beweisen, daß
die Goethe's Namen untergelegten Briefe stellenweise inter=
polirt und überarbeitet sind (sonst könnte Goethe nicht
Grüße des Herzogs aus Karlsbad an sie schreiben, während
der Herzog in Weimar war), und daß ebenfalls die Par=
tieen in den Briefen der Bettina Brentano, welche sich
für Präludien Goethe'scher Gedichte ausgeben, nichts als
spätere Prosaauflösungen sind, welche noch einen Theil der
Reime mit sich schleppen. Aus dem, was uns für authen=
tische Nachricht gelten muß, geht hervor, daß Goethe Betti=
nens phantastischer Liebe gegenüber eine ablehnende
Haltung beobachtete.

Bettina (Elisabeth) Brentano war die Tochter der
in die Wertherdichtung verflochtenen Maximiliane. Sie
war viel um die Frau Rath Goethe, der sie durch ihr
munteres Wesen manche Stunde des Alters erheiterte. Im

Jahre 1807 kam sie, damals zweiundzwanzig Jahre alt,
zum erstenmal nach Weimar und brachte dem Dichter, der
sie freundlich empfing, die schwärmerischen Huldigungen
ihrer Liebe dar. Goethe äußerte sich gegen Riemer als
Bewunderer „ihres geistreichen, wenn auch barocken We=
sens"; nichts deutete indeß auf eine leidenschaftliche Nei=
gung, und Bettina beklagte sich eines Tages gegen
Riemer, daß Goethe sich gegen sie so wunderlich und
sonderbar zeige. Diesem abwehrenden Verhalten entspricht
auch Goethe's Gemessenheit, da Bettina als von Arnim's
Gattin 1811 in Weimar sich aufhielt. Als sie ihm bei
ihren abendlichen Besuchen (so berichtet Riemer) von ihren
Herzensangelegenheiten vorerzählen wollte, kam er ihr
beständig dadurch in die Quere, daß er sie auf den Ko=
meten, der gerade in seiner völligen Pracht und Größe
am Abendhimmel stand, aufmerksam machte, ein Fernrohr
nach dem andern herbeiholte und sich weitläufig über dies
Meteor erging. Endlich kam es aber in diesen Herbsttagen
zu einem völligen Bruch, veranlaßt durch Bettina's be=
leidigende Aeußerungen gegen Goethe's Frau, worauf
diese ihr das Haus verbot, was Goethe aufrecht erhielt;
sein Zorn traf sie (nach der Bezeichnung von Stephan
Schütze) wie ein Donner vom Sinai. Goethe ließ ihre
späteren Briefe, wenn wir diesem Theile des Romans
einige factische Wahrheit zugestehen dürfen, unbeantwortet;
„ich mag sie mir gern vom Leibe halten", äußerte er gegen
einen Freund, als sie ihn später in Weimar wieder auf=
suchte. Ihre Skizze zu seinem Denkmal fand bei ihm sehr
kalte Aufnahme. Bei ihrem letzten Besuch weigerte er
sich mit einem herben Worte des Unwillens sie zu sehen,
trotz inständiger Bitte.

Durch jene Jahre jedoch, in welchen Bettina's Roman
spielt, zieht sich eine andere leidenschaftliche Neigung zu

einem jungen Mädchen. Daß wir darüber nichts als einige
wenige Andeutungen haben, und selbst Riemer, was er
sagen konnte, verschweigen zu müssen glaubte, ist um so
mehr zu bedauern, als dieser Kampf des Herzens gegen
die Gluth der Neigung mit mehreren Dichtungen Goethe's
in unmittelbarer Verbindung steht. Wenig nur enthüllen
uns die Sonette, welche 1807 während eines Jenaer
Aufenthalts, wo die Sonettisten A. W. Schlegel, Gries
und Werner ihn mit einer „Sonettenwuth" entzündet
hatten, entstanden; ein Dutzend derselben wurde vom Advents=
tage (29. November) bis zum 16. December gedichtet.
Die Muse der Liebessonette war die reizende Minna
Herzlieb, eine Adoptiv=Tochter (geb. 1789) des (kinder=
losen) Buchhändlers Frommann in Jena, in dessen Hause sie
bis 1809 sich aufhielt. (Seit 1821 lebte sie in einer unglück=
lichen Ehe mit dem Professor Walch, welche 1853 getrennt
wurde. Sie starb 1863 in einer Heilanstalt für Gemüths=
kranke.) Ihren Namen kleidete der Dichter in das Geheim=
niß einer anmuthigen Charade.

„Wie Petrarka's Brust der Charfreitag", so ist dem
Herzen unsers Dichters der Advent von 1807 als ein ewiger
Maitag eingegraben, wo ihm die schon als Kind Geliebte
nun als blühende Jungfrau wieder erschien und mit allen
Banden zärtlicher Liebe an sich fesselte. Schöne Tage
reihen sich an einander, von freundlichem Begegnen und
herzlichem Gespräch beseligt, bis die Poesie den Schmerz
des Scheidens und die Sehnsucht der getrennten Liebenden
zu versüßen unternimmt; innige Liebesworte begleiten ein
kleines Christgeschenk an die Geliebte. Das ist der leichte
Faden, von dem der Sonettenkranz zusammengehalten wird.
Bringen wir mit dem Inhalte desselben in Verbindung,
was Goethe über seine nächstfolgenden größeren Dichtungen
äußert, daß Pandora sowohl als die Wahlverwandtschaften

das schmerzliche Gefühl der Entbehrung ausbrücken, daß niemand an diesem letteren Romane eine tief leidenschaftliche Wunde verkenne, die im Heilen sich zu schließen scheue, ein Herz, das zu genesen fürchte, daß er darin wie in einer Grabesurne so manche herbe Geschicke tief bewegt niedergelegt habe, so deutet dies wohl hinreichend den Kampf der Resignation an, durch den er sich nochmals, und noch nicht zum letztenmal, aus den Wellen der Leidenschaft rettete, und läßt uns auch diese späteren Dichtungen als den poetischen Ausfluß derselben erscheinen.

Zu der dramatischen Dichtung Pandora erhielt Goethe eine äußere Veranlassung durch einen Besuch der Herausgeber der Wiener Zeitschrift „Prometheus", Leo von Seckendorf und Stoll, welche sich von ihm einen poetischen Beitrag erbaten. Es wurde dadurch die ihm so geläufige Prometheusmythe wieder in seiner Phantasie lebendig und bildete sich zu einer symbolischen Dichtung, welche er streng im Charakter der antiken Tragödie zu halten gedachte. In „Pandora's Wiederkunft" sollte die aus lebendigster Erinnerung des genossenen Glückes quellende Sehnsucht nach dem Schönen, und die allen Widerstreit der Leidenschaft verklärende Hoffnung der Wiederkehr des Glückes symbolisch dargestellt werden. Der Dichter nimmt nicht die frühere Titanenidee des Prometheus wieder auf, sondern es läutert und versöhnt das besonnene Streben und die gottergebene Resignation, welche zuletzt zum Besitz der idealen Schönheit führen.

> „Was zu wünschen ist, ihr unten fühlt es;
> Was zu geben sei, die wissen's droben.
> Groß beginnet ihr Titanen; aber leiten
> Zu dem ewig Guten, ewig Schönen
> Ist der Götter Werk; die laßt gewähren".

Der größere Theil dieser Dichtung, voll tiefen Sinnes, obwohl in etwas schwerfälliger Form („ein abstruses Werkchen" nennt es Goethe in einem Briefe an Frau von Grotthuß), wurde in Jena gegen das Ende des Jahres 1807 gleichzeitig mit jenen Sonetten fertig, deren elegischer Ton sich in den Klageliedern des Epimetheus wiederholt, und 1808 in den ersten Heften des Prometheus unter dem Titel: „Pandora's Wiederkunft" veröffentlicht. Goethe hatte damals große Liebe zu dieser poetischen Arbeit; „Pandora", schrieb er um jene Zeit an Reinhard, „ist mir eine liebe Tochter, die ich wunderlich auszustatten gedrungen bin." Aber sei es, daß die voreilige Herausgabe eines Bruchstücks und die geringe Theilnahme des Publicums sie ihm verleidete, oder daß die Idee der Wahlverwandtschaften ihn davon abzog: sie gedieh nicht über den ersten Act, welcher als „Taschenbuch" für das Jahr 1810" in einem besonderen Abdruck herausgegeben wurde. Sie blieb ohne Fortsetzung. Schon bei der Sendung des Bruchstücks an Frau von Stein schrieb der Dichter: „Eigentlich sollte dieser Theil Pandorens Abschied heißen, und wenn es mir so viel Mühe macht sie wieder herbeizuholen, als es mir Mühe machte sie fortzuschaffen, so weiß ich nicht, wann wir sie sehen werden." Die Wiederkehr der Pandora, in der die Fülle der Gaben des Schönen sich verkörpert, und ihr Emporschweben mit dem verjüngten Epimetheus waren bestimmt, den Inhalt der nicht ausgeführten Theile zu bilden⁴².)

Der Roman die Wahlverwandtschaften, schon 1807 entworfen, wurde 1808 begonnen und während der Sommermonate des Jahres 1809 vollendet. Wie Goethe es seit den Zeiten seiner ersten Jugenddichtungen als die Hauptaufgabe seiner poetischen Darstellung angesehen hatte, „Herzensirrung und Weltverwirrung zu betrachten", so führte er in diesem epischen Gemälde den Conflict der Naturgewalt der Leidenschaft mit den Gesetzen sittlicher Verhältnisse in seiner tragischen Entwicklung vor. Da es durch die Natur des Stoffes etwas Düsteres hat, und die im Sinn der antiken Tragödie behandelte erschütternde Katastrophe mit der epischen Ruhe des modernen Romans contrastirt, so war die meisterhafte Dichtung, obwohl sie ihrer Tendenz nach gerade die sittliche Macht der wahren Ehe zur Anschauung bringt, vielen Mißdeutungen ausgesetzt, weil die beschränkte Auffassung die objective Schilderung der Krankheit als einen Rechtfertigungsversuch ansah, gleichwie man einst dem Werther die Absicht der Vertheidigung des Selbstmords unterlegte.

Es lag in dem Wesen dieser letzten Dichtungen und der sie begleitenden Herzenserfahrungen, daß sich vielfach die Jugenderinnerungen des Dichters darin verschlangen. Daher kam ihm mit den „Wahlverwandtschaften" zugleich der Gedanke, die Geschichte seiner Jugend zu schreiben. Im August 1808 sprach er zuerst seine Absicht gegen Riemer aus und setzte die Ausführung auf das nächste Jahr fest. Wenige Wochen nach diesem Entschlusse versiegte die Quelle, aus der ihm für die Schilderung der Ereignisse seiner Kindheit die reichste Mittheilung hätte zufließen können. Seine Mutter starb in ihrem achtundsiebenzigsten Jahre, gegen den Mittag des 13. Septembers sanft entschlummernd. Ihr muntrer, immer gefaßter Sinn war ihr bis ans Ende, selbst unter den Beschwerden und Leiden des Alters, geblieben. In Bezug darauf schreibt Goethe an Zelter bei Mittheilung eines ihrer Briefe: „Darin wie in jeder ihrer Zeilen spricht sich der Charakter einer Frau aus, die in alttestamentlicher Gottesfurcht ein tüchtiges Leben voll Zuversicht auf den unwandelbaren Volks- und Familiengott zubrachte, und als sie ihren Tod selbst ankündigte, ihr

Leichenbegängniß so pünktlich anordnete, daß die Weinsorte und die Größe der Bretzeln, womit die Begleiter erquickt werden sollten, genau bestimmt war." Kurz vor ihrem Ende hatte sie noch die Freude gehabt, ihren Enkel August auf seiner Durchreise nach Heidelberg, wo er seine Studien begann, bei sich zu sehen. Frau von Goethe reiste auf einige Wochen nach Frankfurt hinüber, um dort die Erb= schaftsangelegenheiten zu ordnen. Sie benahm sich dabei so uneigennützig, daß die Verwandten voll ihres Lobes sind.

Uebrigens wurde die autobiographische Arbeit noch durch manche andere Umstände hinausgeschoben. Außer der Ausarbeitung des Romans und dem Abschluß der Farbenlehre drängte sich noch ein Geschäft dazwischen, das nicht aufzuschieben war. Der Maler Philipp Hackert, als Freund Goethe's von der italienischen Reise her be= kannt, war 1807 gestorben, und Goethe erhielt mit der Nachricht von seinem Tode ein Packet biographischer Auf= sätze, deren Redaction und Herausgabe er ihm bei seinen Lebzeiten zugesagt hatte. Nach der Beseitigung der Farben= lehre nahm Goethe die biographische Arbeit vor, welche 1811 herausgegeben und der Erbprinzessin Maria Paulowna zugeeignet ward. Da Goethe's Absicht hauptsächlich dahin ging, die Hackert'schen Papiere zu ordnen und in eine ge= fällige, lesbare Form zu bringen, so hatte er nur stellen= weise Gelegenheit, die Kunst der biographischen Schilderung geltend zu machen. Während dieser literarischen Beschäfti= gung, die ihn vielfach an den eigenen Lebensgang erinnerte, entwarf er zuerst das Schema seines autobiographischen Werks.

Man hat es Goethe oft zum Vorwurf gemacht, daß er, statt an den Bestrebungen patriotisch thätiger Männer theilzunehmen, das Nationalgefühl gegen die Unterdrückung aufzurufen und eine Volkserhebung gegen die Fremdherr=

schaft vorbereiten zu helfen, sich während der Zeit der Er=
niedrigung Deutschlands in Naturstudien, Novellistik und
biographische Schilderungen der Vergangenheit zurückzog.
Jenes politische Wirken lag nun einmal Goethe's contem=
plativer Natur fern, und niemals griff er da ein, wo er
nicht ein seinen Anlagen gemäßes Gebiet der Thätigkeit
fand. Er sah ein, daß er, der sich durchaus zu einem
literarischen Charakter ausgebildet hatte, auf ruhiges For=
schen und Bilden hingewiesen sei; was ihn in diesem fol=
gerechten Schaffen stören konnte, wies er von sich; zu
einem Manne der energischen Thatkraft, der den Beruf
zum Wirken und Handeln in sich trägt, hatte die Natur
ihn nicht gebildet. Und selbst dieses vorausgesetzt, was
hätte er überhaupt als Minister in einem kleinen, von
dem mächtigen Gewalthaber nur tolerirten und von Spionen
argwöhnisch überwachten Staate für Deutschlands Rettung
thun können? In Weimar ließen sich weder Fichte'sche
Reden an die deutsche Nation halten, noch ein Tugendbund
stiften. Dessenungeachtet läßt sich allerdings der Wunsch
nicht unterdrücken, daß er an solchen patriotischen Be=
mühungen, welche die Wiederbelebung deutschen Sinnes
zum Zwecke hatten, einen wärmeren Antheil hätte nehmen
mögen. Wer eine so hohe Stellung zu der geistigen Bildung
seiner Nation, wie er, sich errungen hat, dem steht es nicht
wohl an, inmitten der Bedrängniß, die ihre höchsten geistigen
Güter bedroht, „die Zeit erst eine Weile vorüberzulassen,
um zu ihr und von ihr zu sprechen", wie er 1809 auf
Perthes' Aufforderung zur Mitarbeit an einem damals
projectirten „deutschen Museum" ausweichend schrieb. Nach
dem erschütternden Schlage des Jahres 1806, als er
Müller's Rede übersetzte, dachte er so nicht. Allein so
sehr er die Schmach des Vaterlandes empfand, verlor er
doch alles Vertrauen zu dem Erfolge vereinzelter patrioti=

schen Unternehmungen, und „der Erniedrigung Gewöhnen",
wie er im Epimenides sich ausdrückt, fand auch bei ihm
eine Anwendung. Er stellte sich mehr und mehr auf den
kosmopolitischen Standpunct, und auf diesem konnte er
der Heldengröße, der Energie und dem Herrschertalente
Napoleons seine Achtung nicht versagen. Viel trug dazu
die Macht des persönlichen Eindrucks bei, dessen Zauber
ihn leicht gefangen nahm.

Während des Congresses zu Erfurt im Herbst
1808, wo die Kaiser Napoleon und Alexander über Europa's
Geschicke Rath hielten, wurde auch Goethe, der sich anfangs
fern gehalten hatte, von seinem Herzoge am 29. September
dahin beschieden und blieb mehrere Tage dort. Die aus=
gezeichneten Darstellungen der französischen Schauspieler,
die den Kaiser der Franzosen begleiteten, um vor einem
„Parterre von Königen" zu spielen, vor Allem die Kunst=
leistungen Talma's, bereiteten ihm großen Genuß. Er
sah Racine's Andromache und Britannicus, Voltaire's
Oedipus aufführen. Nach jeder Vorstellung unterhielt er
sich mit dem Herzog voll Feuer stundenlang über die Stücke
und die Leistungen der Darstellenden. Am 1. October
nahm er an dem geräuschvollen Lever Napoleons Theil.
Mit dem französischen Minister Maret war er in dem Ge=
sellschaftscirkel der Frau von der Recke zusammengetroffen.
Dieser erzählte dem Kaiser von dem außerordentlichen
Eindrucke, den der Dichter auf ihn gemacht habe, worauf
Goethe am 2. October zu einer Audienz beschieden wurde.[13])
Sie dauerte fast eine ganze Stunde. Talleyrand, Berthier
und Savary waren gegenwärtig, nachher trat auch Daru
hinzu. Der Kaiser saß an einem großen runden Tische
frühstückend, und indem er ihm winkte, näher zu kommen,
wandte er sich zu dem Dichter mit dem Worte: vous
êtes un homme! Als Goethe darauf mit einer Verbeu=

gung antwortete, fragte der Kaiser nach seinem Alter und sprach seine Verwunderung aus, ihn so frischen Aussehens zu finden. Als das Gespräch sich auf Goethe's poetische Werke lenkte, nahm Daru Gelegenheit, von der Ueber=setzung des Mahomet zu sprechen, worauf Napoleon aus=einandersetzte, weshalb es ein schlechtes Stück sei. Den Werther versicherte er siebenmal gelesen zu haben und be=wies seine genaue Kenntniß desselben durch eine ausführliche Analyse, wobei er bemerkte, daß an einigen Stellen die Motive des gekränkten Ehrgeizes mit denen der leiden=schaftlichen Liebe vermischt seien; „das", sagte er, „ist nicht naturgemäß und schwächt bei dem Leser die Vorstellung von dem übermächtigen Einfluß, den die Liebe auf Wer=ther gehabt hat. Warum haben Sie das gethan"? Goethe hörte ihm mit heiterem Gesichte zu und erwiderte: er wisse zwar nicht, ob ihm jemand denselben Vorwurf ge=macht habe; aber er finde ihn ganz richtig und gestehe, daß hier etwas Unwahres nachzuweisen sei; allein es sei dem Dichter vielleicht zu verzeihen, wenn er sich eines Kunstgriffs bediene, um gewisse Wirkungen hervorzubringen, die er auf einem einfachen natürlichen Wege nicht hätte erreichen können. Der Kaiser schien mit dieser Antwort zufrieden und ging wieder zum Drama über, wobei er sich über die Schicksalsstücke mißbilligend aussprach, die einer dunkleren Zeit angehört hätten. „Was will man", sagte er, „jetzt mit dem Schicksal? die Politik ist das Schicksal." Jedesmal, wenn er etwas zu Ende gesprochen, setzte er hinzu: Qu'en dit Mr. Goet?

Die Unterhaltung ward unterbrochen, indem Napoleon mit Daru über die großen Contributionsangelegenheiten sprach. Dann trat Soult ein, mit dem über polnische Angelegenheiten verhandelt ward. Der Kaiser stand auf, ging auf Goethe zu und fragte nach seiner Familie und

dem herzoglichen Hause. Noch einmal zum Drama über=
springend, äußerte er: „Das Trauerspiel sollte die Schule
der Könige und der Völker sein; das ist das Höchste, was
der Dichter erreichen kann. Sie sollten z. B. den Tod
Cäsars auf eine würdige Weise, besser als Voltaire, schrei=
ben; das könnte eine würdige Aufgabe ihres Lebens wer=
den. Man müßte der Welt zeigen, wie Cäsar sie beglückt
haben würde, wie Alles ganz anders geworden wäre, wenn
man ihm Zeit gelassen hätte, seine hochsinnigen Pläne
auszuführen. Kommen Sie nach Paris; ich fordere es
durchaus von Ihnen. Dort giebt es größere Weltanschau=
ung; dort werden Sie überreichen Stoff für Ihre Dar=
stellungen finden". Als Goethe endlich Abschied nahm,
hörte man den Kaiser zu Berthier und Daru sagen: Voilà
un homme!

Man konnte es Goethe anmerken, daß diese Audienz
einen mächtigen Eindruck hinterlassen hatte, obgleich er ver=
mied, von ihren Einzelnheiten zu reden und selbst den An=
fragen des Herzogs möglichst auszuweichen suchte. Mit dem
Gedanken an eine Reise nach Paris beschäftigte er sich
lange Zeit.

In den nächsten Tagen beabsichtigte Napoleon zu
einem Besuche nach Weimar zu kommen. Der Herzog
forderte Goethe auf, etwas zur Verherrlichung dieser Tage
auszusinnen. Mehrere großartige Pläne wurden in Vor=
schlag gebracht, aber die Zeit zur Vorbereitung erschien
zu kurz. Eine große Jagd auf dem Schlachtfelde von
Jena und ein glänzender Hofball ward zur Unterhaltung
der hohen Gäste veranstaltet. Da Napoleon „zu Ehren
der Herzogin" seine Schauspielertruppe in Weimar spielen
lassen wollte, so begab sich Goethe am 4. October zurück,
um die nöthigen Vorbereitungen zu treffen. Am 6. ward
„der Tod Cäsar's" aufgeführt, worin Talma als Brutus

glänzte. Auf dem Hofball unterhielt sich Napoleon lange
mit Goethe und Wieland, den er, da er nicht erschienen
war, eigens in einem Hofwagen holen ließ. Das Gespräch
wandte sich auf ältere und neuere Literatur. Gegen Goethe
drückte der Kaiser aufs neue sein lebhaftes Interesse für
Veredlung der tragischen Kunst aus; „das Trauerspiel",
sagte er, „steht gewissermaßen über der Geschichte". Dabei
sprach er sich für scharfe Abgrenzung der Gattungen aus
und that die bezeichnende Aeußerung: „je suis étonné
qu'un grand esprit comme vous n'aime pas les genres
tranchés." Nachmals wurden Goethe und Wieland noch
einmal zum Frühstück geladen und von Napoleon sehr
wohlwollend behandelt, doch betraf die Unterhaltung mehr
ihre persönlichen Lebensverhältnisse. Wenige Tage nach
der Rückkehr des Kaisers nach Erfurt erhielten beide den
Orden der Ehrenlegion. Vom Kaiser Alexander war Goethe
schon das Jahr zuvor mit dem St. Annenorden decorirt
worden.

Einige Jahre später kam Goethe in ein engeres Ver=
hältniß zu dem Bruder des Kaisers, dem „grundedlen",
Ludwig, eine Zeitlang König von Holland. Er lernte
ihn bald nach der Thronentsagung bei einem Aufenthalt
in Teplitz im Jahre 1810 kennen. Sie wohnten zufällig
in Einem Hause und sahen sich häufig. Das edle zartsitt=
liche Wesen des trefflichen Fürsten, das sich auf eine tiefe
religiöse Weltanschauung gründete, zog Goethe's Gemüth
sehr zu ihm hin; er gestand, man verlasse ihn nicht, ohne
sich besser zu fühlen.

Die politische Windstille des Jahres 1810 und der
zunächst folgenden Zeit war Goethe für sein biographisches
Werk höchst günstig; er konnte sich um so leichter von der
Gegenwart abschließen und sich mit seiner Phantasie ganz
der Vergangenheit hingeben; „die entschwundenen Geister",

sagt er, „mußte ich in mir hervorrufen und manche Er=
innerungsmittel gleich einem nothwendigen Zauberapparat
mühsam und kunstreich zusammenschaffen." Es kam ihm
bei dieser Arbeit nicht auf historische Vollständigkeit und
Genauigkeit in den biographischen Einzelnheiten an, sondern
seine Absicht war vornehmlich, den Leser in Stand zu
setzen, sich daraus den Begriff stufenweiser Ausbildung
einer durch ihre Arbeiten schon bekannten Persönlichkeit zu
bilden. „Denn dieses" — so spricht er sich in dem Vor=
worte aus — „scheint die Hauptaufgabe der Biographie
zu sein, den Menschen in seinen Zeitverhältnissen darzu=
stellen, und zu zeigen, inwiefern ihm das Ganze widerstrebt,
inwiefern es ihn begünstigt, wie er sich eine Welt= und
Menschenansicht daraus bildet, und wie er sie, wenn er
Künstler, Dichter, Schriftsteller ist, wieder nach außen ab=
spiegelt." Die Behandlungsweise und den Titel: Aus mei=
nem Leben, Dichtung und Wahrheit, wodurch mancher
oberflächliche Leser von vornherein stutzig gemacht wurde,
erläutern Goethe's eigene Worte aufs treffendste: „Es
war mein ernstestes Bestreben, das eigentliche Grundwahre,
das, insofern ich es einsah, in meinem Leben obgewaltet
hatte, möglichst darzustellen und auszudrücken. Wenn aber
ein solches in späteren Jahren nicht möglich ist, ohne die
Rückerinnerung und also die Einbildungskraft wirken zu
lassen, und man also immer in den Fall kommt, gewisser=
maßen das dichterische Vermögen auszuüben, so ist es klar,
daß man mehr die Resultate und wie wir uns das Ver=
gangene jetzt denken, als die Einzelnheiten, wie sie sich
damals ereigneten, aufstellen und hervorheben werde ....
Dieses alles, was dem Erzählenden und der Erzählung
angehört, habe ich hier unter dem Worte Dichtung be=
griffen, um mich des Wahren, dessen ich mir bewußt war,
zu meinem Zweck bedienen zu können". Indeß rief gleich

der erste Band, die liebliche, harmlose Kindheitsidylle, sehr
verschiedenartige Urtheile hervor. Die Einsichtigen erfüllte
sie mit jenem Entzücken, dem Graf Reinhard Worte leiht,
wenn er am 4. December an den Dichter schreibt: „Niemals hab' ich eine Schrift mit so viel Liebe und Ruhe
mir angeeignet, wie diese; wollüstig schwamm mein Geist
mit dem klaren, tiefen Strom der Rede fort und genoß
der lieblichen Aussichten auf Vergangenheit und Zukunft.
Mir, und das ist manchen Andern geschehen, spiegelte sich
in ihm das Bild der eigenen Kindheit; und dann doch
wieder wie verschieden von den Eigenthümlichkeiten des
herrlichen Knaben, der Goethe ward!" Ein großer Theil
des Publicums konnte sich jedoch in die Form nicht gleich
finden; die halbpoetische Behandlung war nicht greifbar
genug und erschien für den Ernst einer deutschen Biographie
allzu tändelnd. „Die Deutschen", so äußert sich Goethe
unmuthig in einem Briefe an einen Freund, „haben die
eigene Art, daß sie nichts annehmen können, wie man es
ihnen giebt; reicht man ihnen den Stiel des Messers zu,
so finden sie ihn nicht scharf, bietet man ihnen die Spitze,
so klagen sie über Verletzung; sie haben so unendlich viel
gelesen, und für neue Formen fehlt ihnen die Empfänglichkeit; erst wenn sie sich mit einer Sache befreunden,
dann sind sie einsichtig, gut und wahrhaft liebenswürdig".
Und das ist denn auch an diesem köstlichen Werke, das
nicht nur in das individuelle Leben, sondern mit diesem
tief in die ganze Bildungsperiode unserer Literatur ein-
führt, in Erfüllung gegangen, wenn man auch längst zu
der Einsicht gelangt ist, daß für die Kritik des biographischen
Materials gar viel zu thun übrig bleibt.

Ein großer Theil dieses Werkes wurde während des
Aufenthalts in den böhmischen Bädern, welche er seit 1810
wieder mehrere Jahre hindurch regelmäßig zu seiner Er-

holung benutzte (im Jahre 1811 in Begleitung seiner Frau) in heiterster Muße ausgearbeitet. Die Naturwissenschaft trat für den Augenblick mehr in den Hintergrund. Dagegen erwachte mit der lebhaften Erinnerung der Jugend wieder ein reger Trieb zur lyrischen Dichtung, welche durch die Schilderungen seines Lebens überall mit ihren sanften Tönen hindurchklingt. In dem idyllischen Badeleben zu Karlsbad entsprang 1810 eine erotische Dichtung, worin der Dichter in einem Ariostischen Gemälde den Conflict der aufwallenden Leidenschaft mit der ehelichen Treue durchführt. Das Motto aus Tibull (I. 5. 39 sq.) — aliam tenui, sed jam quum gaudia adirem Admonuit dominae deseruitque Venus — spricht die Idee des Ganzen deutlich genug aus. In dem Momente, wo der Gast die schöne Fremde, die sich ihm hingiebt, in die Arme schließen will, gedenkt er seines trauten Familien= kreises daheim; er entflieht der Versuchung und wendet sich in einem liebevollen Briefe mit bewegtem Gemüth zu den Seinigen. Das Gedicht hat somit, gleichwie die Wahl= verwandtschaften, eine hohe sittliche Tendenz; weil aber die Schilderung sinnlicher Liebesgluth eine allzu lebhafte Farbengebung erhalten haben, so theilte es das Schicksal der unterdrückten römischen Elegieen, von Goethe's Werken ausgeschlossen zu werden. Jetzt ist es durch den Druck bekannt gemacht unter dem Titel „das Tagebuch".

Der Dichter bedurfte also nicht erst der in Karlsbad mehrfach geübten Gelegenheitspoesie, um sich zu prüfen, „ob noch einiger poetischer Geist in ihm walte." Er ward zu dieser in den Sommern von 1810 und 1812 durch die Anwesenheit der Kaiserin von Oestreich veranlaßt, deren Liebenswürdigkeit er seine Huldigung in einer Reihe von Gedichten darbrachte, die im Namen der Bürgerschaft von Karlsbad überreicht wurden. Das Gedicht „im Namen der

Kaiserin" wurde von ihr selbst verlangt. Von der Kaiserin
wurde er sehr ausgezeichnet und bewahrte ihr stets eine
anhängliche Gesinnung. Auf ihren Wunsch verfaßte er 1812
in Teplitz innerhalb weniger Tage das kleine Lustspiel die
Wette, wobei die Aufgabe war, das Betragen zweier
durch eine Wette getrennten Liebenden darzustellen. Am
28. Juli ward der Auftrag ertheilt, am 5. August konnte
die Aufführung stattfinden. Im Grunde war diese Art
höfischer Gelegenheitsdichtung eine Sphäre, in der wir das
Talent eines Goethe ungern verweilen sehen. Der Be-
glückwünschung der Kaiserin der Franzosen hätte der deutsche
Dichter wohl überhoben sein können, wenn er gleich, wie
er an Frau von Stein berichtet, von einem der ersten
Staatsmänner Böhmens die Versicherung erhielt, eine
bedenkliche Aufgabe glücklich gelöst zu haben. Der Umschwung der Ereignisse, den er damals nicht ahnete, nöthigte
ihn zu der Palinodie in den Motto-Stanzen des Epimenides.

Der zweite Band von Dichtung und Wahrheit,
welcher im Herbst 1812 erschien, fand eine ermunternde
Aufnahme. Der dritte konnte noch zum großen Theile
vollendet werden, ehe die Kriegsereignisse von 1813 von
der sinnigen Betrachtung vergangener Zustände abzogen.
Es war zu bedauern, daß zu eben der Zeit, wo er der
Freundschaft seiner Jugendjahre so manches liebevolle Denkmal setzte, sein Verhältniß zu Jacobi aufs neue durch
eine herbe Mißstimmung getrübt wurde. Jacobi's Schrift
„Von den göttlichen Dingen und ihrer Offenbarung",
gleichsam sein philosophisches Vermächtniß, griff das Iden-
titätssystem der Naturphilosophie aufs entschiedenste an;
er bekennt sich zu einem Gott über der Natur; ja, er
spricht es aus: „die Natur verberge ihm Gott." Goethe
sah in dem „unglücklichen" Buche einen Angriff gegen

seine redlichsten Bemühungen, wie er nun schon „so viele Jahre" ertragen habe; er fand darin „recht harte Stellen gegen seine besten Ueberzeugungen, die er öffentlich in seinen auf Natur und Kunst sich beziehenden Aufsätzen und Schriften bekenne und zum Leitfaden seines Lebens und Strebens genommen habe"; sein Brief an Knebel vom 8. April 1812 läßt sich im Tone heftigen Unwillens des Weiteren darüber aus. Auch gegen Jacobi hatte er es in seinem Briefe aus Karlsbad vom 10. Mai 1812 kein Hehl, daß ihn das Büchlein ziemlich indisponirt habe. „Wie konnte mir", schreibt er in versöhnterer Stimmung in den Annalen, „das Buch eines so herzlich geliebten Freundes willkommen sein, worin ich die These durchge= führt sehen sollte, die Natur verberge Gott! Mußte bei meiner reinen, tiefen, angeborenen und geübten Anschau= ungsweise, die mich Gott in der Natur, die Natur in Gott zu sehen unverbrüchlich gelehrt hatte, so daß diese Vorstellungsart den Grund meiner ganzen Existenz machte, — mußte nicht ein so seltsamer, beschränkter Ausspruch mich dem Geiste nach von dem edelsten Manne, dessen Herz ich verehrend liebte, für ewig entfernen?" Eben so sehr mußte sich Jacobi durch Goethe's Gedicht „Groß ist die Diana der Epheser" tief gekränkt fühlen. Doch die Sonne der Jugendliebe ist zu mächtig, um nicht das in einer heißen Stunde aufsteigende Gewölk rasch wieder zu verscheuchen; hatte doch auch Friedrich Stolberg, als er 1812 Goethe in Karlsbad zum letztenmal sah, ihm unter Thränen die Hand zum Abschied gedrückt. Versöhnlich schrieb Goethe am 6. Januar 1813 an Jacobi: „Die Menschen werden durch Gesinnungen vereinigt, durch Meinungen getrennt. Die Freundschaften der Jugend gründen sich aufs Erste; an den Spaltungen des Alters haben die letzteren Schuld." Das gute Einvernehmen

wurde wieder hergestellt, und Goethe konnte in der Schilde=
rung seines Jugendlebens das Bild Jacobi's mit aufrich=
tiger Anerkennung seines Werthes zeichnen. Wenn er hier
weniger Gelegenheit fand, das Andenken Wieland's zu
erneuern, so ward ihm durch dessen am 20. Januar 1813
erfolgtes Scheiden, welches ihn so tief erschütterte, daß ihn
die Freunde kaum jemals weicher gestimmt gefunden hatten,
eine besondere Veranlassung, die Verdienste auch dieses
Freundes einer späteren Lebensepoche mit beredter Aner=
kennung zu feiern. Die von Goethe am 18. Februar in
der Freimaurerloge gehaltene Gedächtnißrede ist der
schönste Denkstein auf Wieland's Grabe.

Zweites Capitel.

1813—1818.

~~~~~~

Mit dem Beginn des Jahres 1813 ging ein neuer Geist durch Deutschland. Das gewaltsam niedergehaltene, tiefverletzte Nationalgefühl loderte in hellen Flammen der Begeisterung auf, und die Hoffnung flog freudig der That voran. Goethe theilte diese Stimmung nicht. Er sah nur neue Verwirrung und schwere Zeiten vor sich und ergriff mit einem gewissen Eigensinn jedes Mittel, um sich den Ereignissen, auf deren Gang er nicht einzuwirken vermochte, fern zu halten und ihre Rückwirkung von seiner geistigen Thätigkeit abzuwenden. Tags vor der Besetzung Weimars durch die Franzosen, am 17. April, trat er seine Reise in die böhmischen Bäder an. In Dresden, das von den Russen besetzt war, sah er Stein und Arndt.[1]) Er machte auf sie keinen erfreulichen Eindruck, da er über die begeisterungsvolle Erhebung des deutschen Volkes sich nicht freudig und hoffnungsvoll äußerte, sondern beklommen erschien. Als Körner, dessen Sohn in die Reihen der Freiwilligen getreten war, von Hoffnungen glücklicher Zeiten sprach, fuhr Goethe heftig gegen ihn auf mit den Worten: „Ja, schüttelt nur an euren Ketten! der Mann ist euch zu groß; ihr werdet sie nicht zerbrechen, sondern nur noch tiefer ins Fleisch ziehen": eine Besorgniß, die allerdings die ersten Kriegsereignisse zu rechtfertigen schienen, da man überdies noch ungewiß war, welche Stellung Oestreich in dem europäischen Kampfe einnehmen werde. Auch von Teplitz aus kommen uns nur sorgenvolle Aeußerungen des nach Frieden verlangenden Dichters entgegen. „Wer es jetzt möglich machen kann", — schreibt er unterm 21. Juli — „soll sich ja aus der Gegenwart retten, weil es un= möglich ist, in der Nähe von so manchen Ereignissen nur leidend zu leben, ohne zuletzt von Sorge, Verwirrung und Verbitterung wahnsinnig zu werden." Shakspeare und Tacitus hatte er vorzugsweise zu seiner Lectüre ge= wählt, um durch fernliegende Ereignisse seine Phantasie von der Gegenwart abzuziehen. Indeß war er wenigstens froh, daß er in dieser jetzt zerrissenen Welt, wo man nicht mehr wisse, wem man angehöre, gesund sei und arbeiten könne.

Außer der Vollendung des dritten Theils von Dichtung und Wahrheit beschäftigte ihn eine Abhandlung über Shak= speare, dessen Einwirkung auf seine Jugenddichtungen er dort geschildert hatte, obgleich seine gedrückte Stimmung nicht geeignet war, die großartigen bramatischen Weltge= mälde dieses Riesengeistes von einem unbefangenen Stand= puncte aus zu betrachten, und zwar in einer Epoche, wo seine Poesie sich schon der orientalischen Contemplation zu= neigte. Die Balladen „der Todtentanz", „der getreue Eckart", „die wandelnde Glocke", wurden damals gedichtet, und in einem Opernentwurf „der Löwenstuhl" behandelte er das Sujet, welches er später in der Ballade vom ver= triebenen und zurückkehrenden Grafen darstellte. Daneben gewährten mineralogische Excursionen und Sammlungen seinem Geiste ebenfalls eine erwünschte Ableitung. Mit innigem Wohlbehagen führt uns seine Schilderung des

Ausflugs nach den Zinnbergwerken von Zinnwalde und Altenberg (10.—12. Juli) in die Stille der Natur und die idyllische Gewerbthätigkeit der Gebirgsbewohner, welche nicht lange darauf, nach dem Ablauf des Waffenstillstands und dem Eintritt Oestreichs in die Reihen der Verbündeten, allen Schrecknissen des Krieges ausgesetzt waren.

Auf der Heimreise traf Goethe in Dresden mitten unter kriegerische Zurüstungen. In Weimar rückte die jüngste französische Garde ein; General Travers, den er früher in Gesellschaft des Königs Ludwig von Holland kennen gelernt hatte, ward in seiner Wohnung einquartiert. Goethe suchte sich durch literarische Beschäftigung mannigfacher und zerstreuter Art über die Sorgen der Zeit, welche die Unfälle von 1806 noch einmal über Weimar bringen konnten, hinwegzuhelfen; sogar die Beschäftigung mit chinesischer Geschichte schien für den Augenblick ein willkommenes Beruhigungsmittel. „Ich hatte mir", schreibt er an Knebel, „dies wichtige Land gleichsam aufgehoben und abgesondert, um mich im Fall der Noth, wie es auch jetzt geschehen, dahin zu flüchten." Ein anderer „Zufluchtswinkel in böser Zeit" waren ihm die Naturstudien. „Ich habe mich in diesen letzten so trüben als zerstreuten Tagen" — schreibt er am 3. December an den Geheimrath von Leonhard, mit dem er durch mineralogische Studien in ein näheres Verhältniß gekommen war — auch wieder mit Geognosie beschäftigt, besonders aber was ich seit mehreren Jahren in Böhmen und Sachsen, die Zinnformation betreffend, zusammengebracht, endlich geordnet und eine Darstellung dieser wichtigen Urepoche versucht." Von poetischen Arbeiten ist der Epilog zu dem Trauerspiele Essex zu erwähnen, welchen Goethe für die Schauspielerin Wolff schrieb, um ihre fatale Rolle der Elisabeth zum Schluß noch einigermaßen glänzend auszustatten. Diese nach vor-

gängigen geschichtlichen Studien sorgfältig ausgeführte Dich=
tung steht in Beziehung zu den Geschicken Napoleons und
giebt der unter dem Abfall der Freunde sich kühn behaupten=
den muthvollen Gesinnung einen Ausdruck, nicht ohne die
tragische Ahnung des Sturzes: „Der Mensch erfährt, er
sei auch wer er mag, ein letztes Glück und einen letzten
Tag." Dies ward gerade am 18. October, dem Tage der
Leipziger Schlacht, geschrieben. An eben dem Tage fiel
das Brustbild Napoleons von Gyps, das in Goethe's
Zimmer hing, von der Wand herab; doch nur der Rand
hatte gelitten. Goethe ließ um den Rand des Bildes, den
Vers eines römischen Dichters parodirend, die Worte
setzen: scilicet immenso superest ex nomine multum.
Uebrigens hatte der Napoleoncultus, von dem wir den
deutschen Dichter ungern eine Zeitlang befangen sehen,
damit ein Ende gefunden.

Dem Rückzuge der französischen Armee entging Weimar
über Erwarten glücklich. Die Truppen der Verbündeten
rückten ein. Goethe, dem vom städtischen Einquartierungs=
amte schon zwölf Mann Kosacken zugewiesen waren, blieb
in Folge seiner Vorstellungen durch besondere Vergün=
stigung von der Last der Einquartierung befreit. Der Her=
zog trat am 1. November vom Rheinbund zurück und er=
ließ einen Aufruf zur Bildung eines Corps von Freiwil=
ligen. Gern hätte August von Goethe gleich wie Karl von
Knebel sich in die Reihen derselben gestellt. Allein dem
Vater war der Gedanke unerträglich, den einzigen Sohn
verlieren zu können, und da ihn sein Wunsch nicht zurück=
zuhalten vermochte, so erwirkte er einen Befehl vom Her=
zog, der den kampflustigen Jüngling zurückbleiben hieß.
Der Herzog errichtete eine Schwadron Jäger und eine
Compagnie zu Fuß. Am 7. Januar 1814 verließ er

Weimar, um an der Spitze des dritten preußischen Armeecorps nach den Niederlanden zu ziehen.

Goethe, vor Allem erfreut, der Ruhe seiner Studien
zurückgegeben zu sein, blieb den Ereignissen gegenüber in
der Haltung des parteilosen Beobachters. Der Macht des
Augenblicks, dessen Kind der Enthusiasmus ist, schien ihm
der nicht unterworfen zu sein, „der in der Weltgeschichte
lebt.“ Seine Natur war, wie er selbst erörtert, der
„höheren“ Culturstufe gemäß, auf der der Nationalhaß
verschwindet, wo man gewissermaßen über den Nationen
steht und ein Glück oder ein Wehe seines Nachbarvolkes
empfindet, als wäre es dem eigenen begegnet. Wenn er
daher inmitten der patriotischen Aufwallung Anderer den
Strom der Ereignisse in ruhiger Haltung an sich vorbei-
gleiten ließ und die politischen Zukunftsträume erregter
edler Männer nicht theilte, so konnte es nicht fehlen, daß
er Manchem theilnahmlos erschien. Indeß war diese schein-
bare Kälte nicht, wie Stein sie glaubte entschuldigen zu
müssen, eine Folge seines Alters, sondern stimmt nur zu
der seit dem Beginn der Revolutionszeit erworbenen und
geübten ruhigen und gemessenen Haltung. Es war der
Standpunct des Kosmopolitismus des vorigen Jahrhunderts. Er rückt sich die Ereignisse der Gegenwart in die
Ferne und betrachtet sie gleichsam vom historischen Standpuncte, weshalb auch der nachherige Erfolg in den meisten
Fällen der Klarheit seines politischen Urtheils Gerechtigkeit
hat widerfahren lassen. Dabei bewahrte er dennoch in
der Tiefe seiner Seele eine warme Liebe für sein Volk
und den Glauben an dessen steigende Entwicklung und
höhere Bestimmung. Wer in jenen Jahren Gelegenheit
hatte, mit ihm die Geschicke der Gegenwart zu besprechen,
schied (wie namentlich Varnhagen von Ense und Luden
ausdrücklich versichern) mit der Ueberzeugung, daß die im

ärgsten Irrthum seien, welche den Dichter beschuldigen, er
habe keine Vaterlandsliebe, kein Gefühl für Deutschlands
Ehre und Schande, keinen Glauben an unser Volk gehabt.
„Sein Schweigen", sagt Luden, „bei den großen Ereignissen
und wirren Verhandlungen dieser Zeit war lediglich eine
schmerzliche Resignation, zu welcher er sich in seiner Stel=
lung und bei seiner genauen Kenntniß von den Menschen
und von den Dingen wohl entschließen mußte." Eben so
schreibt Varnhagen von Ense gleich nach seinem Besuche
bei Goethe (im Nov. 1817) an Stägemann: „Er sieht nur
früh und schnell die Dinge, wie die Meisten erst spät sie
sehen; er hat Vieles schon durchgearbeitet und beseitigt,
womit wir uns noch plagen, und wir verlangen, er soll
unsere Kindereien mitmachen, weil wir sie noch als Ernst
nehmen. Goethe kein deutscher Patriot! Ein echter und
wahrhafter, wie es jemals einen geben kann! In seiner
Brust war alle Freiheit Germaniens früh versammelt und
wurde hier zu unser aller nie genug erkannten Frommen
das Muster, das Beispiel, der Stern unserer Bildung.
In dem Schatten dieses Baumes wandeln wir alle. Fester
und tiefer drangen nie Wurzeln in unsern vaterländischen
Boden, mächtiger und emsiger sogen nie Adern an seinem
markigen Innern. Unsere waffenfrohe Jugend, die höhere
Gesinnung, die in ihr wirkt, stehen wahrlich bezugreicher
zu diesem Geiste, als zu manchem andern, der dabei be=
sonders thätig gewesen sein will."

Das schönste Denkmal von Goethe's vaterländischer
Gesinnung wie politischem Scharfblick hat uns Luden
aufbewahrt [45]); es ist um so schätzbarer, da der Charakter
dieses trefflichen Historikers die beste Bürgschaft treuer
Berichterstattung ist. Luden theilte im November 1813
Goethen die Absicht mit, eine zunächst gegen Napoleon
und die Franzosen gerichtete Zeitschrift unter dem Titel

„Nemesis" herauszugeben. Goethe rieth ihm von einer
solchen publicistischen Thätigkeit ab, indem er auf dieser
Bahn sich in vielfache Händel verwickeln und bald er-
müden werde. „Glauben Sie ja nicht", fuhr Goethe
darauf fort, „daß ich gleichgültig wäre gegen die großen
Ideen Freiheit, Volk, Vaterland. Nein, diese Ideen sind
in uns, sie sind ein Theil unseres Wesens, und niemand
vermag sie von sich zu werfen. Auch liegt mir Deutschland warm am Herzen. Ich habe oft einen bittern Schmerz
empfunden bei dem Gedanken an das deutsche Volk, das
so achtbar im Einzelnen und so miserabel im Ganzen ist.
Eine Vergleichung des deutschen Volkes mit andern Völkern
erregt uns peinliche Gefühle, über welche ich auf jegliche
Weise hinweg zu kommen suche, und in der Wissenschaft
und in der Kunst habe ich die Schwingen gefunden, durch
welche man sich darüber hinwegzuheben vermag: denn
Wissenschaft und Kunst gehören der Welt an, und vor
ihnen verschwinden die Schranken der Nationalität; aber
der Trost, den sie gewähren, ist doch nur ein leidiger
Trost und ersetzt das stolze Bewußtsein nicht, einem
großen, starken, geachteten und gefürchteten Volke anzugehören. In derselben Weise tröstet auch nur der Glaube
an Deutschlands Zukunft; ich halte ihn so fest, als Sie,
diesen Glauben; ja, das deutsche Volk verspricht eine Zukunft und hat eine Zukunft. Das Schicksal der Deutschen
ist, mit Napoleon zu reden, noch nicht erfüllt". Nachdem
er dies unter Hinweisung auf die frühere Weltstellung des
deutschen Volks näher begründet hat, fährt er fort: „Sie
sprechen von dem Erwachen, von der Erhebung des deutschen Volks und meinen, dieses Volk werde sich nicht wieder entreißen lassen, was es errungen und mit Gut und
Blut theuer erkauft hat, nämlich die Freiheit. Ist denn
wirklich das Volk erwacht? weiß es, was es will und was

es vermag? Der Schlaf ist zu tief gewesen, als daß auch
die stärkste Rüttelung so schnell zur Besinnung zurückzu=
führen vermöchte. Und ist denn jede Bewegung eine Er=
hebung? Erhebt sich, wer gewaltsam aufgestöbert wird?
Wir sprechen nicht von den Tausenden gebildeter Jünglinge
und Männer, wir sprechen von der Menge, von den Mil=
lionen. Und was ist denn errungen oder gewonnen worden?
Sie sagen, die Freiheit; vielleicht würden wir es aber
richtiger Befreiung nennen, nämlich Befreiung, nicht
vom Joche der Fremden, sondern von einem frem=
den Joche. Es ist wahr, Franzosen sehe ich nicht mehr
und nicht mehr Italiener, dafür aber sehe ich Kosacken,
Baschkiren ꝛc..... Wir haben uns seit einer langen Zeit
gewöhnt, unsern Blick nur nach Westen zu richten und
alle Gefahr von dorther zu erwarten; aber die Erde dehnt
sich auch noch weithin nach Morgen aus". Das aber be=
zeichnete Goethe als die Pflicht jedes Einzelnen, „nach sei=
nen Talenten, seiner Neigung und seiner Stellung die Bil=
dung des Volkes zu mehren, zu stärken und durch dasselbe
zu verbreiten nach allen Seiten, und wie nach unten, so
auch, und vorzugsweise, nach oben, damit es nicht zurück=
bleibe hinter den andern Völkern, sondern wenigstens hierin
voraufstehe, damit der Geist nicht verkümmere, sondern
frisch und heiter bleibe, damit es nicht verzage, nicht klein=
müthig werde, sondern fähig bleibe zu jeglicher großen That,
wenn der Tag des Ruhmes anbricht". Ein Gespräch ganz
ähnlichen Inhalts hatte Goethe mit von Leonhard auf
dem Schlachtfelde von Hanau. „Gerecht und nachsichtig"
— so berichtet dieser — „sprach der Dichter sich aus über
den Geist der Gegenwart, über die Entwicklung nächster
Folgezeit; nur der Gedanke an Deutschlands Zu=
kunft war ihm tröstlich; die Entscheidung, wie solche
gefallen, erachtete er für den Anfang vom Ende".

Goethe fühlte keinen Beruf, die Zeitereignisse poetisch zu verherrlichen. Die poetische Stimmung während des Frühlingsaufenthalts 1814 zu Berka, wo er in dem von der Ilm umrauschten „Edelhof" die Ruhe im Genusse einer schönen Natur suchte, veranlaßte den Entwurf zu einem Vorspiel zu den Sommervorstellungen der Weimarer Schauspielergesellschaft auf dem 1811 erbauten Theater zu Halle. Allein er überließ die Vollendung desselben an Riemer, indem er der Aufforderung Iffland's, für die preußische Hauptstadt ein auf den Befreiungskrieg bezüg= liches Festspiel zu dichten, nachgab. Im Mai 1814 ward des Epimenides Erwachen begonnen. Da die Fest= dichtung auf den preußischen Hof und seine Gäste berech= net werden mußte, so blieb bei so nahe liegenden Be= gebenheiten und so delicaten Beziehungen kaum eine andere Form als die allegorische übrig, welche überdies, obgleich an und für sich undramatisch, der beabsichtigten opern= artigen Ausstattung günstig war. Der Dämon der Unter= drückung — das sind die Grundzüge der Haupthandlung — hat im Verein mit den Dämonen der List und des Kriegs den Glauben und die Liebe in Fesseln gelegt, doch nicht die Hoffnung. Diese verbinden sich unter einander und stärken sich zu unüberwindlicher Kraft. Sie werden durch gütige Genien ihrer Bande entledigt und besiegen den Dämon der Unterdrückung. Zum Rahmen dieses allegorischen Zeitgemäldes wählte der Dichter die Erzählung von Epimenides aus Kreta, welcher, der altgriechischen Sage nach, über funfzig Jahr in einer Höhle schlief und bei seinem Erwachen verwundert war, die Welt um sich ganz verändert zu finden; in diesem Bilde erkannte der Dichter sich selbst und manche seiner Freunde, welche sich von den politischen Ereignissen fern gehalten hatten und jetzt von dem plötzlichen Umschwung überrascht wurden.

Durch die musikalische Composition, welche Capellmeister
B. A. Weber in Berlin übernahm, und anderweitige
Vorbereitungen ward die Aufführung bis zum nächsten
Frühjahr hin verzögert. Am 30. März 1815 fand sie zum
erstenmal in Berlin statt und ward am nächsten Tage in
Gegenwart des Hofes wiederholt. Nach Zelter's Bericht
war „der Beifall wüthend", und die auf die Zeitereignisse
bezüglichen Stellen wurden lebhaft applaudirt; waren doch
auch dem alten Blücher bei dem Chorgesange des Vorwärts=
Liedes die Thränen geflossen. In Weimar ward der
30. Januar des folgenden Jahrs durch die Aufführung
des Festspiels gefeiert. Eine nachhaltige Wirkung war
nicht zu erwarten. Ungeachtet der Zierlichkeit und Künst=
lichkeit der Composition hat dies allegorische Drama kein
rechtes inneres Leben, und der Dichter selbst hat zugegeben,
daß es demselben an Einbildungskraft und Wärme fehle.
Die Schlußstrophe, welche auf die wiederum den politischen
Horizont verdüsternden Wolken hinweist, ward bei der Auf=
führung weggelassen oder ist später hinzugedichtet:

> Verflucht sei, wer nach falschem Rath
> Mit überfrechem Muth
> Das, was der Corse=Franke that,
> Nun als ein Deutscher thut.
> Er fühle spät, er fühle früh:
> Es sei ein dauernd Recht!
> Ihm geh' es trotz Gewalt und Müh'
> Ihm und den Seinen schlecht!

Der glückliche Zustand Deutschlands nach der Befreiung
von dem Joch der Fremdherrschaft, „die große politische
Atmosphären=Veränderung", äußerte auch auf Goethe eine
verjüngende Wirkung, und er fühlte, daß es jetzt „dem
Epimenides nicht heilsam sein würde, im Schlummer zu
verharren". Es liegt ein Geständniß der Beschämung in den
Worten des Epimenides:

Doch schäm' ich mich der Ruhestunden,
Mit euch zu leiden war Gewinn;
Denn für den Schmerz, den ihr empfunden,
Seid ihr auch größer, als ich bin.

Ein dichterisches Wohlgefühl kommt wieder über ihn, als er in den nächsten beiden Jahren 1814 und 1815, statt in dem engen Karlsbader Thale Pflanzen und Steine zu sammeln, „zu des Rheins gestreckten Hügeln — weinge= schmückten Landesweiten" hinzieht und in offenem Verkehr mit vertrauten Freunden Herz und Sinn wieder der Fülle des Lebens öffnet: „der Wunsch in die freie Welt" — das sind seine eignen Worte — „besonders aber ins freie Geburtsland, zu dem ich wieder Lust und Antheil fassen konnte, drängte mich zu dieser Reise".

Einen besonderen Reiz hatte der Ausflug an den Rhein noch dadurch, daß er in Wiesbaden einige Wochen mit seinem Freunde Zelter zusammen zu sein hoffte. Das Verhältniß zu diesem hatte sich seit einigen Jahren zur innigsten Freundschaft gesteigert; das Unglück hatte das Band fester geschlungen. In der schmerzlichen Lebensepoche im November des Jahres 1812, da Zelter über den Tod seines ältesten Sohnes, der sich selbst entleibt hatte, in tiefe Trauer versetzt war, gaben ihm Goethe's tröstende Zeilen das brüderliche Du; die vielsagenden Worte: „Du hast Dich auf dem schwarzen Probirsteine des Todes als ein echtes geläutertes Gold aufgestrichen; wie herrlich ist ein Charakter, wenn er so von Geist und Seele durch= drungen ist" — waren eine fürs Leben gewonnene Ueber= zeugung, die niemals wankte. Zelter durfte, um seine eigenen Worte zu gebrauchen, seit diesem Briefe denken, an die Stelle eines verlorenen Sohnes einen lebendigen Bruder gewonnen zu haben. Zwar gehörte Zelter einer ganz anderen Sphäre der geistigen Thätigkeit an, als

Goethe, und konnte diesem nicht, wie Schiller, so viel zurückgeben, als er empfing; aber Goethe hatte seinen rein= menschlichen Werth, die Kernhaftigkeit seiner sittlichen Natur erkannt und schätzte in ihm vor Allem die Tüchtigkeit und Geradheit seines Charakters, der „von allen seltenen Gaben die seltenste ein Freund zu sein" in reichem Maße besaß.

Schon während des frischen Naturgenusses auf der Hinreise fand Goethe die innigen, heiteren Töne seiner Lyrik wieder, die einige Jahre hindurch geschlummert hatten:

> „Und da duftet's, wie vor Alters,
> Da wir noch von Liebe litten,
> Und die Saiten meines Psalters
> Mit dem Morgenstrahl sich stritten."

(Fulda, 26. Juli.)

Zwar erneuern sich auch in Wiesbaden die Karls= bader Studien, indem ihm das mineralogische Cabinet des Oberbergraths Cramer die Merkwürdigkeiten der dortigen Gebirgsbildung, unter andern viele „Prachtstücke" aus den Bergwerken des Westerwaldes, vor Augen legte. Allein in all seinen Schilderungen der Ausflüge ins schöne Rhein= gau weht uns wieder die poetische Fülle des Naturgenusses entgegen. Er fühlt sich der bewegten Menschenwelt wieder näher und mischt sich froh in das rege Leben des munteren Rheinvolkes. Dem St. Rochusfest, welches am 16. August bei der St. Rochuscapelle in der Nähe von Bingen von einem Strom Wallfahrender begangen wird, widmete er wieder die Aufmerksamkeit, wie in früheren friedlichen Tagen den römischen Kirchenfesten, und ließ sich, um alle Vorgänge im bunten Menschengewimmel anzuschauen, in und außer der Capelle hin und her drängen. Es rührte ihn die innige Freude der Menge, welche mit diesem Feste zugleich das Glück des wiedergekehrten Friedens und den Beginn goldener Zeiten feierte. In den ersten September=

tagen (1.—8.) verlebte er schöne Stunden auf dem Land=
sitz Winkel bei der Familie Brentano, in deren Begleitung
er viele Ausflüge längs des Rheins machte und bei
Schlössern und Capellen schönen Aussichten und wein=
begrünten Landschaften wieder mit dem entzückten Blick
der Jugend verweilte. Er bekennt es selbst, seit dieser
Reise an den Rhein eine größere Milde und Scho=
nung gegen die Menschen gewonnen zu haben. Es
ist die „milde Sonne seiner letzten Jahre", welche seit
jenen am Rhein genossenen Tagen ihren freundlichen Glanz
über den Abend seines Lebens verbreitete.

In Wiesbaden, wohin er zur Fortsetzung der Cur zu=
rückkehrte, traf Geheimrath von Leonhard [46]) mit ihm
zusammen. Zum erstenmal sahen sie sich von Angesicht,
und mächtig ergriff Goethe's Persönlichkeit den erwartungs=
vollen Bewunderer seines Geistes. Seine Beredsamkeit,
sein Feuer, womit er sich im ausführlichen Gespräch auf
den Gebieten der Wissenschaft und poetischen Literatur
erging, „war das eines Jünglings, aber zugleich großartige
Ruhe." Edel und groß erschien er vor Allem in der liebe=
vollen Anerkennung der Verdienste früherer und mitleben=
der Männer; Byron's gedachte er schon damals mit großem
Lobe. Bald darauf erwiderte der Dichter in Hanau den
Freundesbesuch. Auf seinen Wunsch gab das Hanauer
Liebhabertheater eine Vorstellung, Körner's „der Vetter aus
Bremen", wobei er recht herzhaft lachte; „seine Laune war
unerschöpflich, er, hinreißend, liebenswürdig." Leonhard's
ausgezeichnetes Mineraliencabinet gewährte ihm großen
Genuß.

Nach Heidelberg, wo er vom 24. Sept. bis zum
8. October verweilte, hatte ihn Sulpiz Boisserée [47])
gezogen. Im Jahre 1811 war dieser begeisterte, sinnvolle
Kenner mittelalterlicher Kunst mit einer wichtigen Folge

von darauf bezüglichen Zeichnungen und Kupfern nach Weimar gekommen und hatte schon damals Goethe's Aufmerksamkeit aufs neue auf den Werth der Kunst des Mittelalters hingelenkt; „es ward ein treuer Sinnes- und Herzensbund mit dem edlen Gaste geschlossen, der für die übrige Lebenszeit folgreich zu werden versprach". Die Einwirkung trat jetzt in gemeinsamen Studien erst nach ihrer ganzen Bedeutung hervor. Die Boisserée'sche Sammlung niederländischer und altdeutscher Gemälde, die Pläne und Risse des Cölner Doms und anderer altdeutschen Gebäude gewährte Goethe eine klare Einsicht in ein Gebiet der Kunstgeschichte, das er bis dahin nur flüchtig durchstreift und während seiner italienischen Reise wie in der folgenden Epoche weit von sich gewiesen hatte. In Darmstadt fand er bei dem Oberbaurath Moller Gelegenheit, diese Kunststudien fortzusetzen. Unter den reichhaltigen Sammlungen des dortigen Museums hatte er seines wackern Merck zu gedenken. Manches, was er früher in dessen Privatbesitz gesehen und bei seinen ersten naturwissenschaftlichen Studien benutzt hatte, fand er hier wieder.

Seine Vaterstadt Frankfurt hatte Goethe in siebenzehn Jahren nicht gesehen. Inzwischen hatte er ihr noch vor kurzem in seiner Biographie den schönsten Tribut dankbarer Anhänglichkeit gezollt. Es hätte sich geziemt, daß Frankfurt seinem größten Sohne während seiner zweiwöchigen Anwesenheit eine Ovation bereitet hätte, namentlich hatte das Theater diese Verpflichtung. Da aber nichts der Art geschah, so züchtigte der Geh. Rath von Willemer seine Frankfurter Mitbürger mit der Schilderung einer Festfeier, wie sie hätte sein sollen, in der Form eines thatsächlichen Berichts. Daher entstand die Erzählung von einer glänzenden Aufführung des Tasso in des Dichters Gegenwart und einer lebhaften Huldigung, obschon diese niemals stattfanden.

Es erfolgte freilich ein öffentlicher Widerruf, allein dieser verhallte wirkungslos, so daß die Erzählung sich in den Biographien festgesetzt hat. Doch ein schönes öffentliches Fest genoß er hier; er konnte in seiner befreiten Vaterstadt der ersten Feier des 18. Octobers beiwohnen. Um die Erleuchtung zu sehen, fuhr er am Abend in dem Wagen des Baron von Hügel, damaligen Vicegouverneurs, herum. Während seines diesmaligen Aufenthalts sah er sich fleißig um und besuchte seine alten Freunde; besonders freute er sich des vielseitig angeregten Interesses für Kunst und Naturwissenschaften; was in Privatsammlungen an Kunst= sachen und sonstigen belehrenden Schätzen vorhanden war, ward im Einzelnen sorgfältig betrachtet und verzeichnet. Am 27. October traf er in Weimar wieder ein. Herzog Karl August war schon am 1. September unter den Freudenbegrüßungen der Seinigen in seine Residenz zu= rückgekehrt. Goethe hatte sich ihnen aus der Ferne durch die Veranstaltung einer Sammlung von Beglückwünschungs= gedichten „Willkommen" angeschlossen.

Goethe waren auf seiner Reise in die Rheingegenden so „unendliche Schätze des Anschauens und der Belehrung geworden, vom Granit an bis zu den Arbeiten des Phidias und von da rückwärts bis auf unsere Zeiten", daß er sich angetrieben fühlte, sie im nächsten Jahre zu wiederholen. Der politische Horizont war 1815 zwar nicht mehr so heiter, wie das Jahr vorher: „Napoleons Wiederkehr von Elba erschreckte die Welt; hundert schicksalschwangere Tage mußten wir durchleben." Als Goethe in Wiesbaden gegen die Mitte des Juni anlangte, fand er dort die preußische Garde. Die Schlacht von Waterloo ward in Wiesbaden zu großem Schrecken voreilig als verloren ge= meldet, und viele Badegäste machten schon in Furcht vor schneller Ausbreitung der französischen Truppen Anstalten

zum Einpacken. Die rasche günstige Entscheidung brachte
bald wieder alle Verhältnisse ins Gleiche. In der Nähe
und Ferne wurden die Rheingegenden von unserm Dichter
wieder durchstreift, und neue Bekanntschaften mit aus=
gezeichneten Männern schlossen sich an altbewährte an. In
Biberich traf er mit dem Erzherzog Karl zusammen,
welcher ihn durch seine belehrenden Unterhaltungen sehr
anzog und mit seinen Werken über seine Feldzüge beschenkte.
Mit Bergrath Cramer ward eine Reise durch das Lahn=
thal ausgeführt, von wo sie geognostische Ausbeute heim=
brachten. In Gesellschaft des Ministers von Stein, der
ihn in Nassau bewirthete, war Goethe auf der Fahrt nach
Cöln, wohin er sich in den letzten Julitagen in der Ab=
sicht begab, in die altdeutsche Kunst durch gründlicheres
Anschauen einzudringen, und verlebte dort mit ihm und
Ernst Moritz Arndt einige reichhaltige Tage. Etwas
Ehrfurchtvolles lag in seiner Haltung gegen den großen
Staatsmann, und dieser hielt die leichtaufbrausende Heftig=
keit seines Wesens zurück, so daß sie friedlich und vertraulich
neben einander herschritten; die Politik wurde von den
Gesprächen möglichst fern gehalten: „der Aufenthalt, so
kurz er war, ließ doch unvergängliche Wirkungen zurück".

Die Seele der kunstgeschichtlichen Forschungen war der
Umgang mit Sulpiz Boisserée. Mit ihm machte Goethe
die Reise von Wiesbaden über Mainz, Frankfurt und
Darmstadt. In Gesellschaft des kunstsinnigen Freundes
betrachtete er abermals die werthvollen Sammlungen dieser
Städte. In Frankfurt hielt er sich diesmal zurückge=
zogener, als das Jahr vorher, um nicht wider seinen
Wunsch an die Oeffentlichkeit gezogen zu werden. Jene
Studien altdeutscher Kunst, denen Boisserée sein Leben
gewidmet hatte, waren fast der alleinige Inhalt ihrer Ge=
spräche. In Heidelberg fand er bei dem Freunde die

gaſtlichſte Aufnahme. Durch einen Aufenthalt von zwei
Wochen ward ihm die ſchönſte Gelegenheit, die koſtbaren
Sammlungen mehrere Tage zu betrachten und ſich in
hiſtoriſcher wie artiſtiſcher Hinſicht von ihrer charakteriſti=
ſchen Vortrefflichkeit zu überzeugen. Die Cölner Studien
kamen bei den Zeichnungen und Riſſen alterthümlicher Ge=
bäude wieder zur Sprache, und durch vielfache Verhand=
lungen fühlte man ſich befähigt, „aus einer großen, oft
wunderlichen und verwirrenden Maſſe das Reine und
Schöne, wohin der menſchliche Geiſt unter jeder Form
ſtrebt, herauszufinden und ſich zuzueignen.“ Das Zuſam=
mentreffen mit anderen Freunden früherer Jahre, nament=
lich mit Paulus, verſchönerte ihm gleichfalls den dortigen
Aufenthalt. Ein Ausflug nach Karlsruhe verſchaffte ihm
die Bekanntſchaft mit Hebel, dem von ihm ſehr hochge=
ſchätzten Dichter der „allemanniſchen Lieder.“ Auch ſah er
noch einmal die Stätte ſeiner Jugenderinnerungen, ſeiner
erſten Begeiſterung für altdeutſche Kunſt, Straßburg
mit ſeinem herrlichen Münſter.

Von Heidelberg auf Würzburg reiſte Goethe noch in
Boiſſerée's Geſellſchaft: „da uns beiden der Abſchied wehe
that, ſo war es beſſer, auf fremdem Grund und Boden
zu ſcheiden, als auf dem heimiſchen.“ Ueber Meiningen,
den Thüringerwald und Gotha langte er am 11. October
wieder in Weimar an.

Er hatte ſich wieder mit liebevollem Entzücken in der
Welt umgeſehen, und das Gefühl dieſes glücklichen Zu=
ſtandes mußte noch dadurch erhöht werden, daß er kurz
vor und nach dieſer zweiten Rheinreiſe die Schilderungen
ſeiner italieniſchen Reiſe redigirte, aus denen die
Lichtblicke der reinſten Seelenerhebung aufs neue erwär=
mend und belebend ihm entgegen leuchteten. Indeß wollte
er auch nicht die Früchte der gegenwärtigen Reiſen dem

deutschen Publicum vorenthalten. Er begann die Zeit=
schrift Kunst und Alterthum, welche von 1816 bis
1828 die Studien des Greises begleitete und ihm Gelegen=
heit bot, mit Allem, was die weiterschreitende Zeit Be=
deutendes hervorbrachte, in lebendiger Berührung zu bleiben
und von dem hohen Standpuncte seiner individuellen Bil=
dung auf die Gegenwart zu wirken. Die ersten Hefte,
deren Titel noch die Beziehung auf die Kunstgegenstände
der Rhein= und Maingegenden andeutete, enthielten die
Ergebnisse der letzten Reisebeobachtungen und waren vor=
nehmlich in Bezug auf die Boisserée'schen Sammlungen von
entschiedenem Einflusse auf das öffentliche Kunsturtheil.
Goethe wies mit kunsthistorischem, vorurtheilsfreiem Blick
das Verhältniß der ältesten deutschen Malerei zur byzan=
tinischen Kunst nach und war der Erste, welcher der Wirk=
samkeit des Johann van Eyck Anerkennung verschaffte.
Uebrigens beschränkte sich seine Zeitschrift nicht auf Kunst
und Alterthum; „denn" — sagte er schon im Beginn des
Unternehmens — „wie lassen sich die beiden ohne Wissen=
schaft und diese drei ohne Natur denken?"

Hatte er sich zur Zeit der Propyläen auf seinem an=
tiken Standpuncte mehr abwehrend der Richtung der
modernen Kunst zur Romantik entgegengestellt, so war er
jetzt mit dem neuen Geiste mehr versöhnt und hatte viel=
fach Anlaß, rathend und fördernd einzugreifen. Als die
mecklenburgischen Stände im December 1814 den ein=
stimmigen Beschluß faßten, die Verdienste des Fürsten
Blücher durch Errichtung eines Denkmals in seiner Ge=
burtsstadt Rostock zu ehren, ward Goethe von dem damit
beauftragten ständischen Ausschuß angegangen, durch seinen
Rath und sein Gutachten die Ausführung des Planes zu
unterstützen und zu leiten. [48]) Nachdem mit Director
Schadow in Berlin vorgängig über die Idee des Kunst=

werks correspondirt worden war, kam dieser mit dem
Modell nach Weimar, wo sich beide über die noch vorzu=
nehmenden Veränderungen verständigten. Im Sommer
1818 wurde der Erzguß der neun Fuß hohen Statue
vollendet und im folgenden Jahre das Denkmal aufgestellt.
Zwei Relieftafeln wurden von Goethe entworfen; die eine
stellt dar, wie der Held vom Sturz mit dem Pferde sich
aufrafft, während der Genius des Vaterlandes ihn mit
der Aegide beschützt; die andere zeigt den Helden zu
Pferde, indem er dämonische Gestalten in den Abgrund
jagt. Die Zeilen der von Goethe verfaßten Inschrift,
welche die Metalltafel der Rückseite enthält, lauten:

> In Harren und Krieg,
> In Sturz und Sieg
> Bewußt und groß:
> So riß er uns
> Von Feinden los.

In eben diesem Jahre erhielten Goethe's Kunststudien
von vielen Seiten die lebendigste Anregung, so daß ihm
das Jahr 1818 in dieser Hinsicht als eine neue Epoche
erscheinen konnte. Die Elgin=Marmorn, diese herrlichen
Ueberreste griechischer Kunst aus der Periode ihrer höchsten
Blüthe, waren im britischen Museum angelangt. Gyps=
abgüsse und Zeichnungen gelangten bald auch in Goethe's
Nähe, und mit der Begeisterung seiner italienischen Stu=
dien ergriff er die, wenn auch nur in mangelhaften Co=
pien, dargebotene Belehrung. Er erzählt, wie die Begierde,
etwas dem Phidias Angehöriges mit Augen zu sehen, so
lebhaft und heftig ward, daß er, an einem schönen sonni=
gen Morgen ohne Absicht aus dem Hause fahrend, von
seinem leidenschaftlichen Verlangen plötzlich ergriffen, aus
dem Stegreif nach Rudolstadt lenkte und sich dort „an den
erstaunenswürdigen Köpfen von Monte Cavallo für lange

Zeit herstellte". Mit Abzeichnungen und Gypsabgüssen gelang es ihm seine eigenen Sammlungen zu vervollständigen. Auch seine Münzsammlung erhielt werthvolle Zugaben; denn auch mit diesem Fach der Kunststudien erhielt er sich stets in Verbindung. Die neubelebte Beschäftigung mit antiker Kunst trieb ihn (1818) zu dem Versuche, die Gemäldeschilderungen des Philostrat, mit denen er sich schon in der Epoche der Propyläen eifrig beschäftigt hatte, zu bearbeiten, „mit dem Vorsatz, das trümmerhaft Vergangene durch einen Sinn, der sich ihm gleichzubilden trachtet, wieder zu beleben". Denn ungeachtet des nach den verschiedensten Seiten sympathisirenden Universalismus seines ästhetischen Geschmacks kommt er gleichwohl auch jetzt noch auf das bewährte Grundprincip seiner Kunstansichten zurück: „Ich habe an der Homerischen und an der Nibelungischen Tafel geschmaust, mir aber für meine Person nichts gemäßiger gefunden, als die breite und tiefe immer lebendige Natur, die Werke der griechischen Bildner und Denker". Manche Belehrung über neuere Kunst ward ihm durch Ankauf von Zeichnungen und Kupferstichsammlungen. Vieles Werthvolle brachte der Herzog von seiner Reise nach Oberitalien heim, unter Anderem Abzeichnungen von Leonardo da Vinci's Abendmahl, welche, in Verbindung mit dem Werke Bossi's, Goethe 1817 zu der ausführlichen Abhandlung über dies fast vernichtete Meisterwerk veranlaßten.

Fast sollte man aus Goethe's umfangreicher Thätigkeit für ältere und neuere Kunst den Schluß ziehen, daß die Naturwissenschaften und andere geistige Interessen dadurch auf einige Zeit zurückgedrängt worden seien. Und doch, welche weite Gebiete vermochte sein großer Geist neben einander mit gleicher Liebe und Tiefe zu umfassen! Schon im Obigen ward mehrmals angedeutet, wie ange=

legentlich er während seiner Reisen in den Rheingegenden
sich mit mineralogischen Forschungen beschäftigte. Diese
wurden auch fernerhin mit solchem Eifer fortgesetzt, daß
er zum Jahre 1817 die Bemerkung machen kann: Geo=
gnosie, Geologie, Mineralogie und Angehöriges seien an
der Tagesordnung gewesen. Die merkwürdigen Thon=
schieferplatten aus dem Lahnthal stellte er als Tableau zu=
sammen. Er studirte eine große Anzahl geologischer Werke
und Charten; nach v. Leonhard's großen Tabellenwerken
ordnete er seine Privatsammlung und die durch neue an=
sehnliche Anschaffungen bereicherten Sammlungen des Mu=
seums. In den Sommermonaten der Jahre 1818 und 1819
hielt er sich in Carlsbad auf und nahm die böhmische
Geognosie wieder mit ungeschwächter Energie auf. „Bei
dem schönsten denkbaren Wetter" — schreibt er im Octo=
ber 1819 an Zelter — „ging und fuhr ich in der ganzen
Gegend umher..... überall Steine geklopft, so daß ich
zuletzt die bekannte Müller'sche Sammlung von hundert
Stücken ebenso, als wenn der gute Alte noch lebte, zu=
sammenlegen konnte." Die Geologie entfernter Länder
und Welttheile ward gleichfalls zu diesen Studien mehr
und mehr herangezogen, und es verband sich damit eine
so umfangreiche Lectüre wissenschaftlicher Reisewerke,
daß mancher Besucher nicht wenig überrascht war, Goethe
z. B. von den sittlichen und politischen Zuständen Nord=
amerika's mit der genauesten Detailkenntniß reden zu
hören.

Im Jahre 1816 bereitete Goethe die Herausgabe
mehrerer naturwissenschaftlichen Abhandlungen vor, welche
unter dem Titel „Zur Naturwissenschaft überhaupt, be=
sonders zur Morphologie; Erfahrung, Betrachtung, Fol=
gerung, durch Lebensereignisse verbunden" seit 1817 heft=
weise erschienen. Ein poetisches Seitenstück zu der Elegie

„Metamorphose der Pflanzen" gab er 1819 in dem didak=
tischen Gedichte „Metamorphose der Thiere." Sein bota=
nisches Studium, dessen Geschichte er damals in einem
ausführlichen Aufsatze darlegte, ward durch mannigfache
Beobachtungen gefördert. Die chemischen Studien wurden
unter Döbereiner's Leitung fortgesetzt. Die Farbenlehre
erhielt eine Erweiterung durch die Theorie jener Farben=
erscheinungen, welche von „seinem vieljährigen Freunde
und Mitarbeiter" Seebeck zuerst entdeckt und von ihm
entoptisch genannt waren. Goethe faßte die Resultate
der während dieser Jahre angestellten Versuche, welche er
„bis ins Grenzenlose vermannigfacht hatte", als Supple=
ment seiner Farbenlehre in zwei Abhandlungen zusammen,
worin er ihren atmosphärischen Ursprung nach seiner
Theorie erklärte. „Die Richtigkeit meiner Ansichten" — so
spricht er sich in dem Vorworte aus — „kenne ich zu gut,
als daß mich die Unfreundlichkeit der Schule im mindesten
irre machen sollte; mein Vortrag wirkt in verwandten
Geistern fort; wenige Jahre werden es ausweisen."

Kaum läßt unsere bisherige Erzählung ahnen, daß
neben dieser vielseitigen Geschäftigkeit sich ein neues, weit
aussehendes Feld geistiger Interessen aufgethan hatte, in
dessen Mitte ein anmuthiger Dichtergarten fröhlich empor=
wuchs. Längst hegte er im Stillen eine Neigung zur
morgenländischen Literatur, die zu seinem beschaulichen
Leben, seinen romantischen Sympathieen und besonders
seiner Vorliebe für Calderon in wahlverwandtschaftlicher
Beziehung stand. Das Interesse für den Orient trat bei
ihm schon in früheren Lebensepochen zu wiederholten Malen
lebhaft hervor. Den Jüngling beschäftigten Nachdichtungen
des Hohenliedes und des Korans. Jones' englische Ueber=
setzung der Moallahat oder der Gedichte der sieben großen
arabischen Dichter, die in der Moschee zu Mekka aufge=

hängt sind, zog ihn im Jahre 1783 so sehr an, daß er
sie in Gemeinschaft mit seinen Freunden zu übersetzen be=
absichtigte. In die indische Poesie führten ihn Jones'
Uebersetzungen indischer Dramen sowie die daraus geschöpf=
ten Bearbeitungen der Sakontala von Forster und der
Gita=Govinda von Dalberg. Jetzt gewannen die orienta=
lischen Studien neue Reize für ihn. Im Jahre 1811
überließ ihm ein Officier einige Blätter einer Handschrift
des Korans, welche er aus Spanien mitgebracht hatte. [19]
Die Schönheit der Schriftzüge zog Goethe so sehr an, daß
er sich ernstlich mit der Ursprache zu beschäftigen anfing;
sich in arabischer Schrift zu üben, machte ihm eine beson=
dere Freude und beschäftigte ihn bei seinem Besuche in
Heidelberg manche heitere Stunde in Paulus' Gesellschaft.
Es war mitten unter den Besorgnissen des Jahres 1813,
als Goethe an der Hand des ausgezeichneten persischen
Lyrikers Hafis, dessen „Divan" ihm in der von=Hammer'=
schen Uebersetzung zukam, sich in der freundlichen Phan=
tasiewelt der morgenländischen Dichtung erging und sich
durch diese Beschäftigung „über bedenkliche Zeiten hinweg=
half". Mit besonderer Zuneigung ergriff er das innerste
Wesen dieses lebensfrohen Dichters und „suchte sich durch
eigene Production mit ihm in Verhältniß zu setzen".

> Nord und West und Süd zersplittern,
> Throne bersten, Reiche zittern.
> Flüchte du, im reinen Osten
> Patriarchenluft zu kosten;
> Unter Lieben, Trinken, Singen
> Soll dich Chisers Quell verjüngen.

Diesen Quell der Verjüngung, den die lebensfrischen
Strophen der Hegire preisen, empfing seine lyrische Poesie
von innen heraus, als mit der Wiederkehr der Friedenszeit
das Gemüth des Dichters wieder von Liebe und heiterer

Lebensfreude erfüllt ward. Für die lyrischen Empfindungen des Greises, die sich von selbst zur Reflexion und allegorischen Einkleidung neigten, schienen die Formen der orientalischen Poesie das zierlichste und geeignetste Gefäß zu sein. „Diese muhamedanische Religion," schreibt er später an Zelter, „Mythologie, Sitte geben Raum einer Poesie, wie sie meinen Jahren ziemt. Unbedingtes Ergeben in den unergründlichen Willen Gottes, heiterer Ueberblick des beweglichen, immer kreis- und spiralartig wiederkehrenden Erdetreibens, Liebe, Neigung zwischen zwei Welten schwebend, alles Reale geläutert, sich symbolisch auflösend — was will der Großpapa weiter?"

Während der geistesfrischen Jahre 1814 und 1815 quollen die lyrischen Gedichte so reichlich hervor, daß er nach dem Muster seines Hafis einen westöstlichen Divan gründen und ihn schon nach der Verschiedenartigkeit des poetischen Inhalts in Bücher abtheilen konnte. Einige, wie das Buch des Timur, welches Rückblicke auf die Napoleonische Zeit enthalten sollte, gediehen nicht weit; andere füllten sich mehr mit Nachbildungen orientalischer Gedichte; aber die der Liebe gewidmeten Bücher schlangen sich rasch zu vollen Liederkränzen zusammen. Das stärkste der Sammlung ward das Buch Suleika. In diesen liebeglühenden Liedern zieht die Leidenschaft des Dichtergreises den Glanz orientalischer Bildersprache heran, um die jugendliche Geliebte und ihre beglückende Gegenliebe zu feiern. Der größte Theil derselben ward während der Sommerreise von 1815 gedichtet und läßt auf eine Liebesneigung schließen, die ihm die Wärme jugendlicher Leidenschaft zurückgab.

> Du beschämst wie Morgenröthe
> Jener Gipfel ernste Wand,
> Und noch einmal fühlet Hatem [Goethe]
> Frühlingshauch und Sonnenbrand.

Darauf deuten auch des Dichters Worte hin, wenn er in den Erläuterungen sagt, dies Buch möchte wohl für abgeschlossen anzusehen sein: „der Hauch und Geist einer Leidenschaft, der durch das Ganze weht, kehrt nicht leicht wieder zurück, wenigstens ist dessen Rückkehr, wie die eines guten Weinjahrs, in Hoffnung und Demuth zu erwarten."

Die Muse der Suleika=Lieder ist Marianne von Willemer⁵⁰), die jugendliche Gattin des Frankfurter Ban=kiers Johann Jacob von Willemer, mit dem Goethe durch Boisserée 1814 bekannt wurde. Die junge Frau fesselte ihn beim ersten Begegnen. Es entspann sich ein Briefwechsel, der auch poetische Formen annahm, so daß die Geliebte mehrere der ihr gewidmeten Lieder erwiderte. Goethe hat unbedenklich mehrere ihrer Gedichte, zum Theil mit kleinen Aenderungen, in seinen Divan aufgenommen. Ihr gehören die Lieder „Hochbeglückt in deiner Liebe", „Sag, du hast wohl viel gedichtet", „was bedeutet die Bewegung", „ach um deine feuchten Schwingen", deren Nachbarschaft sich die Goethe'schen Lieder im Divan nicht zu schämen haben. Die Briefe schickte der Dichter we=nige Wochen vor seinem Tode zurück mit der Verfügung, das Packetchen zu der „unbestimmten Stunde" zu eröffnen. Er begleitete es mit den innigen Verszeilen vom 3. März 1831:

> Vor die Augen meiner Lieben,
> Zu den Fingern, die's geschrieben,
> — Einst mit heißestem Verlangen
> So erwartet wie empfangen —
> Zu der Brust, der sie entquollen,
> Diese Blätter wandern sollen,
> Immer liebevoll bereit,
> Zeugen allerschönster Zeit.

Es war Goethe's Absicht, im Jahre 1816 mit heran=nahender guter Witterung die schönen Tage der Rheinreise abermals zu genießen. Meyer wollte ihn begleiten. Man hoffte in den Kunstsammlungen die gemeinschaftlichen Stu= dien zu erneuern und dann in Baden=Baden die Heilkraft der Mineralquellen und der reizenden Naturumgebung zu genießen: „Pläne waren entworfen, wie Alles zu genießen und zu nutzen wäre." Aber kaum war am 20. Juli die Hälfte des Erfurter Weges zurückgelegt, als „der unge= schickteste aller Fuhrknechte" auf ebener Straße den Wagen umwarf. Die Achse brach, und Meyer beschädigte sich so bedenklich an der Stirn, daß sie sogleich nach Weimar umzukehren genöthigt waren, und die Reise wenigstens um vierzehn Tage verschoben werden mußte.

Goethe hatte, wie alle tiefpoetischen Gemüther, einen Glauben an Ahnungen, an geheimnißvolle Wechselbe= ziehungen der Ereignisse. Den Lesern von „Dichtung und Wahrheit" ist bekannt, wie sich dieser Hang seines Gemüths schon in seiner Jugend in mancherlei Combinationen kund= giebt. Auch glaubte er späterhin, bei mehreren Gelegen= heiten das Ahnungsgefühl erprobt gefunden zu haben. „Aus Unmuth und Aberglaube", wie er selbst sich aus= drückt, ward daher die Reise an den Rhein, wo man ihn schon sehnlichst erwartet hatte, übereilt aufgegeben, und die Freunde verweilten einige Wochen in dem kleinen thüringischen Bade Tennstädt in der Nähe der Unstrut. Vier Wochen blieb Meyer in seiner Gesellschaft. Wolf kam auf ein Paar Tage dorthin und belebte die Unter= haltung, obgleich Goethe seinen Unwillen nicht zurückhalten konnte, daß dessen zunehmende Widerspruchslust seinem Umgange mehr und mehr das Erfreuliche und Anregende früherer Jahre entziehe. Viele Freude machte ihm in diesen einsamen Wochen das Studium der Humboldtischen Uebersetzung des Agamemnon von Aeschylus, da er dies Stück „von jeher abgöttisch verehrt hatte." Auch verdanken

wir dem Tennstädter Aufenthalt die ausführliche Darstellung des Rochusfestes, welche als ein Seitenstück zu der
Carnevalsschilderung im Detail ausgemalt ward.

Der rheinische Liederfrühling war mit dem Jahre 1816
verblüht. Es brachte dem Dichter viele trübe Ereignisse.
Am 6. Juni starb seine Frau nach kurzer Krankheit.
Auf einer Spazierfahrt war sie an der Seite ihres Mannes
plötzlich von einem Schlaganfall betroffen worden, dessen
Folgen ihrem Leben bald darauf ein Ende machten. Halten
wir den Ausdruck seines Schmerzes bei ihrem Scheiden
mit den Geständnissen seiner leidenschaftlichen Neigung und
seines Glücks im Beginn ihres Verhältnisses zusammen,
so drängt sich uns aufs neue die Erkenntniß auf, daß
Goethe's Gemüth und sittliche Natur an seiner ehelichen
Verbindung einen stärkern Antheil hatte, als man ge-
meiniglich anzunehmen geneigt ist. An ihrem Sterbelager
knieend, brach er verzweiflungsvoll in die Worte aus:
„Du wirst mich nicht verlassen; nein! nein! du darfst
mich nicht verlassen!" Als der Arzt auf sein Zimmer trat
und ihm melbete, es gehe mit ihr zu Ende; wenn er sie
noch lebend sehen wolle, so sei es Zeit zu ihr zu gehen,
folgte er ihm unter tiefen Seufzern. Er faßte die Hand
der Sterbenden und streichelte ihre Stirn. Sie schlug die
Augen auf und wollte sprechen; allein die Zunge konnte
nur noch unverständliche Töne hervorbringen. Er ließ sie
los und verließ unter heftigem Schmerzensruf das Gemach.
Wenige Augenblicke später war sie verschieden. Die an
ihrem Todestage niedergeschriebenen Zeilen:

„Du versuchst, o Sonne, vergebens
Durch die düstern Wolken zu scheinen!
Der ganze Gewinn meines Lebens
Ist, ihren Verlust zu beweinen" —

und die Worte an Zelter: „Wenn ich Dir, derber, ge=
prüfter Erdensohn, vermelde, daß meine liebe, kleine Frau
uns in diesen Tagen verlassen: so weißt Du, was es
heißen will" — sind vielsagende, ungeheuchelte Schmerzens=
laute. „Bei dem großen Verluste", schreibt er an eine
Freundin in Jena, für tröstliche Worte dankend, „kann
mir das Leben nur erträglich werden, wenn ich nach und
nach mir vorzähle, was Gutes und Liebes mir alles ge=
blieben ist." Wo so manches mißwollende Wort ausge=
sprochen worden ist, dürfen wir Knebel's mildes Urtheil
über Goethe's Frau nicht überhören. „Die Prüfungen
des Schmerzes und der Trauer" — schreibt er in dem
Briefe vom 10. Juni — „die Du, Bester, in diesen letzten
Tagen hast ausdulden müssen, will ich nicht durch meine
Tröstungen noch vermehren. Du weißt, daß wir Deine
liebe Gemahlin wirklich geschätzt haben und daß uns ihr
Verhältniß zu Dir jederzeit sehr achtungswürdig schien....
Meine Frau, die die Deinige in Wahrheit geschätzt und
geliebt hat, ist sehr betrübt über den Fall und läßt Dir
viel Theilnehmendes sagen."

Sein treuer Zelter verlor in demselben Jahre einen
hoffnungsvollen Sohn und eine blühende Tochter. Auch
der Tod der von dem Dichter innig verehrten und in seinen
Gedichten gefeierten Kaiserin von Oestreich „versetzte ihn
in einen Zustand, dessen Nachgefühl ihn nicht wieder ver=
ließ." Nicht minder schmerzte ihn das frühe Hinscheiden
der „unvergeßlichen", in den Jahren ihrer Jugend dem
Dichter so eng verbundenen Prinzessin Caroline von Wei=
mar, welche mit dem Erbprinzen von Mecklenburg=Schwerin
vermählt war. Mitten unter so vielen Gräbern der Ge=
liebten erklang kein Lied der Freude, sondern jener feierliche
Gesang der „Trauerloge": „Ach, von neuen frischen Hügeln
Freund an Freunden überdeckt!" Doch freudige Hoffnung

erweckte wieder der Beginn des nächsten Jahres, da sein
Sohn August, der bereits in weimarischen Staatsdienst
getreten war, sich mit Ottilie von Pogwisch verlobte.
Diese eheliche Verbindung erheiterte den Lebensabend, des
Dichters durch die geistreiche und liebevolle Nähe einer geliebten Schwiegertochter, welche die Gabe geselliger Unterhaltung in ausgezeichnetem Maße besaß und zugleich seiner
Wirthschaft aufs treulichste vorstand; in der zärtlichen Anhänglichkeit an die Enkel genoß der Dichter noch einmal
das Glück des Vatergefühls. Im nächsten Jahre sang er
seinem Walther ein heiteres Wiegenlied. Sein zweiter
Enkel Wolfgang wurde 1820 geboren.

Wenn gleich in diesen Jahren die Liedersammlung
des westöstlichen Divans keinen erheblichen Zuwachs erhielt,
und auch der Entwurf zu einer orientalischen Oper bald
wieder bei Seite gelegt ward, so wurden gleichwohl die
philologisch-historischen Studien orientalischer Literatur mit
unausgesetztem Fleiße betrieben. Durch ältere und neuere
Reisebeschreibungen suchte sich Goethe ein deutliches Bild
von den Culturzuständen und Sitten des Orients zu verschaffen. Viel Belehrung verdankte er den Werken von
Jones, den „Fundgruben" von Hammer's, den Denkwürdigkeiten des Orients von dem früheren preußischen
Gesandten von Diez c. Mit letzterem trat er in einen
wissenschaftlichen Briefwechsel, der bis an dessen Tod fortgesetzt ward. Diez und der gelehrte Orientalist J. G. Ludw.
Kosegarten übersetzten für ihn Manches, wodurch er in
seinen Studien Aufklärung zu erlangen glaubte; auch blieb
er nicht ohne Berührung mit Silvestre de Sacy, dem
Meister orientalischer Gelehrsamkeit. Weil er diese Literatur-
kunde nicht bloß aus zweiter Hand empfangen wollte, so
setzte er besonders in dem Winter 1817—18 seine orientalischen Sprachstudien fort, wenn auch nur die Oberfläche

berührend, und bemühte sich Manuscripte so zierlich wie möglich nachzuschreiben. Von seinen Uebungen in arabischer Schönschrift, welche uns schon von seiner Heidelberger Reise her bekannt sind, findet man in den Gedichten des Divans mehrere Spuren.

Da die ersten Proben des neuen lyrischen Cyclus im Damenkalender von 1817 mehr irre gemacht als vorbereitet hatten, so entschloß er sich, als er im März 1818 den Druck des westöstlichen Divans beginnen ließ, das Material seiner gelehrten Studien über den Orient in einzelnen erläuternden Abhandlungen zu verarbeiten und mit diesen die vollständige Ausgabe von 1819 zu begleiten. Die werthvolle Zugabe beweist, wie der sichere Blick des Naturforschers sich auch in der Darstellung der Eigen= thümlichkeit der Weltansicht und Sitte ferner Völker und Zeiten bewährte. Auf Poesie und Wissenschaft zugleich hat das Werk fördernd und belebend eingewirkt.

Mit dem „Buche des Sängers", dessen Lieder sich auf die persönlichen Verhältnisse des Dichters beziehen, verbindet sich, wie er selbst andeutet, dem Geiste nach die während eines ruhigen Aufenthalts in Berka entworfene Dichtung zu dem Weimarer Maskenzuge, welcher bei Anwesenheit der Kaiserin=Mutter Maria Feodorowna am 18. Dec. 1818 stattfand. „Der Zug" — berichtet Goethe an Zelter — „bestand beinahe aus 150 Personen; diese charakteristisch zu costümiren, zu gruppiren, in Reihe und Glied zu bringen, und bei ihrem Auftritt endlich exponiren zu lassen, war keine kleine Aufgabe, sie kostete mich fünf Wochen und darüber. [Die Sprecherinnen kamen schon nach Berka zum Vorunterricht herüber]. Dafür genossen wir jedoch des allgemeinsten Beifalls..... Ich habe mich persönlich am wenigsten zu beklagen; denn die Gedichte, auf die ich viel Sorgfalt verwendet, bleiben übrig, und

ein kostbares Geschenk von der Kaiserin, erhöht durch
freundliche, gnädige und vertrauensvolle Aufnahme, be=
lohnte mich über alle Erwartung." Gegen Knebel kann er
jedoch sein Bedauern nicht zurückhalten — und dies theilt
wohl jeder Verehrer des Dichters, wenn er die Geschichte
seiner höfischen Festdichtung verfolgt — daß so großer
Aufwand von Zeit, Kräften und Geld zuletzt wie ein
Feuerwerk in die Luft verpufft. „Indessen haben wir",
fügt er hinzu, „die alte Ehre Weimars gerettet, ich aber,
will's Gott! von solchen Eitelkeiten hiedurch für immer
Abschied genommen." Indem die Erbgroßherzogin ihn mit
der Anordnung des Festzugs und der Aufführung der ihn
erläuternden Dichtung beauftragt hatte, war es ihr Wunsch,
daß dabei die einheimischen Geisteserzeugnisse in be=
ziehungsreichen Bildern vorgeführt würden. Der Dichter
hatte daher Gelegenheit, die glänzende Literaturperiode
Weimars, als deren Repräsentant er übrig geblieben war,
in erhebenden Bildern zur Anschauung zu bringen. Eine
große Gesinnung hat jene Strophen eingegeben, welche
die dahingeschiedenen Größen Weimars, von denen er im
Leben manche unfreundliche Begegnung zu erfahren hatte,
charakterisiren. „Eine reine, wohlgefühlte Poesie" — sagt
er in den Noten zum Divan in Bezug auf diese Gedichte,
augenscheinlich im Hinblick auf Herder, — „vermag allenfalls
die eigentlichsten Vorzüge trefflicher Männer auszusprechen,
deren Vollkommenheiten man erst recht empfindet, wenn
sie dahingegangen sind, wenn ihre Eigenheiten uns nicht
mehr stören und das Eingreifende ihrer Wirkungen uns
noch täglich und stündlich vor Augen tritt".

Uebrigens war in dem Zeitabschnitt, bei welchem wir
jetzt verweilen, Goethe's Geschäftsthätigkeit auch durch
anderweitige amtliche Verpflichtungen sehr in Anspruch ge=
nommen. Nach wiedererlangtem Frieden zeigte sich in allen

deutſchen Staaten ein Drang nach neuen Organiſationen,
und auch Weimar, durch die Wiener Congreßbeſchlüſſe
vergrößert und zum Range eines Großherzogthums erhoben,
blieb nicht zurück. Im Jahre 1815 ward das Staats=
miniſterium neu organiſirt, wodurch auch Goethe's Miniſte=
rialgehalt auf 3000 Thaler nebſt einem Zuſchuß zur Hal=
tung eigener Equipage erhöht ward. Eine landſtändiſche
Verfaſſung wurde verſprochen, deren Grundgeſetz am 15. Mai
des nächſtfolgenden Jahres vollzogen wurde. Bei der Huldi=
gungsfeierlichkeit am 7. April 1816 ſtand Goethe als
älteſter Diener und Freund des Großherzogs rechts zunächſt
am Thron. Er erhielt, gleichwie ſein Collega von Voigt,
das Großkreuz des am 30. Januar erneuerten weimariſchen
weißen Falkenordens[51]. „Die Würden, Ehren und Aus=
zeichnungen", berichtet er an Zelter, „die uns zu Theil
wurden, ſagten jedem Verſtändigen mit vernehmlicher
Stimme, daß er ſich in der erſten Zeit nicht ſelbſt ange=
hören werde. Mir wird indeſſen die heiterſte Aufgabe zu
Theil; mir liegt nichts ob, als was ich gut verſtehe, und
ich fahre nur fort, dasjenige zu thun, was ich ſeit vierzig
Jahren gethan habe, mit auslangenden Mitteln, großer
Freiheit und ohne Qual und Haß". Goethe behielt unter
dem Titel eines Staatsminiſters (im wirklichen Staats=
miniſterium nahm er auch jetzt ſeinen Sitz nicht wieder
ein) die „Oberaufſicht" (dies war der officielle Titel der
großherzoglichen Miniſterialcommiſſion) über die landes=
herrlichen Anſtalten für Wiſſenſchaft und Kunſt[52]. Theil=
weiſe ward er dabei von dem Miniſter von Voigt unterſtützt.
Zwiſchen ihnen beſtand, wie Kanzler von Müller ſich aus=
drückt, „eine Wechſelwirkung von Vertrauen, Ideentauſch,
eigenthümlichſter Anerkennung und heiterer Zuthätigkeit,
die ſich bis zum letzten Lebenshauche treulichſt bewährt hat".
    Seine Anhänglichkeit an den „theuren vieljährigen

Mitarbeiter und Beförderer seiner wohlgemeinten Unter=
nehmungen" spricht Goethe auch in poetischer Form in den
Strophen aus, welche er ihm zur Feier des Dienstjubiläums,
am 27. September 1816, widmete.

> „Verwirrend ist's, wenn man die Menge höret,
> Denn jeder will nach eignem Willen schalten.
> Verharren wir zusammt in gleichem Sinne,
> Das rechn' ich uns zum köstlichsten Gewinne".

Diese Schlußzeilen deuten schon auf die politischen
Gährungsstoffe der Restaurationszeit hin. Kaum des
wiedererrungenen Friedens froh, ward Goethe von den
Freiheitsbestrebungen, welche der Anspannung der Gemüther
während des Befreiungskrieges folgten, von neuen Besorg=
nissen erfüllt. Der staatsmännische Blick, welcher die Be=
wegungen des politischen Lebens in großen Verhältnissen
richtig zu beurtheilen und auch in dem Widerstreit der
Parteien ein gedeihliches Ringen nach reineren Zuständen
anzuerkennen vermag, war Goethe nicht eigen. Seiner
innersten Natur war alles Gewaltsame, alles unklare
Schwärmerwesen, das sich mit der politischen Aufregung
jener Jahre verband, zuwider. Er fürchtete, daß die ruhig
fortschreitende Geistesbildung, von der er, wie er auch
im Gespräch mit Luden sich äußerte, alles Heil für
Deutschlands Zukunft erwartete, aufs neue gestört werde.
Weil er in manchen bedenklichen Erscheinungen des öffent=
lichen Lebens den Mißbrauch der freieren Bewegung vor
Augen hatte, so ward er gegen diese überhaupt principiell
eingenommen. Mit der Preßfreiheit, welche die neue
weimarische Verfassung gewährleistete, konnte er sich nicht
befreunden, weil er sie alsbald zu Angriffen auf achtungs=
werthe Persönlichkeiten und nützliche Institute mißbrauchen
sah, und dagegen lehnte sich sein sittliches Gefühl auf.
Ihre nächste Folge, meinte er, sei „tiefe Verachtung öffent=

licher Meinung." Seinen bureaukratischen Standpunct
charakterisirt sein Gutachten [53]) über die Unterdrückung von
Oken's Isis, einem 1816 gegründeten Oppositionsblatte.
Die Angriffe dieser Zeitschrift auf die eben erst verliehene
weimarische Verfassung ließen höheren Orts die Mittel in
Berathung ziehen, auf welche Weise diesem Beginnen zu
begegnen sei; auch Goethe erhielt (im October 1816) vom
Herzoge den Auftrag, seine Ansichten darzulegen. Die
übrigen Vorschläge widerlegend, rieth er in seinem Gutachten, Oken's Person aus dem Spiele zu lassen und den
fernern Druck der Zeitschrift polizeilich zu verbieten. „Man
fürchte sich ja nicht", heißt es in seinem Schreiben, „vor
den Folgen eines männlichen Schrittes; denn es entstehe
daraus, was da wolle, so behält man das schöne Gefühl
recht gehandelt zu haben, da die Folgen des Schwankens
und Zauderns auf alle Fälle peinlich sind. Mit dem Verbot
der Isis wird das Blut auf einmal gestopft; es ist männlicher, sich ein Bein abnehmen zu lassen, als am kalten
Brande zu sterben". Der Herzog folgte übrigens diesem
Vorschlag nicht, sondern bieder und freisinnig erwartete er
die Heilung von der Zeit. Die Beschlüsse des Bundestags
überhoben ihn gar bald der Sorge wegen Mißbrauchs der
Presse.

Eben so wenig konnte sich Goethe von dem Werth der
neueren constitutionellen Formen überzeugen. Er hatte
einen tiefgewurzelten Widerwillen gegen die Herrschaft der
Majorität der Kopfzahl. „Alles Große und Gescheite",
äußerte er einmal, „existirt in der Minorität . . . . . die
Vernunft wird immer nur im Besitz einiger Vorzüglicher
sein." Aus manchen treffenden Urtheilen, die uns Epigramme und vertraute Gespräche aufbewahrt haben, ersehen
wir, daß sein Blick zwar einseitig auf den Mißbrauch
constitutioneller Formen gerichtet war, sich aber auch hierin

19 *

seine Klarheit und Schärfe bewahrte. Oder kann etwas
schlagender die Abwege des Constitutionalismus bezeichnen,
als seine Aeußerung: „nichts ist widerwärtiger als die
Majorität; denn sie besteht aus wenigen kräftigen Vor=
gängern, aus Schelmen, die sich accommodiren, aus
Schwachen, die sich assimiliren, und der Masse, die nach=
trollt, ohne nur im mindesten zu wissen, was sie will."
Wo die Menge zu entscheiden hätte, heißt es in einem
seiner Epigramme, würden Wellington und Aristides bald
bei Seite sein. Daher erschien er selten in den Sitzungen
der Stände, weil „er nicht vor Langeweile schwitzen möge;
der Mehrheit sei er immer gewärtig."

Am Abend seines Lebens sollte ihm noch die Unan=
nehmlichkeit widerfahren, wegen seiner amtlichen Stellung
mit dem Landtag in einige ernsthafte Collisionen zu ge=
rathen. Der Landtag von 1823 verlangte von ihm eine
Rechnungsablage wegen der von der Oberaufsichts=Commission
verwandten Gelder. Goethe, der bis dahin in seinem Ver=
waltungszweige freie Disposition gehabt hatte, war sehr
ungehalten, über die Verwendung „einer so lumpigen
Summe" (gegen 12,000 Thaler) speciellen Nachweis vor=
legen zu sollen. Auf seine Weigerung beschloß der Landtag
anfangs, das Geld nicht wieder zu bewilligen. Der Groß=
herzog suchte durch Verhandlung mit dem Landtagsmarschall
einen versöhnlichen Ausweg zu treffen: in welchem Sinne,
erkennt man aus dem Gespräche, das die Großherzogin zu
demselben Zwecke mit dem einflußreichen Luden hatte,
welcher ausführlich darüber berichtet hat. „Der ganze
Landtag", sagte sie, „ist doch wohl überzeugt, daß das
bewilligte Geld wirklich von dem Herrn geheimen Rathe
verwendet worden sei. Also kann nur noch gefragt werden,
ob es gut oder zweckmäßig verwendet worden sei. Nun
darf man doch auch nicht vergessen, in welcher Stellung

der geh. R. Goethe zur Welt, zu unserem Lande, zum
Hofe, zum Großherzoge seit einer langen Reihe von Jahren
gewesen ist; diese Stellung hat natürlich auch auf seine
Ansicht von den Dingen eingewirkt. Ich finde es daher
ganz begreiflich, wie er wohl glauben kann, ihm stehe vor
allen anderen das Recht zu, über die Zweckmäßigkeit der
Verwendung des Geldes, das ihm zur Verwaltung über=
geben worden ist, selbst zu entscheiden..... Wir haben
nur Einen Goethe, und wer weiß, wie lange noch; ein
zweiter dürfte sich vielleicht nicht bald wieder finden." Die
Sache ward dadurch ins Gleiche gebracht, so daß der Land=
tag seine Forderung fallen ließ. Sie wurde jedoch in der
aufgeregten Zeit von 1831 aufs neue dringender wieder
aufgenommen, ohne daß Goethe zu bewegen war Folge zu
leisten. Weiteren Verdrießlichkeiten überhob ihn der Tod.
„Das Anerkenntniß", sagt Vogel, „welches der Landtag
nach Einsicht der Rechnungen der Dienstführung des Ver=
ewigten officiell und öffentlich angedeihen lassen, beweist,
wie wenig Ursache Goethe hatte, seine Verwaltung, die er
jederzeit dem Ministerium bereitwilligst dargelegt, nicht auch
der Prüfung durch den Landtag zu unterwerfen.

Die weimarische Bühne war nach Goethe's Bemerkung
um das Jahr 1815 auf den höchsten ihr erreichbaren Punct
gelangt; „natürliches zugleich und kunstreiches Darstellen"
verband sich mit „reiner Recitation und kräftiger Declama=
tion." Unstreitig erreichte sie jedoch nicht die frühere Stufe,
was frische Begeisterung für die Kunst und energische Lei=
tung betraf. Goethe's Bemühungen, sie auf ihrer Höhe
zu erhalten, dauerten zwar noch fort, doch schwand ihm
sichtlich mehr und mehr die Lust zu dem undankbaren Ge=
schäfte, besonders als mit Grüner's und Wolff's Abgange
sich die Reihe der Vertreter seines Geistes mehr und mehr
lichtete. Persönlich machte er sich nicht mehr so viel, wie

in früheren Jahren, mit der Ausbildung der Schauspieler und der Leitung der Proben zu schaffen. Daß in der Person des Grafen Edling ihm ohne seinen Wunsch ein Intendant an die Seite gesetzt wurde, war für ihn kränkend und unbequem; er beachtete ihn in den Sitzungen nicht und räumte ihm keinen Antheil an den Geschäften ein. Außerdem gab es mancherlei Verdrießlichkeiten mit den Schauspielern, bei denen er nicht immer den willigen Gehorsam fand, der vormals seine Thätigkeit gehoben und belohnt hatte. Dessenungeachtet hielt er noch einige Zeit in seiner Stellung aus, und mehrere Darstellungen erinnern noch an die Bemühungen früherer Jahre. Im Jahre 1815 ward Calderon's große Zenobia nach Gries' Uebersetzung zur Feier des 30. Januars aufgeführt, doch mit getheiltem Beifall des Publicums, das sich mit den beiden letzten Acten nicht befreunden konnte. Das Monodrama Proserpina wurde mit der Composition Eberwein's, eines jungen talentvollen Künstlers, der in Zelter's Schule gebildet war, glänzend ausgestattet durch Decoration und Schlußtableau, am Geburtstage des Erbprinzen zu wirkungsvoller Darstellung gebracht und binnen kurzer Zeit dreimal mit günstigem Erfolge wiederholt. Am 10. Mai ward eine Feier zu gemeinschaftlichem Andenken Schiller's und Iffland's veranstaltet. Die Aufführung der „Glocke" wurde erneuert, und der Goethe'sche Epilog, um zwei Schlußverse vermehrt, wieder recitirt. Man führte zugleich die letzten beiden, ein Ganzes bildenden, Acte von Iffland's Hagestolzen auf, und diesen wurde ein von Goethe in Verbindung mit Peucer bearbeitetes Nachspiel, das die Verdienste des Verstorbenen feierte, angehängt. Daß Goethe nicht aufhörte, sich zum Besten der Bühnenvorstellungen manchen untergeordneten Arbeiten zu unterziehen, bewies er noch im Beginn des Jahres 1817, wo er Kotzebue's

„Schutzgeist" und dessen Lustspiel „die Bestohlenen" sorg=
fältig überarbeitete.

Um diese Zeit trat sein Sohn ihm in der Theater=
intendanz an die Seite, und damit war er wohl schon
entschlossen, das zeitraubende Geschäft, das ihm keine Freude
mehr machte, bei passender Gelegenheit abzuwerfen. Aber
einen solchen Ausgang, wie ihn im März 1817 traf, hatte
er nicht erwarten können. Auf mehreren Theatern gastirte
damals unter großem Zulauf der schaulustigen Menge der
dressirte Pudel des herumziehenden Schauspielers Karsten
in einem nach dem Französischen bearbeiteten Melodrama
„der Hund des Aubry". Karl August, ein Liebhaber von
Hunden, war begierig die Künste des Pudels zu sehen.
Obwohl man wußte, daß Goethe sich mit Entrüstung über
eine solche Entweihung der Bühne ausgesprochen hatte,
wurde ihm doch das Ansinnen gestellt, den Hund auf dem
Hoftheater seine Künste zeigen zu lassen. Er erwiderte mit
Hinweisung auf den Paragraphen der Theatergesetze, welcher
Hunde auf die Bühne mitzubringen verbot, und ließ eine
weitere Erörterung der Sache nicht an sich kommen. Man
stellte jetzt dem Großherzoge vor, wobei Frau von Heygen=
dorf (Jagemann) die Vermittlerin war, wie unrecht es
von Goethe sei, seinem Herrn gegenüber auf seinem Sinne
zu beharren, und wußte ihn zu einem Machtspruch zu
treiben. Der Hund wurde verschrieben. „Karl August
hat mich nie verstanden", war Goethe's Ausruf im ersten
Augenblick des überwältigenden Schmerzes. Als der Re=
gisseur Oels Goethe meldete, was der Großherzog befohlen,
beschied er ihn auf den folgenden Morgen zu weiterer Be=
sprechung. Inzwischen reiste er nach Jena ab und ließ ein
Schreiben an den Großherzog zurück: da ihm das Theater,
dem er während so vieler Jahre Kraft, Talent und Liebe
gewidmet, bisher ein Heiligthum gewesen sei, so erbitte

er sich die Erlaubniß, der Aufführung nicht beiwohnen und sich als beurlaubt ansehen zu dürfen. Von Jena aus bat er um seine Entlassung von der Intendanz. Wenn die Jagemann'sche Partei den Bruch zwischen dem Großherzoge und seinem Jugendfreunde durch ihre Intrigue unheilbar zu machen gehofft hatte, so ging ihre Rechnung fehl. Der Großherzog bereute bald seine Uebereilung. Wenige Tage darauf besuchte er den entflohenen Freund und traf ihn im jenaischen botanischen Garten an. Lange hielten sie sich in stummer Umarmung fest, gingen dann zwei volle Stunden im Garten auf und ab und schieden völlig versöhnt. Goethe's Niederlegung seiner Intendanz wurde durch ein amtliches Schreiben vom 7. April, das er am 13. erhielt, vom Großherzoge genehmigt.

Uebrigens war Goethe hocherfreut, die Theaterangelegenheit im Rücken zu haben. Er soll indeß im Verdruß über seine erschütterte Stellung in Weimar damals ernstlich mit dem Gedanken umgegangen sein, Weimar zu verlassen und den Anerbietungen, die ihm von Wien aus gemacht wurden, Folge zu geben. Das Theater besuchte er nicht mehr, und damit hört auch seine Theilnahme an der dramatischen Poesie auf. Nur 1824 wohnte er einer Vorstellung des Rossini'schen Tancred bei und 1825 der Aufführung der Iphigenie am Tage seines Jubiläums.

Goethe hatte nach Jena seine Arbeiten nebst Apparaten und Collectaneen mitgenommen und verweilte dort vier Monate. Da der Großherzog die dortigen akademischen Anstalten „großartig zu beleben" wünschte, so beschäftigte er sich näher mit dem Detail derselben, richtete ein botanisches Museum ein, brachte die 1816 gegründete Thierarzneischule, der manche Vorurtheile entgegenwirkten, in Gang und bearbeitete zu Michaelis einen amtlichen Bericht an den Großherzog über den Zustand der einzelnen Institute.

Unter Goethe's amtlichen Berichten dieses Jahres findet
sich auch ein Blättchen, das wegen der darin sich kundge=
benden Pietät gegen Schiller's Andenken charakteristisch ist.
Er macht darin den Vorschlag, das kleine schon verfallende
Häuschen, das Schiller in der Ecke seines Gartens erbaut
hatte, als ein durch seinen Aufenthalt geweihtes Plätzchen,
das von Fremden häufig aufgesucht wurde, anständig zu
restauriren, des Dichters Büste und eine kalligraphische
Tafel mit dem Epilog zur Glocke darin aufzustellen und
das Zimmer mit einigen Gegenständen, deren er sich im
Leben bedient, auszustatten. Goethe's sinniger Wunsch
fand keine Genehmigung.

Die schwierigste Aufgabe, der sich Goethe im Herbst
des Jahres 1817 zu unterziehen hatte, war die Umgestal=
tung der jenaischen Bibliothekseinrichtung. Die akademische
Bibliothek bestand aus mehreren Sammlungen, welche nach
und nach durch Ankauf und Vermächtniß zusammengekommen
waren. Diese waren getrennt neben einander aufgestellt;
die Räume langten nicht mehr zu; die Bücher standen
und lagen so ungeordnet durch= und übereinander, daß es
beinahe ein ausschließliches Geheimniß mehr des Bibliothek=
dieners als der höheren Angestellten war, wie und wo
man ein Buch finden sollte; ein wohlgeordneter vollständiger
Katalog war gar nicht vorhanden. Der Großherzog hatte
über diesen Uebelstand mehrmals mit Goethe vertraulich
gesprochen und ihn zur Durchführung einer völlig neuen
Anordnung der Bibliothek zu veranlassen gesucht; allein
„unter diesen Umständen war wohl niemand zu verdenken,
wenn er den Angriff des Geschäfts zu beschleunigen An=
stand nahm", zumal da bis dahin die Bibliothek unter der
unmittelbaren Leitung des akademischen Senats stand, und
die Hindernisse eben so sehr in den Personen, als in dem
verworrenen Zustande der Bibliothek lagen. Endlich brachte

im September 1817 die gothaische Regierung den Zustand
der Bibliothek zur Sprache mit dem Wunsche, daß die
großherzogliche Oberaufsicht diese Angelegenheit übernehmen
möchte. Sehr unangenehm war Goethe überrascht, als
unterm 7. October an ihn ein höchstes Rescript erfolgte,
das ihm die oberste Leitung des Geschäfts der neuen An=
ordnung übertrug. Jedoch von dem Augenblicke an unter=
zog er sich dem lästigen „unabsehbaren" Geschäft mit dem
entschiedensten Eifer und einer Energie, die alle Hinder=
nisse niederwarf und auch eigenmächtige Schritte nicht
scheute, um das Bessere zu schaffen. Er verlangte dazu
eine ausgedehnte Vollmacht und die Bewilligung der nöthi=
gen Mittel. „Dieser neuen Umschaffung", sagte er in
seiner Relation, „darf nichts im Wege stehen, was nach
vermoderten Vorurtheilen schmeckt, welche eigentlich die
Hauptursache an der Vermoderung der Bibliothek selbst
sind." Am 6. November begab er sich nach Jena und be=
gann trotz vielfachen Widerstrebens einzelner dabei betheiligter
Personen und Corporationen die Erweiterung und Ver=
besserung der bisher düstern und feuchten Räume des
Bibliotheksgebäudes. Der große untere Saal ward trocken
gelegt, die beschränkende Stadtmauer, welche sich an den
Fenstern des Manuscriptensaals hinzog, niedergerissen, un=
benutzte anstoßende Localitäten der Universität wurden für
die Bibliothek in Besitz genommen. Noch in seinen letzten
Tagen blickte Goethe mit Freuden auf die entschlossene
That zurück, wie er von dem medicinischen Auditorium
trotz des Widerspruchs der Akademie und der medicinischen
Facultät, welche den Schlüssel auszuliefern sich weigerte,
Besitz nahm, indem er die Wand durchbrechen und die
Bücherrepositorien aufstellen ließ; sein Verfahren wurde
später höchsten Orts vollkommen gebilligt. Zugleich ward
die Schloßbibliothek hinübergeschafft, die neue Aufstellung

nach wissenschaftlichen Fächern geordnet und durch Katalogi=
sirung ihre Benutzung erleichtert: alles dieses, ohne daß
die Benutzung der Bibliothek unterbrochen worden wäre.
Inzwischen arbeitete Goethe auch selbst die neue Anordnung
der Rechnungsführung aus, da dies delicate Geschäft nicht
wohl einem Andern überlassen werden konnte. Auf seinen
Bericht vom 1. Dec. 1819, welcher die mit einem Auf=
wande von nicht mehr als 2700 Thalern durchgeführte Voll=
endung des Hauptgeschäfts melden konnte, erfolgte auch die
verdiente Anerkennung. „Wir mögen uns nicht versagen",
heißt es in dem höchsten Rescript vom 17. December 1819,
„Euch bei dieser Gelegenheit die Bezeigung Unsrer Freude
und Unsres Beifalls über die Einsicht und Liebe zu erneuern,
womit Ihr in thätigster Förderung dieses mühevollen und
schwierigen Geschäfts einen von Uns mit besonderer Neigung
aufgefaßten und gehegten Wunsch der völligen Ausführung
schon jetzt nahe gebracht habt."

Sein College, Minister von Voigt,[54] dessen Mit=
wirkung er sich noch bei diesem Geschäft zu erfreuen ge=
habt hatte, war schon im Frühling dieses Jahres, am
22. März, geschieden, in letzter Zeit sehr angegriffen von
der demagogischen Aufregung. Goethe pries ihn glücklich,
„daß er die Ermordung Kotzebue's nicht mehr erfuhr, noch
durch die heftige Bewegung, welche Deutschland hierauf
ergriff, ängstlich beunruhigt wurde." Im Sommer 1819
erfolgten die Karlsbader Beschlüsse. Wenige Tage nach
Goethe's Ankunft in Karlsbad, wo er am Abend seines
Geburtstages anlangte, ging der Congreß auseinander;
mit mehreren diplomatischen Notabilitäten kam er dort
noch in nähere Berührung, auch mit dem Fürsten Met=
ternich.

Seinen siebzigsten Geburtstag hatte Goethe im Reise=
wagen zwischen Hof und Karlsbad in stiller Sammlung,

wie er pflegte, begangen. Allen lauten Festlichkeiten ging
er an diesem Tage gern aus dem Wege; daher lehnte er
auch die Theilnahme an einem Festmahl ab, das man
ihm am 29. zu veranstalten beabsichtigte. Erfreulich waren
ihm jedoch die Beweise der Liebe, die ihn aus der Ferne
in Karlsbad aufsuchten, begrüßende Gedichte von Freunden
und Berichte von der sinnvollen Feier dieses Tages, welche
seine Verehrer in seiner Vaterstadt veranstaltet hatten. Bei
dem dort angeordneten Festmahl prangte ein mit Smarag=
den kostbar verzierter Lorbeerkranz, welcher Goethe dem=
nächst als Geschenk zugesandt wurde. Im Theater gab
man ihm zu Ehren den Torquato Tasso. Die Gesellschaft
für ältere deutsche Geschichtskunde, welche 1819 durch den
Freiherrn von Stein constituirt war, ernannte ihn zu ihrem
Ehrenmitgliede. Die mecklenburgischen Stände verehrten
ihm zu diesem Tage eine goldene Medaille zum Danke für
den Antheil, den er an der Anfertigung der Blücherstatue
genommen hatte. Ein sinniges Geschenk ward ihm durch
den Großherzog Georg von Mecklenburg=Strelitz. Dieser
hatte Gelegenheit gefunden, die Uhr, welche in den Kinder=
tagen des Dichters im elterlichen Hause gestanden hatte,
anzukaufen, und ließ sie heimlich im Goethe'schen Hause
aufstellen. Als Goethe sie zum erstenmal Morgens fünf
Uhr schlagen hörte, die Stunde, wann er zu erwachen
pflegte, rief er seinem Bedienten zu: „Ich hörte eben die
Uhr aus meinem Elternhause schlagen." Da der Diener
bejahte, sprang Goethe auf und eilte nach dem Vorzimmer,
wo man die Uhr, von ein Paar Lichtern erhellt, aufge=
stellt hatte. Thränen traten ihm in die Augen. [55])

Seinen Freunden sprach der Dichter durch das in
einzelnen Druckblättern übersandte Gedicht „die Feier des
28. Augusts dankbar zu erwidern" seinen Dank aus, wel=
chen er an das auf einer Münze ihm dargebotene Bild

von dem Ritter, der seine vierundzwanzig Söhne dem
Fürsten zur Huldigung vorstellt, anknüpft:

Sieht der Dichter nah' und ferne,
Söhn' und Töchter, lichte Sterne,
Sieht sie alle wohlgerathen,
Tüchtig, von geprüften Thaten,
Freigesinnt, sich selbst beschränkend,
Immerfort das Nächste denkend,
Thätig treu in jedem Kreise,
Still beharrlich jeder Weise,
Nicht vom Weg dem graden weichend,
Und zuletzt das Ziel erreichend.

Bring' er Töchter nun und Söhne,
Sittenrein in holder Schöne,
Vor dem Vater alles Guten
In die reinen Himmelsgluthen,
Mitgenossen ew'ger Freuden! —
Das erwarten wir bescheiden.

Drittes Capitel.

1820—1825.

～～～

„Das Leben" — äußert Goethe in einem Briefe an den Staatsrath Schultz — „gleicht denn doch zuletzt den sibyllinischen Büchern; es wird immer kostbarer, je weniger davon übrig bleibt." Er ward daher, je näher er dem unvermeidlichen Ziele rückte, um so haushälterischer in der Verwendung der Zeit, und sein alter Wahlspruch: „die Zeit ist mein Reichthum und mein Acker" (tempus divitiae meae, tempus ager meus) bewährt sich gerade in den letzten Jahren seines Lebens in vollstem Maße. Zwar widmete er noch in den nächstfolgenden Jahren einen Theil des Sommers den Zerstreuungen und geselligen Aufheiterungen des Badelebens; sonst schloß er sich möglichst in die Einsamkeit seines Studirzimmers ein, wo schon die frühen Morgenstunden ihn regelmäßig an seine Arbeiten und wissenschaftlichen Forschungen riefen. Aus seinen Tagebüchern, die er regelmäßig in zwei Abschnitten des Tags dictirte — so berichtet Kanzler von Müller — ersieht man, „wie noch im höchsten Lebensalter er von frühester Morgenstunde an in ruhig abgemessener Folge sich einer Unzahl von literarischen Arbeiten, brieflichen Mittheilungen, geschäftlichen Expeditionen, Prüfung und

Beschauung von eingesendeten Productionen und Kunst=
werken, ernster und heiterer Lectüre der mannigfaltigsten
Art widmete". Sein Arbeitszimmer, das mehr und mehr
seine Welt ward, in der er die ganze Behaglichkeit und
Fülle seines geistigen Daseins empfand, lag still nach dem
Garten zu, klein und schmucklos, damit nicht Gegenstände
des Luxus seinen Geist zerstreuen möchten. „Ein kleiner
Eckschrank", berichtet A. von Sternberg, „hatte die Be=
stimmung Geldrollen aufzunehmen, die als Almosen auf
die discreteste und wirksamste Weise vertheilt wurden".
Besuche wurden hier nicht angenommen, und nur den in=
timsten Freunden öffnete sich dies Heiligthum; sein Biblio=
thekzimmer und Schlafcabinet lagen daran.

Wenn er für sich allein arbeitete, pflegte er an einem
Stehpulte zu schreiben, den Rücken gegen das Licht ge=
wendet. Bei dichterischen Werken sprach er die Verse laut
vor sich hin, um das Ohr zum Richter über den Rhyth=
mus und den Wohlklang der Worte zu machen. Das
Dictiren war ihm mehr und mehr zur Gewohnheit gewor=
den, selbst bei seiner Correspondenz. Sein Secretär, dessen
Stelle oft Riemer, Kräuter und andere junge Freunde
vertraten, wurde regelmäßig mehrere Stunden hinter ein=
ander beschäftigt. Unablässig konnte der Greis die Geistes=
anstrengung fortsetzen. Sitzend oder auf= und abschreitend
und um den Tisch in der Mitte des Zimmers herum=
wandelnd, oder plötzlich die Gruppe, die seine Phantasie
gestaltete, ordnend und firirend, ließ er die Gedanken in
raschem Flusse hervorströmen, ohne selbst durch störende
Unterbrechungen gehemmt oder abgelenkt zu werden. Die
Manuscripte der größeren Werke seiner späteren Lebens=
periode haben auf diese Weise ihre Gestalt erhalten. Es
läßt sich darin, so wie in seinen Briefen nicht verkennen,
daß schon die Gegenwart eines Andern den freien Erguß

des Innern vielfach beschränken mußte, und selbst der
Stil seiner letzten Werke trägt davon die Spuren.

Seine amtliche Thätigkeit hatte sich, seitdem er die
Theaterleitung aufgegeben hatte und die Bibliothek$ein=
richtung der Hauptsache nach beendigt war, sehr vereinfacht,
und was noch zu thun war, wickelte sich ohne große Opfer
an Zeit mit Hülfe der Unterbeamten von selbst ab. Aus
der Correspondenz mit dem Großherzog geht hervor, wie
sehr er auch ferner bemüht war, das Gute in seinem Ver=
waltungszweige zu fördern. Man durfte durchaus nicht
ermangeln, sagt von Müller, ihm bei jeder neuen vater=
ländischen Anlage, mochte sie eine Chaussee, Kirche, Schule
oder auch nur ein Thorhaus betreffen, die Risse vorzulegen.
Großes Interesse nahm er 1822 an dem Bau der Weimarer
Bürgerschule und berieth den Bauplan mit. Am 17. No=
vember ward zu diesem Gebäude von Karl August feierlich
der Grundstein gelegt.

Bei dieser Gelegenheit berühren wir noch einmal das
herzliche Verhältniß, das zwischen Goethe und seinem Für=
sten bis ans Ende ihres Lebens unverändert fortbestand.
Als eine Gabe des Dankes für die neue Stiftung ließ
Goethe zum Weihnachtsfest 32 Gedichte sammeln und un=
ter der Aufschrift: „dem Landesfürsten zum Weihnachten
von seinen Kindern, 1822“, überreichen; der Goethe'sche
Gruß „Bäume leuchtend, Bäume blendend ꝛc.“, der die
Erfüllung der einst in dem Gedichte „Ilmenau“ ausge=
sprochenen Hoffnungen in einfachem Bilde ausdrückt, er=
öffnete die Sammlung. Am nächsten Morgen erhielt Goethe
ein Billet des Fürsten, worin wir die schönen Zeilen fin=
den: „Du weißt selbst, wie vielen Theil Du von allem
dem, was seit etlichen und zwanzig bei uns zum Guten
gediehen ist, Dir zuschreiben kannst, als daß ich nöthig
hätte, Dir zu sagen, daß ich es lebhaft erkannte, indem

Du gewiß nicht an meiner Erkenntlichkeit zweifeln kannst, noch an der Gerechtigkeit, die mein Herz Deinen seltenen Verdiensten gern widerfahren läßt." In gleicher Gesinnung begrüßte der Großherzog auch am nächsten Neujahrstage seinen „lieben alten Freund und Waffenbruder in dieser stürmischen Welt", dankend „für die Ausdrücke der unveränderlichen Freundschaft."

Goethe kam jetzt selten an den Hof. So unabhängig war seine Stellung am weimarischen Hofe, so fern von aller Servilität, die man diesem edlen Verhältnisse so oft hat andichten mögen, daß dies von Seiten der fürstlichen Familie durchaus keine Mißbilligung erfuhr. Vielmehr suchte sie den Dichter oft in seiner Wohnung auf und führte auch fürstliche Gäste, unter andern den König von Würtemberg und den Großfürsten, nachmaligen Kaiser, Nicolaus mit seiner Gemahlin ihm zu. „Von unserer Großherzogin kann ich nur sagen" — schreibt er an Zelter — „daß Bewunderung und Verehrung gegen sie immer mehr wachsen muß.... Sie besucht mich die Woche gewöhnlich einmal, da ich mich dann jederzeit vorbereite, irgend etwas Interessantes vorzulegen, wo dann ihre ruhige gründliche Theilnahme an Gegenständen aller Art höchst ergötzlich und belohnend wird." Nicht minder war Goethe durch die regelmäßigen bis zu seinen letzten Tagen fortgesetzten Besuche der geistvollen Erbgroßherzogin beglückt. „Was auch im Lauf der Woche an interessanten Gegenständen in Kunst, Literatur und Naturwissenschaften bei Goethe einlief" — so berichtet von Müller — „das Erfreulichste war ihm stets dasjenige, was er seinen erhabenen Fürstinnen vorzeigen, erläutern, ihrer Theilnahme daran gewiß sein konnte. Trat zuweilen eine unwillkürliche Verhinderung jener Besuche ein, so war es ihm, als fühle er eine Lücke in seinem Dasein; denn gerade das

Beständige, genau Wiederkehrende jener Tage und Stun=
den verlieh ihnen noch einen besonderen Reiz, der die
ganze Woche hindurch erfrischend auf ihn wirkte."

Die friedliche Einsamkeit ward ihm auch durch den
fortgesetzten Verkehr mit vertrauten Freunden und Genossen
seiner Studien belebt. Am liebsten sah er jeden einzeln
in traulichen Abendstunden bei sich, um die wissenschaftlichen
Gespräche nach Einer Richtung zu lenken und sie dadurch
für sich belehrender zu machen. Mit Meyer wurden Gegen=
stände der Kunst besprochen. Riemer's Urtheil nutzte er
bei der Redaction seiner Schriften und unterwarf sich willig
seiner philologischen Kritik, die manche Einseitigkeiten in
Goethe's letzten Schriften verschuldet haben dürfte. In
ein ähnliches Verhältniß trat als vertrauter Gehülfe der
junge Eckermann, der im Juni 1823 nach Weimar kam
und durch Goethe Unterstützung und Beförderung fand.
Die von ihm aufgezeichneten Gespräche [56]) verbreiten ein
helles Licht über die letzten Jahre des Dichters und ge=
währen uns einen tiefen Einblick in dessen geistige Eigen=
thümlichkeit wie in die Lebens= und Liebesfülle seines
Gemüths. Auch Hofrath Soret aus Genf, der Erzieher
des jungen Erbprinzen, war in jenen Jahren oft um
Goethe und wurde besonders wegen seiner naturwissen=
schaftlichen Kenntnisse und Studien von ihm sehr geschätzt.
Endlich gehörten auch Hofrath Vogel, sein Arzt, und
Kanzler von Müller, einer der wärmsten seiner Verehrer,
zu dem Kreise der vertrautesten Hausfreunde. Müller war,
wie Soret sich ausdrückt, gewissermaßen der Vermittler
zwischen Goethe und der Gesellschaft. Indem er, begabt
mit einer lebhaften poetischen Einbildungskraft, im höchsten
Grade das Talent besaß, alle interessanten Vorfälle zu
sammeln und sie auf pikante Weise zu erzählen, belebte er
seine Unterhaltung mit Allem, was er gesehen und gehört

hatte, weshalb sie für den Dichter stets anregend und erheiternd war. Vieles von seinen Aufzeichnungen ist durch den Druck bekannt geworden.

Bedeutende Fremde sah Goethe ebenfalls häufig bei sich. Wolf kam einige Male, noch zuletzt 1824 auf der Reise nach dem südlichen Frankreich, von der er nicht wiederkehrte. Besonders sprach sich eine lebhafte Freude bei den Besuchen der beiden Humboldt aus. In einem Briefe vom 30. Juli 1825 spricht Alexander die schönen Worte aus: „Beide Humboldte gehören Ihnen an, und der Stolz ihres Lebens war es, Ihren Beifall sich erworben zu haben". ⁵⁷) Und wie viele Andere bereiteten ihm, neben den lästigen Besuchen mancher Neugierigen, die angenehmsten Stunden! ein ausgedehnter Briefwechsel erhielt ihn im geistigen Verkehr mit ausgezeichneten Männern verschiede= ner Nationen. Persönlichen Umgang mit hervorragenden Zeitgenossen vermittelte außerdem sein häufiger Aufenthalt in den böhmischen Bädern, denen er seit 1818 den Vorzug gab; seitdem besuchte er sie bis 1823 Jahr für Jahr. Durch seine Anwesenheit hat er zum Aufschwung der Bade= orte Franzensbrunn und Marienbad, die er gleichsam unter seinen Augen emporwachsen sah, nicht wenig beigetragen. Unter den Bekanntschaften des Jahres 1821 ist die des Grafen Joseph von Auersperg auf Hartenberg, eines eifrigen Mineralogen, zu erwähnen, bei dem sein 72. Ge= burtstag durch eine glänzende Feier festlich begangen ward; der Platz, auf dem Goethe, von der Wanderung in der Umgebung und dem Bergsteigen ermüdet, ausruhte, hat den Namen „Goethesruhe" erhalten. Gleichfalls ist des wackeren Polizeiraths Grüner in Eger zu gedenken, der ihn häufig auf seinen Excursionen begleitete und uns manches vertraulich gesprochene Wort aus dem Munde des Dichters aufbewahrt hat. In dem nächsten Jahre trat

Goethe zu dem Grafen Caspar von Sternberg, dem hochgebildeten Naturforscher, in ein näheres Verhältniß. [58] Er spricht sich darüber unterm 1. August 1822 mit beredter Freude aus: „Ich darf wohl sagen, daß mir, seit ich dem Grafen von Reinhard in Karlsbad begegnete, kein solches Glück wieder geworden. Wie wichtig ist es, einen Mann von diesen Jahren von solcher menschlichen Welt= und wissenschaftlichen Bildung anzutreffen, eine vollkommene Mittheilung möglich zu finden und durch wechselseitiges Empfangen und Geben des größten Vortheils zu gewinnen! Er ist aus einer Zeit, wo sich Aussichten hervorthaten, Gesinnungen entwickelten, Studien besondere Reize aus=übten, zu denen allen ich mich selbst bekenne. Eine solche Annäherung ist mir doch unendlich werth, und so waren wir denn zwei Wochen beisammen, wo Tausendfältiges zur Sprache kam. In gar manchem Capitel habe ich durch ihn sehr schöne Nachweisungen und Aufklärungen erhalten. Ein fortgesetztes thätiges Verhältniß wird beiden Theilen zum Nutzen und Frommen gereichen". Goethe's wissen=schaftliche Arbeiten werden noch mehrmals Gelegenheit geben, auf diese und andere schätzenswerthe Verbindungen mit gelehrten Forschern zurückzukommen.

Goethe vermied es, den von Berlin an ihn ergehenden dringenden Einladungen Folge zu leisten, obwohl sich die dortigen höheren Kreise durch den Cultus seines Genius vor allen andern Städten Deutschlands hervorthaten. Gleich=wohl nahm er durch Zelter's Vermittlung an allen dortigen Vorgängen den regsten Antheil. Durch Meyer's Aufenthalt daselbst sowie die Besuche von Tieck und Rauch, welche seine Büste modellirten, erhielt er sich in Kenntniß von den dortigen Kunstschätzen und Bemühungen für die Beförde=rung der Kunst. Für die Eröffnung des neuen Schauspiel=hauses in Berlin am 26. Mai 1821 verfaßte er den Prolog,

der, von Madame Stich gesprochen, mit großem Enthusias=
mus aufgenommen ward, so daß er am 29. wiederholt
werden mußte; mit der Goethe'schen Iphigenie wurden die
Vorstellungen eröffnet. Den Faust brachte man durch die
Bemühungen des Fürsten Radziwill in den Hofkreisen zur
Aufführung.

In Frankfurt ging man 1820 mit dem Plan um,
dem Dichter schon bei seinen Lebzeiten ein Denkmal zu er=
richten. „Ich verhalte mich", schreibt Goethe an den
Grafen Reinhard, „dagegen ganz stille, contemplirend;
denn da es mehr ist, als was ein Mensch erleben sollte,
so muß er sich gar wundersam bescheiden zusammennehmen,
um nur die Legung des Grundsteins zu überleben." Man
übereilte sich jedoch in Frankfurt nicht, und erst nach dem
Hinscheiden des Dichters gelang es, das Erzbild des größ=
ten Sohnes der alten Reichsstadt aufzustellen. Bedauerns=
werther war, daß Goethe's Name noch in seinen letzten
Lebensjahren aus der Reihe der Bürger seiner Vaterstadt ge=
strichen ward. Die Frankfurter Behörde, die bisher keine
Einkommensteuer von ihm begehrt hatte, stellte dem Dichter
1830 eine Rechnung über die letzten funfzehn Jahre zu.
Sehr entrüstet darüber, schickte er sein Bürgerdiplom zurück.

In der Zurückgezogenheit des Jahres 1820 machte
Goethe die Fortsetzung seines Romans Wilhelm Mei=
sters Wanderjahre oder die Entsagenden zu seiner
Hauptaufgabe. Er war bei diesem Roman von der Grund=
idee ausgegangen, welche sein Lebensprincip geworden war,
daß der Mensch sich selbst beschränken und entsagen müsse.
Während das Gesetz der Entsagung die sittliche Tendenz
der Hauptpersonen des Romans ist, bringen die einge=
schalteten kleineren Novellen die gesellschaftlichen Verwicke=
lungen, die eine Folge der Leidenschaft sind, in der Weise
der Wahlverwandtschaften, welche anfänglich ein Glied in

dieser Kette bilden sollten, zur Darstellung. Nach der Wiederaufnahme der Dichtung verknüpfte sich mit der Idee der Beschränkung die der Thätigkeit; es trat die Ansicht als leitend in den Vordergrund, daß sich jeder seiner Natur und seinen Anlagen gemäß zu einer für sich und Andere nützlichen geregelten Wirksamkeit ausbilden müsse. Schon in dem ersten Bande — denn mehr erschien 1821 nicht — war viel Tiefgedachtes niedergelegt; aber die fragmentarische, mitunter abstruse, Form, in der die Absicht des Dichters nur unklar hervortrat und die poetischen Partieen nur durch ein schwaches Band erklärender Einschiebsel zusammengehalten wurden, ließ die gespannte Erwartung der Leser unbefriedigt: mußte er doch selbst gestehen, daß das Ganze nicht sowohl aus Einem Stücke, als in Einem Sinne gebildet sei. Es wurde diese Production zuerst benutzt, um Goethe's gesammte Dichterthätigkeit anzugreifen. Ein gewisser Pustkuchen, Prediger zu Lieme bei Lemgo, machte nicht geringes Aufsehen, als er, anonym und gewissermaßen durch ein Falsum sich eindrängend, gleichzeitig und unter gleichem Titel ein Seitenstück zu jenem Roman herausgab, worin er das Verwerfliche der Goethe'schen Lebensansicht darzuthun suchte. Goethe schwieg, nur daß er im Stillen seinem Humor in einigen zahmen Xenien Luft machte.

> „Und red' ich dagegen, so wird nur der Klatsch
>   Verschlimmert;
> Mein liebliches Leben im nichtigen Patsch
>   Verkümmert
> Schon bin ich heraus!
> Ich mach' mir nichts d'raus.
>   Ade!

Die zahmen Xenien bildeten einen Theil der reichhaltigen Epigrammendichtung, worin der Dichter eine Reihe von Maximen und Urtheilen über Welt und Literatur in leichte Reime band, Einfälle des Augenblicks, meist auf Papierschnitzel und auf die Rückseite von Visitenkarten in flüchtigen Zügen hingeworfen. Selbst Gervinus, vor dessen einseitiger Kritik keine der späteren Goethe'schen Dichtungen Gnade findet, muß diese Epigramme als ein „unschätzbares Vermächtniß" anerkennen und gestehen: „Mit Beifall und stiller Freude wird jeder wahre Verehrer des großen Mannes diese Aeußerungen über die Mißstände einer überwuchern= den Literatur lesen; denn sie zeugen von dem klaren Sinne, den der lebensweise Dichter bis in das höchste Alter fest= hielt, wo er ein bestimmtes äußeres Object vor sich hatte".

Goethe's Theilnahme an allem Bedeutenden, was sich in nahen und fernen Theilen der gebildeten Welt, sei es in Literatur oder Kunst, in Naturwissenschaft oder indu= strieller Technik hervorthat, schien sich mit seinen höheren Lebensjahren noch zu steigern. Nie war sein Sinn leben= diger der unmittelbaren Gegenwart zugewendet, als auf den letzten Stufen des Lebens. Seine Kenntniß und Be= obachtung der Literatur war so umfassend, so fern von einseitiger Vorliebe, daß sich in seinem Geiste die Idee einer Weltliteratur ausbildete, in der die Völker, un= abhängig von nationaler Absonderung und den Schranken des Sprachgebiets, durch ein gemeinsames Band der höch= sten geistigen Cultur zusammengehalten werden, und das Beste eines jeden Volkes von den Gebildeten aller Natio= nen anerkannt und genossen wird. Dieser ästhetische Uni= versalismus setzte das Entlegenste an die richtige Stelle, überall das „Tüchtige" anerkennend und das Seelenver= wandte verknüpfend. Orient und Occident, Alterthum und Neuzeit, eines diente ihm zur Erklärung des Andern. Die Dichtergärten des Orients blieben ihm auch ferner lieb; selbst in der Phantasiewelt der indischen Poesie er=

ging er sich mit Entzücken. Seinen Divan vervollständigte
er 1820 mit den blühenden Gedichten des Paradieses, und
in dem Paria, einer balladenartigen Trilogie, behandelte
er 1821 einen indischen Legendenstoff, der schon vierzig
Jahre früher sein Nachdenken beschäftigt hatte.

Das Interesse für römische Poesie wurde durch die
fördernde Theilnahme, womit er Knebel's Uebersetzung
des Lucrez begleitete, angeregt. In das Studium altgriechischer Literatur wurde er durch Gottfried Hermann's
mythologische Forschungen hineingezogen; er nahm daran
um so lebhaftern Antheil, als auch er gegen Creuzer auf
der Seite der Antisymboliker stand, wenn auch nicht Voß'
extremen Ansichten zugethan. Diese wissenschaftlichen Probleme wurden bei dem Zusammentreffen mit Hermann in
Karlsbad im Jahre 1820 vielfach durchgesprochen. Die
ihm 1821 mitgetheilte Schrift desselben über die Fragmente
des Euripideischen Phaethon wirkte, „wie Alles, was von
diesem edlen Geist= und Zeitverwandten jemals zu ihm
gelangte, auf sein Innerstes kräftig und entschieden", und
veranlaßte ihn, aus jenen Bruchstücken die Idee des Drama's
und den Gang der Handlung nachzuweisen und zu erläutern, eine kritische Abhandlung, die den vollsten Beifall
des großen Philologen sich erwarb. Das dadurch in ihm
wieder hervorgerufene Studium des Euripides, das nachmals noch wieder aufgenommen wurde, flößte ihm unstreitig wieder Liebe zu seiner „Helena" ein, welche er,
nachdem sie seit Schiller's Tode nicht wieder angesehen
worden war, 1825 aufs neue vornahm.

In den Literaturen unserer Nachbarländer, besonders
der französischen und englischen, von denen früher nur
Werther, doch ohne Einwirkung auf die Richtung derselben,
mit Anerkennung aufgenommen worden war, begannen

jetzt auch die späteren Goethe'schen Dichtungen wirksam zu
werden. Die Faustdichtung warf ihre hellleuchtenden Strah=
len über die moderne Poesie, und auch die milde Wärme
und Anmuth anderer Dichtwerke verbreitete ihren stillwir=
kenden Einfluß. Goethe ward von diesen Bestrebungen
um so lebhafter angezogen, als er darin zugleich die Be=
wegung der Literaturperiode seiner Jugend widergespiegelt
sah. Denn erst jetzt brach man dort mit der steifen soge=
nannten Classicität, und das jüngere Dichtergeschlecht, an
der Brust der deutschen Literatur genährt, suchte durch
freiere Bewegung der Phantasie und lebendiges Eingreifen
in das Leben und die Ideenwelt der neuen Zeit die Poesie
die höhere Bahn hinanzuführen; im Gegensatz zu den her=
kömmlichen Formen pflegte man sie als die Romantiker
zu bezeichnen.

In Italien wagte zuerst Manzoni im Drama und
im historischen Roman die neue Richtung einzuschlagen.
Angefeindet von seinen Landsleuten, fand er durch Goethe
die erste Anerkennung und Aufmunterung, als dieser 1820
die Vertheidigung des „Graf Carmagnola" gegen die An=
griffe der Kritik siegreich führte. Manzoni hing dem deut=
schen Dichter mit rührender Pietät an. „Es ist gewiß",
äußerte er gegen einen Reisenden, der ihn nach einigen
Jahren auf seiner Villa bei Mailand besuchte, „ich bin
mir erst selbst dadurch etwas werth geworden, daß ich mich
der Liebe und Achtung Goethe's erfreue. Es ist lediglich
sein Verdienst, wenn man mir Beifall zollt; vorher ging
man schlecht genug mit mir um; seit er aber sich groß=
müthig meiner annahm, hat sich das freilich geändert, und
ich selbst bin erst durch ihn über mich ins Klare gekommen."
In gleichem Sinne sprach er sich in einem Briefe vom
23. Januar 1821 aus, der in Goethe's Werken aufbe=
wahrt ist.

Frankreich war zuerst durch Frau von Stael und Benjamin Constant über den Werth der deutschen Literatur belehrt worden. Eine gründlichere Kenntniß Goethe's verbreitete sich seit 1821 durch die Uebersetzungen und Abhandlungen von Stapfer, Cousin und Anderen, und in Zeitschriften, namentlich im Globe, trat eine gediegene Kritik an die Stelle der früheren hochmüthigen Oberflächlichkeit. Goethe begleitete alle bedeutenderen Erscheinungen der neueren französischen Literatur. Sein Interesse erstreckte sich keineswegs bloß auf poetische Werke, sondern auch auf Naturwissenschaft, Reisewerke und geschichtliche Memoiren.

Eine gleiche lebendige Wechselwirkung fand zwischen Goethe und den Führern der englischen Literatur statt. Durch vortreffliche Uebersetzungen und Kritiken wurden die deutschen Meisterwerke im Vaterlande Shakspeare's zur Anerkennung gebracht; Faust, anfänglich in diesem Boden wurzelnd, fand dort eine zweite Heimat. Walter Scott, schon in Jugendjahren der Uebersetzer des Götz von Berlichingen, blieb stets ein dankbarer Verehrer Goethe's und fand bei ihm die bereitwilligste Anerkennung seines ausgezeichneten Darstellungstalents. Den Lord Byron hielt Goethe in hohen Ehren, [59)] belebt in seiner Theilnahme durch die schwärmerische Begeisterung seiner Schwiegertochter. Er war der Ansicht, daß kaum bei irgend einem Dichter die poetische Naturanlage eminenter gewesen sei, so wenig er sich mit der misanthropischen Beigabe, welche er als „verhaltene Parlamentsreden" bezeichnete, befreunden konnte. Die anerkennenden Worte, welche Goethe öffentlich dem Talente Byron's widmete, wurden von diesem mit der verehrungsvollen Dedication des Trauerspiels Sardanapalus erwidert, worin er „als literarischer Vasall seinem Lehnsherrn, dem ersten der jetzt lebenden Schrift-

steller, welcher die Literatur seines eigenen Landes geschaffen
und die von Europa verherrlicht hat" („the first of exi-
sting writers, who has created the literature of his
own country and illustrated that of Europe") seine
„Huldigung" darbrachte. Da dies an Goethe vorgängig
eingesandte Dedicationsblatt, wegen zufälliger Verspätung,
der ersten Ausgabe des Sardanapal nicht mehr vorgedruckt
werden konnte, so eignete ihm Byron das Trauerspiel
Werner mit den Worten zu: „to the illustrious Goethe
by one of his humblest admirers this tragedy is dedi-
cated." Durch einen jungen Mann, der im Jahre 1823
mit einigen empfehlenden Zeilen des Lords bei Goethe
eingeführt worden war, übersandte ihm dieser als herz=
lichen Freundesgruß das Gedicht „Ein freundlich Wort
kommt eines nach dem andern ꝛc.", welches gerade in
Byron's Hände gelangte, als er, schon auf der Reise nach
Griechenland begriffen, in den Hafen von Livorno einge=
laufen war. Noch im Augenblicke der Abfahrt schrieb er
eine dankbare Erwiderung. Goethe bewahrte dies Blatt
als ein theures Vermächtniß des Dichters, „als werthestes
Zeugniß eines würdigen Verhältnisses", das ihm bedeuten=
der erschien, als es in Wirklichkeit gewesen war. Dem
hohen Sinn und edlen Streben des außerordentlichen
Mannes, der in Missolunghi ein frühes Grab fand, ist
in der „Helena" von der Hand der Poesie ein schöner
Kranz gewidmet worden. Euphorion, der personificirte
Genius der Poesie, trägt die Züge des englischen Dichters,
und der Chor spricht die edle Todtenklage. „Nun erhebt
sich die Ueberzeugung, daß seine Nation aus dem theil=
weise gegen ihn aufbrausenden, tadelnden, scheltenden Tau=
mel plötzlich zur Nüchternheit erwache und allgemein be=
greifen werde, daß alle Schalen und Schlacken der Zeit
und des Individuums, durch welche sich auch der Beste

hinburch und heraus zu arbeiten hat, nur augenblicklich, vergänglich und hinfällig gewesen, wogegen der staunens= würdige Ruhm, zu dem er sein Vaterland für je und künftig erhebt, in seiner Herrlichkeit grenzenlos und in seinen Folgen unberechenbar bleibt." So schrieb Goethe bald nach Byron's Tode, Worte, die auch auf ihn selbst im vollsten Maße Anwendung finden.

Gegen so große Ausländer, meinte er nicht mit Un= recht, könnten freilich die neuern Deutschen keine Probe halten. Er bedauerte, daß unserer Poesie so sehr „das Männliche" fehle; Mangel an Charakter sei die Quelle alles Uebels in unserer neuesten Literatur. Indeß war es nicht gerade das Beste, was er von der neueren deutschen Literatur zufällig kennen lernte. Von der schwäbischen Dichterschule wandte er sich entschieden ab und äußerte sich dahin, aus der Region, worin Uhland walte, möchte wohl nichts Aufregendes, Tüchtiges, das Menschengeschick Bezwingendes hervorgehen. Von Rückert hielt er viel und hegte von ihm die besten Erwartungen. Auch das Talent des Grafen Platen achtete er hoch; nur bedauerte er, daß ihm zum Dichter das Wichtigste, die Liebe, fehle. Der universalistischen Richtung seiner literarischen Interessen entsprach vornehmlich seine lebhafte Beschäftigung mit Volksliedern, die damals in zahlreichen Sammlungen und Uebersetzungen uns näher gebracht wurden. Aus dieser Theilnahme flossen die sinnvollen Abhandlungen über Volks= poesie, hauptsächlich über die serbischen und neugriechischen Lieder. Er selbst übersetzte und bearbeitete eine Reihe neugriechischer Poesieen. Unter diesen war Charon sein Liebling; es ist uns berichtet, wie ergreifend das kleine balladenartige Gemälde des seine Beute entführenden Todes durch seinen dramatischen Vortrag ward.

Eben so ungeschwächt dauerte das Interesse für die

Werke der bildenden Kunst fort, wobei ihm Meyer in ge=
wohnter Weise treulich an die Hand ging. Er war diesem
wiederum bei der letzten Durcharbeitung und Redaction
seiner Geschichte der Kunst behülflich, so daß dies Werk
1825 ans Licht treten konnte, ein Abschluß der gemein=
samen Studien. Während Goethe mit den Elgin=Marmorn
und verwandten Denkmälern altgriechischer Kunst sich enthu=
siastisch beschäftigte, wandte sich sein gebildeter Schönheits=
sinn von den indischen und ägyptischen Bildwerken mit
Widerwillen ab; er erklärte offen, daß ihm die indischen
Götzen ein Graus seien. Zur Betrachtung altdeutscher
Kunst führte ihn Boisserée's Werk über den Cölner Dom
und Moller's „deutsche Baudenkmale" zurück; er schrieb
1823 über altdeutsche Baukunst, sich Glück wünschend, nach
funfzigjährigem Streben durch die Bemühung patriotisch
gesinnter Männer zu der Klarheit gelangt zu sein, jene
Bauwerke nicht mit einem trüben Vorurtheil oder einer
übereilten Abneigung, sondern als ein Wissender und in
die Hüttengeheimnisse Eingeweihter betrachten und das
Vermißte in Gedanken ersetzen zu können.

Eine umfassendere Abhandlung über neuere Malerkunst
entstand in den Jahren 1820 und 1822, nämlich über
den Triumphzug Cäsars von dem Maler Mantegna, zu
deren Behuf er fleißige Studien der späteren römischen
Historiker vornahm, um den Apparat und die Geschichte
der Triumphzüge genauer kennen zu lernen. Manche neuere
bedeutende Production ward mit Sorgfalt betrachtet, auch
ein Versuch gemacht, in Weimar lithographische Hefte unter
dem Titel einer „Pinakothek" mit erklärendem Text heraus=
zugeben, die zwar Anerkennung, aber wenig Käufer fanden,
so daß sie nur langsam fortgesetzt werden konnten. Tisch=
bein erfreute ihn durch seine Zeichnungen zum Homer
sowie durch Uebersendung eines Bandes idyllischer Skizzen,

welche Goethe auf deſſen Wunſch mit Gedichten begleitete.
Eine ähnliche Reihe erläuternder Gedichte verfaßte er, als
1821 Schwerdtgeburth „Radirte Blätter nach Handzeichnungen von Goethe" herausgab; es war ihm eine Freude,
„ältere längſtverklungene Bilder aus dem letheiſchen Strom
wieder hervorgehoben zu ſehen."

Für das Studium der Natur blieb ſein Geiſt bis ans
Ende der Tage offen, ſtets mit andächtiger Scheu ihrem
verſchleierten Heiligthum nahend. Daher ſchloß er ſich
auch nie unbedingt einer Secte an, ſondern „blieb Liebhaber bis ans Ende." „Die Natur", äußerte er einmal
gegen Soret, „gleicht einer Koketten; ſie macht uns be-
ſtändige Lockungen und ermuthigt uns durch ihre Avancen;
aber im Augenblick, wo wir ſicher zu ſein glauben ſie zu
beſitzen, macht ſie ſich aus unſern Armen los und ·läßt
uns nur einen Schatten." Die neuen Entdeckungen auf
dieſem Gebiete der Wiſſenſchaft begleitete er unabläſſig
mit ſeinen Beobachtungen und Forſchungen; hier vor Allem
erhielt das ſchöne Wort des Greiſes: „ich lerne immer;
daran merke ich, daß ich älter werde", ſeine volle Wahrheit. Man durchblicke nur die letzten Blätter der Annalen,
um die nach allen Seiten der Naturkunde gerichtete Thätigkeit, die ſich nichts Bedeutendes, ſo ſehr auch andere geiſtige
Intereſſen ſich daneben geltend machten, entgehen ließ, zu
bewundern.

Die Theorie der entoptiſchen Farben ward 1820 beendigt; chromatiſche Verſuche wurden mit Staatsrath
Schultz in Berlin, mit dem er ſeit mehreren Jahren in
freundſchaftlichem Verkehr ſtand, [60]) und Profeſſor von
Hennings, einem Vertheidiger der Goethe'ſchen Farbentheorie, fortgeſetzt. Für botaniſche Studien wurde die Erweiterung der belvedere'ſchen und jenaiſchen Anſtalten, die
zum Theil unter Goethe's Leitung geſchah, aufs neue an-

regend; er verfaßte ein „Schema" zur Pflanzencultur im Großherzogthum Weimar. Von dem Interesse für Osteo= logie geben seine Abhandlungen über die Faulthiere, über die Skelette der Nagethiere und fossile Urstiere Zeugniß. Zum Behuf geognostischer Forschungen nahm er 1820 auf der Reise nach Karlsbad seinen Weg über Wunsiedel und Alexandersbad, wo er die Trümmer eines Granitberges, welche er schon 1785 besucht hatte, zum erstenmal wieder durchforschte. Goethe, den gewaltsamen Erklärungen der Vulcanisten abgeneigt, fühlte sich durch diese neue Unter= suchung in seiner Theorie bestärkt, die im Allgemeinen an dem Werner'schen Standpuncte festhielt. Auch den Kam= merberg bei Eger betrachtete er aufs neue sorgfältig und gewann im Gegensatz zu seinen früher ausgesprochenen Behauptungen die Ueberzeugung, daß er den pseudo=vul= canischen Gebirgsbildungen beizuzählen sei. Graf Stern= berg betrachtete nachmals den Kammerberg als eine Hinter= lassenschaft Goethe's und verwandte große Summen auf Aus= grabungen. Den Aufenthalt in Eger und Marienbad in den Sommern 1821 und 1823 benutzte Goethe fleißig zur Vervollständigung der mineralogischen Sammlungen und hatte den Genuß, in dem Grafen Sternberg einen Ge= nossen seiner Studien zu finden.

Zur Kenntniß der thüringischen Gebirgsbildung erhielt Goethe manchen erwünschten Beitrag durch den Berg= inspector Mahr zu Ilmenau und den Bergrath Lenz zu Jena; den letzteren begrüßte er zur Jubelfeier am 25. October 1822 mit einem Gedicht, das ein Geschenk des Großherzogs begleitete. Durch seinen Beirath war Goethe auch thätig bei der Herausgabe von Käferstein's geologischem Atlas für Deutschland. Von Eschwege kam 1822 aus Brasilien zurück und belehrte ihn über brasilia= nische Gebirgsarten, so daß er die Ueberzeugung gewann,

„daß die Gebirgsarten der neuen Welt mit denen der
alten in der ersten Urerscheinung vollkommen übereinstim=
men." Eine von diesem gelehrten Reisenden mitgebrachte
Sammlung von Demantkrystallen gab ihm „eine ganz
neue Ansicht über dieses merkwürdige und höchste Natur=
ereigniß."

An den meteorologischen Beobachtungen, welche in
Deutschland besonders durch die Bemühungen des Professors
Brandes in Breslau angeregt wurden, nahm Karl August
einen lebhaften Antheil. Er errichtete einen meteorolo=
gischen Apparat auf dem Rücken des Ettersberges, verfolgte
die Beobachtungen, welche Professor Posselt auf der jenai=
schen Sternwarte leitete, und ließ im ganzen Großherzog=
thum meteorologische Anstalten einrichten, welche mit der
Sternwarte in Verbindung gesetzt wurden. Goethe, von
Jugend auf der Beobachtung der atmosphärischen Verände=
rungen mit Interesse zugewandt, blieb auch diesem Zweig
der Naturforschung nicht fremd. Er studirte Howard's
Theorie der Wolkenbildung und legte sie als Schema seinen
eigenen Bemerkungen unter. Auch hier knüpfte die Natur=
beobachtung wieder an die Poesie an; er verfaßte 1821
einige Strophen zu Howard's Ehrengedächtniß, worin
sich ihm die Wolke zum sinnvollen Bilde des Lebens und
des geistigen Dranges, der zum Ewigen emporstrebt, ge=
staltet. Der treffliche englische Meteorologe ward dadurch
zu einem verbindlichen Schreiben und zur Uebersendung
seines neuesten Werkes über das Klima von London ver=
anlaßt. Besonders sah sich Goethe durch Brandes und
dessen „Beiträge zur Witterungskunde" aufgemuntert und
gefördert; hier zeigte sich, „wie ein Mann, die Einzeln=
heiten ins Ganze verarbeitend, auch das Isolirteste zu
nutzen weiß." Dieser lebhafteren wissenschaftlichen Theil=
nahme an meteorologischen Forschungen folgte bald darauf

seine Reise nach Karlsbad im Frühling des Jahres 1820.
Er entschloß sich während seines Aufenthalts in der freien
Natur die atmosphärischen Erscheinungen in der strengsten
Folge zu beobachten und zu verzeichnen. Der lange zurück=
gehaltene Frühling trat im Beginn des Maies in seiner
ganzen Fülle herrlich hervor: „der Himmelfahrtstag war
ein wahres Himmelsfest." „Es ist", schreibt er unterm
11. Mai an Zelter, „als wenn bei ihrem Erwachen die
Bäume verwundert wären und beschämt, sich schon so weit
im Jahre zu finden und von ihrer Seite noch so sehr
zurück zu sein. Mit jedem Tag eröffnen sich neue Knospen,
und die eröffneten entwickeln sich weiter.... Das junge
gelbliche Grün scheint völlig durchsichtig, und an diesem
stufenweise wachsenden Genusse kann man sich gewiß noch
vierzehn Tage ergötzen." Mit solch jugendlicher Empfäng=
lichkeit entzückte sich der Greis an den Reizen des werden=
den Frühlings; mit der einfachen Poesie dieses Briefes,
den man ganz nachlesen möge, verbinden wir die schönen
Worte, die er gleichfalls in jener Zeit einmal gegen Ecker=
mann äußerte: „Die frische Luft des freien Feldes ist der
eigentliche Ort, wo wir hingehören; es ist, als ob der
Geist Gottes dort den Menschen unmittelbar anwehete und
eine göttliche Kraft ihren Einfluß ausübte." In dieser
innigen Hingebung an den Genuß der Natur versäumte er
nicht sein Tagebuch der Wolkenerscheinungen bis zum
28. Mai, dem Tage seiner Rückreise, ununterbrochen fort=
zuführen. Später wurden diese Aufzeichnungen gelegentlich
fortgesetzt und durchdacht, besonders während der Badekuren
in Marienbad. Er zeichnete die merkwürdigsten Wolken=
bildungen und suchte Künstler dafür zu interessiren. Eine
Instruction für die sämmtlichen Beobachter im Großherzog=
thum ward aufgesetzt, neue Tabellen wurden gezeichnet und
gestochen. Aus diesen Studien ging 1825 die Abhandlung

Versuch einer Witterungslehre hervor. Wenn diese auch an und für sich nicht von Bedeutung ist, so kann sie doch wiederum beweisen, wie in Goethe's geistiger Thätig= keit stets ein gleiches Streben waltet, in dem Schwankenden das Gesetzliche aufzufinden; denn — so äußert er sich auch in diesen Blättern — „das Höchste, was dem Gedanken gelingt, ist gewahr zu werden, was die Natur in sich selbst als Gesetz und Regel trägt, jenem ungezügelten, gesetzlosen Wesen zu imponiren."

Mit Oersted's Entdeckung des Electromagnetismus „that sich ein fast blendendes Licht auf". Goethe ließ sich durch Döbereiner in diese physikalischen Phänomene gründlicher einführen; 1822 hatte er die Freude, Oersted bei sich in Weimar zu empfangen. Gegen Ende desselben Jahres kam Döbereiner nach Weimar, um vor dem Groß= herzoge und einer gebildeten Gesellschaft die wichtigsten Versuche galvanisch=magnetischer wechselseitiger Einwirkung vorzuzeigen und zu erläutern.

Der flüchtige Ueberblick von Goethe's wissenschaftlicher Thätigkeit läßt erkennen, daß er sich im Lauf dieser Jahre sowohl in Literatur und Kunst, als besonders in den Naturwissenschaften mit einer Vielseitigkeit und einem Ernst nach allen Richtungen bewegte, daß zu einer größeren dichterischen Production nicht Ruhe und Muße blieb. Die „Wanderjahre" kamen nicht über den ersten Band hinaus; die Kälte des Publicums und die mißwollende Kritik hat= ten ihm fürs erste die Fortsetzung seines Romans ver= leidet. Dagegen zog es ihn wieder zu den biographischen Darstellungen seiner Jugendjahre, und gern verweilte die Erinnerung bei dem Liebesverhältniß zu Lili, das in dem Fortgang des Werkes in den Vordergrund der Erzählung trat. Ein Drittheil des vierten Bandes, in diesem die Schilderung des Festes zu Ehren Lili's (von ihm als Ge=

burtstagsfest dargestellt) ward 1821 vollendet. Die Er=
zählung dieses Bandes wurde erst kurz vor seinem Tode
bis zu der Reise, die ihn nach Weimar führte, fortgesetzt
und abgeschlossen.

Er wandte sich zunächst in den Jahren 1821 und
1822 zu der Redaction und theilweisen Ausführung der
Feldzüge und Rheinreisen der Jahre 1792 und 1793, wo=
bei er den Grundsatz festhielt, „durchaus wahr zu bleiben
und zugleich den gebührenden Euphemismus nicht zu ver=
säumen". Durch diesen ist die Darstellung sehr beein=
trächtigt worden, und man muß in dem diplomatischen
Stil gar viel zwischen den Zeilen lesen, bis mit der Schil=
derung der Rheinreise, des Verhältnisses zu Plessing und
der Tage von Pempelfort und Münster sich die Erzählung
wieder in den Reiz der gemüthvollen Ausführlichkeit kleidet.
Gelegentlich beschäftigte ihn auch die Redaction der Berichte
von seinem zweiten Aufenthalt in Rom. Es war ihm in=
deß klar geworden, daß es ihm bei seinem vorgerückten
Alter kaum noch möglich sein werde, einen bedeutenden
Theil seines Lebens in der anziehenden Breite der frühe=
ren Darstellungen seiner Nation vorzuführen. Rücksichten
auf den weimarischen Hof, mit dem seine Lebensereignisse
seit seiner Jugendzeit eng verschlungen waren, sowie die
den lebenden Zeitgenossen schuldige Discretion stellten einer
offenen und wahrhaften Berichterstattung große Schwierig=
keiten entgegen. Er entschloß sich daher, den übrigen Theil
seiner Lebensgeschichte nur übersichtlich zu behandeln. Auf
eine Schilderung der ersten weimarischen Epoche hatte er
von vornherein verzichtet.

Eine besondere Veranlassung zu der Ausarbeitung
kurzer biographischer Annalen fand er, als er der zweiten
Gesammtausgabe seiner Werke, welche 1819 mit dem
zwanzigsten Bande abgeschlossen wurde, eine „summarische

Jahresfolge" seiner Schriften beifügte. Er war dadurch zu chronologischen Auszügen aus Tagebüchern und anderen älteren Papieren genöthigt worden. Um diese genauer zu übersehen, und sowohl das Erscheinen einer Gesammt= ausgabe seiner Werke vorzubereiten, als auch für den Fall seines Todes seine Schriften wohlgeordnet zu hinterlassen, ließ er durch den Bibliotheksecretär Kräuter während des Jahres 1823 seine sämmtlichen gedruckten und ungedruckten Schriften, Tagebücher, eingegangene Briefe und Copien der abgesendeten, die er seit 1807 regelmäßig nehmen ließ, sammeln, ordnen und wie in einem Archiv beschließen, jetzt zu spät bedauernd, so vieles Wichtige voreilig vernichtet zu haben. Durch diese Vorarbeit war es ihm möglich, im Lauf der nächsten Jahre einen Auszug seiner Lebensge= schichte annalistisch zu bearbeiten. Die erste Hälfte seines Lebens ist in den „Annalen" oder „Tag= und Jahres= heften" nur leicht skizzirt und selbst das erste Weimarer Jahrzehend nur obenhin berührt. Erst nach dem Feldzuge von 1792 gewinnt die Erzählung an Reichhaltigkeit des Details, und hin und wieder belebt sich auch die Darstel= lung bei dem Ausmalen einzelner Ereignisse. Denn er arbeitete nicht nach dem chronologischen Fortgange, sondern rückwärts den Knäuel der Erinnerungen abwickelnd, und partieenweise, je nachdem ihn die eine oder andere Epoche gerade anzog. Es können diese Annalen, in denen der Dichtung kein Spielraum gestattet worden, vornehmlich einen Begriff von der staunenswerthen Thätigkeit und Vielseitigkeit seiner letzten Lebensperiode geben.

Im Beginn eben dieses Jahres 1823 ward Goethe's Leben von einer jener gewaltsamen Krisen bedroht, welche seine Natur schon einige Male durchgekämpft hatte. Am 17. Februar wurde er plötzlich von einer Entzündung des Herzbeutels und wahrscheinlich auch eines Theils des Herzens

befallen. Am fünften Tage der Krankheit schien alle Hoff=
nung verschwunden zu sein, und er selbst hielt sich für
verloren; „ich fühle", sagte er zu seiner Schwiegertochter,
„daß der Moment gekommen ist, wo in mir der Kampf
zwischen Leben und Tod beginnt". Wenn er davon komme,
meinte er, so müsse man gestehen, er habe für einen Greis
ein zu hohes Spiel gespielt. Mit dem 24. Februar trat
indeß eine günstige Wendung der Krankheit ein. Am näch=
sten Tage konnte er den Großherzog, den die Aerzte Tags
zuvor nicht hatten zu ihm lassen wollen, empfangen; er
verlangte nach seinem Freunde Meyer. Seine Genesung
ging über Erwarten rasch vorwärts; schon am 2. März
konnte er aufstehen und ohne Beschwerde in sein Schlaf=
zimmer und wieder zurück gehen. Doch hielt noch längere
Zeit eine Lähmung an der rechten Seite an; der Schmerz
zog sich gegen die Schulter herauf und machte ihn zum
Arbeiten unfähig.

Aus der Nähe und Ferne kam ihm die wärmste Theil=
nahme und Freude über seine Genesung entgegen. In
einem gesellschaftlichen Verein zu Weimar wurde, um nur
ein Beispiel anzuführen, ein bereits angekündigter Ball aus
Achtung für ihn abbestellt; erst als sein Leben gerettet
war, fand er statt, und in der Einladung hieß es: „jetzt
ziemt es sich zu tanzen." Am 22. März wurde Torquato
Tasso zur Feier seiner Wiedergenesung gegeben, eingeleitet
durch einen Prolog Riemer's, der von Frau Jagemann=
Heygendorf gesprochen ward. Seine Büste ward unter
lautem Jubel der gerührten Zuschauer mit einem Lorbeer=
kranz geschmückt. Nach beendigter Vorstellung begab sich
Frau von Heygendorf im Costüm der Leonore zu dem
Dichter und überreichte ihm den Kranz des Tasso. Goethe
bekennt, einige Mäßigung gebraucht zu haben, um nicht
allzu lebhaft gerührt zu werden. „Freunde, nach langem

Schweigen, belebten das Verhältniß aufs neue; gar manche
Schriftzüge erinnerten mich an würdige vorige Zeiten und
Verhältnisse, ja was von der größeren Bedeutung zu sein
scheint, Personen, die einigen Widerwillen gegen mich
hegten,..... wandten sich wieder zu mir; die alte Neigung
trat hervor; das Gefühl des Zusammenseins auf Erden und
des daraus entspringenden Glücks behielt die Oberhand.
Ich vernahm von freundlichen Gastmahlen, bei welchen
man festlich dem Aesculap einen Hahn geopfert, von an=
dern mehr zufällig durch eingegangene Nachricht von mei=
ner Wiedergenesung erregten fröhlichen Augenblicken. Herz=
liche Lieder, geistreich poetische Darstellungen erquickten mich,
und auch an sinnlicher Labung wollte man mir's nicht
fehlen lassen; die Früchte ferner Gegenden gelangten zu
mir und erneuerten die Empfindungen einer frischen
Kindheit."

In diesen letzten Worten klingt es durch, wovon auch
wiederholt die Gespräche mit seinen Freunden Zeugniß
geben, daß er sich gern mit den Erinnerungen an die Er=
lebnisse seiner Kindheit und Jugend beschäftigte. Es giebt
den letzten Lebensjahren des Greises einen eigenthümlichen
Reiz, wie sein Gemüth mit jedem Schritt, der sein Leben
dem Ziele näher bringt, sich tiefer in die Empfindungen
der Vergangenheit hineinlebt, an ihren freundlichen Bildern
sich erhebt und am dämmernden Nachglanz der gesunkenen
Sonne der herrlichen Jugendzeit sich erquickt. Es war
gerade in den Tagen, wo ihn die Schilderung seines Ver=
hältnisses zu Lili beschäftigte, als ihm die Vertraute der
Freuden und Leiden jener Jahre, seine Jugendfreundin
Auguste Stolberg (Gräfin Bernstorff), noch einmal
überraschend nahe trat. Mehr als vierzig Jahre, ein Le=
ben, lag zwischen jenem Briefwechsel und jetzt, wo sie sich
noch einmal gedrungen fühlte, gegen „den Freund ihrer

Jugend" (in einem Briefe vom 22. October 1822) „ihr Herz auszuschütten." Die Jahre nicht nur, sondern weit früher unsägliche Leiden hatten, wie sie hier schreibt, ihr Haar schneeweiß gebleicht; ihr Gatte, ihre Kinder, ihre Brüder waren vor ihr dahingeschieden; sie lebte nur noch „in Hoffnung dessen, was zukünftig ist", und „so gerne nähme ich auch die Hoffnung mit mir hinüber, Sie, lieber Goethe, auch einst da kennen zu lernen." — „Ich las in diesen Tagen wieder einmal alle Ihre Briefe nach, the songs of other times; die Harfe von Selma ertönte — Sie waren der kleinen Stolberg sehr gut, und ich Ihnen auch herzlich gut — das kann nicht untergehen, muß aber für die Ewigkeit bestehen — diese unsre Freundschaft, die Blüthe unsrer Jugend, muß Früchte für die Ewigkeit tragen, dachte ich oft, und so nahm ich die Feder ..... Ich habe denn einen Wunsch, einen dringenden Wunsch ausgesprochen, den ich so oft wollte laut werden lassen: o ich bitte, ich flehe Sie, lieber Goethe, abzulassen von Allem, was die Welt Kleines, Eitles, Irdisches und nicht Gutes hat, Ihren Blick und Ihr Herz zum Ewigen zu wenden. Ihnen ward viel gegeben, viel anvertraut; wie hat es mich oft geschmerzt, wenn ich in Ihren Schriften fand, wodurch Sie so leicht Andern Schaden zufügen. — O machen Sie das gut, weil es noch Zeit ist, bitten Sie um höhern Beistand, und er wird Ihnen, so wahr Gott ist, werden." Die Worte, womit Goethe diesen, wenn auch pietistisch-zudringlichen, doch von wärmster Liebe eingegebenen Brief der Jugendfreundin erwiderte, sind zu charakteristisch, als daß sie hier nicht vollständig eingeschaltet werden müßten:

„Von der frühsten, im Herzen wohlgekannten, mit Augen nie gesehenen theuren Freundin endlich wieder einmal Schriftzüge des traulichsten Andenkens zu erhalten, war mir höchst erfreulich=rührend; und doch zaudere ich unentschlossen, was zu erwidern sein möchte. Lassen Sie mich im Allgemeinen bleiben, da von besonderen Zuständen uns wechselseitig nichts bekannt ist.

Lange leben heißt gar Vieles überleben, geliebte, gehaßte, gleichgültige Menschen, Königreiche, Hauptstädte, ja Wälder und Bäume, die wir jugendlich gesäet und gepflanzt. Wir überleben uns selbst und erkennen durchaus noch dankbar, wenn uns auch nur einige Gaben des Leibes und Geistes übrig bleiben. Alles dieses Vorübergehende lassen wir uns gefallen; bleibt uns nur das Ewige jeden Augenblick gegenwärtig, so leiden wir nicht an der vergänglichen Zeit.

Redlich habe ich es mein Lebelang mit mir und Andern gemeint und bei allem irdischen Treiben immer aufs Höchste hingeblickt; Sie und die Ihrigen haben es auch gethan. Wirken wir also immerfort, so lang' es Tag für uns ist; für Andere wird auch eine Sonne scheinen, sie werden sich an ihr hervorthun und uns indessen ein helleres Licht erleuchten.

Und so bleiben wir wegen der Zukunft unbekümmert! In unseres Vaters Reiche sind viele Provinzen, und da er uns hier zu Lande ein so fröhliches Ansiedeln bereitete, so wird drüben gewiß auch für beide gesorgt sein; vielleicht gelingt alsdann, was uns bis jetzo abging, uns angesichtlich kennen zu lernen und uns desto gründlicher zu lieben. Gedenken Sie mein in beruhigter Treue. —

Vorstehendes war bald nach der Ankunft Ihres lieben Briefes geschrieben, allein ich wagte nicht, es wegzuschicken; denn mit einer ähnlichen Aeußerung hatte ich schon früher Ihren edlen, wackern Bruder wider Wissen und Willen verletzt. Nun aber, da ich von einer tödtlichen Krankheit ins Leben wieder zurückkehre, soll das Blatt dennoch zu

Ihnen, unmittelbar zu melden: daß der Allwaltende mir noch gönnt, das schöne Licht seiner Sonne zu schauen; möge der Tag Ihnen gleichfalls freundlich erscheinen und Sie meiner im Guten und Lieben gedenken, wie ich nicht aufhöre, mich jener Zeiten zu erinnern, wo das noch vereint wirkte, was nachher sich trennte.

Möge sich in den Armen des allliebenden Vaters Alles wieder zusammen finden.

Wahrhaft anhänglich

Weimar, den 17. April 1823.

Goethe."

Diesen Worten, welche den Kern von Goethe's religiöser Ueberzeugung berühren und aus dem innersten Heiligthum seines Gemüths sanft hervorklingen, möge noch Einiges sich anschließen, um diese Seite seiner geistig-sittlichen Individualität, gegen welche häufige Angriffe gerichtet worden sind, etwas näher zu beleuchten.⁶¹)

Es ist Thatsache, daß Goethe kein Anhänger des positiven Dogma's der christlichen Kirche war; in sofern nennt er sich, besonders in der mittleren Lebensperiode, wo sich die Abneigung am stärksten geltend machte, manchmal einen Heiden. Jedoch sind einzelne herbere Aeußerungen aus früheren Lebensepochen nicht als Ueberzeugungen, sondern nur als momentane Abwehr bekehrungssüchtiger Zudringlichkeit anzusehen. Er haßte nur jenes beschränkte Christenthum, das die ganze Fülle des Geistes in ein Symbol zu fassen und die Geheimnisse der Seele, die Räthsel des Lebens durch die Formeln des dogmatischen Lehrbegriffs zu lösen unternimmt und jeder individuellen geistigen Entwicklung, die von diesem schmalbegrenzten Pfade abweicht, die Berechtigung abspricht. Eben so entschieden wandte er sich übrigens von dem Nihilismus der einseitig-rationalen Aufklärung ab. „Alles", bemerkt er, „was unsern

Geist befreit, ohne uns die Herrschaft über uns selbst zu geben, ist verderblich" — und hinsichtlich der Voltaire'schen Opposition gegen positiven Glauben spricht er sich dahin aus, es sei der Welt wenig damit gedient; denn es lasse sich nichts darauf gründen. In demselben Sinne sagt er in den Anmerkungen zum Divan: „Alle Epochen, in welchen der Glaube herrscht, unter welcher Gestalt er auch wolle, sind glänzend, herzerhebend und fruchtbar für Mitwelt und Nachwelt; alle Epochen dagegen, in welchen der Unglaube, in welcher Form es sei, einen kümmerlichen Sieg behauptet, und wenn sie auch einen Augenblick mit einem Scheinglanz prahlen sollten, verschwinden vor der Nachwelt, weil sich niemand gern mit Erkenntniß des Unfruchtbaren abquälen mag."

Mit jener Ehrfurcht, welcher er in den Wanderjahren eine hohe Stelle unter den Tugenden anwies, spricht er, besonders in dem letzten Abschnitt seines Lebens, von der welthistorischen Bedeutung und der sittlichen Macht des Christenthums. „Die christliche Religion", äußerte er gegen Eckermann, „ist ein mächtiges Wesen für sich, woran die gesunkene und leidende Menschheit von Zeit zu Zeit sich immer wieder emporgearbeitet hat, und indem man ihr diese Wirkung zugesteht, ist sie über alle Philosophie erhaben und bedarf von ihr keine Stütze." Auf der Reise nach Karlsbad 1812 erwähnte ein Mitreisender, daß ein Engländer berechnet habe, wann das Christenthum von der Erde verschwunden sein werde, worauf Goethe erwiderte: „Das Christenthum ist so tief in der menschlichen Natur und ihrer Bedürftigkeit begründet, daß auch in dieser Beziehung mit Recht zu sagen ist: des Herrn Wort bleibt ewiglich!" In gleichem Sinne sagte er zu Eckermann: „Mag die geistige Cultur nun immer fortschreiten, mögen die Naturwissenschaften in immer breiterer Ausdehnung und Tiefe wachsen, und der menschliche Geist sich erweitern, wie er will — über die Hoheit und sittliche Cultur des Christenthums, wie es in dem Evangelium leuchtet, wird er nie hinauskommen."

Als ein schönes Zeugniß von seiner klaren Einsicht in das Wesen und die weltgeschichtliche Stellung des Christenthums verdient das großartige Oratorium, „Christus in der Weltgeschichte", welches von ihm zur Feier des Jubelfestes der Reformation entworfen wurde und sich vollständig skizzirt unter seinen Papieren vorfindet, eine besondere Erwähnung. Der erste Theil hebt die Hauptmomente des alttestamentlichen Glaubens (das Gesetz, das nach Liebe strebt) vom Donner auf Sinai bis zu dem Messias=verkündenden Prophetenthum hervor. Der zweite Theil führt das Christenthum ein, „die Liebe, die gegen das Gesetz zurückstrebt und es erfüllt, aber nicht aus eigener Macht und Gewalt, sondern durch den Glauben", und schließt mit Christi Auferstehung: „das Irdische fällt alles ab, das Geistige steigert sich bis zur Himmelfahrt und zur Unsterblichkeit". In den Briefen an Zelter, der die Ausführung der musikalischen Composition übernehmen sollte, liegt zugleich der sprechendste Beweis, wie treffend er den Geist und das Wirken Luther's, „unsers Heros", würdigte. „Vor allen Dingen" — so äußert er sich gegen ihn — „lies die ganz unschätzbare Vorrede zu dem Psalter, ferner die Vorreden und Einleitungen zu den übrigen biblischen Büchern. Wahrscheinlich triffst Du hier auf anwendbare Stellen, zugleich durchdringst Du Dich vom Sinn der ganzen Lehre, deren Geschenk wir feiern wollen."

Wenn er somit die Weltstellung des Christenthums und die hohe Bedeutung der Bibel, „des ewig wirksamen Buches", für die geistig=sittliche Entwickelung der Menschheit verehrungsvoll anerkannte, wollte er doch für sich das

Recht in Anspruch nehmen, unabhängig von aller exclusiven Dogmatik, mit freiem Geiste sich das Göttliche anzueignen, wo es ihm auch, sei es im Universum der Natur oder in Geist und Leben des Menschen, sich offenbare; er wollte sich, wie er es kurz zusammenfaßt, „als einem Protestanten, die Freiheit erhalten, sein reines Innere ohne Bezug auf irgend eine bestimmte Religion religiös zu entwickeln." In diesem höheren Sinne hat Goethe wahrhaft Religion. Sie durchleuchtet und durchwärmt sein ganzes Leben und geistiges Schaffen. Die Natur, in deren Gebilde er mit sinnigem Forschen begeisterungsvoll eindringt, verkündet ihm auf allen ihren Blättern das Dasein Gottes und zeigt ihm „Gottes Handschrift": er erkennt den göttlichen Schöpfer als ewig wirksam in dem All seiner unendlichen Schöpfung. Eben so klar erscheint ihm das Göttliche in allem Edlen der Menschheit, in liebevoller Hingebung und tüchtigem Wirken, in Wissenschaft und Kunst; wer diese besitze, meint er, der habe auch Religion. „Ich glaube an einen Gott: das ist ein schönes, löbliches Wort" — so spricht er sich in seinen „Reflexionen" aus — „aber Gott an = erkennen, wo und wie er sich offenbare, das ist eigentlich die Seligkeit auf Erden."

Aus dem Begriff des Göttlichen im Menschengeiste entsprang bei ihm der Glaube an eine Fortdauer der Seele über die Grenzen des irdischen Daseins hinaus. Die geistige Kraft, der dem Geiste inwohnende Trieb zur Thätigkeit galten ihm als eine Bürgschaft dafür. Er war daher ge = neigt, nur da eine Fortdauer des Geistes für möglich zu halten, wo diese höhere Kraft desselben vorhanden sei, indem er überhaupt die Unsterblichkeit nur unter der Idee einer unendlichen geistigen Fortentwicklung auffaßte. Sein Hoffen und Wünschen ist in den schönen an Zelter gerich = teten Worten ausgedrückt: „Wirken wir fort, bis wir vor

oder nach einander, vom Weltgeist berufen, in den Aether
zurückkehren! Möge dann der ewig Lebendige uns neue
Thätigkeiten, denen analog, in denen wir uns schon erprobt,
nicht versagen! Fügt er sodann Erinnerung und Nachgefühl
des Rechten und Guten, was wir hier schon geleistet,
väterlich hinzu, so würden wir gewiß nur desto rascher in
die Kämme des Weltgetriebes eingreifen."

Nachdem Goethe im Frühjahr 1823 von seiner schweren
Krankheit wieder erstanden war, vollendete die Heilkraft
Marienbads, wo diesmal auch der Großherzog verweilte,
seine Genesung. Wie durch ein Wunder, hatten seine
Kräfte sich erholt. Die ihn in jener Zeit in Marienbad
sahen, versichern, er sei ihnen um dreißig Jahre verjüngt
vorgekommen. Auch das Jugendfeuer leidenschaftlicher Liebe
sollte für den Dichter noch einmal zurückkehren; Entzücken
und Sehnen, Wiedersehensfreude und Trennungsleid wiederholen sich wie in längst verklungenen Jugendstunden.
Mit solch überwältigendem Gefühl ward der Dichter durch
die Bekanntschaft mit Ulrike von Lewezow entzündet,
welche sich während dieses Sommers mit ihrer Mutter und
Schwester in Marienbad aufhielt. 62) In den Marienbader
Gedichten liegt das Bekenntniß seines Glücks und seiner
Schmerzen:

> „Und wenn der Mensch in seiner Qual verstummt,
> Gab mir ein Gott zu sagen, was ich leide" —

Das ward ihr Motto, und wir entnehmen aus ihnen
wenige allgemeine Züge zu diesem nur schwach aufgehellten
Liebesidyll.

Noch lag ein inneres Bangen, eine unwillkommene
Schwere auf Geist und Körper, der Blick war noch um-
wölkt, das Herz fühlte sich leer. Da erschien sie, die
lieblichste der lieblichen Gestalten, und vor ihrem Blick,
wie vor dem Walten der Sonne, vor ihrem Athem, wie

vor den Lüften des Frühlings, schmolz sein Inneres dahin.
An ihrer Seite verflogen ihm entzückende Stunden in
lieblichem Wechsel, und der Kuß beim Scheiden am Abend
war ein Pfand, daß die nächste Sonne ihn zu demselben
Paradiese führen werde. Zu seliger Höhe des Gefühls
hob ihn das Anschauen dieses einzigen Schönen empor;
in dem Bewußtsein, ihr anzugehören, empfand er den
heitersten Frieden des Herzens, in der Begeisterung seiner
Liebe keimte die Hoffnungslust zu freudigen Entwürfen und
Entschlüssen. So ward von Tag zu Tag ein Traum
gedichtet.

Inmitten dieses glücklichen Phantasielebens begrüßte
ihn die Kunde von der beabsichtigten Feier seines Geburtstags in Weimar. Er sandte den Freunden in der Heimat
im Voraus ein herzliches Gedichtchen zu, um zu dem Feste
sein dankbares Gefühl auszusprechen; er verschweigt darin
nicht, daß ihm in Marienbads Waldgebirge Armida in
Hygiea's Gestalt erschienen sei. Es war dieses Liebesverhältniß so wenig ein Geheimniß geblieben, daß sich das
Gerücht verbreitete, Goethe gedenke eine neue eheliche
Verbindung einzugehen. Allein wenn auch von Seiten der
Geliebten ein solcher Wunsch Gewährung gefunden hätte,
was bei der nicht minder leidenschaftlichen Erwiderung
seiner Liebe nicht unglaubwürdig erscheint, so gewann doch
die Besonnenheit, verstärkt durch die Vorstellungen der
Freunde, den Sieg über eine Leidenschaft, die als ein
flüchtiges Traumbild des noch jugendlich schlagenden Dichterherzens reizend und schön war, jedoch mit dem Augenblick,
wo sie eine unnatürliche Verbindung beabsichtigt, sich selbst
zerstört. Er riß sich los mit männlichem Entschluß; doch
nur nach einem schweren Kampfe, der sein Innerstes aufs
tiefste erschütterte. Es war seine letzte Liebe. Wohl liegt
eine tiefe Bedeutung in seinen Worten: nach dem Texte

der heiligen Schrift müsse ihm viel verziehen werden; denn er habe viel geliebt.

Wenn sonst seine Dichtungen die Schilderung der stürmischen Bewegung erst nach eingetretener ruhiger Sammlung des Gemüths unternahmen, so ward diesmal seine Elegie das unmittelbare „Product eines höchst leidenschaftlichen Zustandes". Er schrieb sie gleich nach seiner Abreise von Marienbad, Morgens 8 Uhr, nachdem er kurz zuvor die Geliebte noch bis Karlsbad begleitet hatte, von Station zu Station, so daß sie Abends fertig auf dem Papiere stand. [63]) Und welch eine innere Bewegung klang in den schmerzlichen Worten der Schlußstrophe aus:

> „Mir ist das All, ich bin mir selbst verloren,
> Der ich noch erst den Göttern Liebling war;
> Sie prüften mich, verliehen mir Pandoren,
> So reich an Gütern, reicher an Gefahr.
> Sie drängten mich zum gabseligen Munde;
> Sie trennen mich und richten mich zu Grunde".

In Eger, „vor seinem Austritt aus dem böhmischen Zauberkreise", empfand es Goethe als eine besondere Gunst des Geschicks, daß ihm eine Fülle musikalischen Genusses sein liebekrankes Gemüth in sanfte Wehmuth löste. Der Gesang der Madame Milder, das heitere Pianofortespiel der Madame Szymanowska, einer polnischen Virtuosin, „falteten mich", wie er gegen Zelter sich ausdrückt, „aus einander, wie man eine geballte Faust freundlich flach läßt; zu einiger Erklärung sag' ich mir: du hast seit zwei Jahren und länger gar keine Musik gehört (außer Hummeln zweimal), und so hat sich dieses Organ, in sofern es in dir ist, zugeschlossen und abgesondert; nun fällt die Himmlische auf einmal über dich her, durch Vermittelung großer Talente, und übt ihre ganze Gewalt über dich aus, tritt

in alle ihre Rechte und weckt die Gesammtheit eingeschlum=
merter Erinnerungen". In dieser besänftigten Empfindung
schloß er seine Elegie mit der „Aussöhnung" ab, einem
Gedicht, das er der Szymanowska widmete:

„Da schwebt hervor Musik mit Engelsschwingen,
Verflicht zu Millionen Tön' um Töne,
Des Menschen Wesen durch und durch zu dringen,
Zu überfüllen ihn mit ew'ger Schöne.
Das Auge netzt sich, fühlt im höhern Sehnen
Den Götterwerth der Töne und der Thränen". —

Was anfangs an ihm eine heilende und verjüngende
Kraft bewährt hatte, ward durch Sehnsucht und Trennungs=
schmerz im Herbst die Ursache zu neuer Erkrankung. Er
fühlte wieder denselben Schmerz an der Seite des Herzens,
der seiner schweren Krankheit vom vorigen Winter voran=
gegangen war. Dieser leidende Zustand ward sehr lang=
wierig, und er fühlte sich lange zu jeder Art von geistiger
Thätigkeit unfähig. In dieser Zeit kam, schmerzlich=süße
Erinnerungen weckend, Madame Szymanowska nach Weimar
aus Liebe zu dem Dichter, in den sie, nach Zelter's Aus=
druck, „rasend verliebt" war. Goethe entzückte sich noch
einmal an dem Genusse ihres seelenvollen Spiels, „der
wie alle höheren Genüsse den Menschen aus und über
sich selbst zugleich auch aus der Welt und über sie hinaus
hebt". Als sie in einer Abendgesellschaft bei Goethe auf
dem Flügel phantasirte, war er, wie Soret bemerkt, im
Anhören verloren und schien sehr ergriffen und bewegt.
Er widmete ihr später noch manche Zeichen liebevollen
Andenkens.

Im Spätherbst erfreute ihn ein Besuch Wilhelms von
Humboldt, der ihm „stets die wohlthätigste Aufheiterung"
gewährte. Zelter verweilte um den Anfang des Decem=
bers drei Wochen in Weimar, und seine „liebe Gegenwart

war ihm in seinem peinlichen Zustande höchst erquickend":
"ich fühlte es und weiß es, und es freut mich, daß die
Andern es anerkennen, die niemals recht begreifen, was ein
Mensch dem andern sein kann und ist". Wie sehr die
Erinnerungen an Marienbad und die daraus hervorge=
gangenen Gedichte in ihren Unterhaltungen wiederkehrten,
sieht man aus dem Briefe an Zelter vom 4. Jan. 1824,
dem er schließlich noch beifügt: "kennst du nachstehende
Reimzeilen? Sie sind mir aus Herz gewachsen; du solltest
sie wohl durch schmeichelnde Töne wieder ablösen:

> Ja, du bist wohl der Iris zu vergleichen,
> Ein liebenswürdig Wunderzeichen,
> So schmiegsam herrlich, bunt in Harmonie,
> Und immer gleich und immer neu, wie sie."

Aus der Anführung in dieser Verbindung geht hervor,
daß jene Strophe in enger Beziehung zu dem geliebten
Mädchen steht, und da sie dem Gedichte "Aeolsharfen" von
1822 angehört, so ist daraus wie aus andern Andeutungen
zu schließen, daß die erste minder leidenschaftliche Bekannt=
schaft schon während des vorigjährigen Marienbader Aufent=
halts angeknüpft worden sei.

Noch war die elegische Stimmung nicht verklungen,
als der Dichter von der Leipziger Verlagshandlung des
Werther die Aufforderung erhielt, eine neue Auflage seines
Romans, in dem der Jüngling dem leidenschaftlichen Kampf
der resignirenden Liebe Worte geliehen hatte, durch eine
poetische Zugabe einzuleiten. Es schloß sich daher an die
Elegieen seiner letzten Liebe das Gedicht An Werther als
ein Rückblick auf den Genossen von Lieb' und Leid seiner
Jugend an; "es wiederholt die Klage des Lebens labyrin=
thisch irren Lauf"; allein das Wort fügt sich nicht mehr
leicht und willig dem Drange des erregten Gefühls und
verliert sich in ein geheimnißvolles Halbdunkel.

22

Gegen das Frühjahr 1824 fühlte er sich wieder ge=
nesen, und es schien ihm, nachdem der Kampf durchgekämpft
war, als ob das, was die Ursache der Krankheit gewesen,
„sich als das Element seines Wohlbefindens manifestiren"
werde; daher erschien er auch (nach Soret's Bemerkung)
den Freunden seitdem geistig kräftiger, als seit Jahren.
Fürs erste unterzog er sich jedoch keiner größeren allzu sehr
anstrengenden Arbeit; er suchte zuvörderst „das Versäumte
nachzuholen", um auf weitere Schritte denken zu können.
Mit der Musik hatte er sich so tief eingelassen, daß er
sich mit der Händel=Mozartschen Partitur des Messias zu
schaffen machte und darüber mit Zelter corresponbirte.
Für dessen Composition verfaßte er das Gedicht zu Thaer's
Jubelfeste auf bringendes Gesuch der Freunde desselben,
welche dieses am 14. Mai 1824 zu begehen wünschten.

Goethe's Studien bewegten sich nach verschiedenen
Seiten in den sicher umschriebenen Kreisen. Er arbeitete
kleinere Aufsätze für seine Hefte „Kunst und Alterthum"
und „zur Naturwissenschaft", ordnete seine Papiere, schrieb
fleißig an den Annalen seines Lebens und redigirte, da er
gerade diesen Abschnitt zu behandeln unternahm, seinen
Briefwechsel mit Schiller. „Es wird", schreibt er am
30. October an Zelter, „eine große Gabe sein, die den
Deutschen, ja ich darf wohl sagen, den Menschen geboten
wird: zwei Freunde der Art, die sich immer wechselseitig
steigern, indem sie sich augenblicklich expectoriren. Mir
ist es dabei wunderlich zu Muthe; denn ich erfahre,
was ich einmal war." Die Veröffentlichung wurde noch
mehrere Jahre hinausgeschoben.

Nicht lange darauf war die Stätte verschwunden, wo
das Zusammenwirken der Freunde die glänzendsten Erfolge
errungen hatte. Mit Anbruch des 22. März 1825 bald
nach Mitternacht stand das Theatergebäude in Flammen,

in welchem noch wenige Stunden zuvor das treffliche Spiel
des Laroche im „Juden" von Cumberland die Zuschauer
entzückt hatte. Das Feuer, wahrscheinlich durch unvorsichtige
Heizung veranlaßt, hatte bald durch die Masse brennbarer
Stoffe Nahrung erhalten und schlug nach allen Seiten zum
Dache heraus, so daß die Löschversuche vergeblich waren.
Der Großherzog selbst war zugegen und befahl, das Haus
in sich zusammenstürzen zu lassen und die Spritzen zum
Schutz der Nachbarhäuser zu verwenden. Goethe war zu
Hause geblieben und sah, von seinen Fenstern aus, die
Flamme zum Himmel steigen. „Der Schauplatz meiner
fast dreißigjährigen liebevollen Mühe liegt in Schutt und
Trümmern", sagte er am folgenden Morgen zu Eckermann;
„Sie mögen denken, daß mir mancher Gedanke an die
alten Zeiten, an meine vieljährigen Wirkungen mit Schiller
und an das Herankommen und Wachsen manches lieben
Zöglings durch die Seele gegangen ist, und daß ich nicht
ohne einige innere Bewegung davongekommen bin". Uebrigens war das alte Theater weder schön noch geräumig
genug. Daher war schon an einen Neubau gedacht worden.
Goethe hatte im vorigen Winter mit dem Baudirector
Coudray den Riß zu einem neuen Theaterbau berathen,
ein Beweis, daß er ungeachtet der Niederlegung der Intendanz nicht aufgehört hatte sich für die Bühne zu interessiren.
„Ich habe", äußerte er gegen Eckermann, „dem Volk und
dessen Bildung mein ganzes Leben gewidmet; warum sollte
ich ihm nicht auch ein Theater bauen?" Der vorgelegte
Bauplan ward vom Großherzoge genehmigt, und die
Grundmauern des neuen Gebäudes stiegen schon im April
empor, während man vorläufig im Saal des Stadthauses
Vorstellungen gab. Allein eine andere Partei, welche schon
früher bei Goethe's Theaterleitung von Einfluß gewesen
war, wußte es durchzusetzen, daß der ursprüngliche Plan

aufgegeben ward, indem man dem Großherzog überzeugend darthat, daß bei einem andern Bauplan, durch den derselbe Zweck erreicht werde, große Ersparungen zu machen seien. Coudray trat von der Leitung des Baues zurück. Goethe zeigte indeß keine Empfindlichkeit. „Ihr werdet immerhin", äußerte er, „ein ganz leibliches Haus bekommen, wenn auch nicht gerade so, wie ich es mir gewünscht und gedacht hatte. Ihr werdet hineingehen, und ich werde auch hineingehen, und es wird am Ende Alles ganz artig ausfallen." Uebrigens machte der verfehlte Bauplan später so viele Veränderungen nöthig, daß das Gebäude, ohnehin keine Zierde Weimars, auch nicht einmal geringere Kosten verursachte, als wenn der Goethe-Coudray'sche Riß befolgt worden wäre.

Auf einen still zu Hause „in seiner einsamen Schmiede" verlebten Sommer, wo ihn besonders die Ausarbeitung seiner biographischen Annalen beschäftigte, folgten mehrere Jubelfeste, die Feier der funfzigjährigen Regierung Karl August's am dritten September und das goldene Vermählungsfest vom dritten October. Goethe zeigte sich bei Verherrlichung dieser Tage sehr thätig, wie es Liebe und Dankbarkeit von ihm forderten. [61]

Um bei der Feier des Regierungsjubiläums seinem fürstlichen Freunde die erste Begrüßung zu bringen, begab er sich schon vor sechs Uhr Morgens zu ihm. Er überreichte ihm eine nach seiner Angabe und nach Meyer's Zeichnung geprägte Denkmünze, deren Vorderseite das mit einem Lorbeerkranze umwundene Bildniß des Großherzogs zeigt; auf der Rückseite ist der Thierkreis gravirt, oben die Wage, in deren Zeichen der Fürst geboren war; mit der Inschrift: der funfzigsten Wiederkehr MDCCCXXV. Es war ein rührender Moment, als sich die beiden Freunde, die ein halbes Jahrhundert zusammen verlebt hatten, be-

grüßten. Der Großherzog hatte Goethe's Hände ergriffen,
der anfangs nicht zu Worte kommen konnte und endlich
nur sagte: „bis zum letzten Hauch beisammen!" Der
Großherzog, zuerst sich fassend, gedachte ihrer frohen Jugendzeit; „o achtzehn Jahr und Ilmenau!" hörte man ihn
sagen. Zuletzt schloß er mit den Worten: „Gedenken
wir aber dankbar besonders daran, daß uns auch heut'
noch erfüllt ist, was uns einst in Tiefurt vorgesungen
wurde:

„Nur Luft und Licht und Freundeslieb'!
Ermüde nicht, wenn dies noch blieb!"

„Das Dreifache gab mir, was ich gegeben!" antwortete
Goethe. Der fürstliche Freund umarmte ihn und zog ihn
dann zu einem Fenster hin, wo beide leise sprachen, so
daß nur des Fürsten letzte Worte, die auf Goethe's bevorstehende Jubelfeier sich bezogen, vernommen wurden: „Ich
werde es ja noch erleben!"

Zur Logenfeier des Festtages verfaßte Goethe eine
lyrische Trilogie, welche die Hinweisung auf das Dauernde
im flüchtigen Wechsel des Daseins in erhebenden Worten
ausführt. Goethe's Haus war mit symbolischen Gemälden
und mannigfachen Gewächsen längs der Fronte wie mit
einem Garten geschmückt und jedem zu freiem Zutritt ge-
öffnet. „Der beglückteste Diener seines Fürsten", hatte er
geäußert, „müsse an diesem Tage auch das Recht haben,
ihn aufs ausgelassenste zu feiern, und daran, daß man
mit ihm diesen Jubeltag begehe, wolle er seine Freunde
erkennen." Nach dem Schlusse der Oper Semiramis, mit
der das neue Theatergebäude eingeweiht wurde, waren
sieben Zimmer seines Hauses zum Empfang der Gäste
glänzend erleuchtet, und es wogte auf und ab von Besuchenden, die aufs freundlichste bewirthet wurden. In
diesen Räumen begrüßte er auch seinen geliebten Fürsten

und alle Notabilitäten, welche die Feier des seltenen Festes in Weimar vereinigt hatte. Auf seinem Gesichte war die herzlichste Freude zu lesen; obwohl er schon um 4 Uhr aufgestanden war, verweilte er doch bis nach Mitternacht unter seinen Gästen. „In jenen Tagen des Festes", schreibt er an Zelter, „hab' ich mich, wie ich nicht läugnen will, männlicher benommen, als die Kräfte nachhielten; was ich aber that, war nothwendig und gut, und so wird sich denn auch wohl das gewohnte liebe Gleichgewicht bald wieder herstellen." An jene festlichen Tage reihte sich am 3. October das goldene Vermählungsfest des großherzog= lichen Paares. Zum 14. October widmete er der Groß= herzogin eine sinnreich erdachte Denkmünze, welche an die Katastrophe von 1806, die zum unvergänglichen Gedächt= niß der Größe ihres Charakters geworden war, erinnerte.

Goethe konnte nicht ahnen, daß auch er seinem gol= denen Jubeltage so nahe sei. Allein der Großherzog hatte beschlossen, daß die funfzigste Wiederkehr des Tages, wo Goethe in Weimar eintraf, der siebente November, zu= gleich als sein Dienstjubiläum gefeiert werden solle. Die Glieder der großherzoglichen Familie und der zahl= reiche Kreis seiner Freunde und Verehrer schienen an die= sem Tage zu Einer großen Festgenossenschaft verbunden zu sein; nicht der äußere Glanz, sondern die enthusiastische Liebe, die sich von allen Seiten kund gab, weihte ihm die= sen Tag zum schönsten Feste. [65]

Der Großherzog hatte zu der Jubelfeier eine goldene Denkmünze prägen lassen, welche auf der einen Seite die Brustbilder des fürstlichen Paars, auf der andern das lorbeerbekränzte Bildniß des Dichters trug; dem Rande waren einfach die Namen Karl August und Luise ein= gravirt. „Mehr als Gold" enthielt das sie begleitende Handschreiben des Großherzogs, welches, wenngleich das officielle Sie diesmal nicht zu umgehen war, doch den warmen Blick der Freundschaft nicht verbirgt:

> Sehr werthgeschätzter Herr Geheimer Rath
> und Staatsminister!

Gewiß betrachte Ich mit vollem Recht den Tag, wo Sie, Meiner Einladung folgend, in Weimar eintrafen, als den Tag des wirklichen Eintritts in Meinen Dienst, da Sie von jenem Zeitpunct an nicht aufgehört haben, Mir die erfreulichsten Beweise der treuesten Anhänglichkeit und Freundschaft durch Widmung Ihrer seltenen Talente zu geben. Die funfzigste Wiederkehr des Tages erkenne ich sonach mit dem lebhaftesten Vergnügen als das Dienst= Jubelfest Meines ersten Staatsdieners, des Jugendfreun= des, der mit unveränderter Treue, Neigung und Beständ= digkeit Mich bisher in allen Wechselfällen des Lebens be= gleitet hat, dessen umsichtigem Rath, dessen lebendiger Theilnahme und stets wohlgefälliger Dienstleistung Ich den glücklichsten Erfolg der wichtigsten Unternehmungen ver= danke und den für immer gewonnen zu haben, Ich als eine der höchsten Zierden Meiner Regierung achte. Des heutigen Jubelfestes frohe Veranlassung gern benutzend, um Ihnen diese Gesinnungen auszudrücken, bitte Ich der Unveränderlichkeit derselben sich versichert zu halten.

Weimar, 7. November 1825.
>   Karl August.

Dem edlen Verhältniß, dem Goethe dankbar und an= hänglich angehörte, gab der Besuch der gesammten groß= herzoglichen Familie, welche eine Stunde bei ihm verweilte, den schönsten Ausdruck. Die von der Malerin Luise Seid= ler, der warmen Verehrerin des Dichters, entworfene Zeichnung hatte in mehr als Einem Sinne das Richtige getroffen, wenn sie Goethe's Ankunft in Weimar im Ge=

leite holder Genien darstellte. Er führte sie mit sich, und
er fand sie auch.

Die Landescollegien, die jenaischen Facultäten, die
Freimaurerloge 2c. brachten ihm durch Deputationen ihre
Glückwünsche. Seitens der Landesuniversität ward er durch
ein lateinisches Gedicht des Hofraths Eichstädt begrüßt.
Die medicinische und die philosophische Facultät ließen ihm
die Diplome ihrer Doctorwürde überbringen; von der
theologischen erhielt er eine Votivtafel in Form eines Di-
ploms, begleitet von einem Schreiben, das ein Zeugniß
war für die echtprotestantische Denkfreiheit, welche das geistige Wirken des Dichters in seinen Beziehungen zu der
Entwickelung deutschen Geistes auch vom theologischen
Standpuncte zu würdigen wußte. „Ew. Excellenz“, heißt
es darin, „haben nicht nur unsere Wissenschaft und ihre
Grundlagen oft sinnvoll, tief und erregend gewürdigt, sondern auch als Schöpfer eines neuen Geistes in der Wissenschaft und dem Leben und als Herrscher in dem Reiche
freier und kräftiger Gedanken das wahre Interesse der
Kirche und der evangelischen Theologie mächtig
gefördert.“

Der Stadtrath der Residenz ließ durch den Bürgermeister, Hofrath Schwabe, eine Urkunde überreichen, durch
welche Goethe's Sohne, dem Kammerrath August von
Goethe, und seinen beiden Enkeln, Walther und Wolfgang, so wie allen seinen rechten männlichen Nachkommen
auf ewige Zeiten das Bürgerrecht der Residenzstadt Weimar
verliehen wurde, „auf daß der gefeierte Name Goethe
immerdar in ihren Urkunden als höchste Zierde derselben
vorhanden sein möge“. Die übrigen reichen Gaben, welche
Liebe und Verehrung dem Dichter zu diesem Tage darbrachte, müssen wir hier übergehen; zarte Frauenhände
waren für ihn sehr geschäftig gewesen.

Eine sinnvoll angeordnete Feier vereinigte in den letz=
ten Vormittagsstunden die Freunde des Dichters in dem
großen Saale der großherzoglichen Bibliothek, wo Sänger=
chöre und Reden von dem Kanzler Müller und Riemer ab=
wechselten. Bei dem Mittagsmahl in dem festlich geschmückten
Saale des Stadthauses die Freude der zahlreichen Festge=
nossen zu theilen, mußte sich Goethe versagen und sich durch
seinen Sohn vertreten lassen, der im Auftrage seines Vaters
den Festestoast dem alten Freunde Knebel darbrachte, wel=
chem Goethe den Eintritt in den weimarischen Kreis ver=
dankte. Am Abend ward die Iphigenie, von der zu
Ehren des Tages ein Prachtdruck veranstaltet war, zur
Aufführung gebracht. Goethe erschien, er wie der Groß=
herzog von endlosem Jubel des Publicums empfangen,
der aufs neue sich erhob, als nach dem Wegziehen des
Vorhangs statt des Haines der Diana ein Saal mit Goethe's
Büste auf lorbeerumkränztem Postament sich aufthat. So
war es von Karl August selbst im Stillen angeordnet.
Madame Seidel sprach den vom Kanzler Müller gedichte=
ten Prolog, der die Bedeutung des Festes in klangreichen
Strophen schilderte. Der dringenden Mahnung des Arztes
folgend, zog sich Goethe nach dem dritten Acte zurück. Eine
Illumination der Stadt und eine Abendmusik der groß=
herzoglichen Hofcapelle unter Hummel's Leitung beschloß
die Feier, während noch ein Kreis der nächsten Freunde
und Freundinnen den heiteren Greis in den letzten Stun=
den des festlichen Tages umgaben.

Viele Beweise der Liebe wurden ihm auch aus der
Ferne zu Theil; in mehreren benachbarten Städten, zu
denen die Kunde gedrungen war, hatten sich seine Ver=
ehrer ebenfalls zu einer Festfeier vereinigt. Dankbare Er=
widerungen hielten Goethe noch einige Wochen hindurch
beschäftigt. Am 24. November wurden die Schreiben an

die einzelnen jenaischen Facultäten ausgefertigt, in denen er vornehmlich hervorhob, wie viel seine wissenschaftlichen Studien seinem engen Verhältniß zu der Universität Jena schuldig geworden seien. Am 26. November meldete er seinem Zelter: „So wie der Eindruck des Unglücks durch die Zeit gemildert wird, so bedarf das Glück auch dieses wohlthätigen Einflusses; nach und nach erhole ich mich vom siebenten November. Solchen Tagen sucht man sich im Augenblick möglichst gleich zu stellen, fühlt aber erst hinterher, daß dergleichen Anstrengung nothwendig einen abgespannten Zustand zur Folge hat."

Viertes Capitel.

1826 — 1832.

Aus den Festsälen treten wir wieder in das bescheidene Hinterzimmer, in die „Einsiedelei" des Dichters, welche Zeuge seiner rastlosen Thätigkeit war bis ans Ende, wo er „Tag und Nacht beschäftigt ist, die Kräfte zu nutzen, die ihm noch geblieben sind". Zu einer Reise in die böhmischen Bäder konnte er sich nicht wieder entschließen. Die gute Jahreszeit entführte ihn nur auf kurze Zeit zu benachbarten Orten; am liebsten war er in seinem ruhig gelegenen Gartenhause, wo er seine Arbeiten ununterbrochen fortsetzen konnte. Hat er Schiller und Winckelmann glücklich gepriesen, daß sie in voller Kraft von hinnen gegangen seien und die Abnahme derselben nicht empfunden haben, so ward auch ihm durch die anhaltende Uebung seines Geistes die seltene Gunst des Schicksals zu Theil, daß er bis zuletzt das Gefühl des vollen Besitzes seiner geistigen Kräfte behielt. Wer noch kurz vor seinem Ende aussprechen kann, er erfahre das Glück, daß ihm in seinem hohen Alter Gedanken aufgehen, welche zu verfolgen und in Ausübung zu bringen eine Wiederholung des Lebens wohl werth wäre, von dem muß man wohl das Zeugniß Soret's gelten lassen: „er hat die Annäherung seines

Lebensendes nicht durch die Abnahme seiner Fähigkeiten gefühlt." Was er 1828 in einem Toaste als höchsten Wunsch aussprach: „Nie Mangel des Gefühls und nie Gefühl des Mangels" war ihm nicht minder in geistiger Hinsicht gewährt. Auch die Natur behandelte noch den Greis als ihren Liebling. Er genoß, nachdem er die schwere Krankheitsperiode überstanden, in seinen letzten Jahren eine sehr gute Gesundheit; „sein Körper", sagt Dr. Müller, „war noch in ausgezeichneter Weise kräftig, seine Stirn war wie Jupiters Stirn gewölbt, ohne alter= bezeichnende Furchen, sein Haupt war noch ganz mit Haaren bedeckt, seine Augen hatten noch ganz den strahlenden Glanz, der sie vor vielen andern charakterisirte".

Das im vorigen Abschnitt gezeichnete Bild der Lebens= ordnung und der Verhältnisse des Dichters in seiner letzten Lebensepoche haben wir uns wieder zu vergegenwärtigen. Ungetrübt bestanden die edlen Beziehungen zu den Gliedern der fürstlichen Familie, zu dem Kreise der erwählten Freunde, und wenn er auch schon ein „Vorwärts über Gräber"! sich ermuthigend zugerufen hatte, so ward ihm doch das Glück, daß die am innigsten mit ihm verwachsenen Freunde bei ihm ausharrten, zum Theil um gleich nach ihm sich zur Ruhe zu legen. Seine häusliche Umgebung erheiterte ihm den Abend seines Lebens durch die liebevollste Auf= merksamkeit. Große Freude machte ihm sein Enkelpaar, Walther und Wolfgang (sein „Wölfchen"), die er gern beim Frühstücken um sich hatte, gleichsam durch ihre munteren Tändeleien in die rechte Stimmung versetzt, um dann zu der Arbeit des Tages überzugehen, der die Vormittags= stunden meist ununterbrochen gewidmet waren. Es würde daher eine ganz falsche Vorstellung sein, dächte man sich Goethe in seinem Studirzimmer als einen einsiedlerischen Greis, gegen die Welt und die Gegenwart abgeschlossen.

Noch wechselten die Stunden der ernsten Arbeit mit man=
nigfacher geselliger Unterhaltung ab. Nie war sein Brief=
wechsel ausgebreiteter und vielseitiger, nie sein Interesse
an literarischen und künstlerischen Productionen, großen
industriellen Unternehmungen reger, nie seine Lectüre, selbst
politisch=historischer Werke, mannigfaltiger, nie seine Be=
achtung der Entwickelung naturhistorischer Probleme leben=
diger. Und nicht Briefe und Bücher allein unterhielten
ihn in Wechselverkehr mit der Außenwelt, sondern die
Unterhaltung mit den Freunden und den zahlreichen Be=
suchenden aus den verschiedensten Ländern äußerte ihre
anregende und belehrende Einwirkung in gleichem Maße,
wie bisher. Vor Allem bewährt sich darin die seltene
Kraft seines Geistes, daß er ungeachtet seines hohen Alters
keinen der früher angesponnenen Fäden fallen läßt, son=
dern bis zuletzt das Gewebe zu immer breiterer Fläche
fortführt.

In den amtlichen Geschäften der „Oberaufsicht", deren
alleiniger Chef er seit v. Voigt's Tode war, ließ er sich
mehr und mehr durch jüngere Kräfte vertreten; besonders
nahm er für die jenaischen Anstalten die Assistenz seines
Sohnes, dermaligen geheimen Kammerraths und Kammer=
herrn, in Anspruch, an dessen Stelle zuletzt Hofrath Vogel
trat. Mehrere seiner amtlichen Schreiben und ausführlichen
Berichte gehören seinen letzten Lebensjahren an, und den
ihm untergeordneten Instituten gab er viele Beweise seiner
fortdauernden Fürsorge; z. B. gründete er 1826 in dem
weimarischen Münzcabinet eine „Sammlung von Münzen
solcher Münzstätten, welche in der allgemeinen Weltumbil=
dung ihr Münzrecht verloren, zugleich aber auch anderer,
die sich für kurze Zeit dergleichen angemaßt, nicht weniger
solcher, welche neu aufgetreten und ihr Recht zu behaupten
gewußt haben", worin sich, unter anderen, Münzen von

schon wieder untergegangenen südamerikanischen Staaten
befinden. Auf seine Veranlassung ward 1831 eine werth=
volle Sammlung griechischer und römischer Münzen aus
v. Voigt's Nachlasse angekauft. Dieselbe Ordnungsliebe,
die er in all seinen literarischen und Privat=Angelegenheiten
beobachtete, bewährte er auch bis an sein Ende in Ver=
waltungssachen.

Indem wir uns zu Goethe's geistiger Thätigkeit zu=
rückwenden, ist vornehmlich darauf Nachdruck zu legen,
daß er sich in seinem höchsten Alter angelegentlicher mit
den Interessen der Gegenwart beschäftigte, als in manchen
früheren Lebensepochen, wo er oft nach Mitteln sucht,
ihrem unmittelbaren Einflusse sich zu entziehen. Das
Zeitungslesen versagte er sich wohl manchmal eine Zeitlang,
wenn eine Arbeit ihn beschäftigte, welche eine anhaltende
geistige Concentration erforderte. Uebrigens war sein
Nachdenken der neuesten politischen Entwickelung Europa's
gar sehr zugewendet. Ueber die griechischen Angelegenheiten,
über Canning's staatsmännische Wirksamkeit konnte man
warme Aeußerungen von ihm vernehmen; unter Anderm
ward er von Canning's Rede über Portugal, welche der
liberalen Politik Englands die Bahn vorzeichnete, zu be=
geisterter Zustimmung hingerissen. Die Memoiren und
Geschichtswerke, welche die Revolutionsepoche und die Zeit
der Napoleonischen Kaiserherrschaft darstellen, waren ein
stehender Theil seiner Lectüre. Es sind vornehmlich die
Charaktere, von denen er sich ein klares Bild zu ent=
werfen suchte, ein Mirabeau, ein Napoleon 2c. Ueber
letzteren verglich er die Darstellungen Walter Scott's, der
ihm seine Biographie des Kaisers mit einem verbindlichen
Schreiben zugesandt hatte, Bignon's, Bourrienne's und
Andere, und bewahrte ihm auch nach seinem Sturze ein
lebhaftes Interesse.

Unter den Ereignissen der neuesten Zeit zogen seinen Geist vor Allem die großen Projecte an, in denen die Riesenkraft des Unternehmungsgeistes der Friedenszeiten hervortrat. Nachdem er das Werk Alexanders von Humboldt über Cuba und Columbien gelesen hatte, sprach er mit großer Theilnahme von dem Unternehmen des Durchstichs der Landenge von Panama. Nicht minder interessirte ihn die Kanalverbindung von Donau und Main, sowie die Anlage eines Kanals durch die Landenge von Suez und meinte, nur um diese drei großen Dinge zu erleben, sei es wohl der Mühe werth, es noch einige funfzig Jahre auszuhalten. Auch mit Plänen und Rissen großartiger Bauunternehmungen, z. B. des Londoner Tunnels, des neuen Hafens an der Wesermündung, war er anhaltend beschäftigt.

Mit der schönen Literatur der Nachbarländer blieb er in vertrautem Verkehr und stand mit mehreren ihrer Vertreter in näherem Verhältniß. Man ersieht dies schon aus den Abhandlungen, welche in diese letzten Jahre fallen: über „neuere französische Literatur", über „Manzoni's Adelchi", über „Volkspoesie" und „serbische Lieder", über das „Livre des Cent-et-un", wobei er so genau verfuhr, daß er die Sittenschilderungen desselben in einen tabellarischen Auszug sich zusammenstellte. „Den Vorlesungen von Guizot, Villemain und Cousin" — so schreibt er 1829 — „folg' ich in ruhiger Betrachtung; le Globe, la revue française und ..... le temps führen mich in einen Kreis, den man in Deutschland vergebens suchen würde". Auch auf die neuere deutsche Literatur blieb stets sein aufmerksamer Blick gerichtet; mehrere beurtheilende Artikel wurden ihren Erscheinungen gewidmet. Wenn man ihm dabei vorwirft, daß er mit dem Lobe zu freigebig gewesen sei und das Mittelmäßige oft über Gebühr gepriesen habe, so vergißt man, daß es keine eigentlichen Kritiken, sondern nur Selbstbekenntnisse sein sollen, für welche der richtige Gesichtspunct in den Worten an Zelter angedeutet ist: „was ein Buch sei, bekümmert mich immer weniger; was es in mir aufregt, das ist das Höchste". Unter diese anregenden Werke sind auch mehrere philosophische zu zählen; Stiedenroth's Psychologie z. B. hatte er aufs sorgfältigste durchgearbeitet und mit Randbemerkungen versehen.

Von der mehr und mehr steigenden Polemik gegen seine Schriften, durch die sich die jüngere Schriftstellerwelt den Schein geistreicher Originalität zu geben gedachte, nahm er wenig Notiz. Von Menzel's Angriffen erfuhr er zuerst aus dem Globe und erwiderte auf Zelter's Anfrage kurz, er habe viel zu thun, wenn er sich darum bekümmern wolle, wie die Leute ihn und seine Arbeiten betrachten. Im Stillen schüttelte er wohl den gerechten Unmuth in den leichten Blättchen der zahmen Xenien ab. Das Selbstgefühl, das sich hier edel und würdig ausspricht, kleidet ihn besser, als ihn die affectirte Bescheidenheit zieren würde, über die er in den Anmerkungen zum Divan ein wahres Wort gesprochen hat. Allein die Worte echter Bescheidenheit kommen um so wahrer aus seiner Seele. Als er in den Gedichten zu dem Maskenzuge von 1818 so leise über sich hinweggegangen war, schreibt die zum Urtheil berechtigte Frau von Schiller: „Ich weiß es sehr gut zu verstehen, da ich seine Bescheidenheit kenne, die nur diejenigen erkennen können, die ihn in den Momenten sehen konnten, wo er eben eine solche Dichtung vollendet hatte." Manche Xenie spricht in dem Sinne jener Aeußerung, die uns Krug von Nidda mittheilt: „Man ehrt mich zu hoch! Ich habe mit meiner Zeit gelebt und verkehrt, und Einer hat sich an dem Andern erhoben. Den Vordern sind wir auf die Schultern gestiegen, sahen hierdurch vielleicht etwas weiter, als sie, und so gestaltete sich manche neue Erscheinung".

Wenn es äußere Ehre und Auszeichnung bedurft hätte, um ihn für Angriffe und Herabwürdigungen schadlos zu halten, so genoß er diese auch jetzt noch im vollsten Maße. Sein Geburtstag ward an vielen Orten von seinen Verehrern festlich begangen. An seinem achtundsiebenzigsten Geburtstag (1827) trat der König Ludwig von Bayern, der eigens zu dem Zwecke nach Weimar gekommen war, bei ihm ein, vom Großherzoge begleitet, und überreichte ihm Großkreuz und Stern des Civilverdienstordens der bayerschen Krone. Er blieb seitdem mit dem Dichter in Correspondenz. Im nächsten Jahre sandte er seinen Hofmaler Stieler nach Weimar, um für ihn des Dichters Bildniß zu malen. Und welch herzliche Verehrung kam ihm aus weiter Ferne entgegen! Von keinem Fürsten beauftragt, sondern nur von der Verehrung für den großen Dichter getrieben, reiste der französische Bildhauer David 1829 nach Weimar, in der Absicht, Goethe's Büste zu modelliren und dann in Paris in Marmor auszuführen. Er sandte sie 1831 dem Dichter zum Geschenk unter Ausdrücken der liebevollsten Verehrung: „Es war mir" — heißt es in diesem Schreiben — „ein unverdientes Glück aufbewahrt, die Züge des Größten, des Erhabensten nachzubilden. Ich bringe Ihnen diese schwache Nachbildung Ihrer Züge dar, nicht als ein Ihrer würdiges Werk, sondern als den Ausdruck eines Herzens, das besser fühlt, als es ausdrücken kann. Sie sind die große Dichtergestalt (la grande figure poétique) unsrer Epoche, sie ist Ihnen eine Bildsäule schuldig; aber ich habe gewagt, ein Bruchstück derselben zu bilden; ein Genius, der Ihrer würdiger ist, wird sie vollenden." Die colossale Büste wurde Goethe's Bestimmung zufolge auf dem Saale der großherzoglichen

Bibliothek aufgestellt und an dem letzten Geburtstage, den er erlebte, in feierlicher Weise von dem Schleier, womit sie bis dahin verhüllt war, befreit.

Neben diesen enthusiastischen Worten mag die ehrfurchtsvolle Stimme des großen britischen Dichters eine Stelle finden. „Es giebt allen Bewunderern des Genius" — so heißt es in einem Briefe Walter Scott's vom Jahre 1827 — „ein wohlthätiges Gefühl zu wissen, daß eins der größten europäischen Vorbilder einer glücklichen und ehrenvollen Zurückgezogenheit in einem Alter genießt, in welchem er auf eine so ausgezeichnete Weise sich geehrt sieht. Dem armen Lord Byron ward leider vom Schicksal kein so günstiges Loos zu Theil, indem es ihn in der Blüthe seiner Jahre hinwegnahm und so Vieles, was noch von ihm gehofft und erwartet wurde, für immer zerschnitt. Er schätzte sich glücklich in der Ehre, die Sie ihm erzeigt hatten, und fühlte, was er einem Dichter schuldig war, dem alle Schriftsteller der lebenden Generation so viel verdanken, daß sie sich verpflichtet fühlen, mit kindlicher Verehrung zu ihm hinaufzublicken."

Vor seine Nation trat Goethe im März 1826 mit der Ankündigung einer neuen, seit längerer Zeit vorbereiteten Ausgabe seiner Werke, welche als Ausgabe letzter Hand bezeichnet ward. Mancher fand den Dank an den Bundestag, der des Dichters Eigenthum durch bündige Privilegien gegen den Nachdruck und gegen den Verkauf des Nachdrucks schützte, sowie die freundlich einladende Ansprache an das Publicum nicht so stolz und selbstbewußt, wie es dem Dichtergreise geziemen mochte, und glossirte darüber. Eher mochte man es als einen traurigen Beweis von der Rechtlosigkeit, welcher damals noch der deutsche Schriftsteller preisgegeben war, beklagen, daß die Sicherung gegen den literarischen Diebstahl durch Peti-

tionen zu erwirken und mit Ausdrücken des Dankes anzu=
erkennen war. Auch hatte wohl, der seine literarische
Thätigkeit nie durch die Rücksicht auf Erwerb hatte be=
stimmen lassen, am Ende seiner ruhmvollen Laufbahn ein
Recht, darauf aufmerksam zu machen, daß von der Anzahl
der Unterzeichnungen nicht allein des Verlegers Vortheil
abhange, sondern sie unmittelbar ihm und den Seinigen
zu Gute kommen werde; dem deutschen Volke war eine
Gelegenheit gegeben, besser als durch ein Standbild, dem
Dichter bei seinen Lebzeiten einen Tribut des Dankes zu
zollen.

Wie bei den früheren Ausgaben ward auch diesmal
an den älteren Productionen wenig geändert. Für Ueber=
einstimmung in Orthographie und Interpunction wie für
die Revision der neu hinzukommenden Manuscripte sorgten
— nicht ohne manche unzeitige Eigenmächtigkeit — die
jüngeren Gehülfen, Riemer, Göttling und Eckermann. Der
letztere, welchen Goethe wie einen Sohn fast täglich um
sich hatte, war vorzüglich mit den „alten hoffnungslos zu=
geschnürten Manuscriptenmassen" beschäftigt. Manches aus
früherer Zeit ward dadurch erhalten und der neuen Aus=
gabe einverleibt; keine geringe Aufgabe war es, die Sprüche
und zahmen Xenien aus ihrer Hieroglyphenschrift zu ent=
räthseln. Außer diesen ward der Sammlung der kleineren
Gedichte noch eine Reihe von „Denk= und Sendeblättern"
hinzugefügt, in denen der Dichtergreis in Nähe und Ferne
an Freunde und Freundinnen zierliche Begrüßungen zu
spenden und die von allen Seiten ihm reichlich darge=
botene Huld und Verehrung zu erwidern pflegte, zum
Theil erbetene Blätter des Andenkens, Dankesworte für
Geschenke oder Glückwünsche zu festlichen Lebensmomenten.
Früher hatte er solche flüchtige Reimzeilen wenig beachtet
und meist verloren gehen lassen; jetzt war zu fürchten, daß

man ihm die Scherzworte, mit denen er die Himburg'sche
Sammlung seiner Gedichte abgefertigt hatte, zurückgab.

Goethe schätzte sehr das Gelegenheitsgedicht; aber
frisch duftende Blätter konnten nur die sein, wo volle
Liebe und Begeisterung sich in einen bedeutungsvollen Mo=
ment zusammendrängte. Dann vernehmen wir auch jetzt
noch den lebenvollen Klang der Jugendlieder, z. B. in dem
Tischliede zu Zelter's siebenzigstem Geburtstage (11. Dec.
1828). Vor allen ist das Festgedicht zum 30. Januar
1828 Goethe's vollendetsten Gelegenheitsgedichten beizu=
zählen. Ein poetischer Dialog zwischen dem Gnomen, der
Geognosie und der Technik, ausgestattet mit der phantasie=
vollen Tiefe seiner Naturbetrachtung, begleitete die ersten
Erzeugnisse der Stotternheimer Saline, welche zum Ge=
burtstage der Großherzogin von dem Salinendirector Glenck
überreicht wurden. Diese und andere kleinere lyrische Ge=
dichte, darunter die „chinesisch=deutschen Tags= und Jahres=
zeiten" (1827) wurden in den deutschen Musenalmanachen
veröffentlicht, deren Herausgeber ihn sehr dringend um
Beiträge angingen. Goethe fürchtete aber das Schicksal
des alten Gleim, dessen Name lange Zeit in Almanachen
unter unbedeutenden Reimen zu finden war, und lehnte
fernere Ansuchen ab; „was sie brauchen", äußerte er gegen
Zelter, „habe ich nicht, und was ich habe, können sie nicht
brauchen." Wie gefällig er übrigens mit seinem Dichter=
talente war, erfuhr z. B. der Intendant des Berliner
Theaters, Graf Brühl. Dieser bat ihn im Januar 1828
um die Erlaubniß, „Hans Sachs poetische Sendung" als
Prolog zu Deinhardstein's „Hans Sachs" recitiren zu
lassen. Goethe erbot sich sogleich, dazu eine Einleitung in
gleichem Sinne und Stil niederzuschreiben, wodurch der
Vortrag des Gedichts anschaulicher gemacht werde. Dieser
der Person eines Nürnberger Meistersängers angepaßte

Prolog⁶⁶) ist, gleich andern Gedichten jener Jahre, ein Beweis, daß dem Dichter auch im Alter der muntere humoristische Ton der Hans=Sachsischen Poesie nicht abhanden gekommen war.

Goethe hatte der Thätigkeit dieser Jahre, welche er gegen Zelter als „testamentlich" bezeichnete, drei Hauptaufgaben gestellt, worauf auch in dem Programme der Ausgabe seiner Werke hingedeutet war: die Vervollständigung seiner biographischen Berichte, die Umarbeitung der Wanderjahre und die Vollendung des zweiten Theils des Faust. Diese Arbeiten schlingen sich durch einander bis in sein letztes Lebensjahr, gleich als ob sich an ihm sein muthiges Wort bewähren sollte: so lange man schaffe, habe man keine Zeit zum Sterben.

In den Annalen seines Lebens arbeitete er 1826 die Epoche seines Zusammenlebens mit Schiller nebst der kurzen Eingangsskizze aus. Seine Betrachtung und sein Gespräch wandte sich daher mit erneuter Anhänglichkeit dem frühgeschiedenen Freunde zu. In das Jahr 1826 fällt das erhabene Gedicht „bei Betrachtung von Schiller's Schädel," bei dessen Ermittelung unter den in dem Chaos des Grabgewölbes vorgefundenen Schädeln er selbst mit thätig war. Dieser ward am 17. September nebst Schiller's Büste auf der großherzoglichen Bibliothek aufgestellt. Goethe hatte die bestimmte Absicht gehabt, dem feierlichen Acte beizuwohnen; doch da er unpäßlich war und die Gemüthsbewegung fürchtete, so ließ er sich durch seinen Sohn vertreten. Seitdem ließ er auch die übrigen Gebeine seines großen Freundes aufsuchen, zu welchem Ende er den Prosector Schröter von Jena kommen ließ. Im darauf folgenden Jahre erhielten auf Karl August's Anordnung die Ueberreste des Dichters, in einem dauerhaften Sarkophage wieder vereinigt, einen Platz in der auf dem neuen Fried=

hof erbauten großherzoglichen Familiengruft. Die Anord=
nung der Beisetzung, welche am 16. December 1827 statt=
fand, war Goethe übertragen, dem der Schlüssel zum
Sarkophag überliefert ward.

Goethe entschloß sich, seinen Briefwechsel mit
Schiller schon bei seinen Lebzeiten zu veröffentlichen.
Riemer unterstützte ihn bei dem schließlichen Redactions=
geschäft, indem manche Auslassungen durch Rücksicht auf
lebende Zeitgenossen geboten zu sein schienen. Die Auto=
graphen wurden wieder unter Siegel gelegt, die seinem
letzten Willen zufolge erst 1850 gelöst werden sollten, da=
mit alsdann dieser Briefwechsel unverkürzt, als das wich=
tigste Document unserer Literaturgeschichte, der Nation
übergeben werden könne. Mit den neuesten Ausgaben ist
seine Anordnung in Erfüllung gegangen. Goethe widmete
die Briefsammlung, welche in den Jahren 1828 und 1829
in sechs Bänden ans Licht trat, dem Könige Ludwig von
Bayern. In dem pretiös gehaltenen Dedicationsschreiben
tritt aufs neue die Befangenheit hervor, welche Goethe
fürstlichen Personen gegenüber nicht ablegen konnte. Wie
warm sind dagegen die einfachen Worte, welche von ihm
zwei Jahre später als Vorwort zu der deutschen Ueber=
setzung von Carlyle's Biographie Schiller's geschrieben
wurden!

Während der Bearbeitung der Annalen seines Lebens
kam Goethe auf den Gedanken, eine ähnliche sorgfältige
Redaction den mit Zelter gewechselten Briefen zu widmen,
welche sich gewissermaßen als eine Fortsetzung anschlossen,
„indem das Verhältniß beider Freunde von 1800 an sich
durch alle Lebensereignisse hindurchschlingt, so daß er es
zu einem ewigen Zeugniß wünschte erscheinen zu lassen.“
Mit Anfang des Jahres 1825 wurden die früheren Zelter'=
schen Briefe mit den Goethe'schen ins Reine geschrieben und

die nachfolgenden Jahrgänge regelmäßig angereiht. Von dem Augenblicke an war es freilich kein unbelauschtes Freundesgespräch mehr; doch ändert das in Rücksicht auf Goethe nichts, der längst bei jedem Briefe, den er schrieb oder dictirte, an künftige Veröffentlichung zu denken hatte. Durch beiderseitige testamentliche Bestimmung wurde die dereinstige Herausgabe der Briefe dem Hofrath Riemer übertragen, der schon bei der Vergleichung und Durchsicht der Abschrift Goethe behülflich war.

Seine letzten Briefe aus Italien, besonders die an Frau von Stein, gaben ihm den Faden zur Darstellung seines zweiten Aufenthalts in Rom, die er schon, um sie den Schilderungen der italienischen Reise unmittelbar anzuschließen, im Jahre 1820 vorgenommen hatte. Jedoch erst im Mai 1828 berichtet er, das „Märchen" seines zweiten Aufenthalts in Rom habe er zu dictiren angefangen. Die eigentliche Ausführung ward nach Beendigung der Wanderjahre im Sommer 1829 vorgenommen; er bezog seine stille Gartenwohnung, um in der Einsamkeit „seines grünen Thals" die fernliegenden Erlebnisse in seiner Phantasie wieder hervorzurufen. „Ich habe", schreibt er am 18. Juli an Zelter, „mir hier in meinem Erdsälchen das alte und neue Rom in weitschichtigen Bildern, nicht weniger das alte Latium vor Augen gehängt und gestellt, viele Bücher dieses Inhaltes und Sinnes um mich versammelt und belebe so möglichst die Erinnerungen an meinen zweiten Aufenthalt in Rom." Goethe war froh, in seiner Zurückgezogenheit gegen den zeitraubenden Zudrang von Besuchenden mehr geschützt zu sein, muß jedoch beim Abschluß seiner Arbeit bekennen, er habe wohl das Doppelte thun können, ohne das unaufhörliche Hin= und Herzerren von guten lieben Fremden, die nichts bringen und nichts holen. Doch würden wir durch größere Aus=

führlichkeit (es wäre denn, daß er die Schilderung seiner
Rückreise hinzugefügt hätte) wenig gewonnen haben, da er
sich's von vornherein versagte, das Liebesverhältniß, wel=
ches ihn in Rom umschlang und ihm den Abschied so über=
aus schmerzlich machte, nach seiner eigentlichen Beziehung
und Bedeutung hervortreten zu lassen, während der dem
wahren Hergang substituirten Dichtung das frische Colorit
früherer ähnlicher Darstellungen abgeht.

Nahe dem Ziele den weiten Gang seines Lebens über=
blickend, empfand es Goethe aufs tiefste und bekannte es
mit den lebhaftesten Ausdrücken, daß alle seine Liebesver=
hältnisse, so leidenschaftlich sie im Momente sein mochten,
doch nur „leicht und oberflächlich" gewesen seien im Ver=
gleich zu seinem mit ganzer Hingebung eines vollen warmen
Herzens geschlossenen Bunde mit Lili. Dies Gefühl zog
ihn wiederholt zu der Darstellung jenes schmerzlich=glück=
lichen Lebensjahres; allein das Verhältniß erschien ihm
noch in der Erinnerung so zart, daß er nur zögernd die
Hand an die Zeichnung legte; sie ward von Zeit zu Zeit
in kleinen Abschnitten fortgeführt und beschäftigte ihn noch
in dem letzten Jahre seines Lebens; doch berichtet Riemer,
Goethe's Erzählung in „Dichtung und Wahrheit" reiche
bei weitem nicht an die Wärme und Lebendigkeit, womit
er ihm die Scenen seiner Liebe zu Lili in mündlicher
Unterhaltung geschildert habe.

Im Jahre 1830 sah er in Weimar das reizende
Fräulein von Türckheim, eine Enkelin Lili's, die Tochter
ihres mit der Gräfin Cäcilie von Waldorf verheiratheten
Sohnes Karl. Als Soret bald ·nach ihrer Abreise die
Anmuth des Mädchens und den Eindruck, den sie in Wei=
mar gemacht, schilderte, erwiderte Goethe: ihm würden
alle seine alten Erinnerungen erweckt; er sehe die reizende
Lili wieder in aller Lebendigkeit vor sich und ihm sei, als

fühle er den Hauch ihrer beglückenden Nähe. Indem das
Gespräch sich zu dem noch ungedruckten vierten Theil von
„Dichtung und Wahrheit" wandte, äußerte er: „Ich hätte
ihn längst früher geschrieben und herausgegeben, wenn
mich nicht gewisse zarte Rücksichten gehindert hätten, und
zwar nicht Rücksichten gegen mich selber, sondern gegen
die damals noch lebende Geliebte. Ich wäre stolz gewesen
es der ganzen Welt zu sagen, wie sehr ich sie geliebt, und
ich glaube, sie wäre nicht erröthet zu gestehen, daß meine
Neigung erwidert wurde. Aber hatte ich das Recht es
öffentlich zu sagen, ohne ihre Zustimmung? Ich hatte
immer die Absicht, sie darum zu bitten; doch zögerte ich
damit hin, bis es denn endlich nicht mehr nöthig war."
Lili von Türckheim hatte am 6. Mai 1817 auf dem Gute
Kraut-Ergersheim bei Straßburg ihr schönes irdisches Dasein beschlossen.

Den zweiten Theil des Faust und die Wanderjahre
hatte Goethe 1825 zu gleicher Zeit zu bearbeiten angefangen und ließ diese Arbeiten mit einander abwechseln.
Helena, als der Mittelpunct der Fortsetzung der Faustdichtung, größtentheils schon in früherer Abfassung vorhanden, ward zuerst vorgenommen und im Sommer 1826
vollendet. Die neue Zugabe scheint an der Stelle zu beginnen, wo Faust und Helena verschwinden und aus ihrem
Liebesbunde Euphorion hervorgeht, in welchem der Genius
der neuern Poesie, der das Classische und Romantische in
sich vereint, in nächster Beziehung zu Lord Byron zur Erscheinung kommt. Besser hätte in der deutschen Dichtung
die Erinnerung an Schiller hier eine Stelle gefunden,
wenn die Bescheidenheit den Dichter hinderte auf sich selbst
hinzudeuten.

Goethe war um diese Zeit wieder sehr mit der griechischen Tragödie beschäftigt; er vervollständigte seine Arbeit

über Euripides Phaethon und entsagte nur mit Widerstreben
dem Genusse, auf längere Zeit in jenen Regionen zu verweilen, in die er besonders durch ein Programm Hermann's
über drei antike Philoctete sich verlockt fühlte; aber „ich
mußte mich bald los machen von diesen Betrachtungen, sie
hätten mich ein Vierteljahr gekostet, das ich nicht mehr
nebenher auszugeben habe."

Er hielt seine Thätigkeit zunächst bei den Wanderjahren fest, da er bei der Ankündigung der Gesammtausgabe versprochen hatte, das Werk „wieder neu aufzubauen, so daß nun in einem ganz andern dasselbe wieder
erscheinen werde." An Eckermann erzählte er eines Tages:
„Um den vorhandenen Stoff besser zu benutzen, habe ich
den ersten Theil ganz aufgelöst und werde nun so durch
Vermischung des Alten und Neuen zwei Theile bilden.
Ich lasse nun das Gedruckte ganz abschreiben; die Stellen,
wo ich Neues auszuführen habe, sind angemerkt, und wenn
der Schreibende an ein solches Zeichen kommt, so dictire
ich weiter und bin auf diese Weise genöthigt, die Arbeit
nicht in Stocken gerathen zu lassen." Auch wurden einige
der einzuschaltenden Novellen, „die Geschichte des nuß-
braunen Mädchens" und „der Mann von funfzig Jahren"
fortgeführt.

Die im Jahre 1826 ausgearbeitete Novelle[67]) vom
Kinde und Löwen, deren Sujet Goethe schon vor dreißig
Jahren episch zu behandeln gedachte, war anfangs ebenfalls dazu bestimmt, an den Faden der Wanderjahre angereiht zu werden. Da sie jedoch außer Zusammenhang
mit der Hauptidee des Romans steht, so ließ er sie mit
Recht davon getrennt. Den früheren Entwurf hatte er
nicht wieder auffinden können, daher war er genöthigt ein
neues Schema zu machen. In der durchsichtigen Form
dieser Novelle hat sich die künstlerische Klarheit des Dichters

wieder in so ausgezeichnetem Grade bewährt, daß er wohl
berechtigt war, auf diese Dichtung mit besonderer Zunei=
gung zu blicken. In dem Gleichniß, das er in Beziehung
auf sie gegen Eckermann gebrauchte, spricht er im Grunde
das Geheimniß seines geistigen Schaffens überhaupt aus:
„Denken Sie sich aus der Wurzel hervorschießend ein
grünes Gewächs, das eine Weile aus einem starken Sten=
gel kräftige grüne Blätter nach den Seiten austreibt und
zuletzt mit einer Blume endet; die Blume war unerwartet,
überraschend, aber sie mußte kommen; ja das grüne Blätter=
werk war nur für sie da und wäre ohne sie nicht der Mühe
werth gewesen."

Nachdem Goethe im Frühling des Jahres 1827 die
Wanderjahre so weit geführt hatte, daß er Zelter den
zweiten Band als fertig ankündigen konnte, ward er wie=
der mehr zum Faust hingezogen, wobei die günstige Auf=
nahme, welche Helena gefunden hatte, ermuthigend mit=
wirkte. Nach alter Gewohnheit arbeitete er nicht einen
Act nach dem andern vorwärtsschreitend aus, sondern bald
vorn, bald am Schlusse, je nachdem ihn eine oder die an=
dere Partie besonders anzog. Er widmete dieser Dichtung
die frühen Morgenstunden; doch rückte sie nur langsam
vor, so daß oft nicht mehr als ein Blatt fertig wurde.
1827 wurde der fünfte Act, mit Ausnahme des Einganges,
ins Reine gebracht; dann kehrte er zu den ersten beiden
Acten zurück, welche die Bestimmung hatten, die Vorstufen
zu Helena zu bilden. „In den ersten beiden Acten",
äußerte er gegen Eckermann, „klingt schon das Classische
und Romantische an und wird zur Sprache gebracht, da=
mit es zur Helena hinaufgehe, wo beide Dichtungsformen
entschieden hervortreten und eine Art von Ausgleichung
finden".

Da unterdeß die Herausgabe seiner Werke vorwärts

rückte, so drang Eckermann in ihn, Alles bei Seite zu
lassen und den Sommer von 1828 dazu anzuwenden, die
Wanderjahre reicher auszustatten. Nochmals fühlte Goethe
ein Verlangen, sich nach Böhmen zu begeben; dahin luden
ihn namentlich die persönlichen Beziehungen zu dem Grafen
Caspar von Sternberg, dem Genossen seiner botani=
schen und mineralogischen Forschungen. Seine Theilnahme
für die wissenschaftlichen Bestrebungen Böhmens war, wenn
auch die früheren regelmäßigen Besuche unterblieben, un=
verändert, ja noch gesteigert, seit er von der 1822 ge=
gründeten Gesellschaft des vaterländischen Museums in
Böhmen, deren Vorsitz Graf Sternberg führte, zum Ehren=
mitgliede ernannt war; sein ausführlicher Bericht über die
Monatsschrift, der sich zu einer tiefeingehenden Schilderung
des böhmischen Landes und seiner Cultur erweitert, giebt
davon Zeugniß. Da er auf die böhmische Reise glaubte
verzichten zu müssen, so beabsichtigte er wenigstens einen
Ausflug nach Freiberg zu machen, um dort die unterbroche=
nen mineralogischen Studien wieder anzuknüpfen und
„nachzuholen". Eine unerwartete Trauerbotschaft machte
alle Pläne zu nichte. Sein geliebter Fürst endete am
14. Juni 1828 auf der Rückreise von Berlin, zu Grabitz
bei Torgau vom Schlage gerührt.

Schon kränkelnd, war Karl August nach Berlin ge=
reist und hoffte nach diesem zerstreuenden Ausflug in den
Bädern von Teplitz die schwindenden Kräfte wieder herzu=
stellen. Trotz seiner körperlichen Erschöpfung war sein
Geist noch jugendlich rege; es schien in den letzten Lebens=
blicken die Energie seines Geistes noch einmal in ihrer
ganzen Fülle und Schönheit hervorzutreten. „Als sei eine
solche Lucidität" — heißt es in einem Briefe Alexanders
von Humboldt an den Kanzler v. Müller — „wie bei den
erhabenen schneebedeckten Alpen, der Vorbote des scheidenden

Lichtes, nie habe ich den großen menschlichen Fürsten leben=
biger, geistreicher, milder und an aller ferneren Entwickelung
des Volkslebens theilnehmender gesehen, als in den letzten
Tagen, die wir ihn hier besaßen." Humboldt ließ er fast
nicht von seiner Seite und durchsprach mit ihm die ver=
schiedenartigsten Gegenstände der Wissenschaft, vor allen die
Probleme der neueren Naturforschung, dabei mit einer so
aufgeregten Lebendigkeit von dem Einen zum Andern grei=
fend, daß Humboldt in ahnungsvoller Besorgniß gegen
seine Freunde äußerte, ihm sei diese Lebendigkeit, diese
geheimnißvolle Klarheit des Geistes bei so viel körperlicher
Schwäche ein schreckhaftes Phänomen.

Der Schmerz über den unersetzlichen Verlust er=
schütterte Goethe aufs tiefste; alle Trostworte lehnte er
ab und wollte davon nichts wissen. „Ich hatte gedacht",
sagte er zu Eckermann, der spät am Abend zu ihm kam
und ihn ganz niedergebeugt antraf, „ich wollte vor ihm
hingehen; aber Gott fügt es, wie er es für gut findet,
und uns armen Sterblichen bleibt weiter nichts, als zu
tragen und uns emporzuhalten, so gut und so lange es
gehen will." Die verwittwete Großherzogin befand sich in
Wilhelmsthal; an sie richtete er, was Liebe und Fürsorge
ihm in diesen Momenten Tröstendes und Erhebendes ein=
gab. Sie benahm sich, wie stets im Unglück, standhaft
und gefaßt. Der neu antretende Großherzog Karl Friedrich
befand sich mit seiner Gemahlin in Rußland und kehrte
erst im Juli zurück. Um „bei dem schmerzlichen Zustande
des Innern" den öffentlichen Trauerfeierlichkeiten zu ent=
gehen, begab sich Goethe am 7. Juli nach dem im reizen=
den Saalthale gelegenen Schlosse Dornburg. Mögen
uns seine eigenen Worte diesen Zufluchtsort und den
Frieden, den er wiederum über sein Gemüth verbreitete,
schildern.

„Ich weiß nicht", schreibt er am 10. Juli an Zelter, „ob Dornburg Dir bekannt ist; es ist ein Städtchen auf der Höhe im Saalthale unter Jena, vor welchem eine Reihe von Schlössern und Schlößchen, gerade am Absturz des Kalkflötzgebirges, zu den verschiedensten Zeiten erbaut ist; anmuthige Gärten ziehen sich an Lusthäusern her; ich bewohne das alte neuaufgeputzte Schlößchen am südlichsten Ende. Die Aussicht ist herrlich und fröhlich, die Blumen blühen in den wohlunterhaltenen Gärten, die Traubenge= länder sind reichlich behangen, und unter meinem Fenster seh' ich einen wohlgediehenen Weinberg, den der Verblichene auf dem öbesten Abhang noch vor drei Jahren anlegen ließ und an dessen Ergrünung Er sich die letzten Pfingst= tage noch zu erfreuen die Lust hatte. Von den andern Seiten sind die Rosenlauben bis zum Feenhaften geschmückt und die Malven, und was nicht alles, blühend und bunt, und mir erscheint das alles in erhöhteren Farben wie der Regenbogen auf schwarz=grauem Grunde. Seit funfzig Jahren hab' ich an dieser Stätte mich mehrmals mit Ihm des Lebens gefreut, und ich könnte diesmal an keinem Orte verweilen, wo seine Thätigkeit auffallender anmuthig vor die Sinne tritt. Das Aeltere erhalten und aufge= schmückt, das Neuerworbene (eben das Schlößchen, das ich bewohne, ehemals ein Privat=Eigenthum) mäßig und schicklich eingerichtet, durch anmuthige Berggänge und Terrassen mit den früheren Schloßgärten verbunden, für eine zahl= reiche Hofhaltung, wenn sie keine übertriebene Forderungen macht, geräumig und genügend, und was der Gärtner ohne Pedanterie und Aengstlichkeit zu leisten verpflichtet ist, alles vollkommen, Anlage wie Flor. Und wie es ist, wird es bestehen, da die jüngere Herrschaft das Gefühl des Guten und Schicklichen dieser Zustände gleichfalls in sich trägt und es mehrere Jahre bei längerem und kürzerem

Aufenthalte bewährt hat. Dies ist denn doch auch ein
angenehmes Gefühl, daß ein Scheidender den Hinterbliebenen
irgend einen Faden in die Hand giebt, woran ferner fort=
zuschreiten wäre. Und so will ich denn an diesem mir
verliehenen Symbol halten und verweilen."

Eine weitere Ausführung dieser symbolischen Betrach=
tung seines gegenwärtigen Aufenthaltsortes enthält sein
Schreiben[68]) an den Kammerherrn von Beulwitz, welchen
der Großherzog Karl Friedrich beauftragt hatte, sich nach
Goethe's Befinden zu erkundigen und die Versicherung der
wohlwollendsten Gesinnungen hinzuzufügen. In Erwiderung
dieser Zuschrift sprach Goethe ausführlich aus, was ihm
in seinem Schmerze Beruhigung gegeben, die Zuversicht,
daß wohlgegründete und geordnete Zustände von Geschlecht
zu Geschlecht fortdauern werden. „Ein so geregeltes sinniges
Regiment", heißt die mit der Schilderung des trefflich culti=
virten Thals verknüpfte Betrachtung, „waltet von Fürsten
zu Fürsten. Feststehend sind die Einrichtungen, zeitgemäß die
Verbesserungen. So war es vor, so wird es nach uns
sein, damit das hohe Wort eines Weisen erfüllt werde,
welcher sagt: die vernünftige Welt ist als ein großes,
unsterbliches Individuum zu betrachten, welches unaufhalt=
sam das Nothwendige bewirkt und dadurch sich sogar über
das Zufällige zum Herrn erhebt." In Bezug auf sich
selbst fügt er hinzu, daß er seine unwandelbare Anhänglichkeit
an den hohen Abgeschiedenen nicht besser zu bethätigen wisse,
als wenn er Alles, was noch an ihm sei, seinem Fürsten
und seinem Lande von neuem anzueignen sich ausdrücklich
verpflichte.

Zehn Wochen verweilte er auf dem Dornburger Schlosse,
wiederholt erfreut durch den Besuch der Freunde aus dem
nahen Jena, zu denen auch er manchmal hinübereilte; auch
die Weimarer Freunde suchten ihn auf. Jede Spur von

Feierlichkeiten zu seinem Geburtstage hatte er „verbeten und verboten"; den 3. September ließ er, wie sonst, durch die Weimarer Kunstausstellung feiern.

Was er in diesen Wochen „aus Unruhe, Neigung und Langeweile" trieb und leistete, war „sehr vielerlei, dergestalt daß es nicht leicht zur Erscheinung kommen" konnte. „Also sitze ich hier" — schreibt er an Knebel (18. August) — „auf dieser Felsenburg, von der aufgehenden Sonne geweckt, mit der scheidenden gleichfalls Ruhe suchend, den Tag über in grenzenloser, fast lächerlicher Thätigkeit; es sähe prahlerisch aus, herzurechnen, wie viel Alphabete ich gelesen, und wie viel Buch Papier ich verdictirt habe." Sein Geist fand, wie er in trüben Stimmungen pflegte, Erheiterung im Studium der Natur. In jenen Tagen begann die bis an sein Ende fortgesetzte Beschäftigung mit dem Leben und den Schriften des Joachim Jungius, dessen Harmonielehre und naturhistorische Ansichten ihm sehr beachtenswerth erschienen. [69])

Zu botanischen und meteorologischen Beobachtungen forderte sein dermaliger Aufenthalt ganz besonders auf. Mochte er gleich von der Witterungskunde keine großen Resultate erwarten, so zog sie ihn doch als Naturbetrachtung an. Er giebt darüber seinem Zelter ein charakteristisches Bekenntniß: „Das Studium der Witterungslehre geht, wie so manches Andere, nur auf Verzweiflung hinaus. Die ersten Zeilen des Faust lassen sich auch hier vollkommen anwenden. Doch muß ich zur Steuer der Wahrheit hinzufügen: daß derjenige, der nicht mehr verlangt, als dem Menschen gegönnt ist, auch hier für angewandte Mühe gar schön belohnt werde. Sich zu bescheiden ist aber nicht jedermanns Sache. Hier, wie überall, verdrießt es die Leute, daß sie dasjenige nicht erlangen, was sie wünschen und hoffen, und da glauben sie gar nichts empfangen zu haben.

Man müßte z. B. vor allen Dingen auf das Vorauswissen und Prophezeien Verzicht thun, und wem ist das zuzumuthen?" Mehrere Witterungsbeobachtungen und daneben manches feingezeichnete Naturbild nahmen die Briefe an Zelter auf und werden in den Dornburger Liedern zu erhebenden poetischen Klängen. Den Hauch dieser dichterischen Stimmung fühlt man selbst in den kurzen Tagebuchsaufzeichnungen: „18. August. Vor Sonnenaufgang aufgestanden. Vollkommene Klarheit des Tages. Der Ausdruck des Dichters: heilige Frühe ward empfunden." — „Und so fortan in Ehrfurcht der allwaltenden Mächte" — schließt ein Brief an Zelter.

Als Goethe am 11. September nach Weimar zurückgekehrt war, forderte zunächst die Vollendung der Wanderjahre, deren Druck gegen das Ende des Jahres beginnen mußte, seine ganze Thätigkeit. „Hieran ist zwar" — heißt es in Eckermann's dermaligen Aufzeichnungen — „bereits viel gethan, aber noch sehr viel zu thun. Das Manuscript hat überall weiße Papierlücken, die noch ausgefüllt sein wollen. Hier fehlt etwas in der Exposition, hier ist ein geschickter Uebergang zu finden, damit dem Leser weniger fühlbar werde, daß es ein collectives Werk sei; hier sind Fragmente von großer Bedeutung, denen der Anfang, andere, denen das Ende mangelt, und so ist an allen drei Bänden noch viel nachzuhelfen." Das Werk wurde wieder in Fluß gebracht und schloß sich fester zusammen; Manches wurde jedoch nur eingefügt oder angehängt, um den drei dazu bestimmten Bänden den nöthigen Umfang zu geben. Im Februar des nächsten Jahres konnte der letzte Rest des Manuscripts zum Drucke übersandt werden.

Die Ueberarbeitung leistete dem Romane wesentliche Dienste. Mehrere Abtheilungen von bedeutendem Gehalt

wurden hinzugefügt, andere erhielten eine zweckmäßigere
Anordnung, und die einzelnen Partieen wurden durch neue
Uebergänge und Ergänzungen mit einander verbunden.
Die frühere Tendenz dieser Dichtung, daß jeder seine Kräfte
zum Wohl des Ganzen anwenden müsse, ist geblieben, aber
mehr aus einem allgemeinen socialen Gesichtspuncte behandelt worden. Damit aber die vorwaltenden materiellen
Bestrebungen ein Gegengewicht erhalten, hat der Dichter
die ideale Erscheinung der dem Ueberirdischen zugewendeten
Makarie in die Handlung verflochten, die aus dem Aether
der klarsten Herzensreinheit auf die irdischen Verwirrungen
niederschaut und die Verwickelungen durch die Hoheit ihrer
Seele versöhnend löst. Zwar ist Goethe's letztem Romane
das frische Leben, das die Darstellung der Lehrjahre aus-
zeichnet, durch die Hinneigung zum Didaktischen und die
fragmentarische Behandlung, welche auch die letzte Bearbeitung nicht zu verdecken vermochte, entzogen worden, und
der Stil fließt nicht mehr in so leichten klaren Wellen dahin, wie in den Jahren der vollen männlichen Kraft; jedoch
zeugt auch diese Dichtung von einer so vielseitigen Anschauung, von einer so großartigen Auffassung des modernen Lebens, daß sie an Reichthum der Ideen keinem seiner
älteren Werke nachsteht. [70])

Nachdem Goethe im Sommer 1829 die Schilderung
seines römischen Aufenthalts durchgearbeitet und mehrere
Redactionsgeschäfte, auch seiner naturwissenschaftlichen Aufsätze, beseitigt hatte, ruhte sein Geist wieder ganz auf
seinem Faust. Er glaubte damals schon den Abschluß so
gut als vollbracht, indem er Alles so deutlich in Herz
und Sinn habe, daß es ihm oft unbequem falle, und
hoffte schon mit nächstem Frühling den Freunden die Beendigung seines Werkes mittheilen zu können. Allein er wälzte
diesen Stein nur langsam von der Stelle; die classische

Walpurgisnacht lag noch als eine unüberwindliche Höhe
vor ihm.

Durch angestrengte Thätigkeit suchte er auch den Schmerz
zu überwinden, welcher ihn mit dem am 14. Februar 1830
erfolgten Hinscheiden der verwittweten Großherzogin traf.
Anfangs schien er seiner Empfindungen Herr werden zu
wollen. „Der Schlag, der uns lange bedroht", — sagte
er zu Soret, der im Auftrage der Großherzogin Marie zu
ihm ging, um ihm in ihrem Namen einen Condolenzbesuch
zu machen, — „hat endlich getroffen, und wir haben
wenigstens nicht mehr mit der grausamen Ungewißheit zu
kämpfen; wir müssen nun sehen, wie wir uns mit dem
Leben wieder zurecht setzen". Als Soret auf Goethe's
Papiere hinwies und die Arbeit als die beste Trösterin
bezeichnete, erwiderte er: „so lange es Tag ist, wollen
wir den Kopf schon oben halten, und so lange wir noch
schaffen können, werden wir nicht nachlassen", und lenkte
dann mit Lebhaftigkeit das Gespräch auf andere Gegen=
stände. Als jedoch Soret sich am folgenden Vormittag im
Auftrage der Großherzogin nach seinem Befinden erkundigte,
fand er ihn betrübt und gedankenvoll. „Ich muß mit Ge=
walt arbeiten", sagte er, „um mich oben zu halten und
mich in diese plötzliche Trennung zu schicken. Der Tod ist
doch etwas so Seltsames, daß man ihn ungeachtet aller
Erfahrung bei einem uns so theuren Gegenstande nicht
für möglich hält, und er immer als etwas Unglaubliches
und Unerwartetes eintritt". In seinen Aeußerungen blickte
seit der Zeit häufiger das Vorgefühl seines nahen Todes
durch. Soweit die regierende Familie im Stande war,
die schmerzlichen Verluste gewohnter Liebe durch eine freund=
liche Gegenwart vergessen zu machen, hatte er die herzlichste
Theilnahme und Fürsorge dankbar anzuerkennen. „Wenn
ich Ihnen nun versichern kann", schreibt er im April an

24*

Varnhagen von Ense, „daß Ihre kaiserliche Hoheit die
Frau Großherzogin sich fortwährend Alles zu thun geneigt
erweist, was mir in meinen Zuständen Freude machen
kann, indem sie die mir noch anvertrauten Geschäfte und
was mich sonst berührt, auf die zarteste und sinnigste Weise
zu fördern und mich dadurch zu überzeugen fortfährt, daß
manches von mir gestiftete Gute mich überleben solle: so
wird gewiß auch eine neigungsvolle Verehrung in Ihrem
theilnehmenden Geiste immer tiefer sich einwurzeln". Ihre
regelmäßigen Besuche zählte er stets unter seine schönsten
Stunden.   Nicht minder gab ihm der Großherzog immer
neue Beweise seiner Anhänglichkeit und besuchte ihn manchen
Abend ganz allein auf seinem Studirzimmer. Daß er Goethe
„wie einen Vater" geehrt und geliebt habe, sprach er noch
kurz vor dessen Hingang aus.

Eine erheiternde Nachfeier seines Weimarer Jubelfestes
konnte Goethe noch in diesem Jahre mit engverbundenen
Freunden begehen; am Vorabend des Johannisfestes waren
funfzig Jahre seit seiner Aufnahme in die Freimaurerloge
verflossen. Die Festlichkeit, welche die Brüder zu diesem Tage
veranstaltet hatten, erwiderte Goethe am nächsten Tage mit
dem Gedichte „Funfzig Jahre sind vorüber 2c.", hinweisend
auf ferneres freudiges Zusammenwirken, „um die Mensch=
heit fortzuehren".

Goethe brachte den Sommer von 1830 in größter
Zurückgezogenheit zu, angestrengt mit der Vollendung des
Faust beschäftigt. Alles Zeitungslesen, selbst der von ihm
so geschätzten französischen und englischen Zeitschriften,
schaffte er ab, um durch nichts zerstreut zu werden. Die
Unterhaltungen der Freunde setzten ihn von allem Bedeu=
tenden in Kenntniß. Daher ließ er sich auch nicht um
seine Ruhe bringen, als die Juli=Revolution Frankreich
und bald einen großen Theil Europa's erschütterte. Man

kann sich Soret's Erstaunen vorstellen, als er in höchster
Aufregung über die Nachricht von den Pariser Ereignissen
zu Goethe kam und dessen erste Frage: was denken Sie
von dieser großen Begebenheit? sich nicht auf die Revolution,
sondern auf den gleichzeitig zum Ausbruch gekommenen
wissenschaftlichen Streit der beiden großen Naturforscher
St. Hilaire und Cuvier bezog. Goethe glaubte nicht, wie
Niebuhr, an eine hereinbrechende Barbarei, sondern bewahrte sich sein klares politisches Urtheil und bewies aufs
neue, daß er es verstand, die ihn umgebenden Ereignisse
auf den historischen Standpunct zu bringen. „Das Pariser Erdbeben", schreibt er am 5. October an Zelter, „hat
seine Erschütterungen durch Europa lebhaft verzweigt; Ihr
habt davon ja auch einen Fieberanstoß empfunden. Alle
Klugheit der noch Bestehenden liegt darin, daß sie die
einzelnen Paroxysmen unschädlich machen, und das beschäftigt uns denn auch an allen Orten und Enden.
Kommen wir darüber hinaus, so ist's wieder eine Weile
ruhig. Mehr sag' ich nicht. Außerhalb Troja's versieht
man's und innerhalb Troja's desgleichen." Er ließ sich
dadurch nicht in seiner Arbeit unterbrechen und war froh,
die classische Walpurgisnacht (die „republikanische" im
Gegensatz zu der monarchischen Brockennacht) glücklich zu
bezwingen. Da traf ihn im Anfang des Novembers, wie
ein Blitzstrahl aus heiterer Luft, die Nachricht von dem
Tode seines einzigen Sohnes und gebot Stillstand.

August von Goethe [71]) hatte vom Vater treffliche
Anlagen angeerbt und sich durch Studien eine vielseitige
Bildung erworben. Er besaß dichterisches Talent; des
Vaters reiche Sammlungen hielt er stets in bester wissenschaftlicher Ordnung und war auch, wenn er sich den Geschäften hingab, ein gewandter Arbeiter. Allein der früh
in ihm entwickelte Hang zu einer ungeregelten Lebensweise

gewann zuletzt die Oberhand über die geistigen Interessen.
Mancherlei Umstände und Verhältnisse trugen dazu bei,
ihn mit Mißmuth und Trotz gegen die Welt zu erfüllen,
und bei seinem energischen Wesen suchte sich die Verstim=
mung des Gemüths in Wüstheit und Brutalität Luft zu
machen, welche manchmal nur die Maske für tiefere Ge=
fühle war. Ungeachtet dieser Gegensätze bestand zwischen
Vater und Sohn ein inniges Verhältniß. Goethe behielt
stets eine wahrhafte Liebe für seinen Sohn und schenkte
ihm (nach Vogel's Ausdruck) ein fast unbegrenztes Vertrauen;
ebenso wissen wir aus zuverlässigen Zeugnissen, daß dieser
für den Vater die größte Verehrung hegte und vor ihm
kein Geheimniß hatte. „Mein Vater," sagte er, „ist mein
Beichtiger; über ihn geht mir nichts." Er wie der Vater
hofften, daß eine Reise nach Italien seine zerrüttete geistige
wie körperliche Gesundheit herstellen werde.

Am 22. April trat er in Begleitung Eckermann's seine
sehnlich erwartete Reise an. Seine ersten Briefe aus
Ober=Italien waren sehr erfreulich; „sein ununterbrochenes
Tagebuch zeugte von einem offenen, ungetrübten Blick für
die Natur und Kunst; er war behaglich bei Anwendung
und Erweiterung seiner früheren mehrfachen Kenntnisse".
In Genua trennte er sich von Eckermann, der nach der
Heimat zurückging. Der Bruch des Schlüsselbeins, der
sich zwischen Genua und Spezia ereignete, hielt ihn hier
an vier Wochen fest. Nachdem er darauf einen längeren
Aufenthalt in Florenz „musterhaft benutzt" hatte, schiffte
er sich in Livorno direct nach Neapel ein. Er schloß sich
hier an den kenntnißreichen Architecten Zahn an und ver=
weilte in dessen Gesellschaft mit reger Kunstliebe bei den
Ueberresten von Pompeji. In seiner Gegenwart begann
am 28. August die Ausgrabung eines der ausgezeichnetsten
Privathäuser Pompeji's, welches zu Ehren des Tages den

Namen Casa di Goethe erhielt. Seine Briefe aus Neapel deuteten indeß schon auf eine krankhafte Exaltation
und wollten dem Vater nicht recht gefallen. „Eine Schnell-
fahrt nach Rom" — fährt Goethe in seinem Bericht an
Zelter fort — „konnte die schon sehr aufgeregte Natur
nicht besänftigen; die ehren- und liebevolle Aufnahme der
dortigen deutschen Männer und bedeutender Künstler scheint
er nur mit einer fieberhaften Hast genossen zu haben. Nach
wenigen Tagen [28. October] schlug er den Weg ein, um
an der Pyramide des Cestius auszuruhen, an der Stelle,
wohin sein Vater, vor seiner Geburt, sich dichterisch zu
sehnen geneigt war". (In schwermüthiger Stunde während
seines römischen Aufenthalts hatte Goethe sein Grab bei
der Pyramide des Cestius gezeichnet, worauf auch in den
Elegieen hingedeutet wird). Um Goethe einen Beweis seiner
Verehrung zu geben, erbot sich Thorwaldsen, ein von ihm
skizzirtes Denkmal für den Verstorbenen auf eigene Kosten
auszuführen.

Als die Trauerbotschaft an Goethe gelangt war, nahm
er alle seine Kraft zusammen, um auch diesen Schmerz
mit Würde und Fassung zu tragen. „Es scheint", schreibt
er an Zelter, „als wenn das Schicksal die Ueberzeugung
habe, man sei nicht aus Nerven...., sondern aus Drath
zusammengeflochten." Eines Tages äußerte er „mit hervor-
brechendem Unmuth" gegen Dr. Vogel — es erinnert an
seine Elegie „Euphrosyne" — „daß die Eltern vor den
Kindern sterben, ist in der Ordnung; unnatürlich aber ist,
wenn der Sohn vor dem Vater abgefordert wird." Zu
dem Schmerz über den Verlust gesellte sich noch die Sorge,
daß er alle Lasten, die er demnächst, ja mit dem neuen
Jahre, abzustreifen und einem Jüngern zu übertragen
hoffte, nunmehr wieder allein weiterzutragen habe. Namentlich beschwerte ihn jetzt von neuem die Verwaltung

seiner eigenen weitläufigen Privatangelegenheiten. „Hier nun" — so fährt er mit der Entschlossenheit eines großen Charakters fort — „allein kann der große Begriff der Pflicht uns aufrecht erhalten. Ich habe keine Sorge, als mich physisch im Gleichgewicht zu bewegen; alles Andere giebt sich von selbst. Der Körper muß, der Geist will, und wer seinem Wollen die nothwendigste Bahn vorge= schrieben sieht, der braucht sich nicht viel zu besinnen."

Er zwang sich zwei Wochen hindurch zur Fortsetzung des vierten Theils von „Dichtung und Wahrheit", um seine Gedanken von dem traurigen Ereignisse abzuleiten — „über Gräber vorwärts!" Allein der Gemüthser= schütterung, verbunden mit dieser Geistesanstrengung, ver= mochte der Körper auf die Länge nicht zu widerstehen. „Plötzlich" — so berichtet er später an Zelter — „nach= dem keine entschiedene Andeutung noch irgend ein drohendes Symptom vorausging, öffnete sich ein Gefäß in der Lunge [in der Nacht vom 24. zum 25. November], und der Blut= auswurf war so heftig, daß, wäre nicht gleich und kunst= gemäße Hülfe zu erhalten gewesen, hier wohl die ultima linea rerum sich würde hingezogen haben." Das bis zum Ersticken stromweise aus den geborstenen Blutgefäßen durch den Mund fließende Blut hatte ein tiefes und weites Waschbecken halb angefüllt. Dennoch mußten noch durch Aderlässe ihm zwei Pfund Blut entzogen werden, wo= durch der Puls, der kaum funfzig Mal in der Minute schlug, weicher ward. Schon verbreitete sich die Todes= kunde; doch noch einmal half ihm seine gesunde Natur durch. Am 29. November konnte er eigenhändig seinem Zelter melden, das Individuum sei noch beisammen und bei Sinnen.

Seine Genesung schritt rasch vor, und er genoß bis zu seinem letzten kurzen Krankenlager, außer einigen ka=

tarrhalischen Beschwerden, an denen er von je her häufig
litt, eine gute Gesundheit. „Stellten sich auch“ — berichtet
sein Arzt Hofrath Vogel[72]) — „Schwächen des Alters, besonders Steifheit der Gliedmaßen, Mangel an Gedächtniß
für die nächste Vergangenheit, zeitweise Unfähigkeit, das
Gegebene in jedem Augenblicke mit Klarheit schnell zu
übersehen, und Schwerhörigkeit bei ihm immer merklicher
ein, so genoß er doch, und zumal im Vergleich mit andern
Greisen seines Alters, noch einer solchen Fülle von Geistes-
und Körperkraft, daß man sich der frohen Hoffnung, er
werde uns noch lange durch seine Gegenwart erfreuen,
mit Zuversicht hingeben durfte.“ Doch verhehlte sich Goethe
sein nahes Ende nicht und sprach mit Ruhe davon; „ich
traue dem Landfrieden nicht“, schreibt er nach seiner Wieder-
herstellung an Zelter, „und befleißige mich das Haus zu
bestellen.“ Mehrmals nahm er Veranlassung, seinem Amts-
genossen Vogel die von ihm gepflegten Anstalten und vorzüglich auch einzelne bei denselben Angestellte zu empfehlen,
und mehrere testamentliche Anordnungen wurden getroffen.
Indeß hatte das Wort Tod etwas Düsteres für ihn, dem
er daher gern mit euphemistischer Wendung auswich, und
wie mit kalter Hand ergriff ihn mitunter der Gedanke
„an die dunkle Nacht, wo alles Wirken aufhört.“ Ueberhaupt fühlte er sich verstimmt, wenn man zwecklos finstere
Bilder durch die Unterhaltung hervorrief. So war es ihm
unleidlich, von der Cholera, die im Jahr 1831 zum erstenmal Deutschland erschreckte, reden zu hören; „es verdirbt
mir die Phantasie auf lange Zeit“, pflegte er bei Ableh-
nung solcher Gegenstände entschuldigend zu äußern. Etwas
Anderes war es für ihn, sich ausführlich mit Aerzten über
die Natur und den Verlauf dieser Krankheit zu unterhalten und sie in ihrer physiologischen Erscheinung kennen
zu lernen.

Ottilie von Goethe suchte dem Greise die letzten Lebenstage durch die treueste Pflege und Fürsorge zu erheitern und zu erleichtern. Sie entsagte den gesellschaftlichen Verbindungen, um ihm möglichst viel sein zu können, begleitete ihn auf seinen Spaziergängen und widmete ihm die Abendstunden. Er ließ sich von ihr vorlesen oder las auch selbst vor. An den Abenden des letzten Winters wurden vorzüglich die Biographieen Plutarch's gelesen, nicht in der von dem Autor beliebten vergleichenden Zusammenstellung, sondern in chronologischer Folge, erst die Griechen, dann die Römer; durch Niebuhr's Werk über die römische Geschichte, in das Goethe sich im Jahre 1830 mit großem Interesse hineingelesen hatte, war er wieder zu der Geschichte des Alterthums hingezogen worden. Den zweiten Theil seines Faust las er niemandem, außer seiner Schwiegertochter, vor. Sie leitete in den Jahren 1830 und 1831 die Herausgabe einer originellen weimarischen Zeitschrift, welche dem Tiefurter Journal zu vergleichen war, unter dem Titel Chaos.⁷³) Soret, Eckermann und Parry, ein in Weimar lebender Engländer, unterstützten sie bei der Redaction. Jeden Sonntag erschien ein Blatt. Nur wer 24 Stunden in Weimar zugebracht hatte, durfte Mitarbeiter und Mitleser des Journals sein; daher wurden nicht mehr als funfzig Exemplare gedruckt und unter die Mitarbeiter vertheilt; Andern durfte es nicht einmal gezeigt werden, und die Namen der Verfasser und Verfasserinnen erfuhr nur Frau von Goethe. Vorzüglich nahmen die in Weimar sich aufhaltenden Fremden, Franzosen und Engländer, daran Theil, so daß die Beiträge die verschiedensten Sprachen redeten, was der damals eingerissenen Mode entsprach, in Gesellschaften fremde Sprachen zu reden. Obgleich Goethe das Unternehmen nur als einen „dilettantischen Spaß" ansah, bei dem nichts Großes und

Dauerhaftes herauskomme, so freute es ihn doch), daß die
Herren und Damen, die oft gar nicht wüßten, was sie
mit sich anfangen sollten, einen geistigen Mittelpunct
hätten, wodurch sie gegen „den ganz hohlen und nichtigen
Klatsch" geschützt würden, und er selbst lieferte einige Bei=
träge dazu.

Im Jahre 1830 wurde die Gesammtausgabe seiner
Werke mit dem vierzigsten Bande geschlossen, vollständig
so wenig, daß sie nach des Dichters Tode noch um zwanzig
Bände erweitert ward. Den zweiten Theil des Faust zu
vollenden, bot er die letzte productive Kraft auf, die ihm
nach der heftigen Erschütterung noch geblieben war. „Es
ist keine Kleinigkeit", schrieb er an Zelter, „das, was man
im zwanzigsten Jahre concipirt hat, im zweiundachtzigsten
außer sich darzustellen, und ein solches inneres lebendiges
Knochengeripp mit Sehnen, Fleisch und Oberhaut zu be=
kleiden." Unterm 4. Januar 1831 konnte er Zelter be=
richten, daß die beiden ersten Acte fertig seien. Die Aus=
führung des vierten Acts und des noch fehlenden Eingangs
zum fünften nahm ihn bis in den Sommer in Anspruch.
Er war entschlossen, vor seinem Geburtstag fertig zu
werden; denn seit dreißig Jahren, so versicherte er oft,
habe er sich zur Geistesthätigkeit, zumal in productiver
Hinsicht, nicht so aufgelegt gefunden, wie in diesem Som=
mer. Unterm 20. Juli meldete er Meyer die Vollendung:
„so ist nun ein schwerer Stein über den Berggipfel auf
die andere Seite hinabgewälzt." Nachdem er seinen nächsten
Freunden einige der neu hinzugekommenen Abschnitte der
Dichtung mitgetheilt hatte, beschloß er das Manuscript
einzusiegeln, damit er sich nicht etwa verleitet fühle, noch=
mals sein Werk vorzunehmen und an einzelnen Partieen
zu rütteln. Ganz wörtlich ist dies nicht zu verstehen, da
er noch im nächstfolgenden Januar einige Aenderungen

machte und um diese Zeit seiner Schwiegertochter das Ganze
vorlas.

Als Goethe wenige Tage vor seinem Ende eine Mappe
seiner Zeichnungen mit Coudray durchging, verweilte dieser
mit anhaltender Theilnahme bei einer Landschaft, die den
Untergang der Sonne darstellte. „Ja!" sagte Goethe,
ebenfalls ergriffen, „sie ist groß und erhaben, auch wenn
sie untersinkt." An diese Worte werden wir vorzüglich
bei der Betrachtung des zweiten Theils des Faust erinnert.
Es ist nicht mehr die klare Sonne der mit voller Kraft
des dichterischen Genius geschaffenen ersten Hälfte; aber
sie zeigt sich noch herrlich und erhaben in dem ermatten=
den milden Abendstrahl der letzten Scenen. Die hohe Idee,
aus der die Faustdichtung hervorging — Goethe versichert
wiederholt, der ursprünglichen Conception treu geblieben
zu sein, was nur ganz allgemein verstanden werden kann
— trägt noch alle, auch die späteren Theile; er bezeichnet
sie aufs treffendste mit den Worten an Eckermann: „In
den Versen: wer immer strebend sich bemüht u. s. w. ist
der Schlüssel zu Fausts Rettung enthalten: im Faust selber
eine immer höhere und reinere Thätigkeit bis ans Ende
und von oben die ihm zu Hülfe kommende ewige Liebe."
Allein diese Idee hüllt sich, anstatt ihrer lebenvollen Er=
scheinung in den früheren Abtheilungen, mehr und mehr
in den Schleier der Allegorie, welche, wie Danzel richtig
bemerkt, das nothwendige Endschicksal seiner auf das Wahre
gerichteten Dichtungsweise war, indem sie die tiefsten Ideen
enthält, die vollständig künstlerisch zu verarbeiten die Kraft
oder Zeit nicht mehr ausreichte, die aber als Resultate der
concretesten Lebensentwickelung um so mehr nur aus dieser
verstanden werden können. Indem er nur diese vor Augen
hatte und das Bewußtsein in sich trug, aus den Täuschun=
gen der Jugend zu immer größerer Einsicht und Geistes=

Klarheit gelangt zu sein, so betrachtete er das Verhältniß der beiden Theile nur aus dem Gesichtspuncte seiner individuellen Entwickelung, deren Phasen er in dieser die ganze Weite des menschlichen Daseins umspannenden Dichtung in den großartigsten Umrissen gezeichnet hatte, und äußerte daher gegen Eckermann: „Der erste Theil ist fast ganz subjectiv; es ist Alles aus einem befangeneren, leidenschaftlicheren Individuum hervorgegangen, welches Halbdunkel den Menschen auch so wohl thun mag. Im zweiten Theile aber ist fast gar nichts Subjectives; es erscheint hier eine höhere, breitere, hellere, leidenschaftslosere Welt, und wer sich nicht etwas umgethan und Einiges erlebt hat, wird nichts damit anzufangen wissen." Uebrigens brechen auch durch die allegorische Nebelhülle viele hellleuchtende Strahlen der Poesie, und der tiefgedachte Gehalt vermag auch da die Betrachtung zu fesseln, wo er nicht in reiner Schönheit der Form sich darstellt.

Es war des Dichters letztes Vermächtniß. Das volle Bewußtsein seines eigenen über alle Grenzen des Erdenlebens hinausgreifenden und ins Unendliche wirkenden, reichen Daseins schließt sich in Fausts letzten Worten zusammen.

> Es kann die Spur von meinen Erdetagen
> Nicht in Aeonen untergehn.
> Im Vorgefühl von solchem höchsten Glück
> Genieß' ich jetzt den höchsten Augenblick.

Mit der Beendigung des Faust sah er sein eigentliches Tagewerk für abgeschlossen an. Die Lebenstage, die ihm noch verliehen würden, wollte er als eine Zugabe zum Leben dankbar willkommen heißen. Zwar ward er von Zelter ermahnt, gleichfalls „die natürliche Tochter" zu Ende zu führen, aber an diese, erwiderte er, „darf ich

gar nicht denken; wie wollt' ich mir das Ungeheure, das
da grade bevorsteht, wieder ins Gedächtniß rufen?" Sein
zunächst auszuführender Vorsatz war, in seiner biographi=
schen Schilderung fortzufahren; denn sein Sinn ruhte
mehr und mehr auf dem Vergangenen, und er mußte be=
kennen (in einem Briefe an W. von Humboldt vom 1. Dec.
1831), daß ihm Alles mehr und mehr historisch werde, ja
er sich selbst mehr und mehr geschichtlich erscheine. Der
Schilderung Lili's gedachte er noch eine größere Verherr=
lichung seiner Mutter anzuschließen, was er als die
Aristeia bezeichnete, anspielend auf die Ueberschrift der
Homerischen Schilderung einzelner Heldenkämpfe. Er nahm
das Werk in den Herbsttagen wieder vor, legte es aber
bald wieder beiseit, um das Weitere für eine günstigere
Stimmung sich vorzubehalten.

Für seinen Geburtstag (es war der letzte seines Lebens)
war an mehreren Orten eine festliche Feier vorbereitet. Er
glaubte indeß den Weimarer Festlichkeiten ausweichen zu
müssen, weil er solche in seinem Alter nicht persönlich mehr
abwarten könne, und begab sich am 26. August mit seinen
beiden Enkeln nach Ilmenau, um an dem Orte, an den
sich viele Erinnerungen bedeutender Lebensmomente knüpf=
ten, „nach einer langen Pause des Wiedersehens" einige
Tage im Frieden der Natur zu verleben. Mit großer
Freude betrachtete er den Bergbau und die Gewerbthätig=
keit des Städtchens, für das er in früheren Jahren viel
gethan hatte — „das Gelungene trat vor und erheiterte,
das Mißlungene war vergessen und verschmerzt." Mit eben
diesem sinnigen Rückblick in eine fernliegende Vergangenheit
schreibt er an eine befreundete Familie in Frankfurt: „Bei
einem außerordentlich schönen, dieses Jahr seltenen Wetter
besuchte ich auf neuerrichteten Chausseen die sonst kaum
gehbaren Wege, freute mich an den Lindenalleen, bei deren

Pflanzungen ich vor funfzig Jahren zugegen war. Gute damalige Zeitgenossen haben gealtert, die Spuren mancher Thätigkeit waren verschwunden; anderes weder zu Erwartendes noch zu Ahnendes hatte sich entfaltet". Es waren dreißig Jahre vergangen, seit er jene Gegend zum letztenmal besucht hatte. Er verkehrte viel mit den dortigen Beamten, unter denen der Berginspector Mahr ihm durch Theilnahme an mineralogischen Sammlungen besonders werth geworden war. ⁷¹)

Am 27. August lud er diesen zu sich in den Wagen, um mit ihm die Straße nach dem Gickelhahn hinanzufahren, auf dessen Höhe das einsame Bretterhäuschen stand, für ihn die Stätte der Erinnerung an bewegte Jugendjahre. Als sie am Ende der Fahrstraße ausgestiegen waren, betrachtete Goethe mit Entzücken das reizend ausgebreitete Thal — und zugleich mit Wehmuth. „Ach", rief er aus, „hätte doch dieses Schöne mein guter Großherzog Karl August noch einmal sehen können!" Wie mit jugendlicher Rüstigkeit eilte dann der zweiundachtzigjährige Greis durch Gebüsch und Gestrüpp nach dem Jagdhäuschen, stieg rasch die Treppe in demselben hinauf, jede Unterstützung seines zuthätigen Begleiters freundlich ablehnend. Als er vor der Inschrift an der Fensterwand stand, jenem „Nachtliede des Wanderers", womit er einst mitten im Drange des thätigen Lebens seine Sehnsucht nach Beruhigung ausgedrückt hatte, hielt er die ihn übermannende Rührung nicht zurück. Er las die friedenhauchenden Worte laut vor sich hin und trocknete sich die reichlich hervorbringenden Thränen, die Schlußworte mit Nachdruck ahnungsvoll wiederholend: „Ja! warte nur, balde ruhest du auch!" Die waldigen Höhen, über die er oft sein Auge hatte schweifen lassen, überblickte er noch einmal tiefbewegt und schritt dann rasch wieder zurück, noch mehrmals in den wärmsten

Ausdrücken der Liebe seines vor ihm dahingeschiedenen Fürsten und Freundes gedenkend.

Durch die Anhänglichkeit der Ilmenauer ward seinem Geburtstage eine sinnig ausgestattete Feier zu Theil. In der Frühe des nächsten Morgens — schon um fünf Uhr war er an der Arbeit — begrüßte ihn vor dem Gasthof zum Löwen ein Musikchor von Blasinstrumenten mit dem Choralgesang „Nun danket alle Gott", und einige junge Mädchen überreichten ein vom Superintenden.en Schmidt verfaßtes Festgedicht, worauf er, sichtlich ergriffen, Allen aufs herzlichste dankte. Heiter und lebendig war seine Unterhaltung bei dem Mittagsmahl, das der Oberjäger= meister Geheimrath von Fritsch zu Ehren des Tages veranstaltet hatte. Der Tag schloß mit ergötzlicher Unter= haltung. Musikstücke wurden vorgetragen, und die Berg= leute führten ein unter ihnen althergebrachtes kleines humo= ristisches Bergmannsdrama „der Bergmann und der Bauer" auf. Sechs Tage, „die schönsten des ganzen Sommers", verweilte Goethe in Ilmenau und verließ es mit der Ver= sicherung, im künftigen Jahre seinen Geburtstag wo möglich wieder hier feiern zu wollen. „Wenn ich mich von da zu dir versetze", schreibt er in heiterer Rückerinnerung in dem nächsten seinem Zelter zugedachten Briefe, in welchem die Munterkeit früherer Jahre wieder sprudelt, „wünscht' ich nichts mehr als dich den großen Contrast zwischen deinen äußern Zuständen und diesem empfinden zu sehen". Der Freund konnte dagegen von der Feier des Geburtstags in der Berliner Gesellschaft der Dichterfreunde berichten.

Auch aus weiterer Ferne ward dem Dichter ein Zeichen anhänglicher Theilnahme. Von neunzehn Freunden in England, unter denen man die Namen Carlyle, Walter Scott, Wordsworth, Southey und der Redactoren der namhaftesten kritischen Zeitschriften findet, erhielt er ein kostbares Geschenk eingesandt, ein Petschaft, ein Kunstwerk von drei berühmten englischen Goldarbeitern. Das Siegel, ein grüner Jaspis, trägt die Inschrift: „Ohne Rast, doch ohne Hast", welche einen Stein umgiebt und wieder von einer Schlange im Kreise umschlossen ist; der Stein ist in einem ungefähr zwei Zoll hohen Griff von reinem Golde gefaßt, der mit einer Menge, zum Theil in Email ausge= führten Verzierungen bedeckt ist; eingegraben sind die Worte: From Friends in England to the German Master. Ein in Ausdrücken dankbarster Verehrung abge= faßtes Schreiben begleitete das Geschenk[75]). Der Dichter sprach in einem an die Inschrift des Siegels anknüpfenden Gedichte seinen Dank aus.

Den Herbst und Winter verlebte Goethe gesund und in vielseitiger, wenn auch nicht gerade productiver, geistigen Thätigkeit. Im Studium der Botanik, das er seit seinem Dornburger Aufenthalte wieder emsiger betrieben hatte, so daß er 1831 eine neue Ausgabe seiner Erklärung der Metamorphose der Pflanzen mit Soret's franzö= sischer Uebersetzung und erweiternden Zusätzen herausgab, verfolgte er aufmerksam die durch von Martius zuerst im Einzelnen nachgewiesene Spiraltendenz der Pflanzen, deren Gesetz unmittelbar mit dem der Metamorphose im Zusammenhang steht, und legte seine Beobachtungen und Ansichten über das Spiralsystem des Pflanzenlebens in einer ausführlichen Abhandlung vor. Die Anerkennung, welche seine Schrift über die Metamorphose in seinen letzten Lebensjahren gefunden hatte, machte ihm große Freude; sowohl diese als der große Sinn, aus welchem seine Naturforschung hervorging, spricht sich in dem letzten „freundlichen Zuruf" in begeisterten ahnungsreichen Worten aus: „Eine mir in diesen Tagen wiederholt sich zudringende Freude kann ich am Schlusse nicht verbergen. Ich fühle mich mit nahen und fernen, ernsten, thätigen Forschern glücklich im Einklang. Sie gestehen und behaupten, man solle ein Unerforschliches voraussetzen und zugeben, alsdann aber dem Forscher selbst keine Grenze ziehen. Muß ich mich denn nicht selbst zugeben und voraussetzen, ohne jemals zu wissen, wie es eigentlich mit mir beschaffen sei; studire ich mich nicht immerfort, ohne mich jemals zu begreifen, mich und Andere, und doch kommt man fröhlich immer weiter und weiter. So auch mit der Welt! Liege sie anfang= und endelos vor uns, unbegrenzt sei die Ferne und undurchdringlich die Nähe; es sei so! aber wie weit und wie tief der Menschengeist in seine und ihre Geheimnisse zu bringen vermöchte, werde nie bestimmt noch abgeschlossen".

Die Freude, sich mit ausgezeichneten Naturforschern auf gleichem Wege zu befinden, regte auch bei dem Streite Cuvier's und St. Hilaire's seine Theilnahme lebhaft an, indem er in der von dem Letzteren vertretenen Ansicht seine morphologischen Principien wiederfand. In zwei ausführlichen Abhandlungen, deren letzte erst kurz vor seinem Tode abgeschlossen ward, verbreitete er sich, an St. Hilaire's Principes de philosophie zoologique anknüpfend, über die neueren osteologischen Forschungen und zeichnete den Gang derselben in der Charakteristik der namhaftesten Naturhistoriker, durch welche seine Studien gefördert waren. Für die Fortschritte der plastischen Anatomie interessirte er sich sowohl als Anatomiker wie als Kenner der Plastik und richtete deshalb unterm 4. Februar ein Schreiben an den Geheimrath v. Beuth in Berlin, indem er überzeugt war, daß dort die Mittel und der Wille vorhanden seien, um diese „nationale, ja kosmopolitische" Angelegenheit zu fördern.

Mineralogische Sammlungen machten ihm ebenfalls zu

schaffen. Er sandte an den Besitzer der Joseph-Müllerschen Sammlung, David Knoll in Karlsbad, am 6. Januar 1832 eine Vorrede zu der neuen Ausgabe seiner Schrift über diese Sammlung, so wie eine Vorrede zu der David-Knoll-schen Sammlung von Sprudelsteinen[76]). Die Farbener-scheinungen ließ er gleichfalls nicht außer Acht. Mit Ecker-mann besprach er wiederholt, und noch in den letzten Lebenstagen, eine abermalige Redaction der Farbenlehre. Im Januar und Februar 1832 legte er seinem Freunde Boisserée in einzelnen Aufsätzen seine Theorie des Regen-bogens dar. Uebrigens hatte er sich mit meteorologischen Aufzeichnungen in der letzteren Zeit nicht mehr beschäftigt. 1832 wurden die meteorologischen Anstalten im Großherzog-thum eingezogen. Goethe bemerkt in der darauf bezüglichen Verordnung an den Vorsteher der Sternwarte: „Wenn man sich bei genauer Untersuchung der seit so vielen Jahren sorgfältig durchgeführten meteorologischen Beobachtungen nicht ohne Zufriedenheit versichern kann, daß für die Wissen-schaft dadurch manche Resultate gewonnen sind, deren An-erkennung in der Folge sich von bedeutendem Einflusse erweisen wird, so hat man sich doch auch bei genauester Einsicht überzeugen können, daß fernerhin auf diesem Wege vorerst nichts weiter zu erreichen sei."

Die Betrachtung seiner Sammlungen[77]) und der zahl-reich an ihn eingehenden artistischen Zusendungen war ihm eine der genußreichsten Beschäftigungen in seinen einsamen Stunden. Noch in den letzten Lebenstagen bereitete ihm der Architect Zahn, der beständig über seine italienischen Sammlungen und seine archäologischen Arbeiten mit ihm correspondirte, eine Ueberraschung durch die Uebersendung einer Beschreibung der pompejanischen Casa di Goethe und einer Abzeichnung eines darin aufgefundenen ausgezeichneten Mosaikgemäldes, indem er zugleich in einem dankbaren

25*

Schreiben anerkannte, durch Goethe's Theilnahme und freundliche Zuschriften Muth zu allen seinen Unternehmungen erhalten zu haben. Goethe äußerte am 11. März gegen Zelter, „man möchte wohl sagen, dergleichen von malerischer Composition und Ausbildung sei uns bisher aus dem Alterthum nichts überkommen, und die wenigen, aber gründlichen Freunde hätten daran schon einige Zeit genugsamen Stoff zur Unterhaltung und Erbauung". Am 10. März richtete er an den jungen Künstler einen langen Brief, worin er mit sinniger Freude bei den neu entdeckten Leistungen antiker Kunst verweilt und die schönen Worte hinzufügt: „Wie sehr es sich auch von selbst versteht, so darf ich doch nicht unausgesprochen lassen, ja ich muß wiederholen, daß es mir ein durchdringend würdiges Gefühl in meinen hohen Jahren giebt, jüngere Heranwirkende zu sehen, die nicht allein, was ich bisher geleistet, billigen, sondern zugleich empfinden, daß der Weg, auf dem ich unverrückt gewandelt, auch derjenige sei, auf welchem sie prosperiren. Ich war stets aufmerksam auf diejenigen Puncte der Welt-, Kunst- und Culturgeschichte, wo ich mich immer mehr vergewissern konnte, hier sei eine hohe wahre menschliche Bildung zu gewinnen."[78]). Die pompejanischen Gemälde waren der Hauptgegenstand seiner Unterhaltung mit der Großherzogin, als diese am 15. März, wie sie an jedem Donnerstag der Woche pflegte, in den Mittagsstunden zum Besuch bei ihm verweilte. Goethe war diesmal ungemein lebendig; es kamen auch die Tagesereignisse zur Sprache sowie mehrere der neuesten Schriften, unter denen sie ihn auf Salvandy's Seize mois ou la révolution et les révolutionnaires als auf ein geistreiches Buch aufmerksam machte. Mittags bei Tafel zeigte er sich sehr munter, unterhielt sich besonders mit Meyer über Pompeji und Zahn's Sendungen und nahm noch nachher mehrere

Fremde an. Keiner seiner Freunde ahnte, daß dies der
letzte heitere Tag seines Lebens sei[79]).

Er hatte sich an diesem Tage, vielleicht beim Hin=
und Hergehen von seinem starkgeheizten Studirzimmer (er
liebte die Wärme sehr) über die zu den Gesellschaftszimmern
des Vorderhauses führende Treppe, eine Erkältung zuge=
zogen. Nach einer unruhigen Nacht fühlte er beim Er=
wachen am Morgen Beschwerden in der Brust. Als sein
„Wölfchen“ zur gewohnten Stunde kam, um mit dem
Großvater zu frühstücken, war dieser noch im Bette. Der
Hausarzt, Hofrath Vogel, der sogleich gerufen ward, fand
den Kranken fieberhaft, dabei auffallend matt und resignirt.
Doch trat schon gegen Abend Besserung ein; der Kopf
wurde freier, das Gemüth heiterer. Riemer war in den
Abendstunden bei ihm, mit dem er sich über Sprachstudien
unterhielt. In den nächsten Tagen schritt die Genesung
vor; er war sehr gesprächig und zum Scherz aufgelegt.
Wenn das Datum genau ist, so dictirte oder schloß er
doch am 17. einen gehaltvollen Brief an Wilhelm v. Hum=
boldt, unstreitig die letzte Zuschrift, die von ihm ausge=
gangen ist. Am Montag konnte er den ganzen Tag außer
Bett sein und drückte seine Freude aus, daß er am nächsten
Tage sein gewohntes Tagewerk wieder vornehmen könne.

Im Gespräche mit Vogel kam er auf die öffentlichen
Anstalten zurück, deren Leitung sie gemeinschaftlich führten,
und theilte ihm nochmals seine darauf bezüglichen Pläne
im Zusammenhange mit. „Wer ihn da“ — fügt Vogel
hinzu — „so wie bei früheren ähnlichen Gelegenheiten ge=
hört hätte ...., wer endlich, wie ich, so mancher Wohl=
thaten, die Goethe aus eigenem Antriebe und Vermögen
Hülfsbedürftigen, besonders Kranken, im Stillen angedeihen
ließ, Vermittler gewesen wäre, der würde nicht zweifeln,
daß der so häufige als lieblose Vorwurf: der Verblichene

habe sich um das Wohl und Wehe Anderer, namentlich
auch seiner Dienstuntergebenen, höchstens aus grobem Egois=
mus bekümmert, nur von vorlauter, boshafter Verleumdung
oder von der habgierigsten Unverschämtheit ersonnen sein
könne." Beide ahneten in jenen Augenblicken nicht, daß
dieses Gespräch seine letzten amtlichen Verfügungen enthielt;
sie schieben, wie Vogel sich ausdrückt, „froh, daß ein Leiden
überstanden sei".

In der Nacht vom 19. zum 20. März nahm die Krank=
heit plötzlich eine andere Gestalt an. Nach einigen Stunden
sanften Schlafes wachte Goethe gegen Mitternacht auf und
empfand eine von den Händen aus sich nach und nach über
den ganzen Körper verbreitende Kälte, zu der sich bald
heftiger Schmerz und Beklemmung der Brust gesellte.
Gleichwohl erlaubte er dem Bedienten nicht, seine Familie
und den Arzt zu benachrichtigen, „weil ja nur Leiden, aber
keine Gefahr vorhanden sei." Als Dr. Vogel am Morgen
kam, fand er den Zustand sehr bedenklich und befürchtete,
der Kranke werde kaum noch eine Stunde leben. Schmerz
und Unruhe trieben ihn bald ins Bett, wo er durch jeden
Augenblick veränderte Lage Linderung zu finden hoffte,
bald auf den neben dem Bette stehenden Lehnstuhl. Todes=
angst sprach aus Blick und Mienen; er fürchtete wieder
einen Lungenblutsturz. Es gelang dem Arzte die schmerz=
haften Zufälle zu erleichtern und erträglich zu machen, wenn
auch bald die Hoffnung aufgegeben werden mußte, ihn zu
retten. Er blieb auf dem bequemen Lehnstuhl, in welchem
sich die große Angst zuerst gelegt hatte, und sprach jetzt
mit Ruhe und Besonnenheit. Es machte ihm sichtbare
Freude, als Vogel ihm erzählte, daß eine Remuneration,
für welche er sich angelegentlich verwendet hatte, durch ein
im Laufe des Tages eingegangenes Rescript der Regierung
bewilligt sei. Mit zitternder Hand unterzeichnete er noch

eine Anweisung zur Auszahlung einer Unterstützung an eine junge weimarische Künstlerin, für die er stets väterlich gesorgt hatte. Bei dieser seiner letzten Amtshandlung schrieb er seinen Namen zum letzten Mal. Das Blatt wird auf der großherzoglichen Bibliothek aufbewahrt.

Am nächsten Tage fühlte Goethe wenig mehr von den Beschwerden der Krankheit; aber die Symptome der Auflösung nahmen besonders nach Mittage immer mehr zu. Ruhig im Lehnstuhl sitzend, antwortete er noch freund= lich auf einzelne Fragen, die man an ihn richtete, und seine Geistesthätigkeit erlosch erst mit dem letzten Lebenshauche. Er ließ sich von dem Bedienten Salvandy's Buch bringen und einen Tisch hinstellen, fühlte sich aber, nachdem er im Buche hin und her geblättert, zu schwach zum Lesen und legte es wieder hin. Es ward zufällig an diesem Tage das für ihn schon lange bestimmte Portrait der Gräfin von Vaudreuil, der Gemahlin des französischen Gesandten am großherzoglichen Hofe, von Eisenach her eingesandt. Der Arzt erlaubte, es dem Kranken zu zeigen, weil es ihn erheitern würde. Nachdem Goethe das Bildniß mit Ver= gnügen eine Zeitlang betrachtet hatte, sagte er: „Nun, den Künstler muß man loben, der nicht verdarb, was die Natur so schön geschaffen hat." Er wollte zur Gegengabe einen Abdruck seines nach Stieler lithographirten Portraits zurücksenden und fügte hinzu, er habe schon vier Zeilen gedichtet, die er darunter schreiben wolle, sobald er wieder hergestellt sei.

Mehrmals sprach er sein Bedauern aus, seine Freunde nicht empfangen zu können. Spät Abends ließ er sich das Verzeichniß der Namen derer geben, die sich im Laufe des Tages nach seinem Gesundheitszustande erkundigt hatten, und nachdem er beim Durchlesen lange verweilt, bemerkte er, man müsse die bewiesene Theilnahme ja nicht vergessen,

wenn er wieder gesund wäre. Er verlangte, daß die Sei=
nigen sich zur Ruhe begäben. Zu seinem Copiisten Iohn,
der die Nacht bei ihm wachte, während er seinen von der
Anstrengung erschöpften Bedienten in dem neben ihm stehen=
den Bette sich niederlegen hieß — er selbst blieb in seinem
Lehnstuhl — sagte er in der Nacht einigemal: „Halten Sie
nur treulich bei mir aus, es kann doch nur noch ein Paar
Tage dauern." Diese letzten Aeußerungen sind verschieden
gedeutet worden. Nach der Ansicht des Arztes hatte Goethe
kein Vorgefühl seines nahen Scheidens, sondern gab viel=
mehr die deutlichsten Beweise von Hoffnung auf Genesung.
Zu seiner Schwiegertochter sagte er noch an seinem Todes=
tage, der April bringe auch manche schöne Tage; dann
wolle er sich durch Bewegung in der freien Natur wieder
stärken.

Am Morgen des 22. März ließ er sich in seinem
Lehnstuhl aufrichten und that einige Schritte nach seinem
Studirzimmer; dann ging er wieder, sich sehr matt fühlend,
zu seinem Sitz zurück. Im Krankenzimmer waren außer
dem hülfeleistenden Bedienten nur die Schwiegertochter, die
Enkel und der Arzt. Der Name Ottilie war oft auf seinen
Lippen. Er bat sie, sich neben ihn zu setzen, und hielt
ihre Hand lange in der seinigen. Die Freunde ließ man
nicht zu ihm; selbst den Besuch des Großherzogs glaubte
der Arzt nicht mehr gestatten zu dürfen. Einige Male
ließ sich der Kranke noch aufrichten, um zu seinem Arbeits=
zimmer zu gehen, sank aber bald wieder zurück.

Bisweilen phantasirte er; einmal stand er in einer
Fieberphantasie auf und, über die Thürschwelle schreitend,
sprach er, als er ein Stück Papier auf dem Boden liegen
sah: „was betastet ihr meinen Schiller, meinen Geliebten?
warum liegen seine Briefblätter da zerstreut umher?" Im
leichten Schlummer spielte seine Phantasie mit angenehmen

Bildern. „Seht", sprach er einmal träumend vor sich hin, „seht den schönen, weiblichen Kopf — mit schwarzen Locken — in prächtigem Colorit — auf dunklem Hintergrunde." Als er erwachte, verlangte er nach einer Mappe mit Zeichnungen, die er in seiner Vision glaubte vor sich gesehen zu haben. Die Sprache wurde immer mühsamer und undeutlicher, die Kraft der Sinne nahm ab. Zum Bedienten sagte er: macht doch den zweiten Fensterladen auch auf, damit mehr Licht hereinkomme. Dies sollen die letzten verständlichen Worte gewesen sein. Er malte noch mit dem Zeigefinger der rechten Hand öfters Zeichen in die Luft, erst höher, dann, so wie die Kräfte sanken, immer tiefer, zuletzt auf die über seine Kniee gebreitete Decke. Mit Bestimmtheit unterschied Dr. Vogel einige Male den Buchstaben W und Interpunctionszeichen. Um halb zwölf Uhr Mittags drückte er sich ohne das geringste Zeichen des Schmerzes in die linke Ecke des Lehnstuhls und entschlummerte so sanft, daß es lange währte, ehe die Umstehenden die Gewißheit hatten, daß Goethe ihnen entrissen sei.

Der Genius des Lebens schien noch lange über der geliebten Gestalt zu wachen; auf dem Gesichte war „Hoheit und heitere Würde." „Ein vollkommener Mensch", sagt Eckermann, als er an dem Todtenlager gestanden, „lag in großer Schönheit vor mir, und das Entzücken, das ich darüber empfand, ließ mich auf Augenblicke vergessen, daß der unsterbliche Geist eine solche Hülle verlassen." Der Sarg, der sie aufzunehmen bestimmt war, wurde nach derselben Zeichnung angefertigt, welche Goethe entworfen hatte, als die Ueberreste Schiller's in der Fürstengruft eine Stelle erhielten. Neben seinem Geistesgenossen, neben dem edlen Fürstenpaar Karl August und Luise, unvergänglichen Andenkens, ward er in eben dieser Gruft am 26. März feierlichst beigesetzt. Ein Chor sang die Zelter'sche

Composition des Goethe'schen Logengedichts: „Laßt fahren
hin das Allzuflüchtige"; Generalsuperintendent Röhr hielt
die Grabrede. [80]) Erst am folgenden Tage ward das Thea=
ter wieder mit Goethe's Taſſo und einem Epilog von
Kanzler von Müller eröffnet. Der Hof und der gebildetſte
Theil des Publicums war in Trauerkleidern erſchienen. Die
Stelle „wer weinte nicht, wenn das Unſterbliche vor der
Zerſtörung ſelbſt nicht ſicher iſt" erregte eine leidenſchaft=
liche Rührung. In einem höheren Sinne war jedoch die
Vorführung der unſterblichen Dichtung gleichſam ein Sym=
bol, daß der Genius, über dem Grabe ſich verklärend,
wieder mit neuem unvergänglichem Leben den kommenden
Jahrhunderten angehört.

Was bei der Todeskunde die edelſten Geiſter unſerer
Nation empfanden, war nicht ſowohl die Trauer um die
Vollendung des Einzeldaſeins, das den Kreis ſeiner irdi=
ſchen Beſtimmung vollſtändig durchmeſſen hatte, ſondern
mehr noch das Bewußtſein, daß mit Goethe's Scheiden
die glanzvollſte Periode unſerer Literatur ihren letzten Ab=
ſchluß erhalten habe. „Mir iſt", ſchrieb Thibaut an Kne=
bel, „als ob die letzte Ceder auf dem Libanon gefallen
wäre". Dieſem Gefühl hat Schelling in den wenigen
Worten, die er am Tage nach erhaltener Nachricht von
Goethe's Tode in der Sitzung der Akademie der Wiſſen=
ſchaften zu München ſprach, den treffendſten Ausdruck ge=
geben:

„Es giebt Zeiten, in welcher Männer von großartiger
Erfahrung, unerſchütterlich geſunder Vernunft und einer
über allen Zweifel erhabenen Reinheit der Geſinnung ſchon
durch ihr bloßes Daſein erhaltend und bekräftigend wirken.
In einer ſolchen Zeit erleidet — nicht die deutſche Litera=
tur bloß — Deutſchland ſelbſt den ſchmerzlichſten Verluſt,
den es erleiden konnte. Der Mann entzieht ſich ihm, der

in allen innern und äußern Verirrungen wie eine mächtige
Säule stand, an der Viele sich aufrichteten, wie ein Pharus,
der alle Wege des Geistes beleuchtete; der, aller Anarchie
und Gesetzlosigkeit durch seine Natur feind, die Herrschaft,
welche er über die Geister ausübte, stets nur der Wahrheit
und dem in sich selbst gefundenen Maß verdanken wollte;
in dessen Geist und, wie ich hinzusetzen darf, in dessen
Herzen Deutschland für Alles, woran es in Kunst oder
Wissenschaft, in der Poesie oder im Leben bewegt wurde,
das Urtheil väterlicher Weisheit, eine letzte versöhnende
Entscheidung zu finden sicher war. Deutschland war nicht
verwaist, nicht verarmt; es war in aller Schwäche und
inneren Zerrüttung groß, reich und mächtig von Geist, so
lange — Goethe — lebte".

Schon erhebt uns jedoch über die elegische Betrach=
tung das Bewußtsein, daß der Genius des großen Mannes
in steigender Wirksamkeit dauernd seiner Nation angehört,
daß er mehr und mehr in ihr geistiges Leben übergegangen
ist und in tausend Adern belebend unsere gesammte Bil=
dung durchdringt. Noch richtet das nachwachsende Geschlecht
in weithin gereihter Kette an ihm die Blicke empor, um
in den wechselnden Strömungen der Zeit Muth und Kraft
zu freiem, reinem Streben zu gewinnen und zu stärken;
noch leuchten seine unvergänglichen Werke wie Sternbilder
allen denen entgegen, welche mit der Weihe der Begeiste=
rung ihre Fahrt zu den heiligen Hainen der Poesie und
Wissenschaft lenken.

Anmerkungen.

[1]) Vgl. Tiſchbein's Brief an Lavater vom 9. December 1786. Näheres über das Portrait Goethe's ſ. in den Briefen aus dem Freundeskreiſe von Goethe ꝛc. hgg. von R. Wagner, S. 273 f.

[2]) Ueber R. Ph. Moritz ſ. Wilib. Alexis in Prutz' literarhiſtoriſchem Taſchenbuch, 5. Jahrg. 1847. S. 3—71.

[3]) Zu Goethe's Schilderung des zweiten Aufenthalts in Rom vgl. W. v. Humboldt's Beurtheilung in den Berliner Jahrbüchern für wiſſenſchaftliche Kritik, 1830. S. 353 ff.

[4]) Das römiſche Carneval erſchien zuerſt einzeln, Weimar und Gotha 1789, 4. mit 20 illuminirten Kupfertafeln (nach Schütz' Zeichnungen von Kraus radirt und illuminirt). Dieſe Ausgabe iſt ſehr ſelten geworden. Ueber das Schickſal der Schrift über die Metamorphoſe der Pflanzen ſ. Goethe's ausführlichen Bericht in der „Geſchichte meines botaniſchen Studiums".

[5]) Ueber die Verbindung mit Chriſtiane Vulpius ſ. die möglichſt ſchonende, doch im Factiſchen wahrheitstreue Darſtellung in Riemer's Mittheilungen I. S. 354 ff. „häuslicher Zuſtand". Minder rückſichtsvoll äußert ſich J. W. R. Ludecus in dem anonym erſchienenen Schriftchen „Aus Goethe's Leben. Wahrheit und keine Dichtung, von einem Zeitgenoſſen", der jedoch einräumt, daß die Vulpius das Hausweſen Goethe's ordentlich beſorgt, keine Anſprüche gemacht und alles Unangenehme von ihm fern zu halten geſucht habe. Daß ſie ſelbſt Goethe veranlaßt habe, ſich nicht früher mit ihr trauen zu laſſen, iſt wohl eine unerwieſene Behauptung Stahr's (in „Weimar und Jena" 1852). Einen Beitrag zu unparteiiſcher Beurtheilung ihrer Perſönlichkeit liefern: Freundſchaftliche Briefe von Goethe und ſeiner Frau an Nicolaus Meyer, aus den Jahren 1800 bis 1831. Leipzig 1856.

⁶) Unter der Aufschrift Auszüge aus einem Reisejournal erschienen im Deutschen Merkur von 1788 im Octoberheft: 1. Rosaliens Heiligthum. 2. Zur Theorie der bildenden Künste. 3. Stundenmaß der Italiener. Im Novemberheft: 4. Frauenrollen auf dem römischen Theater durch Männer gespielt. 5. Neapel. Lazaroni. 6. Lebens= genuß des Volks in und um Neapel. Im Februarheft 1789: 7. Ein= fache Nachahmung der Natur, Manier, Styl. 8. Von Arabesken. 9. Naturlehre. — Ueber Marc=Anton. Im März: Volksgesang. Venedig. Rom. Ritornelli. Vaudevilles. Romanzen. Geistliches dialogisirtes Lied. Die Tarantella. 10. Naturlehre. Antwort. An= kündigung des „Römischen Carneval". Im December: Ueber Christus und die zwölf Apostel nach Rasael von M. Anton, copirt von Langer.

⁷) Meine Ansicht über die venetianischen Epigramme habe ich näher begründet in dem deutschen Museum, hgg. von Prutz und Wolfsohn, 1. Jahrgg. 1851. S. 286—290 (wo S. 289. Z. 2. v. u. „Vaterfreuden" zu lesen ist). Den Brief an Frau von Kalb s. in: Charl. von Kalb ꝛc. von Ernst Köpke, 1852, S. 110 ff.

⁸) Ueber den Gang dieser und der im weiteren Verfolg besproche= nen wissenschaftlichen Studien s. Goethe's Aufsatz „Einwirkung der neueren Philosophie" und die „Confession des Verfassers" am Schlusse der Geschichte der Farbenlehre.

⁹) Ueber Goethe's Theaterleitung, die wir nicht im Einzelnen be= sprechen können, s. A. Schöll in' den Weimarischen Beiträgen ꝛc. 1865, S. 1—22; Ed. Genast, aus dem Tagebuche eines alten Schauspielers, 2. A. 1862; W. G. Gotthardi, Weimarische Theaterbilder aus Goethe's Zeit, 1865. 2 Bde. Ernst Pasqué, Goethe's Theaterleitung in Weimar, 1863.

¹⁰) Ueber Goethe's politische Ansichten und seine Stellung zu den Bewegungen der Zeit s. Düntzer in den Studien ꝛc. S. I—LXXVII. und die umsichtig zusammengestellten schriftlichen und mündlichen Aeuße= rungen Goethe's in der Schrift: Goethe's vaterländische Gedanken und politisches Glaubensbekenntniß, 1853 (Frankf. a. M. bei H. L. Brönner).

¹¹) Ueber den Entwurf dieses Romans vgl. Düntzer a. a. O. S. 1—12.

¹²) Ueber das Denkmal bei Igel s. Goethe's Aufsatz in den Werken. Ausg. l. H. Bd. 44. S. 180 ff.

¹³) Die zuverlässigsten Angaben, so kurz sie auch sind, findet man in Schiller's Briefen an Körner (1847. 4 Thle. 2. Aufl. von Goedeke, 1874). Goethe's spätgeschriebener Aufsatz erste Bekanntschaft mit

Schiller enthält einige Gedächtnißfehler, namentlich den, daß die vorangehenden Berührungen in Weimar und Jena ganz geläugnet werden, da doch z. B. Goethe auf der Rückreise von Dresden bei Schiller einkehrte und mit ihm philosophische Unterhaltungen hatte, die ihm gerade beweisen mochten, daß der Zeitpunct für ein innigeres Aneinanderschließen noch nicht gekommen sei. Auch ist dort die Abneigung gegen Schiller's Jugendwerke zu sehr in den Vordergrund geschoben.

¹⁴) Die Hauptquelle ist für das Folgende: Briefwechsel zwischen Schiller und Goethe ⁊c. 1828. 29. 6 Bde., dritte nach den Original-Handschriften vermehrte Ausg. 1870. 2 Thle.; ferner Goethe's „Annalen" oder „Tag- und Jahreshefte", welche von diesem Zeitpuncte an mit größerer Ausführlichkeit verfaßt sind.

¹⁵) Das Register am Schlusse des Jahrgangs der Horen nennt Goethe ausdrücklich als Uebersetzer, eben so Schiller in dem Briefe an Körner vom 19. Oct. 1795.

¹⁶) Ueber die Unterhaltungen der Ausgewanderten, wie über das damit verbundene „Märchen" s. Dünzer a. a. O. S. 13 ff., der die Ansicht aufstellt, das „Märchen" suche den Grundgedanken durchzuführen, daß die echte Freiheit nur unter einer weisen Regierung gedeihen könne. Eine völlig abweichende Ansicht wird in dem Buche: Historische Studien von Clemens Friedr. Meyer, 1. Thl. Mitau, 1851, zu begründen gesucht, deren Resultat auf Folgendes hinauskommt: „Am Anfange war die Menschheit (Fluß) in niederm Materialismus (das Reich der Könige) versunken; Poesie (Lilie) und die Ideen eines höhern Realismus waren ihr unerreichbar. Da erwacht die Sehnsucht (Irrlichter) nach der Poesie. Durch ihre Berührung hört das materielle Dasein auf, ein neues Leben der Phantasie wird durch sie erweckt. Dies macht die Menschheit unter Leitung des Verstandes (der Alte) fähig, die Ideen einer höhern Wirklichkeit in sich aufzunehmen, welche von nun an die Welt beherrschen, während die Menschheit sich liebend mit der Poesie vereinigt.

¹⁷) Ueber Goethe's Antheil an den Xenien und überhaupt an den Epigrammen des Musenalmanachs s. meinen Aufsatz in Prutz' literar-historischem Taschenbuch auf 1846, S. 447 ff. Die vollständigste Erläuterung der Xenien und die beinahe erschöpfende Nachweisung über Alles, was in Beziehung zu den Goethe-Schiller'schen Epigrammen steht, giebt das gründliche Werk von Eduard Boas: Schiller und Goethe im Xenienkampf, 1851. 2 Theile; wichtige Notizen zur Berichtigung und Ergänzung giebt: Schiller's und Goethe's Xenien-

Manuscript. Zum erstenmal bekannt gemacht von Eduard Boas und hgg. von W. v. Maltzahn, 1856.

[18]) Ueber den Entwurf des epischen Gedichts „die Jagd" s. Düntzer a. a. O. S. 47 ff. Ueber „Wilhelm Tell": Düntzer, neue Goethe= studien S. 297—317.

[19]) Erst nach Goethe's Tode unter der Aufschrift: „Aus einer Reise in die Schweiz über Frankfurt, Heidelberg, Stuttgart und Tübingen im Jahre 1797" unter den nachgelassenen Schriften heraus= gegeben.

[20]) Zu ihrem Andenken erschien 1836 die kleine Schrift: Euphro= syne, Leben und Denkmal (von Musculus) und 1872 von W. Hofäus. Sie hatte die Rolle der Euphrosyne in dem tragikomischen Märchen „das Petermännchen" gespielt. Eine ihrer letzten Partieen war Afanasia in „Graf Benjowsky", worin sie nach langer schwerer Krankheit vom Publicum mit stürmischem Applaus empfangen ward; ihre Genesung war indeß von kurzer Dauer. Ueber ihren Tod war eine allgemeine Trauer in Weimar. Am 29. September ward auf dem Theater eine Todtenfeier veranstaltet, und zu ihrem Andenken ein kleines, trefflich ausgeführtes Denkmal im Weimarer Park errichtet, das später in den Garten der Gesellschaft „Erholung" versetzt worden ist.

[21]) Das Verhältniß der Schiller'schen Dichtung zu den Schriften des Abraham a Sancta Clara erläutern die Auszüge aus den letzte= ren in Wachsmuth's historischen Darstellungen, 1831. II. S. 83 ff. und in dessen Schrift: Weimars Musenhof S. 132 ff. Einen der „Pinselstriche" Goethe's erfahren wir aus seinen Gesprächen mit Ecker= mann; er schob, um nichts unmotivirt zu lassen, die Verse ein:

> Ein Hauptmann, den ein andrer erstach,
> Ließ mir ein Paar glückliche Würfel nach.

[22]) Die ergötzlichen Einzelheiten bei der Abfassung und Aufführung von Paläophron und Neoterpe s. im Weimar=Album: „die Freundschaftstage der Fräulein von Göchhausen", S. 125 ff.

[23]) Ueber die Verhinderung der Aufführung der Jungfrau s. die Briefe Karl August's im literarischen Nachlaß der Frau v. Wolzogen, Thl. 1. S. 449—456, und über Goethe's Bemühen die Sache geheim zu halten, S. 260 f.

[24]) Das „Taschenbuch auf das Jahr 1804, hgg. von Wieland und Goethe" (Tübingen b. Cotta) enthielt zuerst, neben anderm Lyrischen Goethe's, „der Geselligkeit gewidmete Lieder."

[25]) Ueber die Kotzebue'sche Demonstration s. außer Goethe's

Berichte in den Annalen: Falk, Goethe aus näherm persönlichen Umgange ꝛc. S. 176—198, welcher nach Riemer's Urtheil in diesem Falle gute Quellen gehabt hat, und Ludecus in der angef. Schrift S. 72 ff., wo sich auch Kotzebue's Brief an Kirms über die in den Kleinstädtern gestrichenen Stellen findet (S. 76—78). (Die von Goethe als anzüglich gestrichenen Stellen hat Kotzebue später beim Abdruck des Stückes größtentheils weggelassen.) Goethe's Verhältniß zu Kotzebue und Böttiger bespricht des Weiteren Riemer in den Mit-theilungen ꝛc. I. S. 325—339.

²⁶) Vgl. einen Aufsatz von Danzel: Goethe und die weimarischen Kunstfreunde in ihrem Verhältniß zu Winckelmann, in den Blätt. f. liter. Unterh. 1846. No. 282—289 und in dessen ges. Aufsätzen, 1855, S. 118 ff. — Die Verfasser der Aufsätze in den Propyläen wurden Eckermann von Heinrich Meyer folgendermaßen angegeben (f. Morgen-blatt 1842. No. 62): Thl. I. 3. 5. 6. 8. 9. von Meyer; Thl. II. 1. 2. 5. 7. von Meyer; 3. 4. von Goethe mit Meyer; Thl. III. 2. 3. 4. 5. von W. von Humboldt; 1. 6. 8. 9. 10. 13. von Meyer; 7. 11. 14. a. b. d. e. von Goethe mit Meyer; 14 c. von Schiller; 15. von Goethe mit Schiller. Alle übrigen Nummern von Goethe allein; nur diese sind in seine Werke aufgenommen.

²⁷) Ueber den Bau des Lauchstädter Theaters und die damit ver-bundenen Unterhandlungen f. Ludecus a. a. O., besonders die Schilde-rung der Eröffnung S. 38 ff.; Bad Lauchstädt, sonst und jetzt, von Krieg, 1848, S. 74 ff. Weimar und Lauchstädt von Lothholz im Weim. Sonntagsbl. 1856. No. 10.

²⁸) Höchst beachtenswerth ist, wie sich Goethe in einem zufälligen Gespräch während seines Besuchs bei dem Herrn von Hagen im Jahre 1805 über Herder's Religionsunterricht aussprach (aufgezeichnet in: Waitz' Rückblick eines evangelischen Predigers ꝛc. auf mehr als funfzig Lebens- und mehr als dreißig Amtsjahre, Halberstadt 1841): „Ich habe bei dieser Gelegenheit selbst zugehört und auf den Lehrgang ge-achtet. Licht und Finsterniß, Gutes und Böses im Menschen, im Zwiespalte und in Mischung, war die Grundlage. Dann folgte die Lehre von des Menschen Freiheit und Sittlichkeit als Bestimmung und seine Hülfsbedürftigkeit. Daraus ward die Nothwendigkeit der Erlösung und Beseligung dargethan und diese, als in Jesu erschienen, nachge-wiesen. Was mir dabei sehr gefiel, war, daß Alles dem Confirmanden so hingehalten und überall so klar dargestellt wurde, daß er immer selbst das Rechte erkennen und bei sich feststellen konnte. Es war eine

Vollständigkeit, welche keinen Fehlgriff oder Zweifel aufkommen ließ; überall stand die Frage vor ihm, ob er dem Lichte oder der Finsterniß angehören wollte."

[29]) Zu den Quellen der Biographie Goethe's tritt jetzt hinzu: Briefwechsel zwischen Goethe und Zelter in den Jahren 1796 bis 1832. Herausgg. von F. W. Riemer, 1833. 34. 6 Thle., ergiebiger erst seit 1814. Wer als Biograph Goethe's in dieser Wasserfluth die Taucher-künste unendliche Male hat wiederholen müssen, um das Goethe'sche Gold heraufzuholen, wird das Bild Rückert's sehr treffend finden, wenn er in Bezug darauf Goethe dem König in Thule vergleicht.

[30]) Ueber Goethe's Verhältniß zu F. A. Wolf s. M. Bernays, Goethe's Briefe an F. A. Wolf, 1868, besonders die gehaltvolle Ein-leitung, S. 1—89.

[31]) S. „Mittheilungen über Goethe und Schiller" in den Briefen von Heinrich Voß, hgg. von Abr. Voß, 1834.

[32]) Ueber die Einnahme Weimar's vgl. vornehmlich die an-ziehenden „Erinnerungen aus den Kriegszeiten 1806 — 1813, von F. H. v. Müller, hgg. von A. Schöll, 1851"; einige Notizen haben Falk und Böttiger (lit. Zustände 2c. II. 264 ff.), der Fernow's Bericht über sein Gespräch mit Goethe mittheilt, sowie Joh. Schopenhauer: Jugendleben und Wanderbilder, 2 Bde. hgg. von ihrer Tochter, 1839. II. S. 211—256.

[33]) S. einen Aufsatz von Stephan Schütze: Die Abendgesell-schaften der Hofräthin Schopenhauer in Weimar, im Weimar-Album S. 185 ff.

[34]) Die Abdrücke dieses biographischen Aufsatzes wurden dem Oberconsistorium zu Weimar mit folgendem Schreiben zugefertigt:

V. G. G. Karl August, Herzog 2c.

Beste, Würdige und Hochgelehrte, Räthe! Liebe Andächtige und Getreue!

Wir haben über die Personalien und Lebensumstände Unserer verablebten Frau Mutter Gnaden beiliegenden Aufsatz zum Gebrauch der Gedächtnißfeier verfassen lassen und begehren bei Zusendung der erforderlichen Exemplare hiermit gnädigst, Ihr wollet nach der zu haltenden Gedächtnißpredigt nächsten Sonntags solchen von den Kanzeln im Lande also verlesen lassen, daß die dabei an Rand gesetzten Tage und Jahrzahlen nicht mit abgelesen und die Vorlesung dadurch nicht unterbrochen werde. An dem geschieht unsere Meinung, und Wir sind Euch mit Gnaden gewogen. Gegeben Weimar, den 13. April 1807.

In der Ausgabe der Werke ist daher dieser Aufsatz unpassend als eine Rede Goethe's betitelt. — Die Herzogin Amalia starb am 10. April, Nachmittags 3½ Uhr. Der Trauergottesdienst fand am 19. April statt.

[35]) Die ausführlichste Vertheidigung und Ergänzung erhält Goethe's Farbenlehre in der Schrift von Arthur Schopenhauer, „Ueber das Sehen und die Farben" 1816. 2. verb. und vermehrte Aufl. 1854, und in Grävell's: „Goethe im Recht gegen Newton", 1857. Ueber Döbereiner's Theilnahme f. Briefe des Großherzogs Karl August und Goethe's an Döbereiner, hgg. von Oskar Schade, 1856.

[36]) Ueber Goethe's Aufenthalt in den böhmischen Bädern, f. Guhrauer, „Goethe in Karlsbad" in dem deutschen Museum, hgg. von Prutz und Wolfsohn, 1851. S. 105 ff. 201 ff. Manche werthvolle Notizen giebt das Buch: Briefwechsel und mündlicher Verkehr zwischen Goethe und dem Rathe Grüner. Leipzig, 1853.

[37]) Ueber sein Leben f. Guhrauer in Raumer's histor. Taschenbuch. Neue Folge. VII. Jahrg. 1846. S. 189—275.

[38]) Briefwechsel zwischen v. Goethe und v. Reinhard, 1850. Kanzler v. Müller wollte schon früher diese Briefe, welche er im Goethe'schen Archiv hervorgesucht hatte, nebst einem Leben und einer Charakteristik des Grafen Reinhard herausgeben. Die Dreitheiligkeit des Honorars ward aber nur von dem Sohne Reinhard's, nicht von den Goethe'schen Erben, die es als eine Entwendung ansahen, zugestanden, daher mußte das Buch ohne seinen Namen und ohne seine Einleitung erscheinen. S. Schöll in der Vorrede zu v. Müller's Denkwürdigkeiten ꝛc.

[39]) S. Goethe's Briefwechsel mit den Gebrüdern von Humboldt, hgg. von F. Th. Bratranek, 1876.

[40]) Vgl. „Ueber Goethe's Fragment einer Tragödie", Grenzboten 1857. No. 26. S. 481—492. Bedeutende Stellen über seine Verehrung Calderon's findet man in dem Buche: Aus dem Leben von J. D. Gries, 1855.

[41]) Vollständig abgedruckt in Boas' Nachträgen zu Goethe's sämmtlichen Werken, Thl. 2. S. 9—124.

[42]) Ueber Goethe's Pandora f. Düntzer's Schrift: Goethe's Prometheus und Pandora, 1850, S. 60 ff. A. Schöll, über Goethe's Pandora, ihre Entstehung und Bedeutung, Frankf. Museum, 1855. Nr. 47—52.

[43]) Die ausführlichste und getreueste Schilderung der Audienzen

in Erfurt und Weimar geben von Müller's Denkwürdigkeiten ꝛc. Einige Notizen über die letztere Unterredung giebt Thiers in der histoire du consulat et de l'empire. IX. 262 sq., vielleicht nach Talleyrand's Auf= zeichnungen; denn in einem später anzuführenden Aufsatze Soret's findet sich die Bemerkung: „Le prince de Talleyrand en a conservé dans ses mémoires encore inédits plusieurs détails". Vgl. S. Sklower, entrevue de Napoléon et de Goethe, 1853. — S. über die Vorgänge in und um Weimar die Memoiren von Müffling, hgg. von seinem Sohne, 1851.

⁴⁴) S. das Leben des Freih. von Stein, von Pertz, III. S 374.

⁴⁵) S. Rückblicke in mein Leben. Aus dem Nachlasse von Heinrich Luden, 1847. S. 119 ff. — Ungeachtet Goethe's kühler Beurtheilung der politischen Vorgänge nach der Befreiungszeit konnten ihm doch die jungen patriotischen Schwärmer in ihrem Enthusiasmus höchst liebens= würdig erscheinen. „So erzählte er" — berichtet Frommann — „eines Abends meiner Mutter, wie ihn am Morgen ein Student besucht habe, schilderte, wie nur er und auch nur mündlich schildern konnte, wie diesem unter den schwarzen Locken die feurigen Augen hervorge= glänzt hätten, während er ihm allerlei redlich gemeintes, aber über= spanntes Zeug vorgeredet, und endigte mit den Worten: „Ich hätte ihm um den Hals fallen und sagen mögen: lieber Junge, sei nur nicht so dumm!"

⁴⁶) Ueber seinen Verkehr mit Goethe berichtet v. Leonhard in dem Werke: Aus unserer Zeit in meinem Leben, 1854. 2. Bde. Ueber andere Beziehungen zu namhaften Naturforschern: Goethe's natur= wissenschaftliche Correspondenz, hgg. von Bratranek, 1874. 2 Bde.

⁴⁷) S. das Werk über Boisserée, 1862. 2 Bde.

⁴⁸) Ueber das Blücherdenkmal und Goethe's Antheil daran s. Schadow, Kunstwerke und Kunstansichten, 1849. (Goethe's An= merkungen und Briefe, das Standbild betreffend, S. 176—184; die Beschreibung des Denkmals, S. 184—186.). Vgl. Goethe's Aufsätze in den Werken, XXXIX. S. 297—303; XLIV. S. 50—53. (Ausg. in 60 Bden.)

⁴⁹) So berichtet Soret in der Notice sur Goethe, dem Besten, was in französischer Sprache über den Dichter geschrieben ist: Biblio- théque universelle des sciences, belles-lettres et arts, 1832. Tom. II. Littérature. Pag. 113—147; 262—288.

⁵⁰) Ueber dies Verhältniß s. Grimm in den Preußischen Jahrb. 1869. Juli S. 1—21. Düntzer in den Monatsheften, 1870. S. 639 ff.

⁵¹) Durch abschriftliche Mittheilung des Herrn Hofrath Sauppe

in Göttingen bin ich im Stande, die bei dieser Feierlichkeit von
Goethe gehaltene Rede hier in wörtlichem Abdrucke folgen zu lassen:

Durchlauchtigster Großherzog!
Gnädigster Fürst und Herr!

Ew. Königl. Hoheit haben in diesen neuesten Zeiten Ihre sämmt=
lichen Angehörigen mit so viel Huld und Gnaden überrascht, daß es
besser schien, stillschweigend das mannigfaltige Gute zu verehren, als
die reinen heiligen Empfindungen des Dankes durch Wiederholung zu
erschöpfen oder abzustumpfen. Wie verlegen muß ich mich daher fühlen,
wenn ich mich berufen sehe, in Ew. Königl. Hoheit Gegenwart die
Empfindungen gleichfalls gegenwärtiger, aufs neue höchst begünstigter
Männer anständig auszudrücken.

Glücklicherweise kommt mir zu Statten, daß ich nur dasjenige
wiederholen darf, was seit mehr als vierzig Jahren ein jeder, dem
beschieden war, in Ew. Königl. Hoheit Kreise zu wirken, sodann jeder
Deutsche, jeder Weltbürger mit Ueberzeugung und Vergnügen ausspricht,
daß Höchstdieselben mehr für Andere als für sich selbst gelebt, für An=
dere gewirkt, gestritten und keinen Genuß gekannt, als zu dessen Theil=
nahme zahlreiche Gäste geladen wurden, so daß, wenn die Geschichte für
Höchstdieselben einen Beinamen zu wählen hat, der Ehrenname des
Mittheilenden gleich zur Hand ist.

Und auch gegenwärtig befinden wir uns in demselben Falle;
denn kaum haben Ihro K. H. nach langem Dulden und Kämpfen sich
neubelebten Ruhmes, erhöhter Würde, vermehrten Besitzes zu erfreuen,
so ist Ihro erste Handlung, einem jeden der Ihrigen daran freigebig
seinen Theil zu gönnen. Aelteren und neueren Kriegsgefährten erlauben
Sie, sich mit der hohen Purpurfarbe zu bezeichnen, und aus denen
sorgsam und weislich erworbenen Schätzen sieht ein jeder sein häusliches
Glück begünstigt. Nun aber machen Sie eine Anzahl der Ihrigen und
Verbundenen Ihrer höchsten Würde theilhaft, indem ein Zeichen verliehen
wird, durch welches alle sich an Höchstdieselben herangehoben fühlen.
Diese dreifach ausgespendeten Gaben sind mehr als hinreichend, um
unvergeßlich scheinende Uebel auf einmal auszulöschen, allen in dem
Winkel des Herzens noch allenfalls verborgenen Mißmuth aufzulösen
und die ganze Kraft der Menschen, die sich bisher in Unglauben ver=
zehrte, an neue lebendige Thätigkeit sogleich heranzuwenden. Jede
Pause, die das Geschäft, jede Stockung, die das Leben noch aufhalten
möchte, wird auf einmal zu Schritt und Gang, und alles bewegt sich
in einer neuen fröhlichen Schöpfung.

Betrachten wir nun wieder den gegenwärtigen Augenblick, so erfreut uns das hohe Zeichen der Gnade, welches, vom Ahnherrn geerbt, Ew. Hoheit in der Jugend schmückte. Gesinnungen, Ereignisse, Unbilden der Zeit hatten es dem Auge entrückt, damit es aufs neue zur rechten Stunde glänzend hervorträte. Nun bei seiner Wiedererscheinung dürfen wir das darin enthaltene Symbol nicht unbeachtet lassen.

Man nennt den Adler den König der Vögel; ein Naturforscher jedoch glaubt ihn zu ehren, wenn er ihm den Titel eines Falken ertheilt. Die Glieder dieser großen Familie mögen sich mit noch so vielerlei Namen unterscheiden: der weiß gefiederte, der uns gegenwärtig als Muster aufgestellt ist, wird allein der edle genannt. Und doch wohl deswegen, weil er nicht auf grenzenlosen Raub ausgeht, um sich und die Seinigen begierig zu nähren, sondern weil er zu bändigen ist, gelehrig dem kunstreichen Menschen gehorcht, der nach dem Ebenbilde Gottes alles zu Zweck und Nutzen hinleite. Und so steigt das schöne, edle Geschöpf von der Hand seines Meisters himmelauf, bekämpft und bezwingt die ihm angewiesene Beute und setzt durch wiederholt glücklichen Fang Herrn und Herrin in den Stand, das Haupt mit der schönsten Federzierde zu schmücken.

Und so dürfen wir denn schließlich den hohen Sinn unseres Fürsten nicht verkennen, daß er zu dieser Feier den friedlichsten Tag gewählt, als einen, der uns schon so lange heilig ist und welchem seit so vielen Jahren die Künste ihren mannigfaltigsten Schmuck, soviel sie nur vermochten, anzueignen und zu widmen suchten. Heute wendet sich diese Zierde gegen uns, wir begehen diesen Tag mit ernsten Betrachtungen, die doch nur immer dorthin führen können, daß wir mehr als jemals auf Blick und Wink des Herrn zu achten haben, dessen Absichten ganz und gar auf unser Wohl gerichtet sind. Möge das Glück einem gemeinsamen Bestreben günstig bleiben, und wir zunächst die Früchte eifriger Bemühungen dem höchsten Paare und dessen erlauchtem Hause als bescheidenen aufrichtigen Dank getrost entgegenbringen und so den Wahlspruch kühn bethätigen:

Vigilando ascendimus!

Goethe begleitete die Mittheilung der Abschrift der obigen Rede an den Staatsminister von Voigt mit folgendem Schreiben:

Ew. Excellenz

auch für meinen Theil für die gestrigen schönen und ehrenvollen Stunden höchlich dankbar, übersende die wenigen von mir gesprochenen Worte.

Leider konnt' ich sie, da mir die Veranlassung so spät gegeben wurde, vor der Feierlichkeit nicht vorlegen. Gegenwärtig geschieht es auf Veranlassung des Kanzlers Müller und Bertuch's; eine Relation der Feierlichkeit sowie des Gesprochenen soll, wie sie sagen, gedruckt werden. Ob sich meine Worte dazu qualificiren, überlasse Ihrer Be= urtheilung. Darf ich mir dagegen das von Ew. Excellenz Gesprochene und das Gedicht, von welchem wir nur den Schluß gehört, gehorsamst ausbitten.

Weimar, den 31. Januar 1816.   G.

⁵²) Hinsichtlich der amtlichen Wirksamkeit Goethe's, besonders in seinen letzten Lebensjahren, findet man detaillirte Berichte nebst einer Menge von Actenstücken und Briefen in: Goethe in amtlichen Ver= hältnissen ꝛc. von seinem letzten Amtsgehülfen Dr. C. Vogel, 1834.

⁵³) Goethe's Gutachten ist abgedruckt in Düntzer's Studien ꝛc. S. 375—385.

⁵⁴) Zu seiner Charakteristik dient: Goethe's Briefe an Chr. G. von Voigt, hgg. von O. Jahn, 1868.

⁵⁵) S. den Bericht von Schmidt=Weißenfels, Gartenlaube, 1863. S. 238 ff.

⁵⁶) Eckermann's Gespräche mit Goethe in den letzten Jahren seines Lebens, 1836. 48. 3 Theile (3. Aufl. 1870) gehören bekanntlich zu den werthvollsten Beiträgen zur Charakteristik des Dichters, besonders seiner letzten Lebensepoche. Der 3. Theil enthält auch Auszüge aus Soret's Aufzeichnungen in deutscher Uebersetzung, von denen sich schon ein Theil in dessen Notice sur Goethe findet. Wo ich im Ausdrucke von Eckermann abweiche, habe ich den in manchen Einzelnheiten voll= ständigeren französischen Text vor Augen gehabt. Ferner: Unterhaltungen mit dem Kanzler von Müller, 1870.

⁵⁷) S. den schon oben angeführten Briefwechsel mit den Gebrüdern von Humboldt, hgg. von Bratranek, 1876.

⁵⁸) Briefwechsel zwischen Goethe und Kaspar Graf von Sternberg, hgg. von Bratranek. 1866.

⁵⁹) Ueber Goethe's Verhältniß zu Lord Byron berichtet Medwin in den Conversations of Lord Byron (London, 1824) und Goethe in dem bekannten Aufsatze.

⁶⁰) S. Briefwechsel zwischen Goethe und Staatsrath Schultz, hgg. und eingeleitet von H. Düntzer, 1853.

⁶¹) Goethe's religiösen Standpunct, vornehmlich in dem vorzugs= weise zu berücksichtigenden letzten Abschnitt seines Lebens, erläutert

die Schrift von L. v. Lancizolle: Ueber Goethe's Verhältniß zu Reli=
gion und Christenthum, Berlin, 1855; Bunsen in: „die Zeichen der Zeit".
10. Brief, mit besonderer Beziehung auf den Entwurf des Oratoriums.

⁶²) Zu Eckermann's Notizen (I. 70. 91; III. 21—30) sind einige
Nachträge gegeben von Guhrauer, Goethe in Karlsbad a. a. O.
S. 210. 11.

⁶³) So nach Goethe's Bericht. In Widerspruch steht die Angabe
des Tagebuchs, er sei Nachmittags in Begleitung des Polizeiraths
Grüner von Marienbad abgereist.

⁶⁴) S. „Weimars Jubelfest". Weimar, 1825.

⁶⁵) S. „Goethe's goldener Jubeltag". Weimar, 1826, worin
auch die einzelnen an Goethe gerichteten Beglückwünschungsschreiben,
Reden und Gedichte nebst seinen Antwortschreiben an die jenaischen
Facultäten abgedruckt sind. — Das von Falk (Goethe im näheren
persönlichen Umgang dargestellt, S. 219) mitgetheilte Gedicht „Ver=
mächtniß an die jüngere Nachwelt", angeblich zur Zeit der Jubelfeier
gedichtet, ist untergeschoben.

⁶⁶) Goethe's Briefe an Graf Brühl s. in den Briefen von und
an Goethe, hgg. von Riemer, S. 155 ff., wo auch der Prolog
Goethe's S. 160—162 abgedruckt ist.

⁶⁷) Ueber die Novelle handelt ausführlich Düntzer in den
Studien S. 59—89. Schwerlich möchte in der Localschilderung
Rudolstadt zu suchen sein.

⁶⁸) Dieses köstliche Schreiben findet man vollständig abgedruckt in
Vogel's Schrift: Goethe in amtlichen Verhältnissen, S. 248—254,
und danach auch in G.'s Werken unter den biographischen Einzelheiten.

⁶⁹) S. darüber Guhrauer, Joach. Jungius und sein Zeitalter,
nebst Goethe's Fragmenten über Jungius, 1850. Vgl. Briefwechsel
mit Zelter, V. S. 81. 85—89. 90. 133.

⁷⁰) Ueber die Wanderjahre, namentlich das Verhältniß der
beiden Bearbeitungen zu einander s. Düntzer in den Studien S. 318. ff.
Ihre Beziehung zu den socialen Fragen der Neuzeit erläutert A. Jung,
Goethe's Wanderjahre und die wichtigsten Fragen des 19. Jahr=
hunderts, 1854.

⁷¹) Ueber Goethe's Sohn s. Karl von Holtei im 5. Bd. von:
„Vierzig Jahre." Das Portrait, als Profil in einem Medaillon aus=
geführt, zeigt die hohe, starkgewölbte Stirn des Vaters und eine noch
stärker gebogene Adlernase; dagegen giebt der hervortretende Unter=
kiefer dem Gesicht einen gröberen Ausdruck.

[72]) S. Vogel, die letzte Krankheit Goethe's ꝛc. 1833. S. 5.

[73]) Ueber das **Chaos** f. Eckermann III. S. 335, und einen Aufsatz von Amalie Winter im Weimar-Album S. 207 ff. Nachweisungen über Goethe's Antheil in Hirzel's Verzeichniß einer Goethe-bibliothek.

[74]) Ueber Goethe's letzte Geburtstagsfeier in Ilmenau f. den Bericht des Berginspectors Mahr (Weimarer Sonntagsblatt, 1855. No. 29). — Ein Bruchstück des erwähnten Bergmannsdrama's f. in: B. R. Abeken, ein Stück aus Goethe's Leben, S. 51—56.

[75]) Abgedruckt nebst der deutschen Uebersetzung in der unten angeführten Schrift von Dr. K. W. Müller, S. 43—45.

[76]) Goethe's Briefe an David Knoll f. am Schluß des angeführten Aufsatzes von Guhrauer, Goethe in Karlsbad, S. 214—219.

[77]) Ein genaues Verzeichniß der Goethe'schen Sammlungen f. in der Schrift von Schuchardt: Goethe's Sammlungen, Jena. 1848. 3 Theile.

[78]) Zahn's Brief und Goethe's ausführliches Antwortschreiben, nebst anderen Briefen an Zahn, f. in Dorow's Krieg, Literatur und Theater ꝛc. 1845. S. 166 ff. Goethe's letzten Brief an Zahn f. im Dresdner Album I. S. 79 ff.

[79]) Der Bericht von Goethe's letzten Lebenstagen beruht auf Soret's Notice sur Goethe, der Schrift von Dr. Karl Wilhelm Müller, der die Mittheilungen der Familie und Freunde getreu aufgezeichnet hat: Goethe's letzte literarische Thätigkeit, Verhältniß zum Ausland und Scheiden, 1832, und Dr. Vogel: die letzte Krankheit Goethe's, 1833.

[80]) Die ausführliche Beschreibung der Trauerfeierlichkeiten so wie auch den schönen vom Kanzler v. Müller gedichteten Epilog zum Tasso findet man bei K. W. Müller S. 79—107. Röhr's Grabrede erschien gedruckt unter dem Titel: Trauerworte bei v. Goethe's Bestattung am 26. März 1832 gesprochen, Weimar 1832. Schelling's Worte f. in den Bl. für liter. Unterhalt. 1832. Beil. No. 19. — Die beiden am engsten mit Goethe verbundenen Freunde, Meyer und Zelter, folgten ihm noch in demselben Jahre nach. Meyer schrieb einer Freundin ins Stammbuch:

> Mein Stab sank hin, er liegt im Grabe;
> Ich wanke nur, bis ich ihn wieder habe.

Zelter, welcher noch am Todestage Goethe's ohne eine Vorahnung einen Brief des heitersten Inhalts an ihn geschrieben hatte, der am Begräbnißtage einlief, spricht daffelbe Gefühl in einem Briefe an Kanzler v. Müller aus: „Wie er dahinging vor mir, so rück' ich ihm nun täglich näher und werd' ihn einholen, den holden Frieden zu verewigen, der so viele Jahre nach einander den Raum von sechsunddreißig Meilen zwischen uns erheitert und belebt hat."

Das dem erften Bande beigegebene Bruftbild ift nach einem Oelbilde geftochen, welches der Düffeldorfer Profeffor Kolbe im Jahre 1825 in Weimar nach dem Leben gemalt hat als Studie zu einem Bilde, auf welchem Goethe mit dem Vefuv im Hintergrunde dargeftellt ift. Das Original befindet fich gegenwärtig im Befitz des Herrn Profeffor Dr. K. Th. Wagner in Leipzig, der daffelbe mit dankenswerther Bereitwilligkeit zum Behuf der Abnahme dargeliehen hat.

Register*)

I.
Goethe's Schriften.

Kleinere Gedichte und Aufsätze sind im Register nicht einzeln aufgezählt. Entwürfe und ungedruckte oder fragmentarische Dichtungen und Abhandlungen sind mit einem * bezeichnet.

---

*) Seitenzahlen ohne Angabe des Bandes beziehen sich auf den ersten Band.

II.

Perſonenregiſter.

(Mitlebende.)

~~~~~~~~~

— 417 —

Druck von C. Grumbach in Leipzig.

Im Verlage von **Friedr. Brandstetter** in Leipzig ist erschienen:

Chr. Oeser's
Geschichte der deutschen Poesie
in Umrissen und Schilderungen.

Für gebildete Leser.

In dritter Auflage größtentheils neu bearbeitet
von
J. W. Schaefer.

2 Theile. 50 Octavbogen, höchst elegant gedruckt.
Mit den Bildnissen Goethes und Schillers nach Rietschel, in Stahl ge-
stochen von Th. Langer.
Preis geh. 9 Mk., höchst eleg. geb. 11 Mk. 25 Pf.

In dieser neuen Bearbeitung der Geschichte unserer vaterländischen Poesie wird dem großen Kreise aller Gebildeten ein
Werk dargeboten, welches sich durch die bereits als trefflich bewährte Anlage, wie durch die dem jetzigen Standpunkte der
Literaturwissenschaft entsprechende Ausführung der allgemeinsten
Verbreitung empfiehlt und das besonders dem Lehrerstande ein
brauchbares Hülfsbuch sein wird.

Indem die Verlagshandlung zur Begründung dieser Ansicht sich auf eine nähere Kenntnißnahme des Buches, welche
jede Buchhandlung gern vermitteln wird, beruft, gestattet sie
sich hier in kurzen Zügen darzulegen, nach welchen Gesichts-
punkten die Bearbeitung stattfand, und in welcher Weise das
vorgesteckte Ziel: ein allgemein brauchbares, den ästhetischen Sinn pflegendes, sowohl gründliches als unter-
haltendes Lehrbuch der deutschen Poesie zu liefern, zu
erreichen gesucht wurde.

Die ältere Literatur ist in diesem Werke theils in über-
sichtlichen Umrissen, theils nach den hervorragendsten, eine ganze
Periode charakterisirenden Dichtungen dargestellt, sodaß der Ent-
wickelungsgang der Poesie klar vor Augen tritt. Erst mit dem
18. Jahrhundert erweitert sich das Gemälde zu größeren Gruppen,
und jedes einzelne Bild erhält durch eine genauere Ausführung
Farbe und Leben. Die großen Genien des Jahrhunderts, an
denen bis auf den heutigen Tag die geistige Cultur der Nation
sich herangebildet hat, treten in den Vordergrund. — In der
Geschichte der Poesie des gegenwärtigen Zeitalters schien es eine

besondere Aufgabe für die auf einen größeren Leserkreis berech
nete Darstellung zu sein, alle einigermaßen bedeutenden und in
die Gegenwart eingreifenden Dichter der letzten Culturperiode
vorzuführen, sodaß die ausführliche Schilderung bis in die
neueste Zeit reicht.

Sowohl zum besseren Verständnisse des Ganges der Lite
ratur, als auch zum ästhetischen Genusse der Leser sind dichterische
Proben mitgetheilt, auf deren Auswahl eine ganz besondere
Sorgfalt und eine seltene Kenntniß des Charakteristischen unserer
Meisterwerke verwendet worden ist.

Aus dieser kurzen Darstellung der Grundsätze, nach denen
die Bearbeitung stattfand, wird man die Ueberzeugung schöpfen
können, hier ein wahrhaft tüchtiges Handbuch zum Verständniß unserer Literatur-Entwickelung zu finden.

Für eine klare, gründliche und anziehende Behandlung des
Gegenstandes ist die beste Empfehlung der Name des Herrn
Bearbeiters, welcher sich durch seine wissenschaftlichen Werke
über die Geschichte der Literatur und sein „Leben Goethe's"
ebenso sehr als Forscher wie als gewandten Darsteller einen
ausgezeichneten Rang unter den deutschen Literarhistorikern erworben und sich als vorzüglich befähigt zur Lösung der vorliegenden Aufgabe gezeigt hat, und wie sehr dies seitens der
Kritik anerkannt worden ist, zeigt die Besprechung eines der
competentesten Beurtheiler, des verstorbenen Herrn Dr. Robert
Prutz im Deutschen Museum bei Erscheinen der 2. Aufla..e,
wo es u. A. heißt:

„In dieser Schaefer'schen Bearbeitung des Oeser'schen Werkes
wird allen gebildeten Lesern ein durchaus zuverlässiges, tüchtiges
und gediegenes Buch geboten, ein Buch, dessen Führung sie sich getrost überlassen können, und das, indem es ihre Kenntniß erweitert
und berichtigt, zugleich durch die Unparteilichkeit und Gründlichkeit des
Urtheils, sowie durch die Anmuth der Darstellung Charakter und
Geschmack seiner Leser bilden hilft. — Auch bei der Auswahl der
Dichterproben hat der Verfasser nicht nur die möglichste Sorgfalt, sowie
die entsprechende Rücksicht auf das sittliche Zartgefühl verwandt, sondern,
wie er selbst sich bekanntlich nicht ohne Glück als lyrischer Dichter
versucht hat, so ist er dabei auch von wirklichem poetischem Gefühl
und einer lebendigen Erkenntniß dessen geleitet worden, was poetisch
groß und werthvoll ist."

Portraits von Schiller und Goethe nach Rietschel's
Denkmal in Weimar mit dessen Genehmigung und unter dessen
Mithülfe gezeichnet und gestochen, schmücken außer einem in
Stahl gestochenen Titelbilde das auf vorzüglichem Papiere schön
gedruckte Werk.